核心素养培育
与课堂整体转型

李　帆　张新民　周　密　等著

图书在版编目（CIP）数据

核心素养培育与课堂整体转型/李帆等著.—北京：知识产权出版社，2022.3
ISBN 978-7-5130-7973-0

Ⅰ.①核⋯　Ⅱ.①李⋯　Ⅲ.①课堂教学—教学研究—中学　Ⅳ.①G632.421

中国版本图书馆 CIP 数据核字（2021）第 260355 号

责任编辑：栾晓航　　　　　　　　　　责任校对：谷　洋
封面设计：北京乾达文化艺术有限公司　责任印制：孙婷婷

核心素养培育与课堂整体转型
李　帆　张新民　周　密　等　著

出版发行：	知识产权出版社有限责任公司	网　址：	http://www.ipph.cn
社　址：	北京市海淀区气象路 50 号院	邮　编：	100081
责编电话：	010-82000860 转 8382	责编邮箱：	luanxiaohang@cnipr.com
发行电话：	010-82000860 转 8101/8102	发行传真：	010-82000893/82005070/82000270
印　刷：	北京建宏印刷有限公司	经　销：	新华书店、各大网上书店及相关专业书店
开　本：	720mm×1000mm　1/16	印　张：	21.25
版　次：	2022 年 3 月第 1 版	印　次：	2022 年 3 月第 1 次印刷
字　数：	400 千字	定　价：	98.00 元
ISBN 978-7-5130-7973-0			

出版权专有　侵权必究
如有印装质量问题，本社负责调换。

本书受国家社会科学基金资助,为国家社会科学基金"十二五"规划2015年度教育学一般课题"基于核心素养的课堂教学改革研究"[课题批准号:BHA150078]的研究成果

■ 前　言

怎样的课堂才能生长出核心素养

李帆◎

2019年高考，热度空前。

大家惊呼，"变脸""难度大"！高考数学考哭考生的新闻一度冲上热搜。

仔细分析，这次高考试题呈现两个新的特征：其一，基于真实复杂情境的问题解决。例如：思想政治全国Ⅳ卷第24题要求学生懂得扩大开放对国内企业可能造成的挑战，进而运用企业运营的相关知识，从品牌、研发、品质、管理等方面提出自己的思考。试题既贴近社会现实，又富有经济内涵，引导学生学以致用，基于所学知识深刻理解国家战略、关注经济现象、思考应对策略。其二，跨学科的五育融合。有人笑言：今年的高考作文，上海考音乐，北京考美术，全国卷考劳动。这一特征与第一个特征紧密相关，解决复杂问题往往需要运用多学科知识，并考验着个体在技能、态度、情感与价值观等方面的养成与取向。

高考，正逐步从"考知识"向"考素养"转型。

核心素养开启了素质教育的新阶段，并开始在课程标准修订、学业质量标准、考试评价改革等关键领域发挥"指挥棒""领航员"的巨大作用。但这些关键领域的改革不是最终目的，它们指向的是教育教学核心阵地的变革：千千万万个日常课堂的变革。

核心素养对课堂提出新挑战

核心素养的提出，源自未来社会的不确定性和复杂性对个体提出的新要求。无论是联合国教科文组织提出的"五大学习支柱"概念、欧盟的"关键能力（Key Skills）"概念，还是 OECD 的"核心素养（Key Competency）"概念，都超越了传统的能力、技能、知识等层面。

中国学生发展核心素养，被定义为"学生应具备的、能够适应终身发展和社会发展需要的正确价值观念、必备品格和关键能力"。这一定义，与其他国际组织、国家对核心素养的定义相比，既有中国特色，又有共同特征：它是一个包含了知识、技能、态度、情感与价值观的集合体概念，是动态发展的，是在特定情境中，通过调动各种资源（包括知识、能力和态度等），以满足复杂需要的综合素养。

中国学生发展核心素养以培养"全面发展的人"为核心，分为文化基础、自主发展、社会参与三个方面，综合表现为人文底蕴、科学精神、学会学习、健康生活、责任担当、实践创新六大素养，具体细化为国家认同等18个基本要点。那么，这些素养到底具备哪些特点，使它们得以成为素养中的"核心"呢？

首先，它们具有高迁移度。

迁移，在心理学中指的是一种学习对另一种学习的影响，指在一种情境中获得的技能、知识或态度对另一种情境中技能、知识的获得或态度的形成的影响。这意味着在一种情境中获得的技能、知识或态度可以在其他情境中得以运用。

就核心素养而言，它可以在不同学科、不同领域发挥作用，具有高迁移度。如勤于反思的核心素养，是指具有对自己学习和工作进行审视的意识和习惯，善于总结经验；而且能够根据不同情境和自身实际，选择或调整学习和工作的策略和方法，这种素养已成为学习各门学科的必需，也是当代各类职场的必需，并成为决定个体成功与否的关键要素。

其次，它们具有高统合性。

核心素养不是由四分五裂、支离破碎的知识和技能拼凑而成的，而是由知识、技能、情感态度价值观等融会贯通、相互濡养而成的。换言之，实现任何一个核心素养，都需要达到这三者的高度统一。

这缘自人们"能力观"的演变：从最初的"知识为本"到"能力为本"，再到"素养为本"。蒙昧无知的历史年代，能够掌握知识的是少数人，他们只要掌握知识，就能实现自己的统治。到教育和知识开始普及的阶段，人们发现，基于知识的分析、演绎、推理、批判、创新等能力，才是决定个体成长与发展的关键因素。而随着"后现代社会"的到来，流动、开放、充满不确定性的社会状况，使传统的知识与技能目标无法满足新时代的要求。各国的教育目标中，逐渐把知识、技能、情感态度价值观整合起来，发展为"掌握核心内容、培养态度倾向、运用整合推理"或"知识、能力、态度情感"三者的统一。因此，核心素养一经习得，往往可以促进个体生命品质与气质的变化和提升。

最后，它们具有高度生长性。

核心素养的高度生长性表现在两个方面。一是持续一生，可呈现螺旋上升式的发展轨迹。核心素养的形成是终身学习的结果，在不同阶段，同一核心素养所要求达到的水平不尽相同。随着学习、工作的深入，个体所获得的核心素养将呈现螺旋上升式的发展轨迹。而核心素养一旦获得，会伴随人的一生，对个体的自我完善与持续发展产生持久的作用。二是其他素养可以在核心素养形成的过程中依附生成。核心素养是"根"，其他素养是"茎"。核心素养往往是其他素养发展和形成的基础。像批判性思维、逻辑推理、实事求是等多种素养，都可以在科学精神这一核心素养的养成过程中得以实现。而像核心素养"健全人格"，作为个体成长和发展的重要前提，如果个体缺乏了它，其他方面的素养发展都会受到制约。

核心素养的这三个特征，均指向人的全面而有个性的发展：不仅身体心理健康，而且精神和心灵都得到饱满的生长；不仅拥有丰富的显性知识，而且形成了正确的情感态度价值观；这样的个体，不再是一个被各科知识割裂的单向度的人，而是一个立体、丰富、有血有肉有筋骨和力量的人。

核心素养的特征，也对课堂提出了新的要求，跨界、融合、开放、真实、结构化、情境化、多维化……当然，课堂上具体的教与学的关系，千变万化。因为个体的认知与情意的多样性，我们会发现：世间不存在放之四海而皆准的教学方法。但是，我们也可以发现在核心素养导向下课堂的一些基本原则。例如，准备多样的学习路径，提供开阔的学习空间和格局，实现从以"教"为主到以"学"为主的转型，等等。下面，我们就从三个方面谈谈核心素养导向下课堂变革的一些可能性。

摆脱课时主义的钳制，寻找并发展适合学生成长的"教育学"

工业化引发的教育革命，让班级授课制成为主流。班级授课制有其鲜明的表征：一是标准规范、整齐划一的课时安排；二是独立分割、固定理性的教室安排。这两个表征，俨然是工业化流水线生产模式的复制，严格掌控着学生在学校学习和生活的节奏。

一方面，这有利于提高教学的标准化水平。但另一方面，物理空间与时间的固定化安排，仿佛一个模子，无视师生的差异，以及教学内容的不同。

核心素养时代，对学校时空提出了新要求。

比如，核心素养往往需要学生在解决真实复杂问题中养成。这要求学生进入一种虚拟情境中进行学习。这个情境有别于以往课堂情境创设的导入环节，它有自己的特点：一是完整的情境，二是全情境。完整的情境，即情境贯通于整个教学过程。整本书阅读是一个完整的情境，完成一个项目是一个完整的情境，基于大观念下的问题解决也是一个完整的情境。全情境，即所有学科都可以在情境中进行学习。

完整的情境，常常需要一定的时间来完成。原来固定40分钟或45分钟课时，不仅会影响完整情境下学习的持续与内化，也给了学生一个暗示：任务没完成，就可以到点下课，这说明任务可以不用一次完成。这对学生的学习态度甚至人生态度的影响可谓深远。

正是在核心素养的倒逼下，很多学校开始探索课时改革。成都市金苹果锦城一中采用"三种课堂形态"，分别是40分钟的基础素养课、50分钟的综合素养课和60分钟的优势增值课。基础素养课以把握学科基础知识和提高学科基本能力为主要任务，其目的是"夯实基础"；综合素养课以建立知识联系、融合单项能力、综合运用学科知识解决问题为主要任务，其目的是把握"类知识"，解决"类问题"，形成"类方法"；优势增值课以发展兴趣、培育优势、形成特长为主要任务，其目的是引导学生使自己的"长板更长"，一般以"体验性活动"的方式展开。如"人物剪纸瞬间动态造型"这一专题学习就采用优势增值课类型，学生在课上，通过对比发现剪纸和图纸的差异，然后探讨人物剪纸瞬间动态创作的步骤，并进行创作、展示、评析和改进。

清华附小也采用长短课相结合的方式。35分钟的"基础课时"，主要用于基础性课程的实施；60分钟的"大课时"，主要用于整合课程的实施；10分钟或15分钟的"微课时"，用于晨练、晨诵、习字等；90分钟的"加长课时"，用于大型综合实践活动课程的开展。这样的课时安排，使不同的学习内容有不同的支撑时间，符合学生学习的需要。

课时的翻陈出新，关键在于如何能让课时变得更有弹性，能容纳多样态的学习形式和多样化的学习路径，为学生素养形成提供充足的时空。从某种角度来看，课时长短决定着给予学生思考空间的大小、学习资源的繁简以及人际互动的多少等。当我们思考"多长时间的学习"时，实际上是在追寻"教给学生什么样的知识"；当我们追问"需要什么样的时间安排"时，实际上是在追求"学习者需要什么样的教与学的方式"。课时安排的背后，是对儿童学习规律的认识、对素养养成规律的认识，甚至是对课程的认识。

有研究者发现，国外有很多新学校常把"时间的重新安排"作为设计的重要组成部分。比如，学校整个时间表只有一个基本框架，除保证少量的常规安排外，大量时间完全交由师生自主安排。即使是在校时间、学年长度，也可以因人而异。这种时间安排，充分体现出以学习者为中心的理念。

即使在传统的课时安排框架下，课时的变革与调整也并非没有空间。南京师范大学教授郝京华提出"抛物线型教学"的概念。这是一种以学生为主的教学，教师既要"探测"出学生脑海中已有的概念，对其发出挑战，又要让学生自己意识到问题所在，进而建构新的概念……这种教学在开始时虽然进展较慢，但学生对核心概念的理解非常充分，从而能加速后续的教学进度。"抛物线型教学"强调质重于量、意义重于记忆、理解重于知觉。按照这一定义，抛物线型教学非常适用于核心概念、核心知识、核心能力的教与学。

与直线型教学相比，同样的教学内容，抛物线型教学往往需要更多的课时。那么，教材上哪些知识适用于抛物线教学，哪些又适用于直线型教学，还有哪些其实完全适用于学生自学？这需要教师在深刻了解学科知识、学科结构、学科逻辑的大背景下做出思考和抉择。

例如，初中数学"整式乘除"这一章，其真正有新意的是"幂的概念"，而解决的根本在于理解乘方的意义。因此，乘方的意义就像是这一章知识的源头或根本，抓住了它，派生知识就可以让学生自主学习。

初中特级教师刘建宇曾尝试大幅度整合教材：《数学运用之奇，联系推论之美》《感悟数学》《a说："你们对我了解多少"》《全等三角形在全局中的地位与作用》……他抓住核心知识与核心概念这些"根本"，在这些方面花费充足课时，浓墨重彩，让学生用各种方式学深学透，而那些知识的"枝叶"，则让学生自学或者花费较少课时解决。刘建宇老师这样比喻：知识体系就像一个房子，要教给学生地基和骨骼，而那些属于装饰的东西不用教给学生，他们自会领悟。

课时安排是与秩序、纪律联系在一起的，也与学习方式紧密关联。然而，对于课时的教育价值，我们的认识远远不够。核心素养时代，如何通过重构课时，寻找并发展适合学生成长的"教育学"，是一个长久的话题，需要我们处理好公共时间与私人时间的关系、教学常规保卫与突破之间的关系。

立体、流动、泛在的课堂：
让学习向生活开放、向时代开放、向未来开放

课堂是学生学习的场所。在班级授课制下，我们常常把它与教室关联起来：固定地点、固定学习同伴、固定学习方式，是传统课堂给我们的印记。然而，走进核心素养时代，课内与课外、校内与校外边界逐渐消弭，多样的学习空间和格局出现，让课堂日益呈现出立体、流动、泛在的新特征。这种课堂，对学生更有挑战性，更能激发学生的潜能并长久维持他们的学习兴趣。

首先，立体的课堂要求触动学生多维感官，引领学生以"完整的人"这一姿态步入学习之河。

课堂的英文单词"lesson"来自拉丁语"lectio"，代表阅读和说出来。这一课堂概念，暗示了人们关于知识获取方式和存储方式等方面的观念，即知识是抽象的，并以抽象的符号存储在书籍上，人们通过阅读与交流，把抽象的知识再储存到大脑皮层上。因此，在传统课堂学习的过程中，常见的情形是学生枯坐的静态影像，他们的其他感官很少参与学习，尤其是身心体验极度缺失。

然而，美国加州大学圣地亚哥分校的心理学教授劳伦斯·巴斯劳（Lawrence W. Barsalou, 1999）却提出具身认知（Embodied Cognition）的概念，打破了人们的传统观念。具身认知理论认为，知识的储存方式不完全是以抽象概念的形式存在于大脑皮层中，它存储于人类的身心体验中。因此，学生的学习不能仅依靠讲解和背诵，还需要在实践中感知和内化。

清华大学心理学系主任彭凯平教授曾提出"心理学家的知识观"：一种知行合一的知识观，知可以由行生，行可以产生知。无论是行先于知、由行致知，还是行成于思、因知进行，反映的都是知识的行动本质。

他说，为什么要强调行动的知识呢？这是因为知识不在书中，而在人类的身体、欲望、思想、情绪等行为之中。这就是具身认知的意义。因此，那种让学生记住概念、事件、公式的教育，是悖心的、死板的、教条的教育。真正的教育中，知识一定是生动、有意义、有感情，甚至是震撼人心、让人记忆深刻的。

小学语文特级教师李虹霞非常注意通过学科活动，唤醒学生身体各种感官，强调身心的全部参与。她教《画风》一文，设计了多种学科活动。一是

课前"热身活动":让学生到大自然中观察和感受风,用手机拍照,和同学分享;组织学生对科学、音乐、美术、体育老师进行采访,了解风是如何形成的,风用音乐、美术怎样表现,风对体育运动的利弊等,在教室里汇报交流。二是与其他学科融合的"体验活动":让学生与美术老师合作,让学生画风、写风;跟音乐老师合作,唱风的歌,听风的曲;跟舞蹈老师合作,让学生在形体课上,一边听着语言文字描述的风,一边学习如何用身体更美地表现风。

在"韵律的盛宴"主题课程中,她让学生学习读、唱、舞技能,再用这三种技能展示《三字经》《弟子规》《诗经》等节选内容;让学生感知并比较语言、音乐、舞蹈不同的韵律美;让学生排练演出戏剧,全身心地参与,唤醒学生多种感官。多种学习形式的植入,符合学生的心理特点,不知不觉地把知识迁移进学生的内心深处。学生学得轻松愉悦,效果也好。

感官的苏醒搭建了学生认知世界万物的阶梯,并让新知以个性化的方式进入学生的知识系统之中。此时,知识不再是标签性的概念,而是存在于行为中、表现在身体上、蕴蓄在体验里,是一种完全内化于学生心灵与精神的活生生的知识。

其次,流动的课堂带领学生走出固定不变的学习场所,每个角落都可以成为学生养成核心素养的学习场。

选课走班是核心素养导向下的新高考带来的新变化。选课走班让学生走出一个固定的教室,走向自己的选择,走向不同的学习伙伴。选课走班,对学生的影响是全方位的:自主选择课程,要求学生有自主管理的能力;突破班级、年级限制进行交往,使学生的社会参与能力在接近于真实的场景中得到提升;参与制订专业教室规章,学生的规则意识、理性行使权利的意识得以树立——学生的核心素养在自己对课堂的主动选择与建构中得以实现。

除了教室,校园每一个角落都可以成为即时的、灵活的学习者社区。北京十一学校校长李希贵认为,学校大量的公共区域必须满足学生各种不同学习方式的需要。在这样以学习为中心的学校教育当中,每一个学生的成长路径都可以变得不一样。事实上,随着新课改的深入,各种社团、活动、校本课程,甚至是学生自主参与开发的课程,都赋予课堂以极大的流动性。

北京中关村第四小学有一个"书窝日课程"。创意来自三个孩子,他们特别喜欢读书,但不喜欢传统的"正襟危坐",而是喜欢寻找舒适的环境和舒适的姿势读书。于是,他们提出,能不能在世界读书日这一天举办属于他们自己的"书窝日"?让学生自己用书做个"书窝",然后在"书窝"里读书。

作为一门课程，学生进行了详细计划：设计"书窝日金点子"表格，做计划、分组讨论"书窝日"计划，完善、预想问题、成立学生评审委员会进行评议，并最终确定相关事宜、形成记录册进行评价。

从这个过程来看，"书窝日"课程完全是以学生为主体的课程。这门课程实施时，学生在校园里选择自己喜欢的地方，释放创意，灵感迸发，搭建起五彩缤纷、形态各异的书窝，阅读自己选择的书籍，思考自己发现的问题，得出自己的个性体会。课堂的流动，使学生成长空间被极大地打开，学校变身成一间学习的大教室，每个角落、每种状态都能成为学生"学"和教师"教"的资源。

核心素养的养成绝不能止步于校园。广域的跨学科的知识结构、人际互动能力和可迁移核心技能等，都只能在真实而复杂的情境中得以养成。联合国教科文组织于2015年把知识定义为"个人和社会解读经验的方法"。每门学科，都是前人积累起来的某一领域的系统化经验。这一定义意味着，学生通过学习获得已有经验并非最终目的，而是在获取经验的同时习得方法，以此去发现和发展新知，并以此为杠杆，推动人类社会发展。这种知识观，要求学生在趋近真实的社会情境中获得发展，而不能只在书本中或试卷上进行抽象演绎。以此观照，如果与生活、社会失去联系，课堂将呈现出一种僵化的状态：既难以产生知识的联结（即知识与生活、知识与自我或知识与生命的联结等），也难以产生知识的转化（把知识转化为自我的感官、生命或精神价值），更难以达到知识的生成（在学习过程中发现和生成新的观点、经验和方法）。

四川成都棕北中学在培养学生核心素养过程中，注重连通教室和学生生活实践，连通教室与社区、社会。学校地理学科组带领学生开展锦江水质状况调查，把课堂搬到了锦江边。实地考察后，学生提出一个问题：如何科学、高效地检测水质？几经思考，他们决定应用物理、信息技术等学科知识，制作一艘能用手机操控的智能船模，船模到江上各个点位自动检测水质，同时把数据返回手机终端。这样，既能实现数据的全面性，又能保证数据的即时性。为此，学生完成了以Arduino为基础的智能硬件课程学习、基于MIT平台手机App编程学习，掌握了3D打印机、激光切割机及其他常见五金工具的使用，制作出"李冰号"智能水质监测船。从2018年8月开始，"李冰号"在锦江多次实地测试，获得的实时数据与同期四川大学分析检测结果相比较，更真实有效。2018年11月，"李冰号"智能水质监测船在全国第三届综合实践优秀成果展示活动中被评为特等奖。

可见，一旦课堂向生活开放、向时代开放、向未来开放，社会与生活作为"一个伟大无比的学校"将大放异彩。正如陶行知所说："我们真正的指南针只是实际生活。实际生活向我们供给无穷的问题，要求不断地解决。我们朝着实际生活走，大致不至于迷路。"

最后，泛在的课堂呈现线上线下融合学习的趋势，虚拟课堂与现实课堂的无缝衔接，可使人人、时时、处处可学。

技术的进步，不仅造成了学习环境、学习资源和学习方式的变化，而且挑战了传统的课堂文化、社群文化。技术对课堂的变革目前仍然在进行之中。未来，校园与社会、虚拟与现实、集体学习与个别学习，可能不再有清晰的不可突破的界限，而是巧妙地融为一体。泛在的课堂对教师的角色与专业性都提出了新的要求，需要我们在实践中进一步探索。

核心竞争力需要通过深度学习获得

在信息时代的背景下，综观世界各个国家、各国际组织制定的核心素养指标体系，其重要取向之一是：要培养计算机无法轻易替代的属于人类的核心竞争力。

计算机最容易取代人类的优势是什么？是记忆、再现、机械计算等低阶认知技能，而像分析、综合、评价、创造、情感沟通等高阶思维能力对于个体将日益重要，尤其是能否掌握无定式的复杂思维方式和工作方式，将决定个体能否在未来实现"成功生活"并参与建设"健全社会"。

高阶思维能力的获得，很大程度上需要通过深度学习。何谓深度学习？它是"对学习状态的质性描述，涉及学习的投入程度、思维层次和认知体验等诸多层面，强调对知识本质的理解和对学习内容的批判性利用，追求有效的学习迁移和真实问题的解决，属于以高阶思维为主要认知活动的高投入性学习"（康淑敏）。在深度学习中，学生通过对知识的深度学习，不仅可以形成高阶思维能力，而且能够获得解决问题的实际能力、个性化的专业智慧以及正确的价值观念。一言以蔽之，深度学习是形成核心素养的重要渠道。

北京师范大学郭华教授总结了深度学习的五个特征。其一，联想与结构：经验与知识的相互转化；其二，活动与体验：学生的学习机制；其三，本质与变式：对学习对象进行深度加工；其四，迁移与应用：在教学活动中模拟社会实践；其五，价值与评价："人"的成长的隐性要素。

这五个特征决定了通过深度学习涵养核心素养，需要注意以下三个方面：

首先，学习不是被动的，而是主动的。实现深度学习，没有学习者全身心的、主动的、深度的卷入是不可想象的。然而，学生什么时候在课堂上是主动学习，什么时候又是被动学习？并不容易区分清楚。有时候，学生处于研究状态，并不意味着他们的思维是积极的，也许他们仅是在模仿一个活动，只是按照教师事先为他们设定好的步骤按部就班。有时候，倾听教师的讲授并不意味着学生是被动的，为了理解教师的讲授，学生必须集中注意力，同时还要去消化教师讲授的内容，此时，智力上反而是主动的。

激发学生主动学习，有规律可循。一是设计好高阶问题。实现深度学习，需要从具体的小问题的解决转向大观念引领下的大问题的解决。学科大观念，是居于学科中心地位、能够体现学科课程性质和统摄零散知识的观念。大观念是一种提纲挈领的观念，可以是主题词或基本观点，如"价值""魅力""事物都是普遍联系的"等；也可以是理论或原理，如"生物进化论""质量守恒"等。大问题，是"一种开放问题或具有多元思考方式的问题"，这种问题能"鼓励学习者积极参与到问题解决中，使学生尝试寻找有用的知识、思考合适的方案来解决主要问题"。大观念引领下的大问题，是围绕具有学科特质与统领作用的观念设计的具有开放空间的问题。这样的问题，有利于学生开阔思路、主动探究，也有利于学生把握问题背后的学科核心观念，实现学科思想、方法、知识与能力的统整，更能依托学科的核心观念与问题解决的过程性体验发展核心素养。如"圆的认识"一课，一位老师提出大问题："圆形的下水井盖为什么不会掉下去？"这一大问题，既体现了在数学与生活的紧密联系中活化知识的目标要求，也隐含了"以数学的方式认识生活"的大观念，以这样的观念引导学生解决数学大问题，就有利于学生核心素养与主体价值的同步发展。二是做好以"学习活动"为核心的教学设计。学习活动的设计能力是很多教师缺乏的。大多数老师更看重传授和学习过程中以导师身份对学生进行引领，而没有学会在活动中达成教育目的。良好的学习活动有以下特点：学习活动既基于教材又超越教材；学习活动呈现多样化，包括学习资源、学习环境、学习方式的多样化；学习活动能打通并融合"教"与"育"，达成学科育人的效果。

其次，学习不是预备型的，而是及时性的。美国堪萨斯大学教授赵勇认为，所谓的预备型教学，是一种传统的教学方式，学生的"学"是由教师带动的，今天所有的学习都是为明天做准备。但是，每个人的未来都是不确定的，我们怎么可能把每件事都准备好？所以他认为，预备型的教育本身就是一个悖论，需要将预备型教学转变为及时性教学——以作品为导向的学习，每一次的学习都是以问题驱动，学生的任何一次学习都是为了发现和解决一个有意义的、值得解决的问题。现在的学习科学发现，理解和使用是交叉的，是互相渗透的，是同时发生的。及时性学习正是通过将理解与使用深度融合起来，得以促成核心素养的形成。以 STEM 课程为代表的综合性学科就是这种及时性学习的代表。

最后，学习不是局部的，而是整体的。成都市金苹果锦城一中构建了"全息课堂"。全息论认为：从潜显信息总和上看，任何一部分都包含着整体的全部信息。以此观照，课堂是学生发展的局部，学生发展是人类社会生活的局部；每一节课都应体现"完整的人"的发展特征，每一个学生的发展都应符合人类社会的整体要求。因此，每一节课都不能肢解学生，都应以"完整的人"的发展作为教学目标、内容与方式确定的依据。以此观照学科，每一个知识点都和其他知识点甚至整个学科全息，都和另外的知识点有着不可分割的联系。这就是"全息课堂"最深刻的意义：课堂上，不能仅囿于几个知识点的孤立的教学，而应考虑任一知识点与整体的关系，处理好知识系统、方法系统、情感系统之间的关系；同时，实现从一点知识到一类知识的学习，使学生能在一节课的有限时间内，关注到知识的整体。像锦城一中数学组采用"结构化"的教学思想，以单元教学的思路促进"类知识"和"类问题"的学习与解决。如一次函数的单元教学，老师首先引导学生联系现实生活，发现函数现象，归类概括一次函数及其图像的形状、分布象限和变化趋势，在此基础上探究函数的研究方法。在明确函数图像的一般画法后，分层次鼓励学生探究其变式，更加广泛地联系生活，由此树立生活中的函数与函数中的生活等意识，提高用函数知识解决生活问题的能力，提高学生综合运用函数知识分析和解决相关社会问题的能力。关注整体的课堂，虽然时间有限，却能气象万千、波澜壮阔。

当然，培育核心素养，要求课堂的变革不止于此，最终需要整体转型。这涉及课堂的逻辑起点、价值取向、教与学的方式、课堂文化等诸多方面的转型与变革。我们愿与有志者一道，在这条道路上持续地探索下去。

目录 | CONTENTS

◎ **第一章 核心素养的生命旨趣：让人成为整全的人** ………………… 001
　一、核心素养的研究溯源及内涵 / 001
　二、核心素养的核心：人的全面发展 / 004
　三、全人教育：培养核心素养、促进全面发展的一种视角 / 013
　四、全人视野下，培养核心素养的课堂的特征 / 018
　五、核心素养导向下的课堂整体转型 / 023

◎ **第二章 核心素养导向的课堂探索：全息课堂** ………………… 028
　一、课堂中的全人：现实与理想共生的"完整儿童" / 028
　二、培育"完整儿童"的课堂形态：全方位多层次发展核心素养、
　　　滋养整全生命的全息课堂 / 032
　三、全息课堂的建设策略：从观念到行动的立体推进 / 045

◎ **第三章 学习目标：全息课堂培养核心素养的突破口** ………………… 058
　一、指向核心素养的学习目标和实现指标 / 058
　二、如何制定学习目标与实现指标 / 061
　三、怎样使用学习目标与实现指标 / 083

· i ·

◎ 第四章　学科内整合：核心素养导向的全息课堂样态（上） ………… 095
　　一、人文学科实施学科内整合的要求与策略 / 095
　　二、人文学科实施学科内整合的教学案例 / 100

◎ 第五章　学科内整合：核心素养导向的全息课堂样态（下） ………… 168
　　一、自然科学实施学科内整合的要求与策略 / 168
　　二、数学学科案例：聚焦数学关键能力发展的整合式改革探索 / 172
　　三、物理学科案例：基于认知规律，以整合促进核心素养落地 / 188
　　四、地理学科案例：基于学科思想方法构建核心素养导向下的课堂样态 / 202
　　五、生物学科案例：聚焦大概念构建学科内整合的教学实践探索 / 218

◎ 第六章　跨学科整合：核心素养导向的全息课堂高阶追求 ……………… 240
　　一、核心素养导向的全息课堂与跨学科整合 / 240
　　二、跨学科整合的实施方式与要求 / 246
　　三、跨学科整合案例：八年级语文组新闻项目式学习 / 256

◎ 第七章　多元评价：发展核心素养的关键领域 ……………… 278
　　一、课堂评价的四个关键 / 279
　　二、核心素养导向的全息课堂评价的整体框架 / 283
　　三、核心素养导向的全息课堂评价的学科实践 / 300
　　四、跨学科项目化学习中的评价 / 314

◎ 后　记 ……………………………………………………………… 321

第一章 CHAPTER 1

核心素养的生命旨趣：让人成为整全的人

核心素养是学生持续生存和发展的基本凭借，核心素养的根本指向是培育整全的生命，让人成为整全的人。2014年4月30日，教育部颁布《教育部关于全面深化课程改革 落实立德树人根本任务的意见》。该意见指出："教育部将组织研究提出各学段学生发展核心素养体系，明确学生应具备的适应终身发展和社会发展需要的必备品格和关键能力。"对于学生发展核心素养体系的内涵做了一次白描，即学生应具备的适应终身发展和社会发展需要的必备品格和关键能力。2016年，中国学生发展核心素养研究成果发布，更进一步指出了核心素养的核心是培养全面发展的人。

一、核心素养的研究溯源及内涵

（一）国外核心素养研究

"核心素养"的英文词为"Key Competencies"，可以直译为"关键能力"。国内研究者根据"Competencies"所含的现实意思把它译为"素养"，"Key Competencies"就被翻译成了"核心素养"。

有一个与"Key Competencies"相似且出现得较早的词语是"Core Competencies"，它可被译为"核心能力"，也有人把它译为"核心竞争力"。从知网中搜索这个词语，1978年，作者Audrey M. Mc Lane 在《护理研究》（*Nursing Research*）上发表了"*Core Competencies of Masters-Prepared Nurses*"一文，直到

1994年,"Core Competencies"一词都只用于医学上。1995年开始,"Core competencies"被广泛应用到多个领域,如"*Using core competencies to develop new business*"。但此后更多的还是出现在"*Medical Education*""*Journal of Nursing Education*"等医学类杂志上。如果在知网中搜索"核心素养"并以发表年度排序,我们会发现,2010年以前文献的主题是"Core Competencies",没有"核心素养",也没有"Key Competencies"出现。

1997年,经济合作与发展组织(Organization for Economic Co-operation and Development,即OECD,简称经合组织)启动了"素养的界定与遴选:理论和概念基础"(Definition and Selection of Competencies: Theoretical and Conceptual Foundations,即DeSeCo)研究项目,方案中提到"素养",但并没有提出"核心素养";因受经合组织研究项目的影响,欧洲联盟(European Union,即EU,简称欧盟)的研究小组在2002年发布的《知识经济时代的核心素养》报告中首次使用"Key Competencies";2003年,经合组织出版了《核心素养促进成功的生活和健全的社会》(*Key Competencies for a Successful Life and a Well-Functioning Society*),书中正式使用"Key Competencies";2005年,为着力推进核心素养的教育实践,经合组织提出《核心素养的界定与遴选:行动纲要》(*The Definition and Selection of Key Competencies: Executive Summary*),"核心素养"由理论向实践迈进;2006年12月,欧洲议会和欧盟理事会通过了关于核心素养的建议案《以核心素养促进终身学习》(*Key Competences for Life long Learning*);2010年,欧盟理事会与欧盟委员会联合发布了《面向变化中的世界的核心素养》(*Key Competences for a Changing World*)报告。至此,核心素养的研究和实践被推向深入。

值得说明的是,美国提出了一个与"Key Competences"相类似的词语"21st century skills"。"skills"直译为"技能"。因此,"21st century skills"被译为"21世纪技能"或者"21世纪能力",也有学者把它译为"21世纪素养"。美国联邦教育部主导成立了"21世纪素养合作组织",该组织在2002年和2007年先后制订和更新了《21世纪素养框架》。因受美国"21世纪素养"的影响,新加坡教育部在2010年提出了"21世纪素养";日本国立教育政策研究所在2013年发布了《培养适应社会变化的素质与能力的教育课程编制的基本原理》,提出日本的"21世纪能力"。

(二)国内核心素养研究

从中国知网搜索来看,2011年有两篇关于"核心素养"的论文:《论师范生核心素养的形成——以〈教育学〉整体教学改革的探索为视角》《创新力：教师应具备的核心素养》。但研读这两篇文章的内容及参考文献，发现文中所述与经合组织、欧盟所主张的核心素养并无关联。中国后来的研究者对核心素养的理解及建立的框架，都与经合组织、欧盟的核心素养思想深度相关。因此，我们没有把这两篇论文纳入本研究的框架中。

不少研究者认为，国内对核心素养的研究源起于 2012 年。这一年，台湾中正大学蔡清田教授出版了《课程发展与设计的关键 DNA 核心素养》，书中建构了"核心素养"的特质、选择、架构、功能、培育的理论体系。❶ 蔡清田教授还发表了论文《"核心素养"：新课改的目标来源》，文章认为"核心素养"可以作为中国新世纪基础教育课程改革纲要的重要内涵，提出"'素养'比'能力'更适合当今社会"的观点。❷ 此后，一些学者对经合组织和欧盟的"核心素养"的内涵和课程进行了研究。

从政策的层面来看，教育部是核心素养研究的推动者。2013 年 5 月 30 日，教育部委托北京师范大学启动了"我国基础教育和高等教育阶段学生核心素养总体框架研究"重大项目，它标志中国核心素养研究的正式启动。2014 年 4 月 30 日，教育部颁布了《教育部关于全面深化课程改革 落实立德树人根本任务的意见》（以下简称《意见》）。《意见》指出："研究制订学生发展核心素养体系和学业质量标准。"包括"教育部将组织研究提出各学段学生发展核心素养体系，明确学生应具备的适应终身发展和社会发展需要的必备品格和关键能力""根据核心素养体系，明确学生完成不同学段、不同年级、不同学科学习内容后应该达到的程度要求"，等等。❸ 可以认为，《意见》就是中国核心素养研究和实践落地的指导性文件。2016 年 9 月 13 日上午，中国学生发展核心素养研究成果发布会在北京师范大学举行，会上公布了《中国学生发展核心素养》总体框架及基本内涵。"成果"指出：中国学生发展核心素养，主要是指学生应具备的，能够适应终身发展和社会发展需要的必备品格和关键能力。中国学生发展核心素养"以'全面发展的人'为核心，分为文化基础、自主发展、社会参与三个方面，综合表现为人文底蕴、科学精神、学会学习、健康生活、责任担当、实践创新六大素养，具体细化为国家

---

❶ 蔡清田. 课程发展与设计的关键 DNA 核心素养 [M]. 台北：五南图书出版股份有限公司，2012.

❷ 蔡清田. "核心素养"：新课改的目标来源 [N]. 中国社会科学报，2012-10-10（B01）.

❸ 《教育部关于全面深化课程改革 落实立德树人根本任务的意见》节选 [J]. 教育科学论坛，2017（20）：3-5.

认同等十八个基本要点"。❶ 该成果经教育部基础教育课程教材专家工作委员会审议，最终在全国发布。

2018年年初，教育部正式颁布新修订的普通高中课程方案和各学科课程标准。此次修订的一大亮点，是各学科都凝练了学科核心素养。什么是学科核心素养？高中各学科课程标准明确指出，学科核心素养是学科育人价值的集中体现，是学生基于学科知识的学习而逐步形成的正确价值观念、必备品格和关键能力。例如，《普通高中历史课程标准》提出了唯物史观、时空观念、史料实证、历史解释、家国情怀五个历史学科核心素养，集中指向的是学生通过历史学习，达成的历史学科关键能力、正确价值观念和必备品格。

通过分析可以看出，中国学生发展核心素养体系是跨学科的，是把党的教育方针具体化、细化了。但由于各个学科自有其特色，因此，新修订的普通高中课程方案和各学科课程标准里，再将中国学生发展核心素养转化为学科育人目标，即学科核心素养。从关系上看，中国学生发展核心素养统领学科核心素养，学科核心素养是中国学生发展核心素养在各个学科的具体表现。

中国学生发展核心素养和学科核心素养的出台，为课程教学改革指明了方向。具体来说，微观的教学目标、教学过程和教学评价都应该指向学生核心素养的发展，教材和教学内容所涵盖的相关知识要为学生形成核心素养提供强有力的支撑，以最终实现学生的全面发展。

二、核心素养的核心：人的全面发展

从《中国学生发展核心素养》的内容框架（图1-1）来看，发展核心素养的核心点是"全面发展的人"。

对人的全面发展，习近平总书记在全国教育大会上明确提出，培养德智体美劳全面发展的社会主义建设者和接班人。从党的教育方针的高度，对人的"全面发展"进行了高屋建瓴的表述。人的全面发展思想，古今中外的教育家都对此有过思考和探索。

---

❶ 核心素养研究课题组. 中国学生发展核心素养 [J]. 中国教育学刊, 2016 (10): 1-3.

图 1-1　中国学生发展核心素养内容框架

(一) 全面发展思想的历史溯源

古代思想家虽然没有提出"人的全面发展"的概念,但他们大量的著述或语录都隐喻着"全面发展"的思想。我们通过考察古人的教育思想来分析他们对人的发展的取向。

德谟克利特(约公元前460年—公元前370年),古希腊时期的思想家。他把获得幸福作为道德活动的出发点和最终目的。但他所主张的幸福,不是物质和肉体上的满足感,而是对精神的追求。他认为人的幸福与短暂的肉体快乐是不相同的,人的幸福存在于人的灵魂之中。人精神的快乐要大于肉体的快乐,当然,人精神的痛苦也要大于肉体的痛苦。[1] 尽管德谟克利特的幸福思想有其局限性,但对当代人研究积极情绪是有启示的。"全面发展的人"是善于建立积极情绪的人,也是终身追求幸福的人。

柏拉图(Plato,公元前427年—公元前347年)是古希腊哲学家、思想家、教育家。柏拉图在《理想国》中提出,应该通过德、智、体、美等培养和谐发展的人。他特别重视音乐和体育教育,重视音乐和体育对人的影响价值,认为二者是整个教育的基础,他认为音乐和体育可以使人的精神达到和

---

[1] 刘超. 从回忆说到灵魂转向——柏拉图的生命教化思想 [J]. 华章, 2014 (19): 13, 33.

谐。但人发展的最高境界是"善",仅仅通过音乐和体育的学习还不能让人达到"善",人还得学习算术、几何、天文、辩证法等。当一个人有了多方面的学习,才能使这个人"灵魂的最善部分"上升到能看见的"实在的最善的部分"。❶

亚里士多德(Aristotle,公元前384年—公元前322年),古希腊哲学家、教育家。亚里士多德提出对人的教育应尊崇自然法则,激活人的内在价值,使人拥有健康的体魄、良好的习惯和智力。亚里士多德特别重视一个人"德性"的养成和培育,"德性分两种:理智德性和道德德性。理智德性通过教导而发生和发展,所以需要经验和时间;道德德性则通过习惯养成,因此它的名字'道德的'也是从'习惯'这个词演变而来的"。❷ 无论是柏拉图的德、智、体、美等和谐发展,还是亚里士多德的健康、习惯和智力,都体现出"全面发展的人"的特征。

老子(生卒年不详),姓李名耳,字聃,中国古代著名的思想家。"上善若水"是老子最大的人生智慧,"上善若水,水善利万物而不争,处众人之所恶,故几于道"(《老子》),老子以水喻示生命的朴素,意不在水,而意旨生命的本性,表达什么是生命的真善、大善、至善。老子的生命境界为"道","道"的本质是"真"。"美"是老子的人格精神,"天下皆知美之为美,斯恶已。皆知善之为善,斯不善已"(《道德经》)。作为人格精神的"美之为美",不仅存在于社会的价值系统中,也存在于人的生命之中。❸ 老子的生命思想可以概括为"真、善、美"。

孔子(公元前551年—公元前479年),中国古代伟大的思想家、政治家、教育家。孔子可以说是提倡"全面发展"的大家。孔子主张"尚德""重能"。他把"德"作为人才必备的条件,认为"其身正,不令而行;其身不正,虽令不从"(《子路》);在"能"上,孔子强调"不患无位,患所以立"(《里仁》),此处之"立"是指从业的能力;孔子倡导人要全面发展,"君子不器"(《为政》),人不能像容器一样用途单一,人要做"成人",做"完整人",做全面发展的人,理想的人若"臧武仲之知,公绰之不欲,卞庄子之勇,冉求之艺,文之以礼乐"(《宪问》);孔子还提出人才一定要有创

---

❶ 李雯. 柏拉图《理想国》教育伦理思想及现代启示 [J]. 人文之友, 2018, 9 (16): 77-78.
❷ 亚里士多德. 尼各马可伦理学 [M]. 廖申白, 译. 北京: 商务印书馆, 2003.
❸ 黄诚. 生命境界、人生智慧与人格精神——《老子》文本思想释读 [J]. 学术论坛, 2008 (9): 1-5.

造性思维能力，对事对物能够通权达变，"告诸往而知来者"（《学而》）。孔子认为，完人应当富有智慧、克制、勇敢、多才多艺，并用礼乐加以修饰。他还认为，有完善人格的人，应当做到见到财利时想到义的要求，遇见危险时不怕献出生命，处于贫困却不忘平日的诺言，这样做就符合于义。孔子的"全面发展的人"的思想可以说奠定了全面发展的人的内涵及要素。

隆·米勒（Ron Miller）式"全人"。隆·米勒综合了60位全人教育学家的意见之后认为，"全人"应该包含六个方面的基本素质：智能、情感、身体、社会、审美、精神。"智能"指人提出问题、解决问题的能力，分析、判断、比较的能力，批判思维和创新能力；"情感"指对他人他物的关怀，积极的情绪，健康的心理状态；"身体""不仅指健康、营养、体格健壮，也指能够意识到身体不可能完全承受感情的压力和创伤，而且身体可以表达某些无法用口头和数学语言来表达的缄默知识"❶，它超越一般意义上健康的内涵；"社会"指的社会发展层面，"全人"应该是道德的；"审美"是指对美的热爱，对美的想象，审美的意识和审美的能力；"精神"是人能被激活的、无限的创造力和发展潜能。人是能够成为"全人"的，这是对人发展的大胆设想，也是全人教育的前提假设。

近代教育家对人的发展的认识更加明晰。陶行知（1891—1946年），中国人民教育家、思想家。他提出人的发展需要"生活力"。陶行知的"生活力"内涵丰富，"'生活力'不仅指独立生存的技能、主动学习和健康生活的习惯、与人和谐相处合作的情商，更包括善于解决问题的实践能力、勇于探索的创新能力和追求生命价值的发展能力"。在陶行知的论述当中，生活力、创造力、生命力并非三个平行的概念，生活力涵盖和包容创造力与生命力。生活力是最基本的行动力，是创造力和生命力的基础和前提条件；创造力是生活力和生命力最基本的追求，是生活力和生命力持续发展的源泉；生命力是生活力、创造力发展的动力。但无论是创造力还是生命力的发展，都离不开生活力的提升。❷ 由此可见，生活力不是一种单一的能力，也不是一种孤立的能力。只有在诸多方面发展之后，生活力才会得到真正的提升。因此，具备"生活力"是成为"全面发展的人"的基本条件。

---

❶ Ron Miller. Holism and Meaning [C] //Ron Miller. Caring for New Life: Essays son Holistic Education. Brandon, VT: Foundation for Educational Renewal, 2000.
❷ 李国平. 生活力：学生充分发展的核心力 [J]. 江苏第二师范学院学报，2018, 34（1）：79-85.

小原国芳（Obara Kuniyoshi，1887—1977），世界著名教育家。他主张教育要实现六种价值：真、善、美、圣、健、富。小原国芳认为，"教育的理想在于创造真、善、美、圣、健、富六项价值，也就是使受教育者在学问、道德、艺术、宗教、身体、生活六个方面得到均衡、和谐的发展"。❶ 小原国芳提倡学生成为"全面发展的人"，成为"有纯洁的心灵、聪明的头脑、健壮的身体的儿童"。❷

(二) 全面发展的未来视角

对"人的全面发展"的认识是不能离开时代背景的。无论是古代孔子提出的人的发展目标，近代陶行知提出的人发展的条件，还是现代小原国芳主张的教育的六大价值，都是时代的产物。虽然，从人发展的本质出发，教育家、思想家的观点有众多相似之处，但他们提出的思想一定是与时代相契合的。否则，他们的观点和主张就如无根的树林无法生长。

关于中国人才培养，习近平总书记指出："培养什么人，是教育的首要问题""要在坚定理想信念上下功夫"，要"增强学生的中国特色社会主义道路自信、理论自信、制度自信、文化自信，立志肩负起民族复兴的时代重任""要在加强品德修养上下功夫，教育引导学生培育和践行社会主义核心价值观，踏踏实实修好品德，成为有大爱大德大情怀的人"。也就是说，中国的教育要把"立德树人"放在首位，一个人的素质再高，没有良好的思想品行也是不行的。习近平总书记还指出："要在增长知识见识上下功夫""要在增强综合素质上下功夫"。❸ 也就是说，对未来人才的要求，不仅要重视基础知识、基本技能，也要重视学生良好品行的养成。习近平总书记的有关教育的重要论述，正是学生发展核心素养的理论依据。《中华人民共和国国民经济和社会发展第十三个五年规划纲要》（以下简称《纲要》）第十四篇中明确提出："把提升人的发展能力放在突出重要位置"。❹ 有研究者把人的能力分为生存能力和发展能力。生存能力就是人能够存活下来的能力；发展能力是提高自

---

❶ 秦珊珊. 全人教育视野下初中生青春期教育研究 [D]. 扬州：扬州大学，2017.

❷ 小原国芳. 小原国芳教育论著选（下卷）[M]. 由其民，刘剑乔，吴光威，译. 北京：人民教育出版社，2017：343.

❸ 张烁. 坚持中国特色社会主义教育发展道路培养德智体美劳全面发展的社会主义建设者和接班人 [N]. 人民日报，2018-09-11（1）.

❹ 中华人民共和国中央人民政府. 中华人民共和国国民经济和社会发展第十三个五年规划纲要 [EB/OL]. [2019-06-16]. http://www.gov.cn/xinwen/2016-03/17/content_5054992.htm.

己的能力，是未来发展的潜力，"是建立在生存能力各要素基础之上的，包括丰厚的文化底蕴、健全的人格修养、积极进取的心智模式，以及现代化实际操作能力、终身学习能力、应变创新能力在内的，在未来社会中自己提高自己的能力"。他们认为人的发展的结构模型是"人的发展能力=文化底蕴系统+心理素质系统+人格素养系统+学习能力系统+实践操作能力系统+应变创新能力系统"。[1] 由此可见，人的发展一定是全面的。马红等提出的"人的发展能力"的结构，与理想中的"全面发展的人"是一致的，可以作为构建"全人"能力框架的参考材料。

世界各国对人才的培养都非常重视。2008年7月1日，日本内阁会议颁布了一项重要计划：日本《教育振兴基本计划》（以下简称《计划》），是日本文部科学省依据《教育基本法》由政府首次制订的计划。2013年6月，日本文部科学省颁布了《第二期教育振兴基本计划》（以下简称《第二期计划》）。2018年3月，日本发布了《第三期教育振兴基本计划》（以下简称《第三期计划》）。《第三期计划》确立了五大教育基本方针，对应21个教育政策目标、101项基本措施。同时初步设定37个测定指标、20个参考指标。《计划》实际上回答了两个问题："培养什么样的人""如何培养人"。第一个基本方针是"培养自我实现所需的能力"，其对应的政策目标是：培养扎实的学习能力，丰富的心灵，强健的体魄，获得发现、解决问题的能力，在工作以及社会生活中自立的能力和态度；第二个基本方针是"培养能够推动社会持续发展的人才"，其对应的政策目标是：培养在国际社会发挥作用的人才，通过研究生教育改革等培养能够带动技术革新的人才，培养体育、文化等多个领域的人才。《第二期计划》强调人生存能力的培养和创新能力的培养，《第三期计划》强调培养多方面发展的和多领域的人才，通过终身学习尽量使个体潜能与发展机会最大化，同时为使日本教育国际化而培养能够带动社会发展并且在国际舞台上作出贡献的人才。[2] 该《计划》展示了日本教育立国的新政策。从人发展的视角来看，日本强调人的全面发展，特别是面向未来的人的综合素养发展。

美国历来都重视高层次创新人才的培养。20世纪80年代，美国国家科学委员会（National Science Board，NSB）就提出"STEM（Science，Technology，

---

[1] 马红，赵恒德."人的发展能力"与"课堂教学转型"探究[J]. 辽宁高职学报，2017，19(7)：9-12，26.
[2] 宋璇. 日本《第三期教育振兴基本计划》述评[J]. 世界教育信息，2018，31(20)：60-65.

Engineering，Mathematics）教育集成"的战略主张。❶ 后来，美国弗吉尼亚科技大学的 Yakman 教授认为"STEM"应该增加人文因素艺术（Art），"STEM"演变成"STEAM"。美国实施"STEAM"教育的初衷是增强国家的科技创新力和核心竞争力。但从人发展的角度来看，"STEAM"是跨学科整合，学生接受的是"做中学"的探究式教育，它是一种基于问题解决式的学习，学生得到的是全面发展。基于本国的全球地位，美国提出要培养每一位学生的"全球化能力"。"全球化能力也被惯称为'21世纪技能'。密集而相互联系的知识劳动、数字化的生活方式、技术、数字型的思考工具，这些都是我们要在21世纪中面临的挑战""全球化能力并不是相互孤立的，而是相互联系的知识与技能，共同对个体产生作用，让个体能够理解世界并采取行动"。❷ 美国提出的全球化能力结构中有4个核心要素：洞察世界、识别立场、采取行动、表达观点。美国的全球化能力培养目标，就是要培养学生超越所处的环境局限观察和了解世界，能够发展认识自己与他人的立场，并能正确地表达自己的观点、采取行动以改变环境。因此，全球化能力并非一种单一的能力，而是培养学生的多种视角，对事物及现象的分析判断能力、思维能力、表达能力以及恰当的行动力。从表层上来看，美国倡导的是培养学生的创新性、竞争力、胜任力，但要发展这些能力，并非仅仅引导人向尖端的能力发展，而是以培养学生核心能力为驱动以发展学生的综合素养、促进学生的全面发展。

在中国人才发展的顶层设计上，中国提出了发展学生核心素养。为培养具有核心素养的未来人才，一些有识之士正在为建成中国特色世界水平的优质教育而努力。如四川省成都金苹果锦城第一中学将学生发展核心素养校本化表达为："文化认同、高尚品德、中国风骨、综合素质、世界担当、全球胜任力"。其中，"文化认同"是前提，"高尚品德"是根基，"中国风骨"是核心，"综合素质"是要求，"世界担当"是条件，"全球胜任力"是升华。文化认同就是中华民族、中华文化的认同意识，就是中国人要热爱中华民族、中国文化，就是要有中华文化的自豪感和自信心。立德树人是教育的根本，是学生未来发展的根本，是生命存在价值的根本。而中国风骨是优秀中国人

---

❶ 范文翔，张一春. STEAM 教育：发展、内涵与可能路径 [J]. 现代教育技术，2018，28（3）：99-105.

❷ 谢淑海，熊梅. 美国国际教育的价值取向与行动路径——基于《美国联邦教育部国际战略（2012—2016年）》的分析 [J]. 世界教育信息，2014，27（20）：16-20.

体现出来的精神风貌与言行特征等的总和,是推动中国历史发展的"中国脊梁"的群体特征,是中国人从古至今表现出来的独特姿态,这种姿态既是文化认同的结果,也是与时俱进的结晶。世界担当是指关注全球、爱护全球、发展全球的意识、思想、能力与行为等的总和。全球胜任力则是指对地区、全球和跨文化议题的分析能力,对他人的看法和世界观的理解和欣赏能力,与不同文化背景的人进行开放、得体和有效的互动的能力,以及为集体福祉和可持续发展采取行动的能力。❶

(三) 对全面发展的生命认识

研究"全面发展的人",不仅要考虑全面发展的人应该具有什么样的特征,如果只看到"全面发展的人"的特征,那就也只能看到静态的"全面发展的人",我们同时还要考虑生命发展的样态以及生命动态发展的规律。因为生命是在动态中成长,在成长中完善和发展的。

1. 全面发展的生命视野

孔子的生命智慧。孔子强调"不患无位,患所以立","立"可能是一个动态的词语,一个人只有不断地发展自己才可能"立"。人首先必须立志,立志之后才谈得上立德,"吾十有五而志于学,三十而立,四十而不惑,五十而知天命,六十而耳顺,七十而从心所欲,不逾矩"(《为政》)。"立志"是一个人生命发展的起点,人立志之后,经过不断地加强学习和修养,提升自己的情感、思想和行为的境界,人的生命就可以达到道德发展的最高境界:"从心所欲"而"不逾矩"。孔子教育学生要"志于仁","仁"即"仁德"——道德修养的最高水平。孔子还倡导人要追求精神生活,认为一个生命要追求更高层次的精神生活而不是物质生活,"士志于道,而耻恶衣恶食者,未足与议也"(《里仁》);孔子认为在个性修养上要"克己复礼为仁"(《颜渊》),克己复礼,即为克制自己,使自己的言行符合规范。一个人要克己复礼,就必须时刻"内省"自己,"吾日三省吾身:为人谋而不忠乎?与朋友交而不信乎?传不习乎?"(《学而》),当一个人不断内省自己时,可以达到"内省不疚,夫何忧何惧"(《颜渊》) 的心理状态。当然,一个人不能文过饰非,把错误掩盖起来,而是要不断地改过迁善,"君子之过也,如日月之食焉。过也,人皆见之;改也,人皆仰之"(《子张》);孔子主张"慎言","巧言令

---

❶ 贺佳欣. 全球胜任力的四大维度 [J]. 上海教育, 2018 (8): 8-10.

色,鲜矣仁"(《学而》),巧言令色的人是华而不实或言过其实,其实这种人是不道德的,应当"言必行,行必果"(《子路》)。从孔子大量的语录和论述来看,他把人生命的过程当成不断成长的过程。他概括出一个全面发展的人应该发展的境界,也描绘出一个生命发展应该追求的质量。

毛泽东不仅是政治家,还是思想家。他的生命观是他思想的重要组成部分。在毛泽东的生命观体系中,"辩证唯物主义生命实体观是其主体与核心,自由平等生命价值观是其重要内容,舍生取义的生命伦理观则是其底色和支撑。"❶ 毛泽东认为,生命是客观存在的实体,其发生、发展和死亡都受自然规律制约,"人类者,自然物之一也,受自然法则之支配,有生必有死,即自然物有成必有毁之法则。"毛泽东提出了顺其自然、尊重自然的生命思想;他追求自由,究其一生追求教育自由、思想自由、社会自由,践行自由平等的生命价值观;他一生忧国忧民,践行舍生取义的生命伦理思想,提出全心全意为人民服务是生命的根本价值和意义所在,为人民而死是生命最好的归宿的观点。毛泽东的生命观充分体现了真理与价值、知与行、个体与群体的内在统一;充分反映了生命是自然中的生命,是社会中的生命,人的生命与自然、与社会是和谐平等的,而人的"知与行"必须建立在正确的伦理之上。毛泽东的生命观描绘了全人生命的最高境界。

2. 全面发展的整体性

隆·米勒认为人的精神性、社会性、知识、技能是和谐统一的。人的六种基本素质要整体发展,和谐统一。全人教育学者弗贝斯则提出,教整体的儿童(学生)(儿童的各个部分),把儿童(学生)当作整体来教(而不是各个部分的集合),把儿童(学生)视为某个整体(社会、人类、环境、神性整体)的一个部分。❷ 因此,人的整体性隐喻着人不仅是全面发展的,而且人与自然、社会也是高度和谐发展的。这体现了全面发展整体性的多元内涵。

学者姜梅英提出"以人为本的整体性":以人为本意蕴着整体特性,表现为它的统一性、主体性及可持续性。❸ 姜梅英的观点建立在人、自然、社会的和谐关系上。她认为人、自然和社会相互联系、相互制约、和谐共生,形成

---

❶ 何金凤,王晓荣. 思想渊源视阈下毛泽东生命观的三个维度[J]. 理论学刊,2015(1):13-20.

❷ FORBES S H. Holistic Education: An Analysis of Its Ideas and Nature[M]. Brandon, VT: Foundation for Education Renewal, 2003:2-4.

❸ 姜梅英. 试析整体性视角下的以人为本[J]. 社科纵横, 2011, 26 (5):1-4.

有机的整体，表现出统一性；在人、自然和社会这个统一体中，人是根本，是核心，能起主导作用，表现出人的主体性；人与社会总是同步发展的，二者相互依存、相互促进，表现出人发展的可持续性。人是自然的人，人是自然的元素之一，人靠自然存活。❶ 人不仅是自然存在物，也是社会存在物。我们应当清楚地认识到，尽管人对自然和社会，特别是对社会的发展有导向的作用，但不能仅仅强调自然对人类的工具性，如果把人当成自然的主人，事事以人为中心，人类就难以与自然和谐相处。如果个体在社会的发展中总是以自我为中心，就会陷入以自我为中心的伦理价值观。人与人、人与社会就会产生剧烈的矛盾，而人的全面发展也就无从实现。所以，人的全面发展，既要求个体生命的全面发展，也要求人类与自然、社会的和谐发展。如学者谭敏、范怡红提出的那样，要寻求人类之间的理解与生命的真正意义、强调学生人文精神的培养、鼓励跨学科的互动与知识的整合、主张学生精神世界与物质世界之间的平衡和注重生命的和谐与愉悦、培养具有整合思维的地球公民❷。

3. 全面发展的全球格局

彭江、廖礼彬认为，全球教育应该有四个基本的要素：全球视野教育、全球问题教育、全球依存教育、跨文化交流教育。❸ 全球视野教育，包括思维、敏感性、意识、能力、态度、技能、知识等的教育；全球问题教育，旨在提高学生对他们所面对的世界范围内的问题和困难的理解和意识水平。有研究者认为，让青年人知道我们这个时代的全球问题的原因、影响和可能的解决之道是非常重要的教育内容。全球依存教育，就是要让学生认识到人们相互依存的世界系统，即世界文化系统、世界经济系统、世界政治系统、世界生态系统和世界技术系统；跨文化交流教育，即学生还需要提高自己的跨文化交流技能。有四种最基本的跨文化交流能力：识别文化背景的能力、表达自己的能力、倾听的能力和辩论的能力。这些能力，都是在全球化时代对人的全面发展提出的新要求。

三、全人教育：培养核心素养、促进全面发展的一种视角

2010年5月，中国语言文化中心、全人教育办公室等单位共同主办了

---

❶ 马克思恩格斯全集：第42卷 [M]. 北京：人民出版社，1979.
❷ 谭敏，范怡红. 西方当代全人教育思想探析 [J]. 外国教育研究，2006 (9)：48-51.
❸ 彭江，廖礼彬. 论全球教育的本质要素 [J]. 外国语文，2011，27 (2)：112-116.

"百年中国教育历程：回顾与展望研讨会"。全人教育作为当代教育发展的一种新的趋势，在我国及世界各国都有理论及实践的探索。综述指出："它旨在培养博雅通达、全面发展的'完整的人'，即所谓的'全人'""从内涵来看，全人教育主要关注的是'完整的人'，崇尚人的身体、心灵、精神、灵魂的整合；情意、灵性、灵感、直觉的激发；想象力、创造力、多元综合智能的开发；人与自然、人与人、人与社会的和谐发展"❶。从中可以厘定"全人"的一些特征，如全人是全面发展的人，全人与自然、社会和谐共生，全人的多元智力得到开发。2000年发布的《全人教育宣言》确立了全人教育的10条原则：为了人类发展的教育；欣赏每位学生的特色；重视人的生活经历；实践全人教育；教育者的新角色；学生选择专业、学科和学习过程的自由；体现合作和民主意识的教育；培养地球公民；培养具有生态环保意识的人；注重精神教育。这些成果对于我们研究如何培养全面发展的人，如何培养学生核心素养有重要的参考价值。

"全人"概念是进行"全人教育"的逻辑起点。通过对以上文献的分析，结合国家提出的学生发展核心素养的内涵，我们提出"全人"发展的一些基本主张：第一，"全人"应该德、智、体、美、劳全面发展；第二，"全人"的身、心应该和谐发展；第三，"全人"与他人、自然、社会应该是和谐共生的；第四，"全人"的多种能力应得到不同程度的发展，包括生活力、学习力、思维力、生命力；第五，"全人"的主体意识完全觉醒，对自我完善和发展有较强的内驱力；第六，"全人"有完全符合时代的生命价值观；第七，"全人"对人类发展有责任意识；第八，"全人"有多种视野，包括生命、生态、全球的视野。

基于这样的分析，我们认为，培养全面发展的人以及培养学生的核心素养，"全人教育"不失为一种有针对性的视角，"全人教育"就是要唤醒全人生命，为人的终身发展奠定基础，实现人的全面发展。

(一) 全人教育思想的演变

无论是柏拉图的和谐思想、亚里士多德的自然法则，还是孔子的全人要素，更多地强调人的自由、自然和全面发展。他们的思想或观点为近、现代全人和"全人教育"（Holistic Education）概念的形成奠定了基础。

---

❶ 杨亚辉. 全人教育：培养全面发展的人的一种视角——"中国百年教育历程：回顾与展望研讨会"综述[J]. 中国高等教育，2010（12）：62.

裴斯泰洛齐（Johan Heinrich Pestalozzi），19世纪瑞士著名的民主主义教育家，卢梭自然教育思想的践行者和发展者。他认为人的发展具有整体性和平衡性，教育必须能使儿童在德、智、体诸方面，人体的各个器官上得到全面、平衡性的发展，"孤立地只考虑发展任何一种才能（头脑或心灵或手）都将损害和毁坏人的天性的均衡"[1]。裴斯泰洛齐的教育哲学思想成为全人教育的理论基础。

马斯洛（Abraham H. Maslow）、罗杰斯（Carl R. Rogers）的人本主义思想是全人教育的重要基础。马斯洛提出"自我实现"和"内在学习"的观点。马斯洛认为人追逐爱、尊重、认识、审美等是"似本能"的，人的"似本能"潜力很大，如同"橡树的树籽"，而社会、文化、教育环境如同"阳光、食物和水"[2]。他认为教育应该是以人为本的，提出自觉的、主动的、创造性的教育模式。他主张"自我实现"，提出需要层次论。罗杰斯也认为教育应该是以人为本的，他提出意义学习，他认为意义学习主要包含四个要素：第一，学习具有个人参与性质，并且把认知和情绪都投入进去；第二，学习是个体自发的，靠内部动机和内部感觉进行；第三，使学生行为、态度和人格获得全面发展；第四，自我评价比他人评价更重要[3]。马斯洛说过人必须在社会、文化、家庭中成长，能满足人高级需要的"似本能"是一种潜能，只要环境条件适当都可以得到开发；罗杰斯认为人有巨大的学习潜能，但在适当的条件下才能被激活，因此，对人的教育必须尊重自然。无论是罗杰斯的意义学习还是马斯洛的内在学习，人本主义鼓励教育者对每个学生都要尊重其个性和需求，提供自由学习的条件，最大限度上开发个体先天具备的积极潜能[4]。

小原国芳（1887—1977年），日本现代教育家。小原国芳教育思想体系的核心部分是"全人教育"。他认为，"全人教育"就是"全人格"的教育或"完整人的教育"。他主张人要全面发展，单纯地强调德育、智育，或偏向学生的体育、美育、劳动都是片面的，不符合"全人教育"的要求。他的"全人教育"由六个方面组成：学问、道德、艺术、宗教、身体和生活[5]。一个人

---

[1] 裴斯泰洛齐. 裴斯泰洛齐教育论著选[M]. 夏之莲, 译. 北京：人民教育出版社, 1992：412.
[2] 车文博. 人本主义心理学[M]. 杭州：浙江教育出版社, 2003：107-474.
[3] 陈琦, 刘儒德. 当代教育心理学[M]. 北京：北京师范大学出版社, 2007：203-209.
[4] 唐继亮. 罗杰斯和马斯洛人本主义教育思想的比较[J]. 台州学院学报, 2017, 39（5）：53-56.
[5] 王梦龙. 借鉴小原国芳"全人教育"思想开展真善美教育[J]. 外国中小学教育, 1995（2）：18-20.

只有这六个方面得到整体性发展，人的发展才是全面的，教育才是成功的。

蔡元培（1868—1940 年），近代中国伟大的革命家、思想家、教育家。蔡元培的教育思想非常丰富，但其完全人格教育思想是他教育思想体系的重要组成部分，他认为培养具备"完全人格"的人才意义重大。❶ "盖国民而无完全人格，欲国家之隆盛，非但不可得，且有衰亡之虑焉。"❷ 在蔡元培看来，普通教育就是要培养孩子"健全的人格"和"共和的精神"。他"健全的人格"思想内涵非常丰富，并非仅仅指道德发展或心理发展，而是指一个人综合素质的发展。他在《对于教育方针之意见》一文中明确提出了"五育并举"的全人教育观，包括军国民教育即体育、实利主义即智育、公民道德教育即德育、世界观教育和美感教育即美育。❸ 在蔡元培看来，人身体的素质是第一位的，人健全的精神必须由健康的身体来承载；他认为，智育不仅是个体健全人格形成的关键，更是国家发展的关键；他主张"德"是全人格教育的根本和核心，"五者以公民道德为中坚，盖世界观及美育皆所以完成道德，而军国民教育及实利主义，则必以道德为根本"❹。如果一个人无德，即使体魄健壮、智力发达，对社会而言也是负能量而无益的；对于世界观教育，他提出"为群伦不为小己""为将来不为现在""为精神愉快非体魄享受"等观点；对于美育，他认为人培养的终极目标就是使人具有创造美、欣赏美、体验美的能力。蔡元培还认为，"完全人格"教育必须放到社会上来实现，把一个人个体的发展与群体的发展结合起来，培养人的群性即社会性。同时，他还提倡人身体与精神的和谐发展，"健全之精神，必宿于健全之身体，衣食足而后知荣辱，生理之影响于心理也有然；科学知识、美术思想为发达工艺之要素，利用厚生之事业，非有合群之道德心，常不足以举之，心理之影响于生理，不亦有然乎！"❺

陶行知提出培养真人的教学论，"千教万教，教人求真。千学万学，学做真人。"❻ 简练的语言概括出教育的方向和做人的要求，意旨培养人的教学目标和人生目标。作为教学目标，体现培养人的主线，要教学生"求真知，说

---

❶ 韩立云. 蔡元培完全人格教育思想的多重维度 [J]. 江苏第二师范学院学报，2018，34 (6)：71-75，125.

❷ 蔡元培. 在爱国女学校之演说 [C] //高平叔. 蔡元培教育文选. 北京：人民教育出版社，1980.

❸ 曾成栋. 论蔡元培之"五育"教育观 [D]. 长沙：湖南师范大学，2015.

❹ 高平叔. 蔡元培教育论著选 [M]. 北京：人民教育出版社，2011：16.

❺ 蔡元培. 一九〇〇年以来教育之进步 [C] //高平叔. 蔡元培教育论著选. 北京：人民教育出版社，1991.

❻ 华中师范学院教育科学研究所. 陶行知全集：第 8 卷 [M]. 长沙：湖南教育出版社，1992.

真话",把学生培养成全面和谐发展的人;作为学生个人目标志向来说,"真人"隐喻时代的需求,要求学生立下有责任、有担当,作为人民谋幸福的时代新人的发展目标;从学生素养来看,学生要做大德之人,"大德"是"真人"的基础,还要是具有"健康的身体、独立的思想、独立的职业"的整全人,是富有创造精神和开辟精神的创造人。

人的全面发展理论是马克思主义理论的根本出发点和最终归宿,是马克思主义教育观的重要组成部分。马克思的全面教育学说主要指智育和体育与生产劳动相结合。一般包括德、智、体、美、劳等几方面的均衡发展,又包括个性心理、性格、兴趣、意志、气质等非理性因素的健全发展。❶ 毛泽东在《关于正确处理人民内部矛盾的问题》一文中指出:"我们的教育方针,应该使受教育者在德育、智育、体育几方面都得到发展,成为有社会主义觉悟的有文化的劳动者。"毛泽东思想应用和发展了马克思主义理论。有研究者认为,人的全面发展,就是既达到充分的社会化,又达到充分的个性化。❷ 还有研究者认为,人的全面发展是指人的劳动能力、社会关系和个体素质诸方面的自由而又充分的发展。❸ 由此可见,全人教育与人的全面发展都是教育思想的本位回归,都是对人发展的本质追求。

(二) 全人教育与培养核心素养

全人教育与发展学生核心素养具有高度的一致性。从《中国学生发展核心素养》总体框架来看,"全面发展的人"是其核心,它包括三个维度:文化基础、自主发展、社会参与;它有六个方面:人文底蕴、科学精神、学会学习、健康生活、责任担当、实践创新;它还有十八个发展点。因此,发展核心素养的核心点是人的"全面发展"。而全人教育也呼应人的全面发展,即以人的全面发展为宗旨,同时还主张人的整体性发展、人的生命性发展。整体性发展不是某一个方面优先发展,而是作为一个全面发展的人每一个方面都应该优先发展;人的生命要完整发展,那么人的文化基础、自主性、社会参与性也应该充分发展。因而全人教育是站在哲学的高度对培育核心素养的一种视角和诠释。

但是,发展学生的核心素养不易,能发展学生核心素养的课堂变革也

---

❶ 陈小鸿. 论人的自由全面发展 [M]. 北京:人民出版社,2004:16.
❷ 万春利. 人的全面发展思想是马克思主义理论的核心价值 [J]. 哈尔滨市委党校学报,2007,(6):40-41.
❸ 王端庆. 科学教育与人文教育的分裂与整合 [J]. 现代大学教育,1997 (3):18-25.

不易。因为，从本质上讲，不同学生核心素养的倾向不同，要实现核心素养的路径也可能不相同，如何在课堂上得以实现？而且，从变量的角度来分析，核心素养是一个状态量，不是一个过程量。如何把核心素养这个状态量放到过程中来实现？我们认为，全人教育既可以是一个状态量也可以是一个过程量，生命发展必须行进在过程之中，其发展的最终结果仍然是促进人的核心素养的发展。因此，全人教育能在根基上推进学生核心素养的发展。

四、全人视野下，培养核心素养的课堂的特征

对于什么是理想课堂，不同的人可能有不同的理解和向往。但全人视野下的理想课堂，一定是有活力、有魅力、有动力的课堂。在这样的课堂中，师生之间、生生之间、师生与环境之间可以引发共鸣，师生的生命得到了张扬和发展，在充满生命活力的氛围里，学生的核心素养自然而然地发展、养成。我们认为，在全人视野下，培养核心素养的课堂具有以下特征。

（一）注重学生人性整体发展

发展核心素养，关键是培养全面发展的人。实施全人教育，其本质是通过教育促进人性的健康发展、全面发展、整体发展。但无论是从人的全面发展，还是整体发展、健康发展的角度来看，其核心都取向于人生命的发展。就学生而言，学生生命的自由发展，首先应该是学生人性的发展。

人性天成。郭思乐教授认为，人的天性起点非零。[1] 人的自然禀性由基因决定，人的基因代代相传，一个人的基因中可能蕴含远古以来人类进化的信息，当然也会承袭因人类发展而积淀的秉性，这其中也包含学习的成分。人较之动物，因好学、善思而创造世界。尽管人所蕴藏的先天信息有高度的相似性（性相近），但人却因社会运动、人与社会的交互性、人与人之间的交互性而使其后天相异（习相远）。无论我们用什么眼光、什么方式和技术去考察人进步的原因，以及因人的进步而推动社会进步的原因，人生命的自由发展是其中最核心的要素，而人性是人生命中重要的元素。

人性的内涵异常丰富。有学者认为，"所谓人性，顾名思义，就是人的属性，即人所具有的属性"[2]，将"人性"等同于"人的属性"；有学者认为，

---

[1] 郭思乐. 从主要依靠教到主要依靠学：基础教育的根本改革 [J]. 教育研究, 2007 (12)：15-20.
[2] 王海明. 人性概念辩难 [J]. 人文杂志, 2003 (5)：1-10.

第一章 / 核心素养的生命旨趣：让人成为整全的人

"人有其独特的性质，这种独特的性质便是人性"[1]，将"人性"理解成"人的特性"；有学者在论述中直接地将"人性"等同于"人的本质"[2]，或将"人性就是人的本质"[3]当作已知前提来使用。有学者则将"人性"理解为人的本性的简称[4]。根据不同学者对"人性"的理解，它有了四维向度：人的属性、人的特性、人的本质和人的本性。[5]山东大学沈顺福教授在《试论中国早期儒家的人性内涵——兼评"性朴论"》一文中对中国儒家的"人性"进行了详细的阐述。中国古人所理解的人性之"性"是自然属性，孔子曰："性相近也，习相远也。"（《论语·阳货》）和孟子同时代的告子说："生之谓性。"（《孟子·告子上》）人出生就有的便是人性。孟子则说："口之于味也，目之于色也，耳之于声也，鼻之于臭也，四肢之于安佚也，性也。"（《孟子·尽心下》）汉代董仲舒认为"性者，质也。"（《春秋繁露·深察名号》）从这些论述中可以看出，在这些哲人的眼里，性即初生材质，是自然天成的。

英语中的人性是"human nature"。"nature"有自然、天性、本性之意。那么，英语中的人性是否也有自然天成的含义呢？《牛津高阶英汉双解词典》[6]解释是"the ways of behaving、thinking and feeling that are shared by most people and are considered to be normal"，意思是"大多数人所共有的、被认为是正常的行为、思维和感觉方式"；《朗文高阶英汉双解词典》[7]将其解释为"the qualities or ways of behaving that are natural and common to most people"，大意是"人的品质、行为方式的共通性"。显然，英文中的人性并不是指人的自然性，而指向了人的社会性。而从大量的研究来看，现代的研究者普遍认为，人既具有自然属性，又具有社会属性。如果用这个观点来理解人性，人性就既具有自然属性又具有社会属性。

人性的发展需要教育，但是教育对人性发展的推动比知识的传授要困难得多。首先，人性具有自然属性，既有先天的生理和机能，又有先天的本能、欲望、冲动与性情，这些是影响人性的隐含要素，是人性整合的重要基础。

---

[1] 王和. 人类历史是人性展现的历史 [J]. 清华大学学报：哲学社会科学版, 2014（1）：53-65.
[2] 孙志海. 论抽象的人性理论何以可能与为何必要 [J]. 哲学研究, 2013（7）：14-23.
[3] 王锐生. 关于人性概念的理解 [J]. 哲学研究, 1980（3）：22-27.
[4] 俞吾金. 中国传统人性理论的去魅与重建 [Z]. 中国哲学年鉴, 2010.
[5] 秦志龙, 王岩. "人性"概念考辨与人的本质探要：基于历史唯物主义的视角 [J]. 理论月刊, 2017（7）：56-61.
[6] 牛津高阶英汉双解词典：第8版 [M]. 北京：商务印书馆, 2014.
[7] 朗文高阶英汉双解词典 [M]. 北京：外语教学与研究出版社, 2013.

因此，要完成青少年人性的塑造，仅靠学校是不能达成的，需要家庭教育的深度参与。可从大量的调研情况来看，家庭教育在促进人性的发展上是缺位的。其次，在课堂上，往往容易忘记人性发展内涵的丰富性，没有把人当成整体的人来考虑，因而教育效果不佳。最后，教育理论的人性假设往往高于人性现实。这种高于人性现实的问题可以具体分为两个方面：一是把至高的品德或理性能力作为教育目的，而现状是真正达到这种目标的人寥寥无几；二是把受教育者的基础设想得太理想化，而教育措施不能应对品格和理性缺陷的状况。❶

教育在人性的发展上有难度，但并不是说教育对人性的发展就是不可为的，学生人性的发展也可以通过课堂来实现。例如，可以在课堂上用人类优秀文化滋养孩子的人性。学科知识传承的是人类最优秀的文化，都是人类智慧和精神的集合体，知识对现代人的意义并非仅仅增长智慧，还可以塑造人的灵魂。"教育者主要借助以知识为主要载体的人类文化，通过文化性教育实践活动，引导学生理解世界，在知识、人、社会的互动中获得成长。"教师"可以组织丰富多彩的教育实践活动，使学生的生命实践迈向未知的境域；可以引导学生在葆有自身优秀文化传统的同时，超越自身成长的文化环境的局限，面向世界，面向未来，不断提升人性境界"。❷ 学科知识本身就具有促进人性发展的价值，为什么认为只能用"渗透"或"整合"的方式来实现呢？再如，教育者可以在课堂上营造正能量，以引导人性正向地发展。《说文解字》对教育的解释是"教，上所施下所效也；育，养子使作善也"，阐明了教育的特性在于教师提供示范与指导，引导人实现属人的成长。还有，课堂在学生人性的他觉向自觉转化上可以努力。"人性发展的最佳境界就是形成生命自觉，实现自主的人性发展。"❸ 教育就是要教天地人事，育生命自觉。这些都可以通过优化课堂育人环境，形成良性的课堂氛围与条件，共同促进学生实现人性的完满。

（二）多种学习方式并存

首先，在中国学生发展核心素养指标体系中，自主发展是三大方面之一，学会学习是六大素养之一。全面发展的人应具有自主学习的能力，课堂上应强化自主学习的方式。

---

❶ 余清臣. 教育理论的实践化改造：基于人性假设的组合 [J]. 教育科学研究, 2018 (10): 5-11.
❷❸ 赵荷花. 教育对人性发展之可为、难为与应为 [J]. 教育研究与实验, 2017 (3): 19-24.

对于教学，若干年来我们都特别强调教，却忽略学之要义、天性于学的价值。新课程改革的核心是把以教为主导的课堂转换成以学为主导的课堂，使学生的自主学习意识得到进一步增强。然而，习惯于传统的单向灌输教学方式的部分教师，其所理解的自主学习是：发生在课后，内容以课外书籍为主，形式是个体的自学。因此，我们需要对自主学习进行重新审视，要研究什么是自主学习，在哪里学，课堂如何进行自主学习，学什么，与谁一起学，等等。

从论文中选取的英文词来看，自主学习有三种译法："Independent learning"或"Self-regulated learning"或"Autonomous learning"。"Independent"意为"独立的、自主的、自治的"，有"不依赖"的含义；"Autonomous"即为"自主的、有自主权的"，有"Able to do things and make decisions without help from anyone else"在没有别人帮助下做事或做决定；"Self-regulated learning"即为自我管理、自我控制的学习。因此，在英文中用不同的词组来作为自主学习的概念，其实践的取向明显是不同的。

近几年，国内外学者对自主学习进行了大量的研究。根据课堂总是被教师控制的现象，以人文主义心理学（Humanistic Psychology）为基础的教育哲学主张学习者与教育者分享控制权，主张以协商的形式进行学习，主张共同承担，主张学习内容要符合学习者自身的需要。[1] 教育研究者开始从讨论"如何教"向学生"如何学"的领域转换，在这样的背景下有人提出自主学习。但到目前为止，对于自主学习的概念并没有达成共识。研究者程晓堂总结了自主学习的三种含义：第一，自主学习是由学习者的态度、能力和学习策略等因素综合而成的一种主导学习的内在机制；第二，自主学习指学习者对自己的学习目标、学习内容、学习方法以及使用的学习材料的控制权；第三，自主学习是一种学习模式，即学习者在总体教学目标的宏观调控下，在教师的指导下，根据自身条件和需要制定并完成具体学习目标的学习模式。[2] 从这三种含义来看，自主学习不能等同于自学或独立学习。人们普遍理解的自学是没有教师指导或帮助下的学习，而自主学习依然需要教师的诱导。

研究者程晓堂发现他人成果中（Sheerin，1997）的自主学习能力框架：第一，制定并在必要的情况下调整学习目标的能力；第二，判断学习材料和学习活动是否符合学习目标的能力；第三，选择学习材料和学习内容的能力；

---

[1][2] 程晓堂. 论自主学习 [J]. 学科教育，1999（9）：32-35，39.

第四，选择或自我设计学习活动方式并执行学习活动的能力；第五，与教师或其他学习者进行协商的能力；第六，监控学习活动实施情况的能力；第七，调整态度、动机等情感因素的能力；第八，评估学习结果的能力。

其次，在中国学生发展核心素养指标体系中，不仅要求自主发展，还要求社会参与；不仅要求学会学习，还要求乐学善学。社会参与素养的形成，对于学生来说，学校和课堂是极为重要的阵地；而善学不仅包括善于自主学习，也包括善于合作学习，课堂上应优化合作学习的方式。

从目前所掌握的课堂教学情况看，新课改中出现了三种新的学习方式，包括自主学习、合作学习、探究式学习，其中合作学习是一个难点。主要表现在以下几个方面：第一，无法建立合作学习的动力机制。因合作学习难以建立真正的合作关系，良好的互动关系、共生关系难以形成。因此，大量的课堂合作式学习仅是一种形式，并未达到理想的效果。第二，学生缺乏良好的合作意识和团队意识，因此在学习的过程中难以同频共振。第三，学生交往能力不强，大多数学生不善于表达自己的观点，或者不能在短时间内表达出自己的学习成果；第四，同组成员的理解能力有差异，学习的需求也不一样，因而他们的学习不在同一个层面上；第五，教师缺乏合作学习的设计能力和组织能力，等等。还有学者如施盛华（2005）、孙天华、张济洲（2012）等对国内课堂合作学习中存在的问题进行了阐述，他们认为目前的合作学习存在流于形式、组员参与机会不均等、合作形式固化、教师角色定位错误、评价形式单一等问题。❶

如何实现学生的合作学习？日本学者佐藤学教授提出，应从"同步教学"走向"合作学习"，要创建学习共同体，进行合作学习。佐藤学认为，学习是同客观世界对话（文化性实践）、同他人对话（社会性实践）、同自我对话（反思性实践）三位一体的活动，理想的教学应是每一个学生都能安心学习，都能愉快地同教材对话，并感受分享同学的见解与交流的喜悦。合作学习使拥有多样能力与个性的学生共存共生、互惠学习，"学习共同体"是每个人的差异得以交响的共同体，在这种"和而不同"的共同体中，每个人通过亲力亲为的探究，形成与自我共生的众多异质的他者的关系，从而构成了自我参与其中的共同体。❷ 在许多探索合作学习的学校中，已经形成组间同质、组内异质的小组合作学习形式，并通过课堂自学、课堂小组合作学习、课堂展示

---

❶ 曾妮，田晓红. 国内课堂合作学习研究文献综述 [J]. 教学与管理，2014（2）：20-24.
❷ 任雅玲. 从"同步教学"走向"合作学习" [J]. 语文建设，2011（12）：57-58.

交流、课堂总结等教学流程，把自主学习与合作学习、探究学习等不同的学习方式较好地融合在一起。

事实上，不同的学习方式，既针对的是不同的学习内容，也针对不同学生的天性与禀赋。培养核心素养的课堂，既要关照学习的个体性，又要重视学习的集体性；既要强调学习的认识性，又要关涉学习的情感性和伦理性。❶在培养核心素养的课堂上，师生之间当共学、共存与共生，从而真正提升学生的核心素养，同时也对教师提出了更高的要求。

五、核心素养导向下的课堂整体转型

培养学生的核心素养，实现学生的全面发展，需要促进课堂的整体转型。

（一）培养"全人教师"：课堂整体转型的起点

要推动课堂整体转型，必须促进变革范式的转型。传统的课堂变革主要范式是从教师的知识观转型来推动学习方式变革，进而推进课堂教学改革的。在一定时期内，这种变革范式具有较高的价值，也能达到较好的效果。但是培养学生的核心素养对教师提出了较高的要求，教师就必须成为"全人教师"。要达到这一要求，仅靠教师的知识转型是无法实现的，必须从素质发展的视角审视课堂转型，通过提高教师的综合素质，培育教师对核心素养和全人教育的理解，将单一的基于知识观转型的课堂变革转到复杂的教师全人教育素养上，从而推进课堂转型的深化。

什么样的教师才是"全人教师"呢？著名教育家约翰·米勒（John Miller）指出，全人教师需要满足两个基本要求：真实与关怀❷。真实（authenticity），即生命真谛的完整面目。传统的教师是知识的传授者，甚至谈不上传授而仅仅是知识的搬运工，教师内心的真实世界被功利化教育所淹没，教育过程与教师内心的意愿和自然、社会相割裂，教师教育所言、所行与真实错位，教师自然成不了全人教师。关怀（caring），即平等的关照。在传统的教育中，教师与学生完全由知识所连接，教学的主体性被消解，教育目标就是传授知识和掌握知识，教学过程是直线式、一次性的。在基于培养核心素养的全人教育中，教师是学生发展的引领者、相伴者、互动交往者，教育过程是曲线式、复线式、螺旋式推进的，教师与学生多元互动、多主体成长、

---

❶ 李帆. 完整学习的教学意蕴及其实现 [J]. 中国教育学刊，2019 (7)：82.
❷ 理查德·舒斯特曼. 实用主义美学 [M]. 北京：商务印书馆，2002：225.

动态发展。在教育过程中，教师不仅传授的是知识，还有社会性交往，有内心世界的交流，人与人、人与社会之间的人文关怀，人与物、人与自然之间的和谐共生。唯有如此，教师才能成为全人教师。

学者张德良、张昊在研究高校"全人教师"的发展时提出了"全人结构"的概念。他们以"全人教育"思想和"整体论"哲学理论为基础对"全人结构"进行了论述。首先，教师要整体性发展。张德良等认为教师的整体性发展要涵盖两个层面："全人结构"层面的发展和全面性层面的发展。"全人结构"层面指智能、情感、身体、社会、审美和精神潜能；全面性层面指教师课程与教学、支持教师发展的组织、与学科专长相关的专业发展、与人际交往能力和心理健康等相关的个人发展。"全人结构"层面的发展指向的是人发展的完整性，主要是指人性的发展。而全面性发展指向的是人职业的发展，主要是指人发展的多维性。[1]

我们认为，"全人教师"应该是跨学科人才，他们应该具有文化认同、中国风骨、世界担当、全球胜任力。在教育教学上，教师应该有复合能力。有研究认为，未来教师应该具备三种能力：读懂学生、重组课程、联结世界。[2] 随着"互联网+教育"的兴起，人工智能和大数据技术正在重塑教学流程。未来教师要成为最懂学生学习需求的人，这才是教师职业的核心竞争力；未来，学校将进入课程生产的丰富时代，开设多种多样的课程，打造一个资源充足的"课程大超市"。这就要求教师不仅是课程的使用者，更是课程的创设者。那么，重组课程的能力将成为未来教师的核心素养之一；教师必须把目光从狭小的教室转向广阔的世界，挖掘外部社会一切有利的教育资源，把最好的教育资源引向学生。

(二) 课堂民主自然：教学方式转型的要求

教学方式的转型要有利于学生自主学习能力的培养。研究者程晓堂认为，有多种方式可以培养自主学习的能力：第一，学习者充分了解自身的客观条件并进行综合评估。比如通过成绩测试了解目前的水平；通过学能测试（Aptitude Test）了解自己成功的概率和程度；通过心理和智力测试了解

---

[1] 张德良，张昊. 刍议"全人结构"理念观照下的大学教师发展 [J]. 江苏高教，2013 (5)：66-68.

[2] 曹培杰. 未来教师的三种能力：读懂学生、重组课程、联结世界 [J]. 人民教育，2017 (Z3)：43-47.

自己的智力水平、学习风格、个性特征、情感特征等。第二，学习者要明确自身的需要，尤其是学习的最终目的，这是学习者制定具体学习目标的依据；研究表明，有目的的学习比没有目的的学习效果好得多。第三，学习者要善于拓宽信息渠道、掌握获取信息的技能，以便在选择学习内容、学习材料等方面具备更高的自由度。第四，学习者要与教师或其他学习者共同探讨学习方法、交流学习体会、交流学习材料，并在必要的情况下相互帮助。第五，学习者要善于与他人交流情感、偏爱，并在必要的情况下寻求适当的帮助。❶在具体的实践过程中，教师要充分认识什么是自主学习，如何实现自主学习，自主学习中师生的责任和地位等。教师只有在深度理解自主学习的基础上，才能真正缩短课堂教学与自主学习的距离。要实现学生自主学习，其核心是把以"教为导向"的课堂转变为以"学为导向"的课堂，把新课改中教学方式的转变变为现实。在自主学习的课堂上，课堂氛围更加民主、和谐，师生之间的关系是协商者、讨论者、合作者，教师作为指导者，帮助学生解决那些通过自主学习不能解决的问题，为他们解决问题提供思路和方法。当然，要实现这样的课堂教学，现有评价方式也要得到根本性转变，要革新评估标准、评估方法和评估手段，力求达成自主学习的效果。

教学方式转型要有利于小组合作学习模式的深度实施。研究者曾妮、田晓红总结整理了胡忠英、林小兰、杨远帆等人的课堂合作学习模式。❷（图1-2）

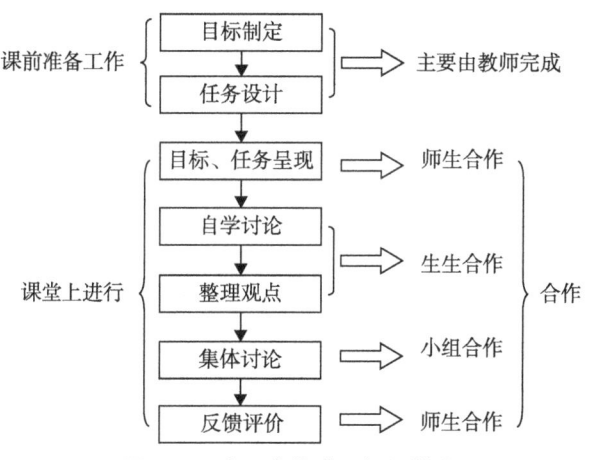

图 1-2　小组合作学习课程模式

---

❶ 程晓堂. 论自主学习 [J]. 学科教育，1999（9）：32-35，39.
❷ 曾妮，田晓红. 国内课堂合作学习研究文献综述 [J]. 教学与管理，2014（6）：20-24.

该学习模式分七步完成。第一，目标制定。课堂合作学习的首要环节是目标的制定，在这个过程中，教师要根据教材的难度及学生的学习情况（包括已有的知识水平、接受能力、学习习惯等）合理地设定学习目标。第二，任务设计。教师根据教学内容的重难点及学习目标，设计的任务要具有探索性或者讨论性，要充分考虑任务的数量和难易程度。第三，目标、任务呈现。在课堂上，首先明确合作学习的目标，其次呈现合作学习的任务，同时教师要向学生交代整个活动的基本步骤，让学生了解合作学习的整个安排，以做好准备。第四，自学讨论。先组织学生独立思考，再合理分组，然后组织学生讨论学习。第五，整理观点。在小组内部讨论完毕后，各组成员要收集、整理并归纳自己组内成员的观点，为集体讨论做充分的准备。第六，集体讨论。首先，每个组选一名代表将自己组内的意见进行阐明，代表可采用轮换制度，确保组内每一个成员都有发言的机会，避免出现一人独霸发言权、其他同学无所事事的情况出现；其次，发言完毕后，进行集体讨论，在集体讨论时，每组成员都要悉心听取其他组对自己组的反馈意见，及时修正自己的观点，同时对其他组的观点也给予评价、建议。第七，反馈评价。在集体讨论完毕后，教师要及时做出反馈评价。

合作学习之所以在课堂推行较难，是因为现有合作学习的理论不够完善和丰富，目前也没有固定的合作学习的操作流程或模式。曾妮、田晓红所总结的合作学习模式也仅是一个案例。

无论是实现学生自主学习能力的培养，还是提升学生自主学习的效率，都必须建立与之配套的支持系统，而这个支持系统的核心就是实现课堂的民主化。例如课堂话语的民主化。全人教育视野下的课堂，以学生整体发展、全面发展、生命发展为内核，这样的课堂强烈呼唤奠基于主体间性的师生关系，形成基于师生主体平等要求的交互性话语。在这样的课堂上，师生是平等的，话语不是注入式、命令式的，而是交互性的、理解性的；教师在尊重知识的同时崇尚自然，基于学生生命的发展从知识性话语转向自然性话语，从隔离性话语转向共融性话语。我们从学生全面发展、整体发展、生命发展、民主平等、自然和谐等方面建立师生关系、教学关系，可以促进课堂转型，促进学生学习方式的变革。

（三）课程整合与转化：培养核心素养的保障

传统的知识形态的课程以知识板块为脉络，与学生的生活和经验是相隔离的。而核心素养要求促进人的全面发展,这要求课程建设遵循全人教育的理路。要实现培育完整的人的课程,必须有两个基本的转变:课程由知识目标向生活目标回归、课程从发展智育向培育"完整的人"发展。

1. 课程由知识目标向生活目标回归

研究者刘福才认为,"从长远来看,学生的成功不应该局限于以记诵知识为标准的考试成绩,而应该定位于今后生活的成功""教育的目标之一应该使教会学生懂得生活是可贵的,使他们不断感受到生活的美妙"[1]。学生是生活中的人,人生活在世界之中。所谓学生生活在世界中,亦即生活在一系列的生活情境之中,并与各种事情和他人之间进行着交互作用。这启示我们,核心素养导向下的课程要鼓励学生批判性地审视他们生活中的各种问题情境,并在解决真实复杂问题的过程中养成核心素养。

2. 课程从发展智育向培育"完整的人"发展

核心素养导向下的课程不把学生与课程看成分离的而是联结的,教育不仅要发展学生的智育,还要"五育并举",全面发展、整体性发展。学习不仅包括对广阔知识、时空世界的关注,更是为了促进人的本性特别是内在精神层面的发展。从本质上来说,这种学习强调在社会环境、文化背景、生态环境和精神背景中发展人类自身。培养学生核心素养,不应该把学生作为一个学习能力或者思维技能集合体,而应将其看作一个整全的生命的存在。

---

[1] 刘福才. 全人课程的应然特征及其启示 [J]. 济南大学学报:社会科学版, 2017, 27 (5): 150-156, 160.

第二章 CHAPTER 2

核心素养导向的课堂探索：
全息课堂

2016年9月，《中国学生发展核心素养》发布后，"全人"概念及其培养目标再次引发关注，因为"全面发展的人"是《中国学生发展核心素养》的原点，是核心素养培育的起点与归宿。要培养全面发展的人，必须为整全生命的成长提供优质土壤，这种优质土壤就是全息课堂，只有以全息思想和原理为指导推进课堂改革，才能培育整全生命，促进学生核心素养发展。

一、课堂中的全人：现实与理想共生的"完整儿童"

要在课堂上培育完整的人，需要把全人的普遍发展要求转化为课堂教学的具体育人目标，要完成这一转化，首先要明确学生作为整全生命，在课堂上应该具备的主要特征和基本表现。教师在设计课堂教学目标时，要整合学科教学的基本要求与学生作为整全生命在课堂上应有的特征、表现等，在学科学习与全人发展的结合点上确定具体的教学目标，以此为基础推进课堂教学，才能真正促进学生成为全面发展的人。

学生作为整全的生命，在课堂中应该具备哪些特征呢？正如袁广林先生所思考的那样，适应未来社会需求的全人所具有的内涵与特征，从近处看，应该放在人与自然、人与社会、人与自己的广阔联系中来考虑，培养能够与自然、社会、自己和谐相处的鲜活的现实的整全生命；从远处看，应该将其纳入地球生态系统和宇宙生态系统持续发展的视野下来考虑，培养具有全球意识、宇宙意识和持续发展意识的理想的整全生命。只有把培养现实全人和塑造理想全人结合起来，才能既成就学生的今天，又成就学生的明天。因此，全人在课堂中的形象，应是现实与理想共生的整全生命形象，这种整全生命形象应具备"儿童"特征，符合儿童的生理、心理等要求。在基础教育阶段的课堂上培育的全人，应是既能立足现实，也能坚守理想，而且能促进现实与理想互动发展的"完整儿童"形象，亦即现实与理想共生的"完整儿童"。

（一）现实与理想共生的"完整儿童"的基本内涵

现实与理想共生的"完整儿童"有三层意思。一是"儿童"形象。在基础教育阶段的课堂上培育的全人，必须体现儿童应有的特征，符合儿童的心理与生理发展特点，既不低估儿童可能存在的巨大发展潜能，也不拔苗助长，让儿童过早成人化。因此，基础教育阶段在课堂上培育的全人，应是儿童化的全人，具备儿童应该具备的特征。二是完整发展。完整发展包含纵横两个方面：横的方面表现为德、智、体、美、劳诸方面的和谐发展；纵的方面主要表现为学生的发展过程，主要站在时间的维度上考察学生的过去、现在和未来，促进学生过去、现在和未来的协同发展。课堂上培育的全人，"不是随着世界诞生，而是随着时间成长"，既"肩负着过去的符号和声望"，也"肩负着即将接踵而至的威胁和希望"。[1] 只有在纵横两个方面促进学生的完整发展，才可能把学生培育成整全的生命。但遗憾的是，令人眼花缭乱的课堂改革，在不同程度上出现了"窄化人"和"异化人"的现象。这种现象用马尔库塞（Herbert Marcuse）的话来概括，就是现行课堂培养出来的多是"单向度的人"。单向度的人，是指片面发展或残缺发展的人。马尔库塞认为，单向度的人"是丧失否定、批判和超越的能力的人"[2]，这类人只知道现有的知识与规训，不能想象或难以接受与现实生活有差异的一切现象，无法突破自我和超越现实。从人的全面发展来看，单向度的人还包括在某一方面获得极致发展而在其他方面却一无所知的人，这类人既难以全面认识自己，也难以完整地解读和对待其生活的这个世界，容易出现极端言行，导致社会的不和谐。因此，基础教育阶段的课堂所培养的全人，应力求避免这种单向度的人所带来的弊端，促进学生的完整发展。三是现实与理想共生。课堂教学要关注现

---

[1] 费尔南多·萨瓦特尔. 教育的价值 [M]. 李丽, 孙颖屏, 译. 北京：北京大学出版社, 2012：17.

[2] 赫伯特·马尔库塞. 单向度的人：发达工业社会意识形态研究 [M]. 刘继, 译. 上海：上海译文出版社, 2014：218.

实中的儿童在发展整全生命方面的现实需要，让儿童获得现实的成就感与学习的幸福感，体会到当下的整全生命应该获得的乐趣；要立足长远，根据未来社会所需要的全人和学生发展的可能性，按照未来发展的要求引导和塑造现实全人，用理想全人的发展目标引导现实全人的发展方向，以理想全人的高度促进现实全人的不断超越，让学生在现实课堂中去追寻理想的自己，在追求理想的过程中实现自我的高品质发展，既不就现实论现实，也不空谈理想，而是有意识地促进现实与理想的共生，让自己成为现实中的整全生命，也为成就理想中的整全生命奠定坚实的基础。

(二)"完整儿童"的特征：核心素养的全面发展、生命成长的自觉和主体价值联动

现实与理想共生的"完整儿童"，主要具有"核心素养的全面发展""生命成长的自觉性与力量感的全面提升""主体价值的整体联动"三方面的特征。

1. 核心素养的全面发展

现实与理想共生的"完整儿童"，是核心素养全面发展的儿童。即在价值取向、必备品格和关键能力等方面均获得了良好而协调的发展。其中，价值取向，是指在课堂教学中培育学生健康高尚的追求，帮助学生形成正确的判断是非的价值标准；必备品格，是指学生形成的文明上进的内在修养和外在行为；关键能力，是指学生在适应现实生活与创造未来社会等方面必须具备的能力。高尚的追求、正确的价值标准、文明上进的品格，适应和创造现实与未来的能力等，构成了学生核心素养的不同发展层次和不同方面的内容，只有全面提升不同层次和各个方面的素养，才能在课堂上不断丰满"完整儿童"的形象，促进学生核心素养的全面发展。

核心素养全面发展的儿童，是在幸福完整的生活情境中，逐步涵养出的能够满足学校与社会、现在与未来、中国与世界等多维度多层次要求的和谐生命体。具备多维度、多层次素养结构的和谐生命体，拥有立体的鲜活的生命特征，能够全面认识自己和完整地看待世界。课堂教学改革的逻辑起点，就是培养这样的生命体。学生只有成为这样的生命体，自身的中国特质、世界格局等作为中国人和世界人所应具备的素质才能得到全面而充分的发展，文化根基、适应现实与创造未来等现实社会人与未来人所应具备的素质才能得到全面而均衡的发展，生态正义、人文主义的科学技术观、生态文明价值

观等作为生态公民所应具备的素养才能得到全面而和谐的发展。

作为国家社会科学基金"基于核心素养的课堂教学改革研究"的核心实验基地校,四川省成都金苹果锦城第一中学(以下简称"锦城一中")为了把培养全面发展的儿童作为课堂转型的逻辑起点,首先描绘了"完整儿童"的生命体特征,即在身心、智识、品格、思想、境界等方面和谐发展与完整发展的儿童生命样态;其次,将其生命样态的发展过程分为合格、优秀、卓越三个阶梯,并对每个阶梯上的"完整儿童"生命体所应具备的特征进行细化,引导学生在课堂学习中对标并确定自己目前的生命体样态和努力目标,把作为生命体的发展目标和课程学习的专业目标对接起来,以专业发展助推生命体的发展,促进了现实"完整儿童"与理想"完整儿童"的共生共长。

2. 生命成长的自觉性与力量感的全面提升

生命成长的自觉性,是主动反思自我发展,积极寻找改进办法,坚持不懈地优化自我生命,独立自主获得更好发展的意识、信念与行为。培育生命成长的自觉性,是因为现实中的不少课堂患上了"依附病"。课堂教学的"依附病"主要体现在四个方面:一是学生依附教师,缺乏自主发展核心素养的意识与能力;二是教学内容依附教材,不能根据学生核心素养的发展实际重组教材内容,创造性地使用教材;三是教学过程依附学科知识的发展逻辑,不能根据学生核心素养的发展需要,在恰当地选择和有效地运用知识的逻辑线索中确立教学过程;四是教学评价依附纸笔测试,怎么考就怎么教,"以学习经验的创造性参与为代价来教'测试的知识',所以导致所培养的人才有知识无文化,有学历无能力,高分低能"[1]。这种"依附病"淹没了学生主体的能动性,忽视了生命发展的内生性与自组织性,没有遵循核心素养的发展规律与生命成长的内在诉求。只有在课堂教学中唤起生命自觉,提高学生自觉优化自我生命的意识与能力,才能在生命的主动建构与自主优化中发展核心素养。

生命成长的力量感,是课堂对生命的关注度、影响力与发展力。提高生命成长的力量感,是因为不少课堂患上了"软骨病"。课堂教学的"软骨病",是指课堂教学缺乏生命发展的意识与力度,学生在课堂上学习的知识不能转化为核心素养发展的营养素,学生核心素养的发展缺乏有硬度的知识、能力与精神骨架,缺乏应对和参与社会生活的能力。课堂教学中的"软骨病"和"依附病",使学生的生命成长和核心素养发展都受到了致命影响。要在课

---

[1] 车丽娜,徐继存. 核心素养之于教学的价值反思[J]. 全球教育展望,2017(10):64-72.

堂上培育全面发展的人，必须根除这两种课堂病症，培育学生生命成长的自觉性与力量感。

3. 主体价值的整体联动

主体价值，是课堂教学对学生发展的影响与作用。要在课堂教学中培育生命成长的自觉性与力量感，需要促进"三层价值"的整体联动。三层价值的整体联动，是学生感官价值、生命价值和精神价值三个层级相互影响、共同发展。"感官价值是通过人的感官感受功能被给予的，即适意性与不适意性价值"；"生命价值是通过人的生命感受功能被给予的，即高贵性与低贱性价值"；"精神价值是在精神感受中被给予的"，主要分为审美价值、公正价值与认识价值。❶要在课堂上促进学生核心素养的全面发展，需要充分利用引人入胜的情境，帮助学生提升感官价值；要在学科知识、能力、思想与方法的整体建构中，引导学生"认识生命之真、践行生命之善、追求生命之美、活出美的生命"❷，从而提升生命价值，并在审美、认识等活动中提升每位学生的精神价值。要实现三个层级整体联动的主体价值，需要课堂教学走出依附教师、教材的困境，让学生在课堂上成为能动发展的人，以核心素养的全面发展和生命成长的自觉性、力量感为基本逻辑，选用学习方法，调整学习过程，培育学习的自主性与内生力。

二、培育"完整儿童"的课堂形态：全方位多层次发展核心素养、滋养整全生命的全息课堂

要在课堂上培育现实与理想共生的"完整儿童"，需要扩展和提升课堂的育人视野与品质，强化全方位多层次发展核心素养、滋养整全生命的功能。要实现这一目标，需要克服课堂教学面临的多重矛盾，以全息理论建构全息课堂，在全息课堂中发展核心素养，滋养学生的整全生命。

（一）课堂改革困境：对核心素养的片面理解，导致偏离了"完整儿童"的发展要求

正如上文所言，现实与理想共生的"完整儿童"，需要具备核心素养的全面发展、生命成长的自觉性与力量感全面提升、主体价值整体联动的能力，

---

❶ 朱晓宏. 论教师的价值引领：从志向到行动——基于舍勒的价值伦理学视域 [J]. 教育研究，2017（10）：106-113.

❷ 刘慧. 生命之美：生命教育的至臻境界 [J]. 教育研究，2017（9）：23-27.

但从目前的课堂教学改革看，不少学校张扬了培育"完整儿童"的改革理想，但实际举措和效果却与理想存在较大落差，这种落差使不少课堂偏离了"完整儿童"的培育任务。单从核心素养的全面发展看，《中国学生发展核心素养》以及以核心素养为纲领修订的高中各学科课程标准和教材已发布了多年，基于核心素养的课程建设和课堂改革也在广大中小学持续升温，呈现出可喜局面。但是，在繁荣表象的背后，却存在不少隐忧："就核心素养论核心素养""为了核心素养而核心素养""片面理解核心素养""肢解训练核心素养""标签式的核心素养课程与课堂"等现象时有发生。这些现象在不同程度上降低了教师对培育核心素养的热情，动摇了教师坚守核心素养培育的教育信念，使部分学校和教师的教育教学改革又一次回到了"老路"上。究其原因，是一些研究与实践者只满足于"核心素养是什么"，热衷于核心素养的构成要素与指标体系，要么在其是否科学上争论不休，要么把某一指标作为课堂教学的训练目标，没有深入探析"提升这些核心素养是为了什么"等问题，不能把学生形成的核心素养转化为提升生命成长自觉性与力量感的养料，更不能促进学生的主体价值联动。因此，要在课堂上培育"完整儿童"，需要走出课堂变革理想与现实存在巨大落差的困境。

目前的课堂改革困境，主要体现在核心素养的学科化与培育"完整儿童"的理想追求存在多重悖离。课堂改革在追求理论与思想高度的过程中，出现了思想高度化与实践矮化、浅化、虚化的矛盾困境。教师在这一矛盾困境中苦苦挣扎、进退为难，既不能失去具有一定高度的课堂改革思想，自降课堂改革品位；又难以把握课堂改革理论与思想的实质，无法创造性地开展与思想高度相匹配的有效实践，在"理论高地"与"实践洼地"构成的矛盾中举步维艰。课堂改革需要具有一定高度的理论和思想来引领，但没有与之匹配的实践设计和系统化的跟踪完善措施，追求的思想高度就会被悬空，从事课堂改革的教师则会陷入改革困境，导致"热闹"背后的改革虚化。

《中国学生发展核心素养》发布后，培育"完整儿童"成了课堂改革的基本任务，课堂改革思想被推上了一个新的高度，但不少学校和教师却在不知不觉中陷入了困境。其中，核心素养的过度学科化与"玻璃式全人"的培养，逐步远离了"完整儿童"的培养要求。核心素养的过度学科化，是指以学科知识传授和学科能力培养的思路与方法发展学生的核心素养，给学生核心素养的培育打上了非常鲜明的学科化发展烙印。核心素养的培育要以学科教学为依托，但核心素养的过度学科化，却与培育"完整儿童"存在多重悖离。不同层面和侧面的悖离，既降低了课堂改革的高度，也使精心培育出的学生成了"玻璃式全人"。

1. 学科教学的专属性与全面发展的完整性悖离

抓住学科本质，上出学科课堂的学科味道来，是近年来课堂改革的流行语。但是，太注重学科本质的学科教学，虽然有利于强化学科的专属性，却容易把学生封闭在既定的学科领域内。如果每门学科都各自为阵，学生就难以打通学科间的屏障，学科知识与能力就只能零散地发展，就无法整合成与人类社会需求相匹配的全面发展的素质结构，培养"完整儿童"就成了一句空话。

受这种学科化的专属性思维的影响，一些老师或学校存在着肢解核心素养的现象。首先是肢解"中国学生发展核心素养"框架中的内容与要点。如在"中国学生发展核心素养"框架中的"科学精神"包含了"批判质疑"的发展要点，一些学校或教师就把"批判质疑"从框架中单列出来，把培养学生的批判质疑精神与能力作为课堂教学目标，以不同方式进行训练，把学生的批判质疑作品作为课堂改革的最大成果。在课堂教学中培养学生的批判质疑精神与能力本无可厚非，但如果只是以学科教学的思路进行封闭训练，不把"批判质疑"植入"完整儿童"整体发展的框架中引导学生思考：为什么要批判质疑？批判质疑的最终目的是什么？如何才能科学合理地批判质疑？怎样才能利用好批判质疑成果促进自身和社会的发展？等等。学生就可能成为缺乏人文底蕴和科学精神的"愤青"，只知批判，不知建设；只会吹毛求疵，不会兼收并蓄；只会全盘否定，不会批判继承，这样的学生就不是现实与理想共生的"完整儿童"。其次是肢解学科核心素养。每一门学科的核心素养都罗列了数量不等的关键词，一些教师在关注其中一个关键词所需要的知识和能力时，忽略了这一关键词与其他关键词的关系，不能在整体把握所有关键词关系的基础上，确立这一关键词的教学目标与任务，顾此失彼，割裂了学科核心素养，悖离了"完整儿童"的发展对学科核心素养的培育要求，消解了课堂培育"完整儿童"的价值。

2. 学科知识的抽象演绎与"完整儿童"的生动发展悖离

联合国教科文组织于2015年对"知识"进行了重新定义，把知识"理解为个人和社会解读经验的方法"[1]。个人和社会如何解读人类在生存与发展中

---

[1] 联合国教科文组织. 反思教育：向"全球共同利益"的理念转变？[M]. 联合国教科文组织总部中文科, 译. 北京：教育科学出版社，2017：8.

形成的经验,是 21 世纪最有价值的知识。学习知识的过程,就是认识和理解前人在生存与发展中总结出来的经验,并把这些经验转化为自我生存与发展的力量的过程。在这一过程中形成的"认识""理解"和"转化"的方法,就是我们获取的最有价值的知识。每一门学科,都是前人在生存与发展中积累起来的系统化经验,认识和理解已有经验不是我们的最终目的,而我们的最终目的,是在学会认识和理解这些经验的过程中,利用这些经验提高适应社会、完善自我和改善社会的能力,促进自我和社会的双重发展。

有价值的学科知识学习,不能只在书本中或试卷上进行抽象演绎,而应以人类社会生活为课本,以社会发展中的现实问题为考卷,在生动鲜活的社会情境中认识、理解人类形成的系统化的学科经验,利用或发展这些经验去解决现实难题。这就需要拉近学科知识与社会生活的距离,把学科知识的演绎式教学变为生动鲜活的社会问题解决式教学,才能在学科教学中培养出生动活泼的"全面发展的人"。但是,一些教师在开展学科教学时,弱化了学科学习与社会生活的联系,就知识讲知识,就能力练能力,把知识理解和能力训练局限在书本之内,未能帮助学生提高未来社会的适应力、创造力和发展力。把"完整儿童"的发展和现实生活割裂开来,既失去了主体的感官价值和生命价值,也失去了主体的审美价值,学生生命成长的自觉性和力量感难以全面提升,从而降低了课堂培育"完整儿童"的可能性。

3. 学科学习的被动接受和低水平发现与人类知识积累的主动发现过程悖离

人类形成和发展知识的过程,是在前人已有成果的基础上主动发现和不断丰富、更新的过程。"主动发现"是人类创造和发展知识的基本形式,要培养具有社会创造力与发展力的"完整儿童",就应以"主动发现"为主线建构学习过程,引导学生在前人的基础上积累高水平的"发现"经验。但从实际情况看,一些教师注重了人类认识成果的价值,能够把最新、最权威的知识成果传授给学生,但忽略了学生主动发现的体验,不能引导学生建构与人类形成知识过程相一致的经验结构;另一些教师则注重了"主动发现"的体验,善于在课堂上引导学生去发现,但没有站在"巨人的肩膀"上去引导,学生在低水平中进行不必要的发现活动,难以据此建构高水平的认知经验。这两种情况,都与"完整儿童"发展的要求相悖离,既降低了课堂改革的高度,也难以促进核心素养的全面发展。

产生这三重悖离的根本原因,是课堂改革的起点依然停留在"学科"上,采用的改革思想、思路和策略主要用于解决如何教好"学科"等问题,没有实现从教好"学科"向教好"完整儿童"的彻底转变。课堂改革的主要对象是学生，其逻辑起点和最后归宿是全面发展的儿童。尽管核心素养的培育要以学科课堂为阵地，但如果以"教好了学科自然就教好了人"的实践逻辑推进课堂改革，而不是以"根据儿童的完整发展来教好学科"的思路设计改革措施，即使落实了核心素养的各项指标，学生发展起来也只是学科式或学校式的素养，在考卷上可能会有优异表现，但在社会实践中"一碰就碎"。这样的素养只是用于获取分数的假素养，这样培养出来的所谓"全人"只能是玻璃式"全人"，看着令人激动，却经不起社会的摔打。这样的"全人"不是社会需要的"全人"，也不是核心素养指向的"全人"，以这样的"全人"培养方式落实基于核心素养的课堂改革思想，必然会陷入课堂改革困境。

(二) 课堂改革出路：在全息课堂的建构中培养核心素养，促进儿童的完整发展

要在课堂上真正解决"完整儿童"的完整发展、生动发展和主动发展等问题，需要建构多维立体的课堂教学内容与方式，这种教学内容与方式必须体现全息特征，只有"全息"才能支撑"全人"，才能让学生拥有全面发展的素质结构；只有以全息思路推进课堂改革，才能建构有利于"完整儿童"生动发展的课堂。因此，从目前情况看，课堂改革摆脱困境的出路，是在全息课堂的建构中缩小理想与现实的差距，培养学生的核心素养。

1. 全息与全息原理

"全息"原是物理学界于19世纪中期提出的概念，"是指整体上的任何一部分或母系统中的任何一个子系统，都包含着整体或母系统的全部信息"[1]。我们熟知的全息照片，就是全息原理在摄影技术上的应用，一张摄有银杏树的照片，将其撕成两半，每一半都能看到原来完整的银杏树影像；再将其撕成若干个碎片，从每一个碎片中也能窥见完整的银杏树影像，这样的照片就是全息照片。从全息概念和全息照片可以看出，具有全息特征的事物，其局部或子系统都在重演整体或母系统，是整体或母系统的高度浓缩，其浓缩信息包含横向组成的各个要素和纵向发展的基本过程，这些特征被全息理论研究者概括为全息重演原理、全息缩影原理（也称全息整体定律）和全息结构原理，这三种原理统称全息原理。

---

[1] 刘宗寅，秦荃田. 全息教学论原理 [M]. 济南：山东大学出版社，1990：1.

全息重演原理，是指子系统的变化与运行过程，具有重演母系统的发展过程的特征。在分析、设计和推进子系统的运行过程时，要充分考虑和遵循母系统的运行特征，使子系统和母系统的运行过程和谐共振，产生具有高度一致性的发展力量。如果以全息思路设计和实施某项工作，首先要根据全息重演原理的基本要求，明确本项工作属于系统工作中的哪一个部分或哪一个层级的子系统，即进行具体工作的系统定位；其次进行母系统探源，分析所从事的具体工作属于哪一个母系统；再次分析母系统的运行过程与特征，这些运行过程与特征对子系统或局部工作的要求是什么；最后根据母系统的这些要求确定本项工作的运行方案。这样形成的具体工作方案，才能成为整体工作的有机组成部分，才能与其他相关工作形成合力。因此，寻找具体工作的系统定位、明确母系统的运行特征、把母系统的运行特征转化成具体工作的要求、根据要求制订具体工作方案，构成了利用全息重演原理推进具体工作的基本步骤。如利用全息重演原理推进学生的课堂学习过程，首先要进行学生学习的系统定位。学生在课堂学习中获取知识、不断进步的过程，属于整个人类学习与进步这一系统的子系统，换言之，学生学习的运行过程必须符合人类学习与进步的过程。然后开始分析人类学习与进步的基本过程和特点是什么。分析后发现，人类学习和进步离不开继承、发现、创新三个关键词。继承，是指学习、领会和运用人类已经积累的生存与发展经验。发现，是指在运用人类已有经验的过程中，发现社会发展的新现象和新要求，利用已有经验解决生存与发展存在的经验空白和经验衰减等问题。创新，是在发现问题的基础上，或者改变原有经验中的某些部分，实现经验或知识的提档升级，使之适应目前社会的需求；或者根据新问题，形成新的解决经验或知识，填补知识空白，促进人类知识的进步，实现人类的自我超越。人类学习与进步的这三个关键词，对课堂学习的运行过程提出了基本要求，那就是正确处理继承、发现和创新的关系。在设计课堂学习的运行过程时，要考虑学生在课堂上继承什么、怎么继承；引导学生在课堂上发现什么、怎么发现；促进学生创新什么、怎么创新等；这三个关键词的先后顺序和比重在不同的课堂上如何安排；等等。把这些问题考虑清楚，就可以形成课堂教与学的实施方案，根据方案实施的教学就遵循了全息重演原理。抓住这三个关键词培养出来的学生能够很快适应社会生活，促进社会的不断进步。因此，根据全息重演原理培养出来的"完整儿童"，首先体现在人类学习与进步的完整发展过程中，具有人类社会与进步的完整发展过程。

全息缩影原理，是指任何一个子系统都是母系统的缩影，都能反映出母系统的基本特征。如果说全息重演原理重在运行过程的重演，它的核心是用母系统规定子系统的纵向发展过程，使子系统和母系统、局部和整体在纵向发展过程中和谐一致，那么全息缩影原理则重在考察子系统和母系统之间在系统要素及其构成关系上的一致性，侧重于子系统和母系统的横向比较。如果以全息理论指导具体工作的开展，在根据全息重演原理确定运行过程后，还要根据全息缩影原理分析完成这项工作的要素及其构成关系，其操作过程一般有以下步骤：一是系统定位，像重演原理的系统定位一样，分析本项工作处于哪一个母系统，这个系统的最高母系统是什么；二是要素分析，分析最高母系统由哪些基本要素构成；三是关系分析，分析各要素间的关系，明确核心要素与辅助要素等；四是系统转化，根据全息缩影原理要求，结合具体工作实际，把母系统的要素及其构成关系转化为实施具体工作的要素和关系；五是完善工作方案，综合这项工作的纵向运行方案和横向构成，完善具体措施。如上面所说的课堂学习过程是人类学习与进步的子系统，按照全息重演原理的要求，根据人类学习与进步的母系统的继承、发现和创新三个关键，确定了课堂学习的纵向运行过程。在课堂纵向运行的框架中，还需要根据全息缩影原理丰富课堂学习的具体内容。人类学习与进步构成了人类生活，课堂学习是人类生活的子系统，课堂学习应该是人类生活的缩影。在完成了课堂学习的系统定位后，开始分析人类生活这一母系统的要素及其关系。人类生活是谁在生活，这是生活的主体问题；人类需要怎样的生活，这是人类生活的目的问题；人类的生活是什么，这是生活的内容问题；人类怎样生活，这是生活的形式问题；人类依靠什么生活，这是生活的手段与资源问题；人类在怎样的环境里才能更好地生活，这是生活的环境问题；人类最后生活得怎样，这是生活的结果与质量问题。这一系列问题中隐含的主体、目的、内容、形式、手段、资源、环境、结果和质量等，是构成人类生活这一母系统的基本要素，在这些要素中，谁在生活是核心，目的为主体服务，内容和形式为目的服务，手段、资源、环境为内容和形式服务，结果和质量是检验是否达到目的的重要指标，这就构成了以人为核心的人类生活系统。根据全息缩影原理的要求，要把人类生活的系统要素及其关系转化为课堂学习生活这一子系统的要素与结构，就需要系统回答如下问题：谁在学习，这是学习的主体问题；学习什么，这是学习的内容问题；怎么学习，这是学习的形式问题；依靠什么学习，这是学习的手段和资源问题；在怎样的环境中才能更好地学习，这是学习的环境问题；学习得怎么样，这是学习的结果和质量问题。因此，课堂学习这一子系统，也必须以学生亦即"完整儿童"为圆心，以学习目标为引领，选择能够实现目标的学习内容和形式，辅以恰当的学习手段和资源，并以一定的学习质量标准检验学习目标是否达成。根据课堂学习这一子系统的要素及其关系，丰富纵向运行过程中的继承、发现和创新的具体内容，即根据本节课或某一单元的学习要求和"完整儿童"的发展需要，不断细化：谁来继承、发现和创新，继承、发现、创新到什么程度，继承、发现、创新什么，怎么继承、发现和创新，用什么手段和资源去继承、发现和创新，营造怎样的环境去继承、创新和发现，用什么标准去检验继承、发现和创新目标是否达成，等等，原有的运行过程方案就会不断细化，形成可操作的课堂学习方案。

  全息结构原理，是指子系统和母系统的结构具有对应性，子系统的某一个部分或节点，在母系统中都能找到对应点。子系统和母系统或局部和整体在考察彼此的结构时主要有三个维度：一是纵向上的时间维度，即过去、现在和未来的结构是否具有对应点；二是空间维度，即在个体、他人、本土、全球、全宇宙的层层拓展中，子系统和母系统或局部和整体之间是否具有结构上的对应点；三是时空交汇维度，即子系统和母系统或局部与整体在纵向和横向相互交织的结构特点上是否具有一致性。在运用全息结构原理时，也可遵循如下步骤：一是系统定位，确定具体工作属于哪一母系统；二是纵向分析，即母系统是如何处理过去、现在和未来的关系的；三是横向分析，即母系统是如何层层拓展的；四是确立纵横交织点，母系统中纵向和横向是如何交织的，有哪些关键的交织点；五是全面转化，即把母系统的纵横交织结构转化为子系统的结构，使子系统承载的工作成为具有优良结构和强大功能的运行系统。仍以上述的课堂学习为例，根据全息重演原理和全息缩影原理细化了课堂学习方案后，可以着力考察课堂学习结构是否符合人类进步与人类生活的结构特点。从纵向上看，人类进步都是以过去为基础，立足现在、放眼未来。在过去、现在和未来的结构关系中，"现在"是人类社会发展的坐标原点，"过去"积蓄着"现在"的发展能量，既不忽视过去给人类发展打下的基础，也不沉湎于过去而裹步不前，而要把过去作为现在的发展阶梯；"未来"是现在和过去的延续，能从现在窥见未来，能用未来的发展需求提升现在的发展品位，过去、现在和未来自成一体，但最终是为了将来更好的发展。从横向上看，人类生活首先是人类个体的生活，然后是个体与他人之间的共同生活；最初关注的是身边的本土生活，然后关注的是全人类、全球和全宇宙的生活，范围逐层扩大，视野逐步拓宽。从纵横交织看，越是放眼未来，人们关注的范围越大，越趋近未来，纵向坐标与横向的人际关系、全球、全宇宙的交织点越来越多。如果把这种结构关系转化为课堂学习中的结构，就应以"现实的'完整儿童'"为原点，在纵向上，兼顾儿童的过去、现在和未来，从儿童的已有发展基础起步，引导儿童过好当下的学习生活，实现当下的完整发展，然后根据未来"完整儿童"的理想图景提升当下的发展品质。在课堂学习的纵向结构考察中，要不断追问如下问题：儿童的过去在哪里？我们忽略了儿童的过去吗？我们如何利用儿童的过去？儿童的现实发展需求是什么？"完整儿童"的现实发展样态是什么？如何将这种发展样态落实到课堂学习的每一个环节中？"完整儿童"的理想图景是什么？如何在课堂学习的具体过程中，以"未来"引领"现在"，以"现在"成就"未来"？等等。在横向上，要引导学生逐层拓展利用已有知识解决不同范围内的生活问题的能力，使课堂的横向结构具有逐层拓宽的特点，这样的课堂结构才是人类社会的结构缩影，才能在人类社会的发展中找到结构的对应点。

全息原理的教学意义在于，引导所有教师重新认识教学活动的起点、过程与结果的依据、意义和理想形态，并据此建立教学改革的理论起点、行动支撑点与实践创新框架。如确立教学活动起点的依据是什么？怎样的教学起点才具有学生学习的最大价值？展开教学活动过程的科学依据是什么？教学活动怎样展开才具有成长意义？确立教学评价标准、内容与形式的依据是什么？怎样的评价才能帮助学生成为"完整儿童"？等等。综合这些问题的思考结论，就可以逐步构建课堂的理想形态和理论与实践创新框架，确立新的教学改革理论起点和行动支撑点。

全息原理运用于教学，可以得出如下结论：教学活动是人的认识与成长活动，人是人类的一部分，人的认识与成长活动是人类认识与发展活动的子系统，其认识与成长的整体形态，是人类认识与发展活动的重演，是人类认识与发展活动的缩影，其素养结构及其发展过程和人类社会所需素养及其发展结构具有对应关系。根据这一推论，"完整儿童"的培养就应以全息理论为依据进行课堂改革，建构和完善具有全方位、多层面滋养整全生命的全息课堂。

2. 全息课堂的内涵与特征

全息课堂，是根据全息原理和全息图景技术建构的课堂形态。全人文化引领下的课堂，多以全息图景的技术和全息学习的视野作支撑，这就需要利用全息图景技术改造课堂，以全息学习的视野提高学生核心素养的发展品质。全息图景即通常所说的全息图或全息图像。全息图是通过全息技术处理后形成的图像，其"每一个局部都包含了被摄物体的整体信息"[1]。全息图景技术，就是处理整体与局部关系的技术，即整体中的任何一部分都能体现整体的全部信息。以全息图景技术改造的课堂，是把课堂、儿童发展和人类社会当成一个整体来对待：课堂是儿童发展的局部，儿童发展是人类社会生活的局部，每一节课都应体现"完整儿童"的发展特征，每一个儿童的发展都应符合人类社会的整体要求。因此，以全息理论和全息图景技术建构的每一节课，都不能解构儿童特征，都应以"完整儿童"的发展作为教学目标、内容与方式确定的依据；都不能无视鲜活的社会生活，而要把社会生活引入每一节课，实现知识、生活、学生与社会的融合式发展。以全息学习的视野提高学生核心素养的发展品质，就是以古今中外的大社会作为学习的大情境，在大视野、宽视角的社会资源的引进与利用中发展学生的核心素养。以全息技术和全息学习共同支撑的课堂，要求每一节课都不能解构儿童和生活，而应以"完整的生活"培育"完整的儿童"，其具体要求主要体现在三个方面。

（1）以全息重演原理为指引，重构学习生活与人类社会高度匹配的课堂整体样态

从上文的分析可看出，全息重演原理运用于课堂，可以得出如下结论：课堂教学是关于人的认识与成长活动，人是人类的一部分，人的认识与成长活动是人类社会及其发展过程的重演，以人的认识与成长为核心的全息课堂，是对人类社会认知与发展活动的重演。课堂对人类社会的重演主要体现在三个方面。

首先是对人类社会生活的重演。课堂上的学习生活应该重演人类社会生活，课堂环境、氛围、活动方式应该体现人类社会生活所具备的特征，并将人类社会的真实生活引入课堂，课堂学习与人类社会对接，增加"人间的烟火气"，才能破除学生从"课堂生活"过渡到"社会生活"的障碍。

其次是课堂上学生发展素养目标是对人类社会构成要素及其结构的重演。人类社会的构成要素及其支撑性能力，必须投射到课堂目标中；课堂教学发展的学生素质结构是社会发展对人的需求结构的重演，这就为"课堂中的人"和"社会中的人"搭建了互通桥梁，有利于促进核心素养的全面发展。

---

[1] 杰恩·弗利纳. 课程动态学［M］. 吕联芳，邵华，译. 北京：教育科学出版社，2013：27.

最后是课堂学习特征是人类发展特征的重演。人类社会发展具有传承与创新、适应与超越、平衡与不平衡、封闭与开放相结合等特征，课堂学习也应重演这样的特征，才能提高学生的社会适应性与发展力。

全息重演原理对课堂生活、课堂目标和课堂特征的要求，为建立课堂与社会的多元通道创造了条件，有利于在核心素养和"完整儿童"的发展之间搭建课堂改革的立交桥，促进核心素养的意义生长。如课题组实验基地校英语教研组在教学人教版《Go for it》八年级上册 Unit 8 "How do you make a banana milk shake?"写作课时，首先重演了人类生活。以 CNGV 记者的纽约采访原版视频（剪辑版）引入，让学生在视频中发现西方社会对中国美食的了解和喜爱程度。当学生发现西方社会对中国美食并不完全了解时，产生了利用所学外语知识向西方友人介绍中国美食的愿望，这一活动重演了人类生活中的交际活动。接着，教师引导学生自我评估是否具备向西方友人介绍中国美食的能力，当学生发现自己还不能清晰介绍时，教师引入了改编的学习内容，即将本课阅读文本 Yunnan Rice Noodles 与对话改编成 Section A 2d Russian Soup 食谱，引导学生在比较阅读中发现食谱介绍和写作的要素，综合原有知识与生活经验，运用发现的知识和技巧向西方友人介绍自己喜爱的中华美食。这一活动过程把课堂学习目标与真实交际中需要的知识与能力衔接起来，学习目标重演了社会交际需要的素质结构。教师让学生在介绍的中华美食中发现中华文化，以及中华美食文化在世界上的发展前景，体现了传承与发展、适应与超越等课堂特征。

（2）以全息结构原理为指引，重构以"发现"为主线的课堂演进过程

全息结构原理用于课堂教学，要求课堂结构与人类社会结构相对应。人类社会结构包括横向结构和纵向结构。横向结构是指人类社会的静态结构，是某一时刻或时段呈现出的结构形式。全息结构原理认为，课堂静态结构中的关键部分能够在人类社会的静态结构中找到对应点。比如人类社会由人、环境、人在环境中的活动等要素形成的结构形式，课堂的横向结构也应考虑这些要素及其相应的组合方式，在这样的课堂中培养出来的学生才具有较高的社会适应力。纵向结构，是指人类社会在动态发展过程中所表现出的基本结构形式。从人类社会的整体发展看，立足现有基础，在探索中不断发现，在发现中不断发展，基础、发现、发展是纵向结构的基本要素，在发现中发展是其基本结构形式。全息结构原理认为，全息课堂的动态结构也应以"发现"为主线重构课堂的发展样态，才能在统整课堂发展和人类社会发展的过

程中促进核心素养的全面发展。

课题组以"发现"为主线，建构了基础素养课、综合素养课和优势增值课三种课堂。基础素养课主要培养学生的基础素养，以"理解·发现"为统领，引导学生在自主学习中理解学科知识，发现自己的困惑；在相互研讨中解决自己的难题，发现自己与同伴、老师的差异，明确自己需要继续理解和深化的内容。在此基础上，把学科知识与社会生活对接起来，创造性地利用知识解决生活中的实际问题，发现知识的生存与发展价值，并在利用知识解决现实问题的过程中，把知识转化为自身和社会发展的本质力量，促进核心素养的意义生长；然后引导学生在自我反思中发现和积累把知识转化为本质力量的方法以及挖掘自己的优势与不足，为今后更好地学习进行调整。综合素养课主要培养学生综合利用知识解决问题的能力，以"综合·发现"为统领，引导学生发现不同知识间的联系，对"类问题""类知识"进行概括；在把握"类问题""类知识"后，发现这些问题与知识和人类社会生活的联结点，以联结点为圆心，发现相关的社会现象，利用概括出来的"类知识"和解决"类问题"的经验，探索人类社会中的这些现象，以灵活多变的方式解释这些现象或解决这些现象隐含的问题，在整合运用知识的过程中把知识转化为自身和社会发展的本质力量，促进核心素养的生长。优势增值课主要引导学生发展自身潜能，培育发展优势，以"体验·发现"为统领，在完成专题任务中发现自己的潜能，在活动体验中释放和发展自己的潜能，在成果展示中表达和强化自己的潜能。不同课堂的纵向结构都注重优化学生、课堂环境与学习活动的组合方式，使课堂结构和人类社会结构相对应，为"完整儿童"的发展创造了良好条件。[1]

（3）以全息缩影原理为指引，重构以"整合"为纲领的质量评价框架

整体缩影的全息原理，要求课堂质量评价着眼人类社会和人的整体发展，以"整合"为纲领重构课堂评价框架。这一框架主要包括三个方面的整合性评价。第一个方面，课堂生活与人类社会生活的整合性评价。让课堂生活成为人类社会生活的缩影，在课堂生活与人类社会生活的整合上确立课堂质量的评价点。例如，课堂学习目标是否体现了人类社会对人的素养需求，课堂上设置的问题情境是否与人类社会的真实生活相关，课堂组织形式是否与人类常见的学习方式一致，课堂氛围是否与人类促进人的正向发展大致相当，

---

[1] 杨斌. 走向远方：成都金苹果锦城第一中学战略规划 [M]. 成都：四川教育出版社，2018：124-180.

等等。第二个方面，课堂展开方式与人类发展方式的整合性评价。课堂展开方式是人类发展方式的缩影，在课堂展开方式与人类发展方式的整合上确立评价点。例如，课堂教学的起点是否准确把握了本学科最新最权威的知识、能力、方法、思维与思想，是否站在人类认识成果的最高点上引导学生开启学习之旅；教学过程的设置是否有利于引导学生在发现中发展；等等。第三个方面，学生的学习成效与利用知识解决社会问题成效的整合性评价。学生的素养发展成效是解决社会问题成效的缩影，在课堂学习成效与现实问题解决成效的整合上确立评价点。如学科核心素养的发展成效是否体现在利用学科所学解决现实问题的力量发展上，文化基础的综合发展水平是否体现在综合利用文化基础解决自主发展和社会参与所面临的问题上，等等。只有以这种思路确立评价点，才能站在学生本质力量的发展成效这一高度上评价课堂学习成效。

全息课堂建设的根本着力点，是在全面发展学生核心素养的过程中培育"完整儿童"，是把核心素养的培育回归到全面发展的人身上来，以全面发展的人为课堂改革的起点和归宿。全面发展的人，是在复杂多变的未来社会中具有较强适应力、创造力和发展力的人，这样的人具有三个基本特征。一是与人类社会需要的整体素质相似度高，具有全面发展的素质结构。人类社会需要怎样的人？这样的人需要具备怎样的素质结构，课堂教学就应回答和解决这些问题，帮助学生涵养出与人类社会需求相一致的全面发展的素质结构，学生才能顺利地融入社会，提高社会适应力。二是其学习过程与人类社会的发展过程高度一致，具有全面发展的经验结构。全面发展的人是善于学习的人。"善于学习"首先是要善于汲取和转化人类最新最权威的认识成果，形成自己的认知经验，让自己站在"巨人肩膀"上开创新的学习旅程；其次是善于学习人类社会的学习经验，使自己的学习过程与人类发现和创造知识的过程相一致，形成自己的学习经验。认知经验和学习经验，共同构成了学生的经验结构，学生只有具备了与人类认识成果和认识过程相一致的经验结构，才能提高自己在未来社会中的创造力。三是学习成果具有完善"自我"与发展"社会"的双重价值，能为推动自我和社会的全面发展奠定坚实的基础。要在课堂改革中达到培养"全面发展的人"的理论与思想高度，需要做强"文化基础""自主发展"和"社会参与"三大支撑，这三大支撑是《中国学生发展核心素养》总体框架中的三个方面。基于核心素养的课堂改革，就是要引导学生跨上"文化基础""自主发展""社会参与"的桥梁，达到"全面发展"的彼岸，成为真正意义上的"完整儿童"。在这一高度上推进课堂改革，需要不断追问和厘清以下问题：哪些文化基础是未来社会发展必须具备的？如何发展这些文化基础才能提高学生在未来社会中的适应力、创造力与发展力？在课堂中如何培养自主发展力才具有社会适应性？课堂教学如何促进学生提高社会参与的有效性？文化基础、自主发展和社会参与三个方面如何共同作用才能促进学生的全面发展？只有厘清了这些问题，处理好了"文化基础""自主发展"和"社会参与"的关系，才能引导学生以核心素养的发展为桥梁，把自己从"课堂中的人"和"学校中的人"变为"社会中的人"，成为具有未来社会适应力、创造力和发展力的"完整儿童"。

三、全息课堂的建设策略：从观念到行动的立体推进

从知识到能力再到素养的课堂演变过程，隐含着"人在哪儿""应培育怎样的人""怎样才能培育这样的人"等课堂教学的本源性问题。从培养"具有丰富知识的人"到"有能力的人"再到"有素养的完整的人"，构成了以人的发展为核心的中国课堂改革路线图。《中国学生发展核心素养》发布后，对课堂教学中"人"的发展提出了更高要求，把课堂教学的终极使命聚焦在了培养"全面发展的人"这一目标上，培育"全面发展的人"成了新时代课堂改革理论与实践的出发点，以全息课堂培育全面发展的人，成了新一轮课堂改革的奋斗目标。要实现这样的目标，必须以全息理论为指引，从观念到行动立体推进全息课堂的建设。

（一）以"全人文化"为导向，建设具有文化高度的全息课堂

文化是课堂的引擎，要在课堂教学中培育面向未来的"完整儿童"，需要以"全人文化"引领全息课堂的建设。小原国芳认为："教育的内容必须包含人类的全部文化，因此，教育必须是绝对的'全人教育'。所谓的全人教育，是指完全人格亦即和谐人格而言，人在文化上欠缺了多少，作为人就残缺了多少。"[1] 本书所说的"完整儿童"虽然在内涵上远远超出了小原国芳所说的"全人"，但他"以人类的完整文化培育完整的人，以培育完整的人为指向建构教育文化"的思路却与本书一致。"完整儿童"是多维度、多层次文化要素综合影响的结果，"完整儿童"的培育如果不顾及人类的全部文化，不以"全人文化"为引领推动全息课堂建设，培育出来的学生就可能变得残缺不全，

---

[1] 转引自冯克诚，主编. 外国教育名家名作精度丛书：第二辑·第十七卷：全人教育思想与《全人教育论》等选读 [M]. 北京：中国环境科学出版社，学苑音像出版社，2006：25.

《中国教育现代化（2035 年）》提倡的"更加注重全面发展"就会落空。因此，培育"完整儿童"的全息课堂，首先是在课堂上彰显和沉淀全人文化，从单要素文化的过度生长转向全要素文化的生长，提高学生全要素文化的生长能力，在全要素文化生长能力的发展过程中提高自己完整发展的意识和水平。

1. 在促进全要素文化生长的过程中建构全息课堂

全人文化引领下的全息课堂，要避免单要素文化在课堂上的过度繁荣。单要素文化的过度繁荣，是指在课堂上过分关注某一类、某一维度或某一层次的文化理解与创生效果，忽视甚至摒弃与此关联的其他文化要素。其具体表现是：在课堂教学设计和实施过程中，既不能有意识地发掘某一教学内容包含的多维度多层次的文化要素，更不能把这些文化要素变为学生成长的整体资源，而是把高度关联的文化要素割裂开来，只利用其中的某一文化要素，或只从某一角度发挥教学内容的文化引领与浸染功能。单要素文化在课堂上过度生长，会使学生的视野越来越狭窄，认识越来越片面，言行越来越偏激，其结果只能是离"完整儿童"的发展要求越来越远。

全人文化引领下的全息课堂，重在促进全要素文化的生长。全要素文化的生长，是指以某一教学内容为依托，多维度、多层次地发掘和利用其隐含的文化因素，使之成为学生全面成长的文化养料。全要素文化生长主要包括四个方面：第一是世界文化的全要素生长，即全人类不同地域或种族文化在课堂上的多元共生；第二是不同类型文化的全要素生长，即学问、道德、艺术、身体、生活等不同类型文化在课堂上的全面生长；第三是不同层次文化的全要素生长，即促进全人成长的精神文化、物质文化和制度文化的一体化生长；第四是时间维度上的全要素生长，即统整过去、现在、未来等文化基础、文化需求和文化创造等要素，促进过去、现在和未来的协调发展。为了促进全息课堂上的全要素文化生长，各学科在教学中要发挥本学科的内容优势，尽可能兼顾上述四个方面。

2. 在促进整合发展的过程中提高全息课堂的全要素文化生长力

面向未来的"完整儿童"是具有全要素文化生长力的儿童。全要素文化生长力，是能在学习内容或现实生活中多维度、多层次地发现其文化意义并将其转化为自我发展或社会发展资源的能力。培育学生全要素文化生长力的基本路径是多类型、多层次的整合发展。首先是课堂价值纲领的整合。课堂价值纲领，是在课堂上培养全面发展的"完整儿童"的基本追求与行动思想，对课堂实践具有统摄力和引领作用。价值纲领的融合，是全校教师对古今中外有关培养"完整儿童"的基本思想进行甄别、筛选、整合，使之成为具有时代性、科学性和可行性的全息课堂建设的基本信条。为了在课堂转型中提高学生全要素文化生长力，课题组在核心实验基地校锦城一中确定了"中国脊梁、世界担当、坚韧自强、卓越发展"的课堂价值纲领，在这一价值纲领中，"中国脊梁"和"世界担当"，既囊括了不同地域、不同种族、不同类型的文化，也涵盖了精神、物质、制度等不同层面的文化；"坚韧自强"与"卓越发展"则立足现实、走向未来，统整了时间维度上的文化要素。其次是实践过程的整合。包括教学内容的学科内、跨学科、跨领域、跨时空的整合，不同教学形式与多样化教学技术的有效整合，教学目标、教学过程与教学评价的整合，不同类别与不同层次教学资源的有机整合等。再次是社会发展、人才需求、教育改革与课堂改革的整合等。这些不同类别和不同层次的整合，能将多维度多层次的文化要素集结在某一个整合点上，为师生发掘和利用某一教学点上的全要素文化生长资源创造良好条件。

全人文化在课堂上的彰显和沉淀，有利于形成全体教师培育"完整儿童"和建设全息课堂的价值共识。全息课堂的价值共识，是教师对全息课堂的性质、特征、功能、过程与结果等形成的一致性认识。不同的价值共识会形成不同的教学观念，衍生出不同的课堂行为。全人文化引领下的全息课堂，其价值共识应体现在"完整儿童"的形成与发展规律上，应成为"完整儿童"培育的课堂诉求和教师推动课堂改革的基本信念。

（二）以新的课堂知识观和能力观为引领，建设培育完整生命和促进素养发展的全息课堂

知识和能力是发展整全生命的基础，要在全人文化的引领下建设全息课堂，需要树立有利于整全生命培育的课堂知识观与能力观。课堂知识观，是教师在课堂上对待知识的态度和引导学生有效学习与运用知识的基本主张。一切的教学内容都可以被称为知识，知识问题是建设全息课堂的关键问题。选择何种知识，以何种方式呈现和学习知识，直接影响着"完整儿童"的发展方向、力度与程度。斯滕伯格认为："过多的知识可能阻碍思考，使个体无法挣脱固有的思维的藩篱，结果导致个体成为自己已有知识的奴隶而非主人。"[1] 学生只有挣脱知识的束缚，成为知识的主人，才能在知识学习的过程中实现完整发展的目标；教师只有带着知识走向学生，而不是带着学生走向

---

[1] 王红，吴颖民. 教育不能承受之"重"：追求知识的加速跑 [J]. 人民教育，2015（7）：15-17.

知识，才能帮助学生把知识转化为核心素养。要转变课堂知识观，首先要调整课堂教学过程的展开逻辑，即从遵循学科知识逻辑走向遵循"完整儿童"的发展逻辑；其次是从"僵尸知识"走向"活性知识"，把学科知识和跨学科知识植入学生的生活世界和生命世界，促进知识、经验、生命、生活与社会的统整；最后是在知识内容、知识形式与知识旨趣的统整中化知识为素养，在知识组织与联系、知识加工与使用、知识迁移与反馈等阶段，把具体的知识点、技能点，知识内在的思维方式、检验方式、表达形式及其目标、价值、乐趣等整合起来，把客观性知识转化为学生的主体性知识，才能在提升知识品质的过程中保障"完整儿童"的有效成长。

除树立新的课堂知识观外，还需要树立新的课堂能力观。新的课堂能力观的核心内容，是在课堂教学中树立培育学生复杂适应性能力的观念。人类进步和人类生活是极其复杂的，根据全息重演原理和全息缩影原理的要求，在全息课堂上培养出来的"完整儿童"，必须具有适应复杂社会的素质结构和能力。但从实际情况看，不少教师树立的课堂能力观主要是学科能力观，其核心是提升学生的学科能力而不是适应复杂社会的能力，因此必须不断转变课堂能力观。"完整儿童"的复杂性主要表现在两个方面：一是其自身发展受到多方面因素的影响，具有复杂多变的特征；二是即将融入的社会具有复杂性，认识和适应未来社会必须具有复杂性思维与复杂系统的适应能力。"恰切的认识应该正视复杂性"，"当不同的要素（比如经济的、政治的、社会的、心理的、感情的、神话的）不可分离地构成一个整体时，当在认识对象与它的背景之间、各部分与整体之间、整体与各部分之间、各部分彼此之间存在相互依存、相互作用、相互反馈作用的组织时，就存在复杂性"[1]。要在全息课堂上培养"完整儿童"，就应在尊重"完整儿童"复杂性的基础上，引导学生在学习过程中认识到影响自身发展的复杂要素及其依存关系，正视自身发展及其将要进入的社会的复杂性，有意识地提高自身的复杂适应性能力。

复杂适应性能力，是对自身成长和人类社会发展的复杂性进行辨识、分析和处理的能力。面向未来的"完整儿童"是具有复杂适应性能力的生命体，全息课堂要有效培育"完整儿童"，需要提高学生的复杂适应性能力。为了在全息课堂上培养具有复杂适应性的"完整儿童"，我们力求在"立体优化""活态优质""全体优秀"的课堂活动中提高学生的复杂适应性能力。"立体优化"是以人类社会的多维发展与"完整儿童"的多向度成长为依据，在教

---

[1] 埃德加·莫兰. 复杂性理论与教育问题 [M]. 陈一壮，译. 北京：北京大学出版社，2004：123.

学的目标、内容、资源与组织形式等方面整体优化课堂、学生、学校和社会的关系，把课堂变为学生成长和社会发展的缩影；"活态优质"是在充分考虑社会与学生的发展过程具有动态复杂性的基础上，确保课堂教学及其改革的动态发展活力；"全体优秀"是在促进学生全面发展的基础上，帮助每位学生成为优秀的"完整儿童"。从核心实验基地校锦城一中的实践情况看，要在全息课堂中培养具有复杂适应性的"完整儿童"，需要在课堂教学的目标、内容、方式等方面进行联动改革。在课堂教学目标上，要力求体现复杂社会生活对"完整儿童"的素养要求，实现书本价值、儿童生长价值和社会发展价值的一体化提升；在课堂教学内容选择与资源链接上，要力求以某一知识、能力或素养为原点，整合与此相关的相互依存的社会生活的各个方面，让学生在感受、理解和解决复杂社会问题的过程中学习知识、理解社会、发展素养；在组织方式上，要力求尊重人类特别是儿童发展过程的复杂性，把简单化的线性课堂组织方式拓展为网状的、螺旋发展的课堂模块推进方式，使课堂的运行方式更加符合"完整儿童"的发展规律。

以复杂性思维设计的全息课堂，需要以"整体发展"的思路系统设计和实施行动方案。全息课堂的整体发展，首先要遵循"完整儿童"核心素养的结构性发展特征。"核心素养结构复杂，包含多种元素，是知识、技能、态度的集合；核心素养也非常抽象，按照心理品质的抽象层级，它超越了知识和能力的一般范畴，处于比能力更高一层的抽象层级。"[1] 因此，核心素养的发展是一种结构性发展，核心素养的各基本点之间不是相互孤立，而是彼此影响的。核心素养的各个基本点以结构化的方式影响着学生的整体发展，只有以结构化的思路和策略处理全息课堂中的核心素养培育问题，学生才能综合运用课堂所学"应对现实生活中复杂的、不确定性的真实情境"[2]，促进学科结构、课堂结构与核心素养结构的整合性发展，实现课堂学习的整体性超越。

全息课堂的整体发展，要以"发现"为主线对课堂进行"全息"把握。"教学是由一定的学生和教师在一定的教学目标下组成的复杂适应系统"[3]，其主体的复杂性、结构的复杂性和功能的复杂性，要求教师对课堂进行"全息"把握。课堂的"全息"把握，是对课堂上的每一个学生、每一个环节、每一节课等全时空的了解，既对整个课堂进行把握，也对课堂局部进行观察，

---

[1] 袁建林，刘红云. 核心素养测量：理论依据与实践指向[J]. 教育研究，2017（7）：21-28.
[2] 杨向东. 基于核心素养的基础教育课程标准研制[J]. 全球教育展望，2017，46（10）：34-48.
[3] 蒋士会，龙安邦. 教学复杂性新论[J]. 课程·教材·教法，2017（10）：77-83.

分析局部课堂是否符合与体现课堂整体改革的特征。这种"全息"把握，既要让每节课体现出核心素养的结构性发展特征，也要让不同课型落实"发现"理念，在引导学生不断发现的过程中实现核心素养的结构性发展。课题组为了引导学生在"发现"中促进核心素养的结构性发展，设置的基础素养课以把握学科基础知识和提高学科基本能力为主要任务，采用 40 分钟的常规课时；综合素养课以建立知识联系、融合单项能力，综合运用学科知识解决问题为主要任务，具有专题研究与综合运用的特点，采用 50 分钟课时；优势增值课以发展兴趣、培育优势、形成特长为主要任务，采用 60 分钟课时。三种课堂形态都以"发现"为主线展开教学过程，基础素养课以"学""议""创""省"为关键要素优化课堂改革的行动方案，综合素养课以"概括""联结""探究""求变"四个关键要素优化课堂改革行动方案，优势增值课则以"项目""设计""执行""展示"四个关键要素优化行动方案，学校以"发现"为主线对不同课型进行整体设计与实施，促进了学生核心素养的结构性发展。

(三) 以指向核心素养的学习目标的设计与达成为统领，建设高质量的全息课堂

全息课堂的建设始于学习目标的改变。从现实情况看，不少课堂没有目标或沿用已有目标，依然以三维目标的拟制思路设计课堂目标。目标滞后，导致课堂行为陈旧无效。从三维目标看，"知识与技能"是核心，"过程与方法"是为获得知识与技能服务的，"情感态度价值观"是对知识价值和技能意义的发掘与获得，三个维度的目标都指向了知识与技能的获得。基于"完整儿童"培养的课堂学习目标，则应指向核心素养的发展，课堂的最大功能，是在活化知识，整合知识内容、形式与旨趣的过程中，全面发展学生的核心素养，增强学生生命成长的自觉性与力量感，提升学生的感官价值、生命价值和精神价值。指向"完整儿童"核心素养发展的学习目标，在设计与达成等方面有着自身的规定性。这一规定性首先体现在知识的活化上，只有活化的知识才能培育出真正的核心素养；其次是活化这些具体知识要发展哪些核心素养；最后是发展这些核心素养要提升哪些主体价值。因此，指向核心素养的学习目标主要由活化知识、核心素养与主体价值三个关键词决定。

学习目标中的活化知识，是培育核心素养的基础。活化知识，是让静态的书本知识在学生发现、建构、运用和创新的过程中焕发活力的过程。课堂上是否实现了活化知识的目标，主要考察三个方面：一是知识的联结，即是

否产生了新旧知识、知识与生活、知识与自我或知识与生命的联结等，让某一具体知识在知识链或生活、生命中活起来；二是知识的转化，即是否把知识转化为自我的感官、生命或精神价值，让知识在学生的生命成长中活起来；三是知识的生成，即是否在知识学习过程中发现和生成了新的观点、经验和方法等，使知识在不断发展中活起来。

学习目标中的核心素养，是课堂学习的主要追求。课堂学习主要依托学科学习与跨学科学习两种载体。学科学习目标要指向核心素养，必须兼顾学科核心素养与中国学生发展核心素养两个方面。学科核心素养是学科知识、学科能力、学科方法与学科思想的综合体现。"学科能力表现是学生完成相应学科认识活动和问题解决活动的表现"[1]；"学科方法是指学科内具有学科特点的研究方法、思维方法、问题解决方法或学习方法"；学科思想"是在实践过程中所产生的对教师的教与学生的学均具有关照价值的核心思想观念"[2]。学科核心素养的发展过程，就是学生在学科思想的引领下，运用学科方法和学科知识解决具体问题，提高学科能力的过程。跨学科学习，是综合运用多门学科知识解决问题的学习。无论是学科学习还是跨学科学习，都离不开知识认知活动、问题解决活动和迁移创造活动。知识认知活动的学习目标主要包括知识积累的数量、知识理解的程度、知识发现与建构的能力等，这既是学习学科知识的基本素养，也是夯实"文化基础"的保障；问题解决活动的学习目标主要包括发现、归纳和分析问题的精准度，运用学科或跨学科的思想、方法、能力和知识解决问题的速度与效度，问题解决的过程和结果对感官、生命与精神价值的影响程度等，这既是学科核心素养与跨学科素养的发展要求，也是"自主发展"与"社会参与"的要求；迁移创造活动中的学习目标主要包括知识运用的创造性、知识结构化的逻辑性和生成新知识的意识与能力，这既是学科知识、能力、方法与思想的高级综合，也是文化基础、自主发展与社会参与素养的整合性发展，是促进"完整儿童"不断超越的重要保障。

学习目标中的主体价值，是学生通过活化知识与核心素养的培育，在感官、生命和精神三个层面获得的发展。感官价值层面主要看课堂上的学习内容是否吸引学生，学生是否产生了探究、发现、运用与创造所学知识的兴趣。

---

[1] 王磊. 学科能力构成及其表现研究——基于学习理解、应用实践与迁移创新导向的多维整合模型[J]. 比较教育研究，2016（9）：83-92.
[2] 陈娜，郭元祥. 学科课程思想的内涵、特征及其对教学的观照[J]. 课程·教材·教法，2017（8）：11-16.

如果学生能在学习中感到知识的美，体悟到知识的魅力，进而产生持续学习的欲望，学生的感官价值就获得了发展。生命价值层面主要看所学内容能否变为学生应对学习与生活的工具，是否学会了运用所学内容解决自身与社会发展遇到的现实问题等。如果所学内容丰富了学生继续学习与生活的凭借，能够运用所学知识解决发展中的问题，就能为提高学生的生命存在与发展质量奠定基础，生命价值就能获得发展。精神价值层面主要看课堂所学是否赋予了学生向真、向善、向美或向上的发展力量，如果学生在课堂学习中内化了所学知识，将所学内容变为了精神上的发展力量，精神价值就获得了发展。

在这三个关键词中，活化知识是基础，核心素养是关键，主体价值是提升。一节课的学习目标不必面面俱到，但应从不同角度和层面体现三个关键词的目标要求。如在引导学生学习统编本语文七年级下册贾平凹的《一株小桃树》时，按照以下框架对目标进行了解读和细化（表2-1）。

表2-1 《一株小桃树》的目标解读和细化框架

课题	需要活化的知识	需要发展的核心素养	需要提升的主体价值
一株小桃树	1. 静态知识 托物言志（托什么物，言什么志；怎样托物才能言志） 2. 活化知识 在"物""我""志"的联结中实现两个转化：从阅读《一株小桃树》到学会阅读托物言志的文章；从文中之"我"在艰难中坚守梦想的执着，转化为学生的成长精神	1. 散文表现手法知识的建构与运用 2. 文章语言和结构的分析思维与审美能力	1. 感官价值：欣赏一株外丑内美的桃树 2. 生命价值：学会用托物言志的手法表达自己的生命 3. 精神价值：进一步树立无论多么艰难都要执着追逐梦想的人生态度
	3. 活化方法 ● 读出桃树的外在形态（没出息） ● 品析桃树的顽强生长（有出息） （活化"托什么物和怎样托物"的知识） ● 概括"我"的"没出息"和"有出息"（在"物"和"志"之间增加"我"的中介，活化"托物言志"的基本思路） ● 分析概括借"桃树"言了"我"的什么"志" ● 自由研讨：在桃树中能否看到自己 （在精神上实现由作者到学生的转化） ● 比较分析：托树言志与托花言志（《紫藤萝瀑布》）有何异同（实现从"一篇"到"一类"的转化）	1. 在"桃树"和"我"的联系性分析中发展学生的联想能力 2. 在从"一篇"到"一类"的阅读方法指导中发展学生的类型思维能力	

综合这一细化框架中的内容,教师提出了如下学习目标:

①在桃树的外在形态和内在精神的比较中,学会分析和运用托什么物、如何托物才能言己之志的思路、方法;

②在桃树和"我"的关系分析中,明确托物言志文章应如何处理"物"与"我"的关系;

③在小桃树和紫藤萝花的比较中,学会赏析和运用不同物、言不同志时的材料取舍思路、方法;

④学会灵活借用小桃树和"我"的经历,保持执着追求梦想的决心。

在这4条目标中,目标1和目标2是在品读、研讨中活化知识,提升学生语言建构与运用、思维发展与提升的核心素养,有利于提升学生的感官价值;目标3是在新旧知识的链接中活化知识,综合托物言志的思想、方法、知识,提高阅读托物言志文章的能力,为今后阅读类似文章提供了凭借,有利于提升生命价值;目标4是在知识与生命的转化中活化知识,发展学生的人文情怀和审美情趣,提升精神价值。从具体教学实践看,这一目标的达成有效发展了学生的相关核心素养。

(四)以"完整生活"和"问题解决"为重点,建设有效推进学习过程的全息课堂

要达成预定的学习目标,提高全息课堂的过程推进质量,需要在"完整生活"中培养"完整儿童"的问题解决能力。"完整生活",是指学生正在经历或即将经历的不同领域与不同形态的生活。要让学生经历"完整生活",既要尊重"完整儿童"与完整生活的复杂性,也要体现课堂学习的特殊性。有限的课堂时空无法完整复制复杂的社会生活,这就需要课堂发挥"全息浓缩"的功能。全息浓缩,是把复杂的社会生活浓缩在大观念(也称大概念)下的大问题中,让大问题反映出复杂社会生活的整体特征,学生解决大问题的过程,就是透过大观念这扇窗口认识、理解、适应和发展复杂社会的过程。

学科大观念,是居于学科中心地位,能够体现学科课程性质和统摄零散知识的观念。大观念是一种提纲挈领的观念,可以是主题词或基本观点,如"价值""魅力""事物都是普遍联系的"等;也可以是理论或原理,如"生物进化论""质量守恒"等。大问题是"一种开放问题或具有多元思考方式的问题",这种问题能"给学生的独立思考与主动探究留下充分的探究空间",能"鼓励学习者积极参与到问题解决中,使学生尝试寻找有用的知识、思考

合适的方案来解决主要问题"。[1] 大观念引领下的大问题，是围绕具有学科特质与统领作用的观念设计的具有开放空间的问题。这样的问题，既有利于学生在探究过程中活化知识，也有利于学生把握问题背后的学科核心观念，实现学科的思想、方法、知识与能力的统整，更能依托学科的核心观念与问题解决的过程体验提升主体价值。如《圆的认识》一课，一位老师提出了"圆形的下水井盖为什么不会掉下去"这一大问题，既体现了在数学与生活的紧密联系中活化知识的目标要求，也隐含了"以数学的方式认识生活"的大观念，以这样的观念引导学生解决数学大问题，就有利于学生核心素养与主体价值的同步发展。

在大观念引领下设计大问题，可重点探索和完善四条路径。一是利用迷思概念设计大问题。迷思概念，是学生已经建构的概念体系中与大观念相矛盾的概念，这一矛盾引起了学生的认知冲突，在认知冲突处设计问题，有利于引导学生探究知识的内容、形式与旨趣，寻找运用新知识替换错误概念以及解决新问题的新方法，对活化知识、提升主体价值等都具有重要作用。二是以项目设计的方式融合大观念与大问题。把解决大观念引领下的大问题作为学习项目的主要任务，可以引发学生的探究兴趣，提高学生综合运用知识解决问题的能力。如"'深淘滩，低作堰'为什么能成就都江堰这一享誉全球的水利工程"这一问题，可以作为一个探究项目，引领学生探究"深淘滩，低作堰"隐含的物理与化学原理，提高综合运用知识解决问题的能力。三是利用概念变式设计问题。特别是数学学科，"通过概念变式，帮助学生多角度理解数学概念""通过典型例题的变式拓展，建构有层次的经验系统"等[2]。解决概念变式引发的大问题，可以进一步提高学生的知识迁移与创造能力，在活化学科知识、发展核心素养和提升主体价值方面起到意想不到的作用。四是在生活世界与科学世界的双重转换中设计大问题。如《圆的认识》中的大问题，就成功地实现了生活世界与数学世界的转换。

与大观念引领下的大问题学习任务相匹配，在课堂学习过程中要引导学生从习题解答能力的提升转向问题解决能力的发展。习题解答能力的提升，主要是提升学生完成纸质习题任务的准确度、速度、程度、创意度等，其核心是解答试题的能力。问题解决能力的发展，主要是发展学生运用学科知识

---

[1] 黄爱华，林炜. 基于"问题本位学习"理论的"大问题"教学 [J]. 课程·教材·教法，2017（7）：38-42.

[2] 吴颖康，鲍建生. 从上海经验看中国式数学课堂的典型特征 [J]. 人民教育，2017（2）：34-36.

解决现实问题的态度、思维、能力、思想、效果等，其核心是直面和解决现实问题的能力。基于"完整儿童"核心素养培育的全息课堂，应重点提升学生解决问题的能力。实验基地校为了提高全息课堂的过程推进质量，重点强化了如表2-2所示的能力培养要点。

表2-2 全息课堂中问题解决能力的培养要点

层次\维度	活化知识	核心素养	主体价值
问题解读能力	1. 读出了问题解决的具体任务 2. 读出了问题解决的已知条件 3. 知道需要联结哪些知识	理性思维能力	读出问题、任务与生活、生命的联系，为实现生命价值做铺垫
问题解决能力	4. 形成了问题解决的方案 5. 体验了问题解决的全过程 6. 综合运用知识解决了问题	文化基础、自主发展和社会参与等均得到了不同程度的发展	感官价值、生命价值和精神价值均有不同程度的提升
问题创生能力	7. 发现了新问题，产生了新困惑	创新意识与能力	生命价值和精神价值得到不同程度的发展
问题转化能力	8. 解决问题的过程、方法、体验等转化为解决新问题的凭借与智慧	自主发展能力增加	生命价值得到提升

面对具体的课堂教学时，可结合学科或跨学科的具体学习内容更换和细化问题解决能力的培养要点，以提高"完整儿童"培育的针对性。

（五）以"四力共生"为保障，建设持续发展的全息课堂

现实与理想共生的"完整儿童"，是具有创造力并热衷于创造的人，只有这样的人，才能在善待这个世界的同时创造出令人欢欣鼓舞的崭新世界。因此，要完成全息课堂建设的根本任务，必须培育出具有自主创新能力的"完整儿童"。其中，全面发展和全要素文化的生长能力是自主创新能力发展的基础，复杂适应性能力是自主创新能力提升的思维与思想保障，只有在课堂上帮助学生实现全面发展、全要素文化生长力、复杂性适应能力和自主创新能力的融合发展目标，才能真正培育出现实与理想共生的、核心素养完备的"完整儿童"。

要培育出现实与理想共生的、核心素养完备的"完整儿童"，需要以"四

力共生"为保障。"四力共生",是指学习内生力、自主学习力、资源整合力和学习表达力相互促进、共融共生。学习内生力,是指有主动学习的愿望、有一定的知识与能力、有良好的学习方法和习惯,它决定着"完整儿童"的发展态度与持续进步的可能性。自主学习力,是指学生在教师或伙伴的帮助下,能够自觉主动地评估、分析自己的优势与不足,选择适合自己的学习方式,并时时进行反思、调整和超越,这是决定"完整儿童"能否顺利发展的根本性力量。资源整合力,是指整合各种资源提高课堂学习和自我发展效益的能力,主要包括学科内、跨学科、跨媒体、校内外、学习同伴等资源的整合能力,这是"完整儿童"能否取得突破性发展的关键。学习表达力,是指学生用不同方式表达学习愿望和呈现学习过程与结果的能力,主要包括学习诉求的表达力、学习过程的分享力和学习结果的表达力等,这是提高"完整儿童"发展的影响力与贡献力的保障。为在课堂教学过程中提高学生的"四力共生"水平,课题组将其落实到了不同类型的课堂中,如基础素养课中的"学""议""创""省"四个主要学习模块,都渗透了"四力共生"的培养要求。其中的"学"是"四力共生"的前提和基础,是提升学习内生力与自主学习力的关键模块;"议"是"四力共生"向前推进的重要步骤,是提升资源整合力的重要方式;"创"是"四力共生"的综合性实践,是学习内生力、自主学习力、资源整合力和学习表达力的综合体现;"省"是"四力共生"的调节机制,是培养学习内生力和自主学习能力的关键(表2-3)。

表2-3 基础素养课与"四力"关系对应表❶

四要素		四力 学习内生力	自主学习力	资源整合力	学习表达力
学	自主预习 发现知识		自主读书,自主 完成任务等能力		以一定方式表达自 己发现的知识
	梳理结构 发现联系	内生知识结构		知识要点的整合 能力	绘制知识结构图
	完成任务 发现差距	在差距中内生 学习动力	自我评价能力		表达自己的重点学 习诉求

---

❶ 杨斌. 走向远方:成都金苹果锦城第一中学战略规划[M]. 成都:四川教育出版社,2018:128-129.

续表

四要素	四力	学习内生力	自主学习力	资源整合力	学习表达力
议	小组合议 发现异同		自我完善能力		表达自己的学习过程与结果
议	师生质疑 发现方法	内生学科方法		整合书本资源和社会资源	表达创造性运用方法的过程与成果
议	换用方法 旧题新解	内生创新动力	自我提升能力		表达有创意的成果
创	联系现实 发现价值	内生价值和意义		整合书本资源和社会资源	创造性运用方法的过程与成果
创	联系自我 发展素养	内生核心素养	自我内化能力	整合书本、社会和自我	自我修养的表现力
省	前后对照 发现得失		自我反思能力		
省	诊断反馈 补偿优化	内生自我超越的动力	自我调节和改进能力		呈现补偿优化的学习成果

各学习板块紧扣"四力共生"的要求，既有利于驱动全息课堂的整体建设，也有利于引导学生提高全人发展水平，把自己培养成具有发展潜能的"完整儿童"。

第三章 CHAPTER 3

学习目标：
全息课堂培养核心素养的突破口

全息课堂要实现培养核心素养的目标，首先要解决部分课堂存在的学习目标意识缺失、落实不力、实现度不高的问题。现实中不少教师缺乏课堂目标意识，随意加快教学进度或提高教学难度，导致教学低效甚至无效。长期低效或无效的教学，使无序的知识和无价值的知识包围着我们的学生。教学目标意识缺失的问题在一些培训学校显得尤为严重，部分家长急功近利的心态更是在其中起到了推波助澜的作用。最终，大量刷题和过分追求解题技巧的训练，造成学生真正用于关键能力和必备品格的培养时间减少，这样培养出来的学生，不具备未来社会生活和学习的核心素养，无法与未来社会进行有效对接。

一、指向核心素养的学习目标和实现指标

"教学具有目的性，因为教师总是为了某一目的而教，从根本上说是为了帮助学生学习。教学是理性行为，因为教师交给学生的是他们认为值得教的。"[1] 教学改革推动着教育工作者不断深化对教学目标的认识。布卢姆（B. S. Bloom）是教学目标分类学的鼻祖，他的《教育目标的分类：认知领域》（1956年版）被奉为经典之作。但历经近半个世纪的实践与研究，教育专家对1956年的教育目标分类学进行了反思性评判，研究者和实践者都认识到了它的偏差和漏洞，布卢姆的合作者开始修订他的"经典"之作，并于

---

[1] 洛林·W.安德森. 布卢姆教育目标分类学：分类学视野下的学与教及其测评：完整版 [M]. 蒋小平，张琴美，罗晶晶，译. 北京：外语教学与研究出版社，2009（2019.5重印）：3.

2001年出版了《布卢姆教育目标分类学》的修订版。我国对教学目标的研究也逐步走向深入，如果说从"双基"走向三维目标是新一轮课程改革的一个标志，那么从三维目标走向核心素养则是当前课程改革全面深化的一个标志。当然，核心素养之于三维目标并不是简单的取代，更不是否定，而是继承中发展，传承中创新，整合中突破。随着更多一线教育工作者对核心素养培育如何在课堂落地的研究逐步深入展开，教学目标的研究需要新的突破。有学者敏锐地指出："纵观以往教学目标研究成果不难看出，重复性研究偏多，创新性成果偏少。教学目标未来研究需要不断凝练与深化研究主题，推动教学目标研究的深入发展、形成具有中国特色的教学目标理论流派。"[1]

(一) 对教学目标的重新审视

核心素养的核心是人的全面发展。这要求我们从人的发展角度重新审视教学目标。基于人的全面发展的教学目标必定具有全面和谐发展的鲜明特征。以往，我们对教学目标的设定更多地停留在可控的、显性的层面上，而忽视了目标的非预期性的、生成性的一面。根据行为主义学习理论的可操作性、建构主义的意义生成性、人本主义的情感性和个性化，我们认为，指向核心素养和人的全面发展的教学设计目标可分为预期性目标和非预期性目标。其中前者相当于美国学者舒伯特（1986年）[2]所说的"普遍性目标"与"行为目标"，后者相当于"生成性目标"以及"表现性目标"。普遍性目标要体现社会某种主流或者共性的价值观，具有规范性的特点；行为目标则是具体的、可操作的显性目标，具有可观察性和量化的特点。生成性目标是在教学情境中随着教学过程的展开而形成的，它要随着教学过程的展开而显现出来，具有过程性、非预期性的特点；表现性目标则是指"每一个学生在与具体教育情境的种种'际遇'中所产生的个性化表现"，[3]它侧重于反映学生的多样性特质。这里的普遍性目标和行为目标又和我国当前基础教育课程改革中的共同基础相吻合，生成性目标与表现性目标和个性发展目标相一致。

(二) 全息视角下的学习目标

全息课堂是在"全息理念"引领下，全面、全程地关注和发展每一位师

---

[1] 罗儒国. 建国 70 年教学目标研究的回顾与前瞻 [J]. 河北师范大学学报：教育科学版，2019, 21 (1)：31-37.

[2] Schubert, W. H. Curriculum: Perspective, Paradigm, and Possiblity [M]. New York: Macmillan Publishing Company, 1986: 190-195.

[3] 张华. 课程与教学论 [M]. 上海：上海教育出版社，2000：178.

生的最优课堂，全息课堂教学的终极目的是促进学生的全面发展。核心素养时代背景下要求改变传统的教学方式，提倡以学生的发展为核心。这一理念的落实，需要实践层面的行动。为了让学生成为学习的中心，教师应当将教学目标整合转换成学习目标。通过精细化制定学习目标，全息课堂建设让学与教的目的性更加清晰，尽可能让学生学有价值的知识，提高学习效率，增长关键能力和必备品格，最终实现课堂的提质增效。全息课堂中学习目标的核心理念主要体现在如下三方面。

1. 关注师生生命状态

全息课堂主张把每一位学生当成鲜活的生命来对待和培育，每节课也应体现鲜活生命的发展特征与诉求。全息课堂中的学习目标要实现人人都得到关注，人人都得到发展。因此，在目标的设置上就需要考虑不同发展类型和不同发展层次的学生的发展需求，教师要力求通过目标的激励，激发学生的学习内生力，发展学生自主学习力，让不同的学生依照学习目标都能体验到不同程度的成功。

2. 发展学科核心素养

全息课堂要完成发展学生"学科核心素养"的使命，就需要站在发展核心素养的高度，整合学科课程目标和学习内容，根据学生发展的实际情况，重新确定学习目标。要实现这一功能，就需要教师深入挖掘知识背后的育人价值，以及与此知识相互关联的知识和生活情境等，这是课堂改革整合策略所要完成的使命之一。

3. 促进全人发展

全息课堂的学习目标就是要体现人的全面发展的理念，每一节课都是培育"全人"的缩影，都要为"全人发展"做贡献。基于此，各学科组都应当看重学习目标，要站在培养人的全面发展和核心素养的角度，审视、深挖学习内容的育人功能，以此来制定学习目标。教师要思考按照这样的目标学与教，是否能促进师生的优质成长，能否促进师生的可持续发展。

(三) 全息课堂中学习目标与实现指标的基本特征

1. 全息课堂中学习目标的基本特征

"学习目标引领教师的教和学生的学"是全息课堂建设的精髓。全息课堂中的学习目标要围绕学生所学的核心知识和将要发展的关键能力展开，通过具体描述，供教师和学生一起使用。全息课堂中的学习目标决定了全息课堂的学习活动、学习内容、学习策略和学习评价,具有如下基本特征。

系统化设计。要提高学习效率,需要教师站在学生核心素养培养的角度,基于课程标准,重新建构学生学习内容新体系,即需要制定基于学生核心素养培养的学年、学期、学程、学月、单元、课时等系列化目标。

活化核心知识。学科核心知识是生长核心素养的载体,是人类文明的高度凝练,学习目标指引着课堂核心知识的再现与活化,让学生亲身感受知识的生长,产生持续学习的渴望,激发学生的学习内生力。

关注关键能力培养。一方面要关注学科关键能力的发展,以学科能力培养为主线重新整合学习内容;另一方面要注重学生每一节课在学习内生力、自主学习力、资源整合力、学习表达力四方面关键能力的发展。

整合学习内容培育核心素养。教材只是学习的资源之一,在每一节课的学习中,都应当以核心素养发展为中心整合相关学习内容,积极探索跨单元、跨年级、跨学科的整合改革,同时注重整合学科学习资源,特别是注重学习与生活的整合。这种整合式的教学改革可以开阔学生的眼界,激活学生的思维,发展学生的能力。

差异化发展。是指充分考虑学生核心素养发展的螺旋上升原则,不求一步到位,所以在对学程、学月、单元目标进行设置时,需要设置规定性目标和弹性目标,规定性目标是全年级学生都应达成的保底性目标,弹性目标只要求部分学生达到。

2. 全息课堂中实现指标的基本特征

全息课堂中的实现指标是针对核心知识和关键能力达到某种要求的具体描述,指向核心知识和关键技能的达成度。它可以作为学生达成一定学习要求的表现性指标,具有如下基本特征。

清晰的学习路径。实现指标的描述要贴近学生的表达,学生要容易理解,并且能很方便对照目标检查学习完成的效果。

精准化的学情定位。实现指标定位要科学、合理,要符合学科学习规律和学生实际情况。

可检测的学习要求。实现指标中的学习要求是教师在备课以及作业设置、检测命题的重要参照;同时更是学生课前尝试学习、课中提升学习、课后优化学习的重要依据,方便学生反思检测自己的学习效果。

二、如何制定学习目标与实现指标

在深入研究学科课程标准、课程学习评价要求的基础上,以核心素养为主线，根据"统筹学科目标，分解学段目标，明确学程目标，定位'三型课堂'目标"的思路[1]，我们建构了学科学习目标与内容的新体系。为了更好地说明如何制定学习目标和实现指标，以便能够清晰地认识制定目标的路径，保持认识的一致性，本部分内容案例更多来自数学学科。

(一) 制定学习目标与实现指标的基本路径

1. 建立目标体系

建立目标体系，即研究学科课程标准的要求，以核心素养和关键能力为主线，重新划分学科学习内容体系，建立三年学习目标体系。这种目标划分让教师站在核心素养培养的高度，重新审视学生、学习内容，知道哪些内容有可能会发展学生的多种能力，那么教师就需要思考这部分内容主要培养的是什么能力，这样可以引导教师更加充分地在教学前重视知识的主体价值作用（表3-1）。

表3-1 初中"数学抽象"模块学段目标、任务与内容分解表（部分）

__数学__ 学科教研组　　使用时间　2017年5月

		课程标准要求	体验从具体情境中抽象出数学符号的过程，理解有理数、实数、代数式、方程、不等式、函数的概念。探索具体问题中的数量关系和变化规律，通过用代数式、方程、不等式、函数等表述数量关系的过程，体会模型的思想，建立符号意识；经历从实物中抽象出几何图形的思维过程，发展抽象思维	
数学抽象		中考要求	经历数与代数的抽象，建立数感与符号意识，掌握数与代数的基础知识和基本技能；经历从实物抽象出几何图形的思维过程，发展抽象思维	
	年级	目标	学习任务	教材内容整合点
	七年级	从实物中抽象出几何图形，发展抽象思维	第一章：丰富的图形世界（上）	1.《视图》中的基础性知识 2. 生活实际中与本章关联的部分
		建立数感、符号意识，从具体情境中抽象出数学符号及运算法则	第二章：有理数及其运算（上）	根据实际生活情境建立有理数运算这个数学模型，解决问题
		体验从具体情境中抽象出数学符号的过程，理解代数式，用代数式表示具体情境中的数量关系	第三章：整式加减（上）	运用整式及运算相关知识解决某些实际问题

[1] 杨斌. 走向远方：成都金苹果锦城第一中学战略规划 [M]. 成都：四川教育出版社，2018：110.

2. 制定目标与内容整合计划

各学科组在划分能力模块后,进一步研究课程资源及学习内容整合点,着手制定目标与内容整合计划。目标与内容整合计划是紧密相连的,这意味着每门学科都要站在课程标准、考试要求及学生学习现实能力和学习水平的角度,整合学习内容,同时,我们不仅把整合理念渗透在单元教学中,而且渗透在每节课的教学中。各组制订的整合计划或整合路径各具学科特色。

数学学科的整合落实在学科学习内容上,以及学科思想方法层面,同时也注重与实际生活的联系,如图3-1所示。

图 3-1 初中数学学科整合路径

3. 优化与细化目标

我们去掉重复目标,整合相似或相近的目标,制定学年、学期、学程、学月与单元目标。以教研组为单位确定学年目标。在确定学年目标、任务和内容时,要根据课标、考试要求和使用的教材,去除重复的目标、任务和内容,整合相似、相近的目标、任务与内容;对于课标和考试要求中较为模糊的目标、任务与内容,应尽量将其变得清晰;对于课标有要求而考试没有提出要求的,将其作为学年弹性学习目标,不做硬性要求。学年目标分条列出,即"目标1""目标2"……,每一条目标要列出对应的学习任务和教材上的相应内容,应特别注明教材上需要整合的内容。教材内容整合可以同年级进行,也可以跨年级进行,还要不断促进跨学科、跨领域整合。由于这一目标分解表内容丰富,且不同年级的学生情况也不尽相同,因此,年级目标分解表不设置实现指标。

年级备课组根据教研组确定的学年目标分解学期目标,将学期目标划分为规定性目标和弹性目标,并据此分解每一个长学程的目标;根据学程目标分解学月的规定性目标和弹性目标;根据目标列出实现指标,并根据实现指标进一步细化学习任务和教材内容的整合点,以此为基础,每一个学程提供8~10则用于课内课外联结的素材,供组内教师训练学科综合能力时共同使用(表3-2)。

表3-2 初中数学学期、学程、学月目标分解表（部分）

（七年级数学组使用）

数学　学科　　七　年级

学年目标		1. 能从实物中抽象几何图形，从具体的实际情境抽象出数学符号、代数式、一元一次方程、一元一次不等式、简单的变量关系等，建立数感、符号意识，发展抽象思维 2. 经历借助图形（简单的几何体、线、角、三角形、轴对称图形）思考问题的过程，初步建立几何直观，发展空间观念 3. 初步体会证明的必要性、演绎推理的严谨性和结论的确定性，初步树立步步有据的推理意识，初步掌握推理格式 4. 经历数与代数的运算，理解和灵活运用运算律并简化运算，熟练并准确进行有理数加、减、乘、除、乘方及整式的加减乘除运算，会解一元一次方程、一元一次不等式，体会计算过程的严谨性和结果的准确性 5. 利用一元一次方程、一元一次不等式解决具体问题，借助表格、图像分析变量关系，初步感受模型思想 6. 经历数据的收集、整理、描述、分析的数据处理过程，感受随机现象、随机事件发生可能性大小，初步用概率思想解释身边的现象，建立数据分析观念
上学期	规定性目标	1. 能从实物中抽象几何图形，从具体的实际情境抽象出数学符号、代数式、一元一次方程、一元一次不等式等，建立数感、符号意识，发展抽象思维 2. 经历借助图形（简单的几何体、线、角）思考问题的过程，初步建立几何直观，发展空间观念 3. 初步树立步步有据的推理意识，初步掌握推理格式 4. 经历数与代数的运算，理解和灵活运用运算律并简化运算，熟练并准确进行有理数加、减、乘、除、乘方及整式的加减运算，会解一元一次方程、一元一次不等式，体会计算过程的严谨性和结果的准确性 5. 利用一元一次方程、一元一次不等式解决具体问题，初步感受模型思想 6. 经历数据的收集、整理、描述、分析的数据处理过程，建立数据分析观念
	弹性目标	会进行简单的绝对值化简，能从多种情境中抽象出数学规律，能进行稍复杂的有关线段和角的计算，能解决简单的含参数的一元一次方程，会利用一元一次方程模型解决更多的实际问题

4. 具化课时目标和实现指标

结合课题组在核心实验基地校建构的三种形态的课堂（基础素养课堂、差异发展课堂、优势增值课堂），我们细化课时学习目标，并在此基础上制定实现指标。"三型课堂"的目标分解，可根据不同学科的教学实际与课堂形态结构，灵活选用分解时段，可以以一学年为单位分解"三型课堂"的目标、任务与内容，也可以以一学期为单位分解，还可以以一个长学程为单位分解目标，形成具有学科特点的"三型课堂"目标分解框架（表3-3）。

表3-3　初中数学学科"三型课堂"的目标、任务、内容分解表

（七年级数学组）

数学　学科　　七　年级

第一学月目标	规定性目标	1. 能从实物中抽象几何图形，从具体的实际情境中抽象出数学符号，建立数感、符号意识，发展抽象思维 2. 经历借助简单的几何体思考问题的过程，初步建立几何直观，发展空间观念 3. 经历探索有理数的加、减、乘、除运算法则的过程，理解和灵活运用运算律并简化运算，熟练并准确进行有理数加、减、乘、除，体会计算过程的严谨性和结果的准确性
	弹性目标	会通过视图想象小立方块组成的几何体的形状，会进行简单的绝对值化简

第一学月目标、任务、内容分解	三型课堂	目标类型	目标	实现指标	学习任务	教材内容整合	课外素材
	基础素养课	规定性目标	1. 能从实物中抽象几何图形，从具体的实际情境中抽象出数学符号、建立数感、符号意识，发展抽象思维 2. 经历借助简单的几何体思考问题的过程，初步建立几何直观，发展空间观念 3. 经历探索有理数的加、减、乘、除运算法则的过程，理解和灵活运用运算律并简化运算，熟练并准确进行有理数加、减、乘、除，体会计算过程的严谨性和结果的准确性	1. 能通过展开与折叠、截一个几何体、不同方向看等不同路径研究简单几何体 2. 能通过观察、想象、归纳等方法建立几何直观 3. 能根据法则和运算律检查计算的准确性 4. 能在规定时间内正确完成计算 5. 用字母表示一般性规律（运算律、法则等）	第一章：丰富的图形世界（6课时） 第二章：有理数及其运算（1~8节）（14课时）	在第一章内规范三视图的名称及位置	1. 欧拉公式 2. 家装设计与三视图 3. 自然数的产生 4. 四则运算的产生与演变 5. 探寻神奇的幻方 6. 从数到字母的飞跃

续表

三型课堂	目标类型	目标	实现指标	学习任务	教材内容整合	课外素材
第一学月目标、任务、内容分解	基础素养课	弹性目标	1. 能从实物中抽象几何图形，并对几何图形有更多的认识，发展抽象思维 2. 养成从不同的角度研究几何体特征的习惯，初步建立几何直观，发展空间观念 3. 灵活运用运算律并简化运算，运算快速、结果准确	1. 能对 n 棱柱、n 棱锥的规律性特征有一定的认识 2. 能够通过展开与折叠、截一个几何体、从不同方向看研究比较复杂的几何体 3. 能对运算是否简便做出评估，在测试与作业中计算速度快且答案准确	第一章：丰富的图形世界（6课时）第二章：有理数及其运算（1～8节）（14课时）	
	差异发展课	规定性目标	1. 能独立画出第一章的知识结构图，并说出知识之间的关系，且能独立梳理第一章的易错题 2. 能通过视图想象小立方块组成的几何体的形状 3. 能进行简单的绝对值化简	1. 列出主要知识点的知识结构图，理出易错题，并交流易错点，总结自己在学习中的优缺点 2. 能用俯视图上标注表示立方块数的方法研究此类问题 3. 能用数形结合、分类讨论的方法将含有字母的绝对值进行化简	1. 第一章复习课：知识结构建构；典型问题研究（欧拉公式、正方体相对面、重合点、由视图想象小立方块的个数等） 2. 绝对值的应用（易错点巩固、非负性、距离、最值等） 3. 有理数的加减混合运算（突破符号难点、用运算律巧算、与绝对值结合） 4. 阶段反思性检测		

续表

三型课堂	目标类型	目标	实现指标	学习任务	教材内容整合	课外素材
差异发展课	弹性目标	能对欧拉公式、三视图在生活中的应用有一定的认识	能主动在课外开展阅读	1. 欧拉公式 2. 家装设计与三视图		
优势增值课	规定性目标	1. 能运用空间观念解决综合问题 2. 能科学运用算理解决有理数运算相关的综合问题	1. 能对常见几何体的平面展开图与原图进行联系，思考解决问题 2. 能结合几何体的三视图与原图解决相关问题 3. 对复杂的运算能迅速地找到计算程序	自编教材	数学竞赛	
优势增值课	弹性目标	1. 在解决复杂的几何问题中提升空间观念 2. 在复杂的有理数运算中感悟数学思想	在解决问题中能归纳思想方法并迁移到其他问题解决	自编教材	数学竞赛	

（第一学月目标、任务、内容分解）

各班任课教师根据年级制定的学月目标和"三型课堂"目标，结合所教班级情况，制定单元或专题学习目标，根据单元或专题学习目标制定课时目标，根据课时目标进一步细化和调整实现指标、学习任务、教材内容的整合点与课外联结素材，形成班级教学目标卡，避免班级教学的整齐划一与机械僵化。分解框架可参考表3-4。

表3-4 初中数学学科班级目标、任务、内容分解表（部分）
（七年级任课教师使用）

学情分析		年级备课组开学认真分析学情，根据学情调整教学计划					
	规定性目标	1. 能从实物中抽象几何图形，从具体的实际情境中抽象出数学符号，建立数感、符号意识，发展抽象思维 2. 经历借助简单的几何体思考问题的过程，初步建立几何直观，发展空间观念 3. 经历探索有理数的加、减、乘、除运算法则的过程，理解和灵活运用运算律并简化运算，熟练并准确进行有理数加、减、乘、除，体会计算过程的严谨性和结果的准确性					
	弹性目标	会通过视图想象小立方块组成的几何体的形状，会进行简单的绝对值化简					
学月目标、任务、内容分解	规定性目标	基础素养课： 1. 能从实物中抽象几何图形，并能描述几何图形的特征，发展抽象思维 2. 经历借助简单的几何体思考问题的过程，初步建立几何直观，发展空间观念 差异发展课： 1. 能通过视图想象小立方块组成的几何体的形状 2. 能独立画出第一章的知识结构图，并说出知识之间的关系，且能独立梳理第一章的易错题		弹性目标	基础素养课： 1. 能从实物中抽象几何图形，并对几何图形有更多的认识，发展抽象思维 2. 养成从不同的角度研究几何体特征的习惯，初步建立几何直观，发展空间观念 差异发展课： 能对欧拉公式、三视图在生活中的应用有一定的认识		
	第一单元或专题	目标分解	目标	实现指标	学习任务	教材内容整合	共用课外素材	补充素材
			1. 经历从现实世界中抽象出几何体的过程，并在具体的情境中认识常见的几何体，发展抽象思维和几何空间观念 2. 通过丰富的实例，对图形进行观察、操作等活动，进一步认识点、线、面、体之间的联系，发展空间几何直观	1. 能够说出几何图形名称，且描述常见几何体的特征 2. 能够根据一定的标准对常见的几何体进行分类 3. 能举出关于"点动成线、线动成面、面动成体"的生活实例 4. 能归纳 n 棱柱、n 棱锥的特征	第一章：丰富的图形世界			

（二）制定学习目标和实现指标的主要策略

1. 以"能力"为主线细分目标

统筹考虑初中阶段本学科的学习任务，合理划分能力模块，每一个能力模块就是学生能力提升的一个阶梯。每一个能力模块的容量要适度，既要考虑学习的饱和度，也要考虑学生的承受力。如果课程标准和考试要求是以内容、知识、方法等为主线划分模块的，如"国际理解"模块，虽以内容命名，但可以转化为掌握和运用这一内容、知识、方法的能力命名；如以"提高国际理解能力"或"运用国际理解的方法"等来命名能力模块，根据能力模块包含的内容细分学习目标。

同时一个能力模块的目标不一定要覆盖三个年级，可以只在一个年级完成。不同类型学科的学段目标分解要尽量避免搬硬套，要结合本学科的特点，在综合考虑把握以下要素——"课标""考试要求""学年""能力""任务""教材内容整合"的基础上，创造性地对本学科的学习目标、任务和内容进行分解，形成具有学科特点且便于使用的目标分解表。

2. 整合学习目标与教材内容

在考虑学习目标和教材内容的逻辑关系时，我们有两个方面的考虑：一方面从核心素养培养的角度，站在体系化的高度，我们需要贯彻统一的目标体系，整合相近和相似的学习内容；另一方面在备课时，必须先研究学习目标，从核心素养发展的角度整合学习内容，让课程内容更加丰富。基于课堂教学的改革重点，我们对各个学科提出的要求是，在分解目标时，应该先考虑本学科的整合规划，在制定统一的整合规划前提下分解目标体系。

我们来分析一个语文学科的教学案例。

整合阅读教学基本框架的建立首先需要考虑整合阅读教学和单篇阅读教学的关系，整合阅读教学"既不能脱离单篇教学，也不是单篇教学的简单叠加，而是要重视各篇课文之间的内在联系"（刘晶《初中语文单元整体教学浅析》）。整合标准要多元，整合难度要适中，整合重点要突出。总之，整合教学更需要聚焦教学目标，找准整合点，实现有效整合。目前，我们尝试将初中语文教学划分为以下几大整合框架（表3-5）。

表 3-5　初中语文教学整合框架表

整合项目	内　　容
同一单元	统编教材在一定程度上已经注意到了"整合"的特点,其双线组元的编写模式,既体现了主题的相似,也体现了方法、能力的指导和培养。所以整合教学的第一步是吃透统编教材编写特点,努力把握单元内部整合的可能性,实现教读和自读的整合。例如,七年级上期第一单元写景类散文的单元内部整合
同一主题	同一主题整合就是对具有相同或相近主题的若干课文进行综合教学设计,建立文本间的联系,通过教师的教学设计体现主题的提炼和升华,凝练出最符合文本内涵和教育价值的主题,让学生对同一主题的文本有更加深刻的认识,实现对相关文本共有主题的理解。例如,叙事作品中的父亲形象、边塞诗词中的报国情怀等
同一作者作品	同一作者的整合阅读就是通过对同一作者不同时期、不同阶段、不同文学作品的整合学习,领会文学作品的艺术特色,了解和体会作家的人生际遇及由此表现的思想感情,形成对作家艺术风格与人生哲学的完整认识。例如,杜甫、苏轼诗词的阅读。这方面甚至可以跨越到高中文本的阅读,《赤壁赋》《念奴娇·赤壁怀古》都是苏轼被贬黄州的名作,体裁不同,描写景色不同,对历史人物的评价不同,所表达的思想感情也不完全相同,但"不管是词和赋,诗人都写了他被贬后有志难伸的苦闷,最终都得以解脱,这也充分体现了苏轼外儒内道的思想"。在一定时期内,一个人的人生观具有相对稳定性,所以学生把握这一特点去解读作家在同一时期创作的不同作品,可以在回顾作者人生经历的基础上,使作品和作家生活相互映照,互相阐发,加强对其作品的认识,使自己的见解更加深刻
同一体裁	中学阶段有必要对零散的文体知识和文体阅读技能进行归纳和梳理,帮助学生及时建立关于文学体裁的科学知识体系。例如,新闻单元、演讲单元、议论文单元整合,现代诗歌整合、古代"记"的整合等
同一写作手法、技巧	不同体裁、不同主题的文章,有时也往往会采用到同一手法。突破教材限制,提炼出精当的"议题"进行整合,有利于学生加深对某种写作手法的理解,强化认识与运用。例如,"以小见大""儿童视角""双线结构""《诗经》中的起兴""小说中'我'的设定与价值",等等
阅读方法运用	"用教材教"需要通过对某一篇或几篇文本的阅读,实现对某种读书方法的了解和运用。可以把某篇文本作为"样本",那么教学中教的既不是它的形式,也不是它的内容,而是学生去读这类文章的方法
读、写	阅读是提高学生语文学科核心素养(包括语文学习能力、文学素养以及写作技巧等)的重要途径之一;语文写作是提升学生语言文字运用技巧与能力的必经之路,更是体现学生语文能力的一项综合性指标。"读""写"整合模式有效地将阅读教学与写作教学进行高度整合,教师能够利用课堂内外的阅读活动指导学生进行相关的写作训练,进而实现"读""写"二者的整合性训练,最终达到培养学生语文核心素养的目的

语文阅读教学之所以这样整合有如下三个方面的考虑：一是对于学生来说，可以培养能力，提升素养。整合阅读教学可以最大限度调动学生积极性，打破传统常规教学呆板的形式，把阅读文本化零为整，提升学生整体把握、前后联系的能力，举一反三，在积极构建知识体系的自主学习活动中，完成学科核心素养的提升。二是对于教师来说，创新理念，革新课堂。整合阅读教学能最大限度促进教师教学的主动性和创新性，能激励教师创造性地使用教材，真正实现"用教材教"。三是对于语文课堂来说，活化优质，提升品质。整合阅读教学让课堂在深度思维的推进中进行，课堂内容不断创造文本上的联结、辨析，激发课堂活力，提高课堂效率，提升课堂品质。

根据这种整合思路与策略，我们设计了"一句见情节之精妙——初探古典短篇文言小说开端的设置"的学习目标和实现指标（表3-6）。

表3-6 以"议题"为核心的群文教学的学习目标与实现指标

学习目标	实现指标	尝试学习后达标情况			提升学习后达标情况			优化学习后达标情况		
		达到	未达到	不清楚	达到	未达到	不清楚	达到	未达到	不清楚
分析古典短篇文言小说，通过"细节""陡转""对立""悬念"等方式铺设、推进情节的手法，提升学生对古典短篇文言小说情节设置精妙点及简练语言的品鉴能力（指向语文学科核心素养中的审美鉴赏与创造、文化传承与理解）	1. 通过联读、比较，理解四篇文言文小说开端的交代要素、营造氛围的作用，初步感受其"言简义丰"的特点									
	2. 通过比较、品读、前后勾连，体会古典文言文小说开端注重设置"细节""陡转""对立"和"悬念"，从而推进情节发展的写作手法									
	3. 通过联想、想象进行再创造，进而了解古典文言文小说"言简义丰"背后东方文化"留白"的审美追求									

3. 统整影响学习质量的各要素

学习目标对于教师的教学、学生的学习，以及整个学校的教学改革尤其重要，我们把它理解为走好教学改革关键的第一步。我们对学习目标赋予了太多的期盼，深知"学校里的学习活动是典型的目标导向行为……就教师的作用而言，目标使教师有机会说明教师希望通过教学让学生学会什么并满怀希望地以此组织教学。"[1] 所以，我们花了太多的时间来分解目标，学校也为此投入了很多。例如，我们建校第一届的教师提前一年进入培训状态，而花在目标制定上的时间就长达三个月之久。制定一个相对合理的学习目标和实现指标通常要考虑如下因素（图3-2）。

影响制定"学习目标、实现指标"的要素

学科核心素养　　课程标准　　学生学情　　考试要求　　整合后的学习内容

图3-2　影响制定"学习目标、实现指标"的要素

制定目标时的学科核心素养导向提高了学科教学的站位，让教师站在学科育人的高度重新审视教学内容；课程标准给教师备课提供了标准化的内容体系，让教师明确本节内容所处的地位，以及所蕴含的学科思想；学生学情是制定目标必须要考虑的，教师要明确我们的教育对象是学生，所以目标是否符合学情，是否照顾到各层次的学生发展，是否做到目标便于被执行是我们制定目标必须重点考虑的；而考试要求是我们制定目标时必须考虑的因素，学习目标必须尽可能体现评价导向，这样的良好导向有助于促进知识的落实；在制定目标时，我们必须系统性地考虑教材的处理，在考虑了前面的几个因素后，我们必须对学习目标进行整合优化，这样更能提高学习效率。

4. 彰显学科特色

由于每个学科针对各自学科核心素养发展确定的改革突破点有差异，因此对于学习目标和实现指标的制定，我们不搞"一刀切"，不要求各学科整齐划一。与之相反，我们要求各学科制定体现学科特点的学习目标和实现指标。

语文学科的教师在制定目标时，先厘清语文学科的核心素养。培养语文核心素养，要求初中语文教学要重视三大板块：教学内容、教学方法（过

---

[1] 科林·马什. 理解课程的关键概念 [M]. 徐佳，吴刚平，译. 北京：教育科学出版社，2009：31-32.

程)、学习检测，这三个部分相互作用。基于"整合"理念的语文学习目标应力求体现以下特征。一是聚焦性。每篇课文、每个单元、一组群文、名著阅读导读的不同课时，聚焦于一个目标（一般不超过2个）。一节课、一种课、一类课的序列突破一个问题。二是深入性。目标聚焦，不代表目标过于浅显，缺乏教学价值，整合理念下的语文教学目标恰恰要在教师深入精准的教材解读、文本整合过程中，深挖教学目标价值。三是可迁移性。整合理念下的语文教学目标，不仅指向某种结论化的知识，更指向知识背后的思维方式和能力层级。培养学生的思维和能力，具有举一反三的特点，具有可迁移性。四是有区分性。不同课型（教读、自读、作文、名著导读、试题评讲）有不同的教学目标；同一课型，根据作品文体、特点、价值的不同也有不同的表述。五是可反馈性。整合理念下的教学目标，因为有了聚焦的目标点和可执行的实现指标，在课后，能够对课堂学习效果进行评估，反馈是否达成。

语文学科在实现指标的制定中，力求满足以下要求。一是表述的具体性，通过"哪些过程、方法，达成怎样的层级目标"，表达应该简单明了；二是条例的清晰性，多层次的实现指标的关系是并列或者层递式；三是方法的可操作性，实现指标必须关注语文课堂的活动特点，提出的方法必须紧扣语文教学的科学策略，具有可操作性；四是过程的活动性，初中语文课堂教学必须关注激发学生的学习内生力，抓住学生的兴趣点，激发学生思维的主动性，实现指标需要体现用何种语文活动或方式实现教学目标。

又如数学学科教研组整合了数学北师大版实验教科书七年级下册第一章"整式的乘除"中的关于幂的性质相关的学习内容，以"幂的性质探究"为课题制定了如下学习目标及实现指标（表3-7）。

表3-7 "幂的性质探究"的学习目标和实现指标

学习目标	实现指标
1. 经历运用幂的定义进行同底数幂的性质探究的学习过程，体会核心概念在数学知识形成过程中的作用 2. 通过对同底数幂的乘法、同底数幂的除法、幂的乘方、积的乘方及商的乘方法则的结构认识，感受符号意识和数学抽象 3. 类比同底数幂的性质探究方法进行其他问题的探究，培养学生发现问题、分析问题、解决问题的能力	1. 能够描述探究同底数幂的乘法与幂的定义之间的关系 2. 能够类比同底数幂的乘法法则，研究幂的其他运算法则 3. 能够描述法则及性质表达式结构的特征 4. 能够结合幂的定义说明这些法则的合理性 5. 能够准确地描述这些法则及性质

数学组的教师在设置这样一节课的学习目标时，思考了如下问题。一是吃透课程标准。《义务教育数学课程标准（2011年版）》对这部分学习内容的要求是"了解整数指数幂的意义和基本性质"，经历幂的性质的探索过程，发展学生的数学符号意识以及合情推理、演绎推理的能力，为整式的乘除运算提供算理上的支持。二是发展学生的关键能力。数学组的教师通过认真的思考和研究，一致认为，这部分内容的教学整体推进更有利于培养学生的学习能力，因此我们将教材中"同底数幂的乘法""幂的乘方与积的乘方""同底数幂的除法"这4个课时的内容，重新整合成"幂的性质探究""幂的性质初步运用""幂的性质综合运用"3个课时的内容。这样学生在学习过程中，一方面建立起了整体的学习观念，另一方面运用类比、猜想、验证等学习方法进行了探究学习，相比较而言，这样的学习更能激发学生学习的积极性，更有利于学生关键能力的培养。三是充分考虑学生的实际情况。由于我们在长期的学习中不断地渗透着整合的学习理念，所以到了七年级下学期的时候，学生已经能初步驾驭这样的学习方式，学生喜欢在老师的引导下，挑战思维含量大的一些问题。同时，我们考虑到教学的终极目标应该是教学生学会学习（这也是学生的一项核心素养），所以我们会敏锐地捕捉这样的机会，不失时机地培养学生在老师引导下自主探究的学习能力。

设置实现指标时则强化了如下要点。一是紧扣学科核心知识的学习。学科核心知识是学生学会学习和发展能力的载体，实现指标的制定必须凸显核心知识的学习，学生只有实现了知识的增长，才能真实地感受到自身能力的生长。二是规范学习流程。实现指标相对于学习目标而言更为具体和微观，"描述关系，类比探究，描述结构，说明合理性、描述法则及性质"等这些具体的学习行为都具有较强的可执行性，方便学生操作，学生能在整个学习环节中使用实现指标引领自己的学习，从而起到规范学习流程的作用。三是指向关键能力培养。在实现指标实现的过程中，无形之间就发展了学生的符号意识和自主探究的能力，以及发现知识的能力，同时，学生对照实现指标方便反思，反思自己在本节课的学习效果。

而外语学科在学习目标的制定上，有如下的考虑。

（1）立足学科核心素养，提升学生综合能力

从教学目标确立的维度看，实现从学科教学到学科教育的转变，关键是要将教学目标从过去过于关注学科知识和技能转到关注学生的素养培育上来，以学科核心素养为载体提升学生的综合能力。《普通高中英语课程标准（2017年

版）》指出英语学科核心素养包括语言能力、文化品格、思维品质和学习能力四个维度。语言能力是指在真实情境中借助语言进行理解和表达的能力；文化品格指国际理解能力和跨文化交际能力；思维品质指与英语学习紧密相关的一些思维发展，比如理解词汇内涵和外延的能力，以及根据所学内容从不同角度思考和解决问题的能力；学习能力强调自主学习、主动学习和习惯养成[1]。

因此，在制定学习目标时，英语学科以学生发展核心素养为纲，在教学全过程中落实核心素养的培育和发展。以"Go For It"八年级上第三单元"I'm more outgoing than my sister"为例，本单元的总体学习目标是能够正确使用形容词和副词的比较级谈论，并比较人物特征。在进一步把课时细化后，英语备课组对该单元内容进行了整合，将 Section A 1a-2d 内容列为第一课时，并为学生制定了如下学习目标（主备人：袁梦宇）。

Learning Objectives

By the end of the class, we will be able to...

get some listening skills

use comparatives in sentences correctly

talk about the similarities and differences of your friend

share opinions about the right way to make friends

这四个学习目标分别与英语学科核心素养中学习能力、语言能力、思维品质和文化品格相互呼应，彼此关联、层层递进，让课堂活动的设计有了明确的方向。

（2）落实课标要求，整合多维目标

学科课程标准体现了国家对不同阶段的学生在知识、能力与情感态度价值观等方面的基本要求，是各备课组拟定教学目标时参考的基本理论依据。在落实课标要求方面，我们不是力求面面俱到，而是以整合为关键词，将总体目标层层分解，结合年段要求和单元设置，根据教材中文本的特点，将学习目标整合为多维度目标。

例如，2017级英语备课组整合了人教版新目标英语八年级上册"Unit 7 Will people have robots"中语法课的学习内容，设定了这样的学习目标（主备人：张迷）。

---

[1] 程晓堂，赵思奇. 英语学科核心素养的实质内涵[J]. 课程·教材·教法，2016，36（5）：79-86.

Learning Objectives

By the end of the class, students will be able to...

use quantifiers "more, less and fewer" correctly

talk about future life by using "will do" and "there will be"

understand how to deal with the relationship between humans and the nature properly

develop skills such as comparing, predicting and cooperating in class

think creatively and critically

这堂语法课的学习目标的设定体现了整合的思想，在制定学习目标时，充分考虑了学生综合素质的发展需要，将课标的要求整合为多维度目标。在学习目标构成中，第一个学习目标和第二个学习目标侧重于学生语言能力的发展，第三个学习目标强调学生文化意识的培养，第四个学习目标主要针对学生学习能力的加强，第五个学习目标主要目的在于对学生的创造性思维和批判性思维的训练。五个目标各有侧重，虽然不能覆盖课标要求的每个方面（实际经验表明，在实际课堂中，没有可能也没有必要让每一节课都覆盖课标或者核心素养中的每个方面），但是外语教研组通过精心的集体教研，尽最大努力使学习目标服务于课程标准，加强学生的综合能力、促进学生的核心素养发展。

（3）准确把握学情，合理设置目标梯度

学生是教育的对象和学习的主体，学习目标如果脱离了学生的实际就会失去实用价值。因此，在确定课堂教学目标时，学生的具体状况是各备课组进行设计的重要依据，包括学生目前已习得的语言知识、已掌握的语言技能，以及相关学科的知识和能力等。由此可见，对于确定学习目标而言，学情分析就显得尤为重要。学情分析可以使教师更加清晰地了解学生的实际学习情况，从而制定出更适合学生的学习目标。有学者指出："学情分析应该包含学生的认知、学习心理和情感、学生原有知识，学生的学习动机、学习兴趣、学习偏好、学习风格等。"[1] 因此，学习目标制定的是否精准取决于学情分析是否到位。

在充分进行学情分析的基础上，精准确定学习目标的关键点体现在目标的层次和梯度上。在设置目标梯度时，我们参考了布卢姆教学目标分类学的理论。布卢姆在对教学目标分类时考虑了两个维度：认知过程维度和知识维度。认知过程维度包括六大类别：记忆/回忆（Remember）、理解（Understand）、应用（Apply）、分析（Analyze）、评价（Evaluate）和创造（Create）。

---

[1] 邵燕楠，黄燕宁. 学情分析：教学研究的重要生长点 [J]. 中国教育学刊，2013（2）：60-63.

知识维度包括四大类别：事实性知识（Factual）、概念性知识（Conceptual）、程序性知识（Procedural）和元认知知识（Metacognitive）。布卢姆指出："正如将一个动物放在种系的框架中有助于我们更好地理解该动物那样，将一个目标纳入我们的框架会增进我们对该目标的理解。"[1]

2019级英语备课组在确定Unit 3 period 1（1a-1c）She lives in Washington一节阅读课的学习目标时，英语组进行了细致的学情分析。在本节课中，学生已有的语言知识为介绍一个人的基本用语，已有的语言技能为人称代词及其对应的be动词使用等，已有的背景知识为对Michelle Obama本人身份的基本了解，这些都对教学目标的设计起到指导作用，帮助备课的教师找到学生学习的"最近发展区"，使教学目标充分发挥激发学生学习动力的作用，使学生产生达到预期目标的愿望。此外，考虑到学生目前的语言水平，在目标设计上注意到了最后达成的教学目标不能超出他们目前的语言水平。备课组还根据布卢姆的目标分类理论，结合学生目前的心理特征确定了学习目标的梯度标准。初一上学期的学生尚处于具象思维为主的阶段，抽象能力还不够发达，因此在设立情感目标时不宜设置学生难以处理的抽象概念。

外语组为充分发挥英语小班教学优势，从目标制定开始就充分考虑全体学生的发展需求，以及学生个体的英语基础、能力动机，家长对学生发展的实际诉求，还考虑到学校的顶层架构和高位发展需求等多个方面，设定了不同层次的目标。以2018级英语备课组基于Vacation主题语境下的群文阅读课为例，在教师辅学单中的目标描述如下（主备人：甘李）。

Learning Objectives & Success Criteria	Linguistic competence: Ss can orally paraphrase the meaning of the following new words and phrases in context: relative, abroad, carelessly, mistake, fall over. Ss can use the following expressions orally to talk about their vacations: have a great time doing make new friends It's just right for doing try one's best to do feel like plan/want to do

---

[1] ANDERSON, KRATHWOHL, AIRASIAN, et al. A Taxonomy for Learning, Teaching, and Assessing: A Revision of Bloom's Taxonomy of Educational Objectives [M]. 北京：外语教学与研究出版社，2009.

续表

Learning Objectives & Success Criteria	Cultural awareness: Sometimes we can't fight against the trouble brought by the nature, but we can keep away from some trouble made by people so long as we are well prepared.
	Thinking quality: Ss can see the same thing from different perspectives and think about the trouble from a vacation critically.
	Learning competence: Ss can get help and different ideas from group members through group discussions.
Optional Objectives	Higher level Ss will be able to: use their own words to talk about their meaningful vacations from different aspects.

上述确定学习目标的原则不仅适用于英语教学，同样可以运用在法语、德语等第二外语教学中。以下是"Qu'est-ce que tu aimes？你喜欢什么？"这一节课的学习目标。依据外语学习特点，将学习目标依次分解为：词汇目标、语法目标、交际目标。其中，交际目标是学习目标的主体，根据交际目标确定相符合的词汇及语法目标（表3-8）。

表3-8 "Qu'est-ce que tu aimes？你喜欢什么？"学习目标

	学习目标
词汇目标	Quelques aliments 能够朗读、认识关于食物的一些单词
语法目标	能够使用句型对话：-Qu'est-ce que tu aimes？你喜欢什么？ -J'aime, tu aimes, il/elle aime…我（你，他，她）喜欢……
交际目标	能够表述个人喜好；能够询问他人喜好

参照学习目标设置的基本原则，本节法语课的学习目标设置主要基于如下思考：

（1）认真学习并参照教育部法语学科课程标准

根据《普通高中法语课程标准（2018年版）》，在初中法语必修课程预备级阶段，要求学生具备以下素养：在语言能力方面，能听懂所学单词、短语、句子，能模仿课文对话进行角色扮演，并能基于所学词汇和句型表达简单的信息；在思维品质方面，有口语表达的愿望，依据自身情况乐意寻找法语对应的表达方式并说出来；在文化意识方面，对教材和课程中所涉及的各项文化知识充满兴趣；在学习能力方面，乐于参与、积极合作，养成良好的学习习惯。

(2) 课堂教学注重发展学生相关素养

通过认真的思考和研究，教学主题"个人喜好"特别是关于法国食物词汇的教学内容特别容易引起学生的学习兴趣和对法国文化的好奇心，有利于培养学生的语言表达能力和文化意识。因此，本课教学中将个人喜好的表达集中放在中国和法国美食这一主题上，通过多样的活动设计，学生在完成任务的过程中极大提升了学习能力和思维品质。

(3) 充分研究及考虑学生学情

由于学生都处于法语零基础阶段，是出于对法语语言和法国文化的好奇心而选择学习这门语言。因此在学习的初始阶段，课堂教学必须首先满足学生对文化的好奇心，同时从学生实际生活出发设置情境，让学生学有所用，意识到掌握外语的重要性；在教学中设置梯度目标，对学生的每一个小小进步给予足够的肯定和鼓励，帮助学生找到表达的愿望和信心，为更高阶段的学习打好基础，保持兴趣。

德语课在学习"Wie heißen Sie?"一课时，教师将学习目标设定为：第一，通过学习长音和短音的发音特点和规则，正确把握单词的朗读节奏；第二，通过元音和辅音的整体拼读，把握清、浊辅音的发音特点；第三，结合长、短音以及清、浊辅音的发音特点，通过对比单词发音的学习方式，感知发音规律；第四，运用基础的发音规则，尝试拼读对话，并进行简单交流。确定上述学习目标主要是遵循学校确定的基本原则并结合德语学习的特点，从以下几个方面考虑：

(1) 参考官方标准

德国歌德学院官方考试院对于德语 A1 水平此部分语音学习的要求是：认识长、短元音及清、浊辅音的发音规律，发展学生的自然拼读能力，为后期学习打下坚实的发音基础。

(2) 培养学生的外语核心素养

语言能力是德语学科核心素养的基础。本课的教学培养了学生如下的语言能力：第一，对比学习的能力，如利用德语和拼音的相似性，尝试拼读德语单词；第二，交际能力，如用所学发音规则拼读陌生单词，落实到交际用语中，实现交际目的，增强学习自信心。

(3) 激发学生内生力

在探索自然拼读的过程中，学生获得了满满的成就感，即使犯错，也会促使他们不断练习，突破自我。

思想政治教研组整合了部编人教版八年级下册第五课第一框"基本经济制度"的学习内容，确定课题为"鸡毛换糖到世界市场——从义乌的发展之路看我国的基本经济制度"，形成了如下学习目标及实现指标（表3-9）。

表3-9 "鸡毛换糖到世界市场"的学习目标和实现指标

学习目标	实现指标
1. 我们将从发展的角度感受我国基本经济制度的优越性，进而树立制度自信，增强民族自豪感和自信心 2. 我们将自觉坚持和维护基本经济制度，主动参与各种正当的经济活动，推动社会主义市场经济建设 3. 我们将通过对基本经济制度具体内容的正确理解与认识，把学习到的基本经济制度的知识运用到日常生活中，理解、分析相关的经济现象，解决相关经济问题	1. 能够描述我国的基本经济制度是什么 2. 能够解释我国为什么要坚持这样的基本经济制度 3. 能够阐明国有经济、集体经济，以及非公有制经济的含义、地位、作用 4. 能够认识到国家对各种经济成分的态度

政治组的教师在设置本节课的学习目标时，遵循了如下原则。一是立足课程标准。作为国家课程纲领性文件，课程标准规定国家对公民在某方面或某领域的基本素质要求，具有权威性。对于政治课而言，学习目标的设置必须以政治学科的课程标准为依据。"基本经济制度"所依据的课程标准相应部分是"我与国家和社会"中的"认识国情，爱我中华"。具体对应的内容标准是："了解我国现阶段基本经济制度和根本政治制度。"依据此课程标准设置了适合学习对象的学习目标，进而进行教学活动的设计。二是聚焦核心素养的培养。政治学科核心素养是立足于政治学科本质的抽象化目标，而学习目标的设置则是学科核心素养"落地"的基础。政治组教师坚持把政治学科核心素养作为设置学习目标的"灵魂"和最终落脚点。"基本经济制度"的学习目标1为"我们将从发展的角度感受我国基本经济制度的优越性，进而树立制度自信，增强民族自豪感和自信心"，这一学习目标设置是聚焦学生"政治认同"这一核心素养的培育。学习目标3为"我们将通过对基本经济制度具体内容的正确理解与认识，能够把学习到的基本经济制度的知识运用到日常生活中，理解、分析相关的经济现象，解决相关经济问题"，此学习目标是聚焦学生"科学精神"核心素养的培育，引导学生对我国的基本经济制度

有正确的价值判断及在具体的经济活动中做出正确的行为选择。三是突出德育功能。作为一门对学生进行道德与法治教育的专设课程，政治学科与日常德育以及学校党团少先队组织教育成为并驾齐驱的三条德育工作路径。德育功能的实现必须依托相关知识，依托教学目标中价值观教育的体现及有效达成。政治组坚持教学目标的设置应超越知识，指向价值教育，把立德树人作为根本任务。"基本经济制度"教学目标2为"我们将自觉坚持和维护基本经济制度，主动参与各种正当的经济活动，推动社会主义市场经济建设"这一教学目标的设置是指向培养学生明辨是非的能力，对社会主义市场经济中的各种经济活动有正确的价值认识，突出德育功能。四是把《青少年法治教育大纲》及党的十九大精神作为重要依据和指导精神。初中政治学科2016年新教材更名为《道德与法治》，政治课成为青少年法治教育主阵地。因此，学习目标的制定要把《青少年法治教育大纲》作为重要依据，把法治教育贯穿始终。另外，推动党的十九大精神进课堂、进头脑是新时代政治课的重要任务，这就需要把党的十九大精神作为制定学习目标的指导精神。在"基本经济制度"这一课学习目标的设置过程中，就把党的十九大报告中的"毫不动摇巩固和发展公有制经济，毫不动摇鼓励、支持、引导非公有制经济发展"作为指导思想。五是充分考虑学情及所处的时代背景。我们力求打造高效整合、深度体验、审思明辨、情境鲜活的政治课堂。因此，要以学生现阶段和未来需求为聚焦点，结合当前国家发展趋势及社会现状，贯彻"以人为本"的理念，站在学生的立场设置"鲜活"的学习目标。"基本经济制度"教学目标的设置充分考虑改革开放40周年的契机，以此作为整合点，以义乌的发展作为线索设置教学目标。

在确立实现指标时，则重点强化了如下要点。一是紧扣教学活动的学科关键问题。实现指标是学生在课堂教学活动中所应达到的微观、具体的教学效果，这一设置不是随意化的结果，它是教师在充分分析课程标准、教材内容、学生认知特点和教学辅助手段之后的一个具体而准确的实现指标，紧扣学科关键问题，学生能非常明确地知道本节课的具体学习任务，有明确而具体的实现指标。二是指明目标落实程度。实现指标要指明具体目标落实的程度，即提出对知识和能力掌握的程度和标准，以衡量学生学习行为结果的水平与质量，即"做到什么程度"，如"我能够描述我国的基本经济制度是什么""我能够解释我国为什么要坚持这样的基本经济制度""我能够阐明国有经济、集体经济以及非公有制经济的含义、地位、作用"，其中"描述""阐明""解释"就是对具体目标掌握的程度和标准。三是厘清教学活动的基本结构。实现指标是教学活动设计的"骨架",一堂好课的设计离不开各要素优化组合后形成的严谨而巧妙的逻辑结构。实现指标的设置需要在进行横向和纵向及课内外资源整合的基础上,厘清教学活动的逻辑结构,因此,学生能通过实现指标的使用进行前置学习及课后复习。

核心实验基地校信息学科采用 Mac 与 Windows 的双系统教学,七年级主要以 Mac 系统为主,八年级以 Widows 教学为主,目的是培养学生的全面发展,能适应信息化社会。信息学科教研组整合 Mac 系统的相关知识,经过讨论后确定七年级上学期的学习主题为"everyone can be a performer",以培养学生视频制作的"创艺"思维为主要目的(表3-10)。

表3-10 "像拼图一样创作视频"学习目标及实现指标

学习目标	实现指标
1. 通过观看 iMovie 介绍视频,了解 iMovie 的功能特性 2. 通过讲解后自主操作练习、小组学习,学会在 iMovie 中创作视频,并发现 iMovie 的其他功能	1. 能创建影片 2. 能导入影片到编辑区 3. 能分离并拖到视频片段 4. 能给视频添加字幕 5. 能导出生成新的影片

信息组的教师在设置本节课的学习目标时,强调了以下原则。

一是基于 STEAM 的课程体系。基于 STEAM 课程和 PBL 设计再联系信息学科 3R 体系(图3-3),着力培养学生的技术使用类核心技能、创作生成类核心技能以及与生活实际结合类核心技能。

在具体的教学过程中,以后期剪辑师的身份带入情境,架设问题,让学生来解决问题,以此激发学生的好奇心及求知欲,解决问题的过程就是教学的过程;在整堂课中,重点在于培养学生发现 Garageband 软件的更多功能,而不仅是简单技术性知识的传授。

二是以学生为中心的项目式学习。学生在学习过程中会遇到许多问题,很多时候教师不能及时回答,比如在学生学习本课"像拼图一样创作视频",学生可能在某些操作步骤上卡住,这时寻求教师帮助不是最佳选择,询问小组的其他成员学习会更高效。因此,信息课以学生为中心展开项目式教学,改变课程过于注重知识传授的倾向,帮助学生形成积极主动的学习态度,加深对知识内容的理解,完成知识意义的群体性建构。

三是发展学生的"创艺"思维。在信息课上充分运用"互动课堂"平台，结合艺术中的创作及审美，培养学生运用技术手段艺术解决问题的能力，让学生体验将想象变为现实的过程，激发学生潜在的创作能力。

图 3-3　3R 体系

在确立实现指标时，则主要考虑了如下方面。一是体验信息活动，形成信息意识。课堂任务的设置要以信息活动为主线，以信息工具为辅线，从原理、技术、应用及社会文化意义方面组织课程内容，学生学会用技术解决问题，从而养成良好的信息素养。二是以兴趣为起点，以活动为载体，螺旋上升设置内容。让学生在"玩中学""做中学"。淡化学科体系，打破各操作软件之间的界限。以符合学生年龄特点和认知规律的事件任务为主线，将学生需要掌握的技术与实践活动联系，通过技术要求来引领学生螺旋式上升学习。三是应用与创新结合，支持学生个性化发展。多样的课程，打破教室和书本的局限；鼓励学生自主选择主题，任务要求分级，适应个别差异和特长发展需求，在教学过程中要鼓励更自主的技术实践与更开放的技术创新，同时适度引导学生探究。

三、怎样使用学习目标与实现指标

当制定好学习目标和实现指标后，我们要思考的是目标的落实，不能让目标停留在纸上，而是应该真正地落实在发展学生的核心素养上。我们重点研究了如下几个问题：一是研究目标的呈现方式，什么时间以什么方式让学生明确学习目标，而且要明确这样做是否能真正促进学生的核心素养；二是研究通过怎样的教学活动设计让学习目标逐步落实，让学习目标能指引学生学习的全过程；三是研究学习目标怎样引领课堂学习的评价，教师需要依据学习目标反思目标的达成度，学生需要依据学习目标反思自己的学习收获。

(一) 尽可能地让目标显性化

在教学改革中应尽可能地让目标显性化。一个明确而清晰的学习目标对于教师的教和学生的学都十分重要。我们主张在学生的所有学习材料中和教师的教学设计中都要明确地对接目标。

教师使用辅学单是教学设计，在辅学单中全面、系统、框架式地描述本节课的学习目标，这样做可以让教师更加明确教学目标，以便在教学目标的指引下进行备课活动。学生在课堂上使用学习单，学习单中细致、具体地描述本节课学习目标，让学生在开始正式的学习之前就能明确本节课的学习目标，在学习目标的指引下开展学习活动。

有学者提道："目标分享就是在课前或者课中告知学生在本节课学习后他们应该学会的内容以及学会的程度。当教师与学生分享学习目标时，教师的教与学生的学才能形成合力，达到最佳的学习效果，也就是说只有当学生知道自己的学习任务时，才能在学习过程中努力实现既定的目标，有意识地监控和调整自己的学习，为自己的学习承担更多的责任，从而逐渐养成良好的学习习惯，培养主动学习和反思的能力。"[1] 杨晓钰教授还提到与学生分享学习目标的诸多好处：第一，为教师提供指导，使教师能够选择合适的教学材料和教学方法，包括学习活动、使用技术和评估方法；第二，帮助学生专注于他们应该学习的内容，并理解他们将如何被评估。在实践中，我们尝试了多种学校目标的呈现方法。

英语学习目标的设置力求体现不同年龄段学生的学习需求和认知特点，使英语课程具有整体性、灵活性和开放性。因此，我们从多个维度、基于不同学生的学习特点来呈现学习目标，提高学生英语学习的有效性、趣味性等。

从学生学习的风格维度看，按照视觉学习者、听觉学习者、动觉学习者

---

[1] 杨晓钰. 中学英语课堂教学的目标分析分享与达成 DIY [J]. 英语学习：教师版, 2017 (10).

进行分类，在学习目标的呈现中有不同的侧重。例如，针对视觉学习者，英语学科教研组在目标呈现时会使用图片或视频的方式，减少文字的表述，让学生能够更加直观地了解本节课的学习目标，并通过图片使他们加深印象、提升兴趣。

针对听觉学习者，教师会设计使用一段录音或一首歌曲，来让学生了解该节课的学习目标；而对于动觉学习者，会将触碰或是嗅、味觉的感知作为学习目标。

经过实践，诸多方法中最被教师所推崇的是将学习目标融入情境中进行呈现。这种呈现方式有诸多好处：第一，将学习目标融入情境中进行呈现不会中断上课流程。僵硬地呈现学习目标时，往往教师会单独在课前安排一个环节来进行目标呈现，而且这个环节与后面环节完全脱节，但是情境化呈现则不会出现这个问题。第二，有利于学生理解学习目标。僵硬地呈现学习目标时，往往学生只是机械地将学习目标读一遍，并未真正理解学习目标的含义，但是情境化呈现能让学生在情境中真正理解学习目标，从而更有利于学生充分发挥学习主动性和达成课后学习目标的自测。

学习目标和实现指标的确立，同样可以指引教师的教学设计，为课堂教学提供了整体骨架和运行路线图。以最终的产出目标为基础和出发点，进行每一步教学任务的设计，其设计意图和目的是导向最终的输出任务。在七年级英语"Unit 3 period 1（1a-1c）She lives in Washington"一课中，最终的学习目标是学生能够借助文本用英语介绍 Michelle Obama 的基本信息，该目标的达成从语言知识方面涉及第三人称单数动词变化的使用、第三人称形容词所有格的使用，以及相关词汇、短语，包括描述家庭成员身份及关系的词汇（如 father, mother, husband），描述其工作内容的短语（如 work on important projects）等；而从内容信息方面，需要学生在理解文章内容的基础上准确提取出与 Michelle Obama 相关的关键信息内容并进行整合。为了达成这个最终结果，在课堂中间设计了借助 Family Tree 来操练描述家庭成员身份关系的词汇及相关的形容词所有格的活动，帮助学生解决语言知识方面的困难，也合理设置了阅读问题，引导学生通过扫读、略读等阅读行为在文章中寻找到为达成最终的语言产出所需要的内容信息，包括 Michelle Obama 的家乡、现居地址等。在这些支架的搭建之后，学生在课堂上表现出了较理想的输出成果，这体现出了学习目标的合理设置对于学生学习的有效引导性。

（二）整体设计学习活动渗透目标

一般情况下，教师备课采用的是基于教师个人备课基础上的团队协作备课模式，每位教师都会负责一个或几个单元的备课。那么，在个人备课环节，拥有与团队备课统一的学习目标和实现指标，才能使课堂学习活动设计不至于偏离航向。并且，学习目标和实现指标是经过全组老师讨论后精心编制的，所有教师在备课时依托共同的学习目标和实现指标，将极大地避免教师个体在理解上的偏差，提高个人和团队的备课质量。

学习整体设计必须凸显育人目标和落实关键能力培养。由于学习目标站位于核心素养，上接育人目标，下连课堂学习整体设计，所以备课组在进行教学设计时必须充分凸显育人目标。同时当初在目标分解时主要是以学科核心素养培养为主线进行的，学习目标一定体现出素养导向，教师在设计学习方案时就必须要思考：本节课需要发展的学生核心素养是什么？这样的设计能在学科核心素养培养上发挥作用吗？

有了学习目标和实现指标的引领，教师在学习整体设计必须追问如下问题：这个教学内容的内涵是什么？它在教材中处于什么位置？与本节、本章其他内容有什么联系？在学科发展史上，这个教学内容是如何产生的？它有什么作用？引入这一内容后，原有的知识可以做出什么新的解释？这个教学内容蕴涵什么学科思想方法？学习这一内容可以培养学生什么学科能力？发展什么学科核心素养？这个教学内容蕴含什么文化价值？对培养学生正确的价值观念能起到什么作用？

基于此，我们提出学习目标和实现指标是教师进行学习整体设计的灵魂，通过精心打造学习目标体系，精细化整体设计学生学习活动，以实现让每一节课都精彩的课堂改革目标。

（三）精细化开展学习活动落实目标

在组织课堂学习活动时，教师随时随地都应有目标意识。经过大量实践后发现，目标的最大作用就是引领教师的教和学生的学，提高学习质量和效率，让每一个活动都有章可循，不至于走弯路。因此，倡导教师在组织课堂教学活动时随时随地都要有目标意识，让教学更有序、更有效，更有力量。那么，应该如何开展精细化学习活动呢？可以有如下尝试。

1. 尝试学习

课堂改革要注重培养学生的自主学习能力。学生在开展尝试性学习时，会找到一个标准来反思自己是否达到了一定的要求，这时，学习目标和实现指标就提供了一个标准参照，长期培养学生这样的意识，有助于学生养成自主学习的习惯并且能提高学习效率。

2. 探究学习

探究学习是新一轮课程改革中颇受关注的新型学习方式。在实践中，我们提出的课堂理念是在探究学习中发现，学生的学习经历"学、思、创、省"四个环节，每个环节的学习设计紧扣发现的理念。其中，学习目标和实现指标引领着探究的方向，决定了我们到底探究什么及期望的学习效果等。

3. 合作学习

学习目标和实现指标是开展小组活动的任务导向。小组活动是培养学生合作精神、合作能力的重要方式，近年来，小组活动的探索逐渐增多，但效果参差不齐。怎么解决这个问题？我们认为，提高小组活动的有效性需要以"目标任务为主线、学生为主体、教师为主导"。教师根据学习目标与实现指标，以与教学内容紧密结合的任务为载体，把小组活动设计成一个个典型的任务，学生在教师的指导和任务的驱动下，通过对学习资源的合理有效应用，进行主动探索。

4. 课堂反思

在课堂上，学习进行到一个关键的时间节点或者学习任务结束时，教师引导学生充分利用学习目标和实现指标进行课堂反思，这样就让学习目标起到了引领学生反思总结的作用，一方面学生能利用学习目标和实现指标对本节课的内容进行梳理，另一方面学生更能对自己没有掌握的部分引起足够的重视。

5. 补偿学习

《走向远方：成都金苹果锦城第一中学战略规划》一书中指出："在反思性学习的第一阶段，教师应该引导学生对照学习目标，发现自己在知识、能力、方法、习惯和'四力'等方面的收获，反思自己的不足，有针对性地进行补偿性学习；在反思性学习的第二阶段，教师在引导学生自我对照，发现得失之后，教师可以在学习目标的指导下，设置少量练习，在迁移性的情境性任务中引导学生进行自省，引导学生查漏补缺，进行自我调节。"[1]

---

[1] 杨斌. 走向远方：成都金苹果锦城第一中学战略规划 [M]. 成都：四川教育出版社，2018：127-128.

我们积极引导学生在每天写家庭作业时先花 5 分钟左右的时间结合学习目标和实现指标开展复习和反思，培养了学生良好的学习习惯，同时，也促进了学生对知识展开高效地复习和巩固。我们要求学生在开展反思性学习后把依然存在的困惑记录下来，这样教师在批改作业时就会看到，教师会将这样的信息纳入第二天的备课当中，这就相当于在学生和老师之间建立起了一个反馈机制，这种机制无疑是一种基于目标的补偿性学习活动。

外语组在每个课时后会根据学习目标制定一张自测表，学生对照自测表对自己的学习效果进行评价，教师收上来之后，根据自测表的情况设置补偿性学习的任务，这些任务一般侧重基础训练且数量不多，供学生夯实基础使用。为了减轻学生的学习负担、激发学生进行课后补偿性学习的动力，外语组的补偿性学习单一般进行"限量发行"，每次补偿性学习单的数量有限，发完即止。经实践表明，在这样的机制下，学生进行课后补偿性学习的动力大增，大部分有需求的同学都抢着领取补偿性学习单，这是常规学习机制下很难实现的效果。

（四）学习目标、实现指标与学习环节无缝对接

怎样将学习目标、实现指标与课堂学习的每一个环节无缝对接？如果不解决这个问题，那目标与学习就永远是两张皮。其实，要落实这件事，对一个学校的教研文化、教研实力、教师的观念、教师的专业理念及行为都是全方位的考验。核心实验基地校数学学科八年级备课组的李阳老师在执教"综合实践：5G 时代，手机资费去向何方？"这节课时，在课堂学习的各个环节，就很好地实现了学习目标、实现指标与学习环节的无缝对接。

首先要明确，这是北师大版教材八年级上册的一节综合实践课。近年来，通信技术迅猛发展，教材提供的学习素材已经过时。同时，学生已经学习了函数概念，并研究了一次函数的图像及性质、表达式的确定及其应用等，已初步具有概括函数关系的能力，能初步利用一次函数知识解决生活中的一些实际问题。学生也积累了一定的合作学习经验，有一定的合作与交流能力。针对这些因素，数学组的教师着力建设一堂崭新的综合实践课，要把当前的最新学习材料融入课堂中，因此制定了如下的学习目标与实现指标（表 3-11）。

表3-11 "综合实践：5G时代、手机资费去向何方？"的学习目标与实现指标

学习目标	实现指标
1. 经历从实际问题中抽象出一次函数，感受一次函数的广泛应用，增强应用意识与创新意识，增强建模意识和发展建模能力 2. 经历小组合作学习与分享交流活动，丰富数学活动经验，发展合作能力	1. 能描述运用函数模型解决实际问题的大致步骤 2. 能主动运用数学的知识、方法解决手机资费问题 3. 能主动参与小组讨论、交流，表达的观点新颖，建议合理

在尝试学习环节，为了帮助学生能在学习中充分地实现"能描述运用函数模型解决实际问题的大致步骤"这一指标，教师经过认真思考，认为一方面既要突破学生长期在头脑里固化形成的"知识与运用是两张皮"的观念，另一方面又要给学生留下充分的发现空间：一是要发现如何运用函数知识与方法解决比较目前套餐对于消费者来说的优劣问题，二是要发现在5G时代来临，如何运用函数的知识与方法帮助人们做出消费的选择。因此在课前的尝试环节，老师提出了如下的前置问题：

（1）建议选题方向（小组从以下三个问题中选择一个问题展开研究）；

①调查收集数据，通过调查结果来研究目前4G套餐情况，并比较说明目前套餐的优劣性，选出一款受众最多的套餐，用函数的知识设计一款让消费者觉得更合适的方案。

②了解现有5G资费标准，如果某5G运营商聘请你帮忙设计一个手机的资费方案，你会考虑哪些因素？根据你的研究结果和你调查收集的数据情况，用函数的知识设计一个你认为合理的资费方案。

③根据你的调查结果，请你自主设计一款资费标准，既能满足消费者的需求，又能让运营商有合理的利润。

（2）学生的研究小组成员分工明确到个人，建议有收集数据、分析数据、建立模型、模型求解（可用网络画板、几何画板，或者适合的软件进行求解）、汇报成果等几个部分；

（3）建议以访问、做问卷等方式进行调查，可将调查过程制作成视频；

（4）可寻求网络信息或者请有经验的专家或家长帮忙指导；

（5）建议收集数据的过程中制作纸质材料或者视频材料。

下面进一步说明，课堂学习环节怎样与学习目标环环相扣。在说明这个问题之前，我们可以强调一下该课堂中的核心知识，以及想要培养的核心素

养：一是在课堂中学生要树立总结出运用一次函数模型解决手机资费问题的方法与步骤；二是在课堂中学生要发现和解决真实的问题，这样才能让学生真正地体会到数学的价值和意义；三是在课堂进一步发展学生沟通和交流的能力（表3-12）。

表3-12 "综合实践：5G时代，手机资费去向何方?"主要学习环节对学习目标的回应

主要学习环节	课堂学习的主要内容	该环节对学习目标的回应
用函数的眼光观察手机资费	1. 视频回顾学生课前分小组研究问题的过程 2. 小组代表汇报，展示"尝试学习"中的调查研究结果	该环节旨在通过学生对现实问题的调查和思考，帮助学生感受现实问题数学化的过程，体会函数作为一种数学模型在分析、解决实际问题中的重要作用。该环节的作用是在课堂学习中促进学生对于学习目标的进一步落实，同时也为达成实现指标1、实现指标3落实搭建平台和载体
用函数的方法研究手机资费	1. 如何确定手机资费问题中的变量 2. 用函数的方法对比两款手机套餐 3. 归纳建立一次函数模型解决实际问题的步骤	该环节旨在以教师追问激发学生思考，构建模型，进一步归纳解决问题的步骤，从问题提出和解决的过程中获得个性化的成功体验。该环节的作用是推动学生思考、梳理、归纳函数在解决问题中的方法与步骤。对目标进一步进行可视化呈现，即学生要能对学习目标1、学习目标2进行表达和应用
用数学的思维优化手机资费	1. 李老师展示近6个月的手机资费，请参照电信资费情况，帮助老师选择一款适合的套餐，并说明理由 2. 请为现场的老师选择合理的5G套餐提供数学上的帮助 3. 5G时代：手机资费去向何方	该环节旨在引导学生关注生活，关注未来，并利用函数的知识进一步提出问题、分析问题，在优化模型中内化知识，并主动运用数学的知识、方法为生活服务，让生活变得更加美好！该环节的作用是让学生经历解决真实问题的过程，并在解决问题的过程中实现创造的目标，发展学生数学应用意识和创新意识，很好地落实了学习目标1、学习目标2

在作业布置环节，老师布置了如下问题：请用所学知识，判断、分析你的家庭的手机资费是否合理？如果不合理，如何优化？这个问题的设置进一步增强学生的数学应用意识，让学生真正体会到数学的价值和意义。

（五）以学习目标和实现指标为依据导引学习过程评价

华东师范大学的崔永漷教授曾说："每个教师都是质量监测员，不会评价的教师一定是上不好课的。教师理应先学会评价，再学上课。"在这里所说的评价主要是指两个方面，一方面是学生结合目标反思自己的学，这是着重培养的学生素养；另一方面是教师反思自己的教。

对于学生的学，有了学习目标和实现指标，学生就有了标准参照，在尝试学习后，学生对照目标反思学习达成度，就会带着问题走进课堂，在课堂上更加专注；课堂提升学习后，再次对照目标反思自己感到困惑的问题是否得以解决，反思目标的要求是否达成；课后优化学习后，学生再次反思，将自己仍存在的困惑反馈给教师，教师再加强课后辅导，这样学生的学习就有了保底的机制，长期坚持就能奠定发展的根基。

对于教师的教，有了学习目标和实现指标，教学反思就有了标准参照。我们长期在校内教师的观课、议课中，依据学习目标重点关注如下问题：本节课实现指标共几个？每一个完成的时间分配如何？本节课关注的关键能力是哪些？达成度如何？本节课教学时间和教学内容的分布是否聚焦在核心知识学习和关键素养发展上？这样的观课议课改变了过去的泛泛而谈，因此，学习目标和实现指标是课堂评价的原点。

比如外语学科，经过一段时间的实践探索，外语学科组的教师逐渐清晰了学习目标与实现指标在教学中的作用。学习目标与实现指标可以成为学生自主学习的导引，还可以作为评价依据，用于导引学生开展反思性学习。学习目标在课堂一开始就呈现，目的在于让学生明确当节课要学什么，产生学习期待，对接下来的每一步教学进行心理上的铺垫，从而使学习更具主动性。以七年级英语"Unit 3 period 1（1a-1c）She lives in Washington"一课为例，教师在本节课初始阶段即通过课件向学生呈现出了当节课的学习目标，并适时地对其中的关键词进行了简要解释，此行为能在一定程度上引导学生对接下来即将发生的教学活动产生一定的预期，在心理上调动已有的相关知识图景，如他们已有的关于 Michelle Obama 的信息，有利于教师展开教学活动。

此外，在本节课结尾再现最终的学习目标，通过设置回顾性的问题可以快速帮助学生进行自我反思是否达到了当节课的学习目标，实现了目标检测的可视化。具体来说，在一节课的最后，可以设置若干个问题，引导学生通过回答问题反思自己是否理解了当节课的重点知识，可根据反思结果发现自己的知识漏洞，及时查漏补缺。教师也可以通过该环节快速知悉学生当节课的学习成效，对后续教学上的调整有指导性作用。学习目标和实现指标的导引性体现在可以引导学生实现学习反思的多维度、多方面和多样性，引导学生从多元化的角度进行思考，从教师对学生的检测转变为学生的自我反思或学生之间的互助，不断增强学习的自主性。

（六）多维度运用学习目标和实现指标，提升学业评价效度

1. 运用学习目标和实现指标提高过程性评价的针对性

科学、健全的学习目标检查与反馈体系是实现学习目标的重要保障，并对教学起到积极的导向作用。在过程性评价中，对于学习目标的检查与反馈尽可能做到主体多元化、形式多样化、内容多维化。一是体现学生的主体地位。核心素养导向下的全息课堂建设，要求做到全体优秀、活态优质和立体优化。这就要求我们面对全体学生进行目标的检测和反馈时，不忽略任何一个个体，同时让学生在这一过程中也可以有自己的思考，体现课堂的活力。因此，外语组不仅在学习目标的制定中进行了目标的分层，在检测与反馈中也进行了分层设置。例如，在听说课 role-play 的检测练习中，分别设置二星任务和三星任务；在阅读课复述文章的检测练习中，分别设置小组合作和独立完成的选项，让教师和学生都能够通过学生各自不同的检测完成度来判断其达成学习目标的程度。二是体现检测方式的合理性和多样性。基于英语学科的特点，我们有不同的课型设置，包括听说课、语法课、单篇阅读课、群文阅读课、整本书阅读课和写作课。因此，在目标的检测与反馈中，根据不同的课型进行了不同的设置。以写作课为例，在检测中让学生根据评价支架进行自评和互评，并提供了易于操作的细则（表3-13）。

表 3-13 评价你的作文：评价细则

维度	A 等	B 等	C 等
Contents 内容	Having all the required aspects; informative (5 points) 涵盖所有要点；内容充实（5分）	Having all the required aspects; not informative (3~4 points) 涵盖所有要点；内容不充实（3~4分）	Not having all the required aspects; not informative (0~2 points) 未涵盖所有要点；内容不充实（0~2分）

续表

维度	A 等	B 等	C 等
Language 语言	Excellent choice of words and building of sentences; no grammar mistakes; logical (5 points) 选词精练，句式多样；无语法错误；合乎逻辑（5分）	Proper words and smooth sentences; Less than 5 grammar mistakes; logical (3~4 points) 用词准确，语句流畅；低于5处语法错误；合乎逻辑（3~4分）	Confusing words and sentences; over 10 grammar mistakes; illogical (0~2 points) 语言混乱，词不达意；超过10处语法错误；行文无逻辑（0~2分）
Structure 结构	Having a very clear structure with reasonable paragraphing (3 points) 结构清晰，有合理的分段（3分）	Having a not very clear structure but with paragraphing (2 points) 结构不够清断；有分段（2分）	Confusing structure without paragraphing (0 points) 结构混乱；无分段（0分）
Writing 书写	Neat and beautiful handwriting (2 points) 整洁、美观（2分）	Neat, not beautiful (1 point) 整洁、美观度不够（1分）	Not neat, terrible handwriting (0 points) 不整齐，书写糟糕（0分）

评价支架	具体说明	Self-assessment	Peer-assessment
内容支架（5分）	内容完整，要点完备		
语言支架（5分）	词汇，语法，句型		
语篇支架（3分）	结构 连词，指代，语意		
书写支架（2分）	标点，词数，大小写，卷面整洁度		

2. 运用学习目标和实现指标提升教师试题命制能力

试题命制能力是新时代教师的重要素养。好的试题，能够有效评价学生核心素养的达成度。根据布卢姆教学目标分类，针对不同维度的教学目标，试题命制方式是不同的。正如有学者指出的，"变化程度小的测验情境，所测量的是领会和运用能力；变化程度高的测验情境，所测量的是分析、综合和评价能力。"[1] 因此，在进行试题命制时，教师必须紧扣学习目标。

在具体操作层面上，核心实验基地校外语组积极使用布卢姆教学目标分

---

[1] 皮连生，蔡维静. 超越布卢姆——试论"知识分类与目标导向"教学中的学习结果测量与评价［J］. 华东师范大学学报：教育科学版，2000，18（2）：40-49.

类框架，将学习目标、教学活动以及测验题目分别放入分类框架中，确保三者在分类框架中的位置高度一致，从而保证测试的效度。比如，如果某个知识点的知识维度是概念性知识，认知维度是应用，那么针对这个知识点所涉及的教学活动和测试题也必须是相应的维度，如果维度不统一，则会造成超过或者低于学生实际能力的情况，致使测试题效度降低。

总体来说，制定学科学习目标体系是进行课堂建设的第一步，是课堂改革的"牛鼻子"，是核心素养导向下的全息课堂建设的突破口。学习目标是否符合学习规律？是否符合学生学情？是否适宜发展学生核心素养？这些问题关乎着课堂教学的质量。

第四章 CHAPTER 4

学科内整合：
核心素养导向的全息课堂样态（上）

在明确了课堂教学观念、清晰了学习目标后，我们思考的问题是如何构建最适宜学生核心素养发展的课堂学习场景。也就是说学科教学如何才能充分发挥育人功能，学生核心素养发展究竟怎样才能更好地在课堂落地，这是广大教育工作者密切关注的问题。如前文所述，核心素养导向下的全息课堂，着力于在课堂教学中培育学生的复杂适应性能力，这有赖于通过整合的教学策略，形成适宜的课堂学习场景。在实验推进过程中，课题组的核心实验基地校教师坚持不懈地推进学科整合教学的改革之路，我们先来看看教师在人文学科课堂教学中的探索。

一、人文学科实施学科内整合的要求与策略

和自然学科相比，人文学科更多的是描绘社会事件和人类活动的某些轨迹，其基本立足点是反映人类的社会实践，以及实践背后隐含的社会活动规律，其内在逻辑是人类生活。以此建立的人文学科，重在从不同方面反映人类的社会活动及其发展规律。针对人文学科的特殊性，在人文学科中实施学科内整合时，要符合人文学科的整合要求，采用适宜于人文学科学习的整合策略。

（一）人文学科实施学科内整合的基本要求

人文学科一般指对社会现象和文化艺术的研究，包括哲学、经济学、史

学、法学、文艺学、伦理学、语言学等。"人文学科"是一个内涵十分丰富而深厚的历史性学术范畴，它包含了人文教育的课程结构、人文修养的途径和方法，以及人文修养的理想境界。"人文学科"的意义在于成就人的智慧和德行，使人成为最能显示其价值的、获得人生最大自由和幸福的完善的人。人文学科为人的素养教育提供了专业基础。人文学科所提供的素养教育，是基于一个人成长，以及社会个体参与公众事务的先决条件。它可以培养人的批判思想，促进对民俗常识和社会历史的了解，增强人在社会生活中分辨是非的能力。同时，人文学科能为自然科学工作者提供正确的价值观和方向指引，它虽然不能直接产生经济效益，但可以促进科学思想的形成和提升科技转化的力量。

人文性是人文学科课程最为突出的特质。人文学科课程的"人文性"，主要是指透过整合人文学科领域，诸如人类学、考古学、经济学、地理学、历史学、法学、哲学、政治学、心理学、宗教和社会学等学科的知识与人文内涵，以帮助学生了解和掌握与自己密切相关的社会文明、历史文化、环境生态、生活风尚、人际境遇、道德理念、心理状态等众多方面的广博知识及丰厚的精神滋养，实现传承文化、陶冶人格、开阔视野、丰富个性等目标。

综合性是人文学科课程的又一显著特征。人文学科课程内涵宽广，涉及社会、政治、经济、环境、生活等多个领域的知识和经验。因此，课程的组织与实施应当涵盖上述各方面的知识与经验，而且也应充分注意这些领域之间的相互关联。另外，人文学科的"综合性"不仅表现为各学科之间的交叉性、知识的多维性，也与人们在人文社会学科领域的整体性思维方式密切相关。因此，人文学科课程内容的组织与实施应当着力培养学生的整体思维能力。

开放性是人文学科非常重要的特征。人文学科的"开放性"，是基于人类社会活动，以及各种社会现象的多元性与复杂性，不同区域的社会环境以及人文特征的差异性。因此，人文学科课程不是封闭的，而应向全球化、多样性的社会生活与社会现象敞开。

动态性是与人文学科的"开放性"密切相关的。人文学科的课程设计及内容组织，与社会政治、经济的发展历程和生活环境的变迁紧密相连，处于变动不居的社会生活经验及知识也会不断地纳入人文学科课程的范畴。对人文学科课程"动态性"的强调，旨在帮助学生了解和把握社会生活的历史发展过程、当代问题与现实状况，以及未来的发展趋向，帮助学生形成因应社会变迁的能力。

人文学科课程内部的整合，主要指现行教材的顺序调整与教材内容的筛选、完善，即对本学科的基础知识、基本技能的学习内容做结构性调整，达到教学资源优化，形成新的本学科基础知识与基本技能的学习系统，使之更适合于学生的学习与发展。因而在人文学科实施学科内整合时，要特别注意以下几个方面。

1. 提升学科教师的人文修养，是人文学科实施学科内整合的前提

人文学科实施学科内整合的主力军是教师，教师应该为人师表，用自己的谈吐、行为、举止、风度等默默地影响学生，正如孔子说的"其身正，不令而行；其身不正，虽令不从"。要促进人文学科的学科内整合，需要从事人文学科教学的老师具有一定的人文积淀和人文修养，这种人文积淀和修养主要体现在三个方面：一是有人文情怀，用人文的心态、思想、视角解读学科教学内容，为"以人文的精神整合人文学科内容"创造条件；二是要有社会意识，用联系和观察社会的眼光分析和理解人文学科的内容，为实现"以了解社会的思路整合教材，以整合教材的方法读懂社会"的改革目标做好准备；三是培养整体把握的能力，既要整体把握教材内容，也要整体把握学生学习人文学科的特点和需求，在整体考虑教材和学生需求的基础上，促进学科内的有效整合。实践证明，人文素养教育不是单靠说教就行得通的，高尚的人文精神需要有一定的人文知识作为铺垫，人文精神的生成需要榜样的作用，"身教重于言教"，在这里是最贴切、最实在的。

2. 聚焦人文学科的核心素养，是人文学科实施学科内整合的主要目标

人文学科推进学科内整合的重要目的，是充分发挥人文学科综合性、开放性、动态性等特性的功能，提升学生的核心素养。从《中国学生发展核心素养研究报告》可以看出，人文学科的核心素养主要是学生在学习、理解、运用人文领域知识和技能等方面所形成的基本能力、必备品格和价值取向，具体包括人文积淀、人文情怀、审美情趣和珍爱生命、健全人格、勇于创新等基本要点。人文学科在实施学科内整合时聚焦学生核心素养的发展，也要注意三个方面的要求：一是在文化基础方面强化人文底蕴，人文底蕴是在不断地人文积淀中养成的人文情怀和审美情趣，在促进人文学科的内部整合时，要把人文积淀、人文情怀和审美情趣综合起来考虑，才能促进人文底蕴的不断养成；二是整合内容与整合方式要能促进学生的自主发展，要利用人文学科的"表层易懂性"引导学生自主学习，并不断从表层走向深层，提升自主

学习的能力和水平；三是要为学生的社会参与留下充足空间，人文学科是与社会联系最为紧密的学科，向社会开放是人文学科教学的基本要求，学科内整合不是封闭的整合，整合的内容及整合的方式，都应为学生的社会参与留下充足空间，为学生提升社会参与素养创造条件。因此，提升学生的核心素养，既是实施学科内整合的主要目标，又能够更好地促进学生的"全人发展"。

3. 活化人文学科的课程体系，是人文学科实施学科内整合的主要内容

人文素养的培育，主要依靠人文学科课程体系完成。依据人文学科的课程标准，从教学和学生的实际需要出发，通过对人文学科的课程内容的增删和重组，不断活化人文学科的课程体系，建构完善的人文学科的课程体系，实现学科内整合的突破，落实学科育人的终极目标。要活化人文学科的课程体系，需要下足两方面的功夫：一是联系社会生活，丰满人文学科课程的血肉，让人文学科的知识在社会生活中"活"起来，我们所要联系的社会生活，既包括过去、现在和未来的生活，也包括现实生活和虚拟生活；二是把握人文学科的内在逻辑，读懂人文学科内的知识发展脉络与流动的人类实践，让人文学科知识在自己生长的脉络中"活"起来，人文学科内的整合，其任务之一就是寻找本学科内的知识生长脉络，为人文学科知识更好的生长护航。

4. 深度开展人文学科的学生活动，是人文学科实施学科内整合的主要形式

如上文所言，人文学科的社会实践性，要求人文学科的教学增加学生在不同活动中的体验感受，从自己的体验出发，才能获得对学科知识的深刻认识；与此同时，人文学科的"表层易懂性"，又有利于我们开展形式丰富的学生活动。因此，推进人文学科内的整合，要以深度开展学生活动为重要载体。在深度开展学生活动时，要注意四个方面的要求：一是整合性目标的活动指向性，人文学科的学生活动，要以促进学生的全面发展和个性发展为目标；二是整合性活动的形式多样性，通过对学生活动的主题、内容、形式等方面的设计与实施，丰富学科内整合的形式，在不同形式的活动中培养学生的人文素养和道德品质；三是强化学生的参与度，通过小组合作、作品展示、总结汇报等多种形式，增加学生在活动中的参与度和积极性，促进人文学科实施学科内整合的形式创新；四是注意活动的序列化与整体感，避免活动的孤立与零散。

(二) 人文学科实施学科内整合的主要策略

基于人文学科的人文性、综合性、开放性、动态性等特点，人文学科在

推进学科内整合时应重点强化以下四个方面的策略。

1. 聚焦学科内课程目标的整合，重构人文学科的目标体系

教师要在人文学科课程目标的指导下，把握学生的身心特点、认知水平和学科能力等差异，找到教学目标与这些因素之间的契合点，从具体到抽象、从显性到隐性，拾级而上，制定教学目标，做到有所为有所不为，有所增加有所删减。

人文学科实施学科内课程目标的整合策略，主要由分解目标、重组目标、细化目标和实现指标等环节构成。分解目标，即根据人文学科核心素养及学生培养的目标，将人文学科的课程标准目标进行层级拆分，厘清目标的层次结构及逻辑关系。重组目标，是根据学生的认知规律和目标的逻辑关系，重构目标体系。细化目标，是结合课程内容，进一步细化目标，逐步明确每一单元、专题或课时目标。实现指标，主要是依据学生的认知水平和实际情况，拟出课程目标的实现指标，学生能够对照实现指标判断自己的学习进展。

2. 聚焦学科内课程内容的整合，精选人文学科的课程内容

人文学科实施学科内课程内容的整合，主要通过"删、合、增、梳、调"课程内容，提炼学生全面发展和终身发展必备的、最基本的人文素养。

"删"，是指从学生身心发展的特点和需要出发，删除重复的、过难的、与学生已有知识经验联系不密切及不符合课程标准的内容，减少影响学生身心健康、学了也无用的知识，减轻学生负担。

"合"，是指找到知识的联系点和整合点，将重复交叉的学段、学科之间有联系的课程内容进行归并，对不同知识点或不同学科内容做有条理、有秩序的归类排序，使其更加适合学生的认知规律，更利于培养学生的综合能力。

"增"，是指在不过多增加学生学习负担的前提下，增加中小学生学习、生活必须知晓与掌握的知识与技能。如补充材料、主题活动、实验操作等，从而使学习变得真正有意义。

"梳"，是指对课程呈现的知识进行再组织、再加工、再创造，让课程内容的点、线、面、体清晰地呈现其内在逻辑，使其顺应学生的知识基础、心理特点和认知规律，以利于学生理解、贮存、提取和应用知识信息。

"调"，是指调整学习顺序，不仅在学期内，甚至跨学期、跨年级调整。通过这样的调整，学生习得的知识和能力才能有效地为接下来的创作、欣赏奠定基础，实现知识间的前后铺垫。

3. 聚焦学科内主题教学的整合，丰富人文学科的教学策略

人文学科具有综合性和贯通性的特点。人文学科注重一种智慧和能力的培养，更注重紧张和有创造性的探讨过程，它对个人的独创性留有更大的空间和更多的表现形式。这些因素都有利于人文学科实施学科内主题教学式策略。

主题式教学整合策略具体表现为：确立主题、精选内容、调整教法、丰富形式等。确立主题，主要围绕人文学科的目标体系，精选关联性较强的目标，厘定序列化的主题；精选内容，以主题为导向，精选教学内容和教学资源；调整教法，主题式教学更侧重于整体构建和综合探究，教法应选择具有系统性的策略；丰富形式，课程内容的呈现方式多以学生探究和教师引导为主，最大限度地调动学生参与活动的主动性和积极性。

4. 聚焦学科内评价方式的整合，完善人文学科的评价体系

随着中国学生发展核心素养的公布，可以看出，现在人文学科课程评价的追求已不仅是基础知识和基本技能，还有人文积淀、人文情怀、审美情趣等，而对于这些素养的评价，是简单的纸笔测试无法达成的。

人文学科实施学科内评价方式的整合，主要表现为"终结性评价+表现性评价"相结合的课程评价体系。终结性评价主要通过书面的纸笔测试完成。而表现性评价的形式可以有多种，主要包括书面报告、作文、演说、资料收集、作品展示等。通过任务和目标的驱动，运用真实的任务或模拟的练习来引发学生真实的反映，由教师或高水平评定者按照一定标准进行直接的观察、评判，以此评价学生掌握和运用知识的能力、方法及素养。

二、人文学科实施学科内整合的教学案例

人文学科的上述特征、要求和学科内整合的实施策略，为所有的人文学科提供了学科内整合的思路与行动框架。但是，不同的人文学科具有自身的独特性，在具体操作中虽然具备了一定的共性，更多地却体现出了本学科的个性，不同学科的不同整合方式，构成了学科内整合的绚丽画卷。

(一) 历史学科实施学科内整合的教学案例

1. 历史学科实施学科内整合的优势与难点

历史课程是人文社会科学中的一门基础课程，对学生的全面发展和终身发展有着重要的意义。从学科内整合的角度看，历史学科在实施学科内整合

时，具有如下优势和难点。

（1）历史学科实施学科内整合的优势

义务教育阶段7~9年级的历史课程，在基础教育中占有重要的地位。7~9年级历史课的主要内容，是中国历史和世界历史的基础知识，即重要的历史事件、历史人物、历史现象和历史概念，以及历史发展的基本线索和阶段特征。历史学科实施学科内整合的优势主要表现在如下四个方面。

①整体性。历史是人类在特定时空环境中留下的"足迹"，因此学习历史要从时间、空间、人物三方面去整体把握。人类活动具有世界性，每个国家都不能独立于世界之外，因此学习历史要扩大视野，把历史事件放到世界背景中去考察、定位，形成对历史发展过程的立体的、整体的认识，这些就要求历史课加大整合力度。

②因果性。社会中的每一种变化都是特定原因作用的结果。历史事件不是孤立存在的，它的发生有着特定的背景和条件，历史事件之间存在着相互联系和互为因果的关系。揭示历史事件之间的内在联系是历史课堂教学的主题之一，是培养学生正确认识历史和理解历史的能力的手段之一，促进历史事件的因果整合，是历史课的基本要求。

③发展性。历史是一个连续不断、继往开来的过程，后一个过程总是在前一个过程基础之上的开拓创新。从认识论上看，人们的认识处于发展与深化之中。历史课堂教学要具有前瞻性，培养学生运用联系和发展的观点去总结历史，认识历史的规律，使其服务于现实和未来，促进历史、现实和未来的整合是历史课的重要任务。

④综合性。历史学科是一门综合性的学科，它的内容是极其丰富的。诸如：政治、军事、经济、文学艺术、科学技术等，同时，这些内容又有着纵横交错的内在联系。历史学科的各个特点之间也有其对立统一的内在联系。历史学习不仅是接受前人的传统、继承前人的光荣、总结前人的经验与教训，更需要借助历史事实锻炼我们的思考、质疑、反省，乃至包容、理解和欣赏能力等，实现能力的整合性发展。

（2）历史学科实施学科内整合的难点

历史学科推进学科内整合的难点突出表现在以下三个方面。

①缺乏课程整合理论的支撑。学科课程整合在理论研究上，最大的问题就是学科课程整合的专门理论的缺失。学科课程整合理论研究的缺失，主要是因为研究人员在观念上存在误区。最典型的表现是对课程目标与学生发展

的一致性考虑较少，课程内容繁多且杂乱无章，课程整合成了"大杂烩"，导致学生陷入更深的思维误区。在课程整合的过程中，教师将课程整合当作一种课程组织形式而不是课程理念，只想了解课程整合的模式、方法和步骤，不愿意深入学习钻研教育理论，不愿意想"为什么"，只想知道"怎么做"，课程实施简单随意，缺乏理论的规范和约束。

②初中历史课程体系的自身特点。初中历史课程体系涉及中国历史和世界历史的基础知识，涵盖了古今中外重要的历史事件、历史人物、历史现象和历史概念，以及历史发展的基本线索和阶段特征。历史知识零散，线索众多，头绪繁杂，内容整合的难度较大。

③初中历史课程整合策略单一、机械。初中历史课程整合策略单一、机械主要体现在以下四个方面。第一，课程目标模糊泛化，仅列出整合的内容和粗略流程，涉及具体操作过程内容和整合意图的较少，导致课程实施随意性较大；第二，课程资源选择受教材局限，许多教师都无法突破固有的学科本位的思想，课程整合的实施多是调整教材内容的篇目顺序，或将不同版本教材的相关内容进行拼接，无法打破学科疆域，拓展课程资源的视野；第三，课程资源的编排过于随意，课程内容大多是"想当然"的组合，科学的理论规范过少，教师的主观意愿过多，课程的连贯性不强；第四，课程实施的"活动化"倾向严重，课程整合赋予教师编制课程的权利，并不代表课程完全脱离课程标准和知识体系的约束。为了突出课程整合，部分教师将过多的歌曲、影视作品和游戏加入课程，一味追求课堂气氛，削弱课程的有效性。

2. 历史学科内整合的基本框架（图4-1）

```
           历史学科内整合的基本框架
    ┌──────┬──────┬──────┬──────┬──────┐
 教学目标的整合 教学内容的整合 教学资源的整合 教学方式的整合 评价方式的整合
```

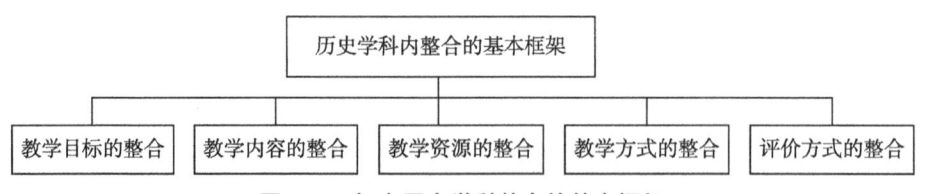

图4-1 初中历史学科整合的基本框架

（1）教学目标的整合

在教学目标整合上，我们主要采用了如图4-2所示的框架：

```
                                        ┌─ 唯物史观
                                        ├─ 时空观念
                    ┌─ 聚焦历史学科核心素养的融入 ─┼─ 历史解释
                    │                    ├─ 史料实证
                    │                    └─ 家国情怀
  教学目标的整合 ─┤
                    │                    ┌─ 课时目标的分解
                    │                    ├─ 课时目标的重组
                    └─ 聚焦历史课堂课时目标的整合 ─┼─ 课时目标的细化
                                        └─ 课时目标的达成
```

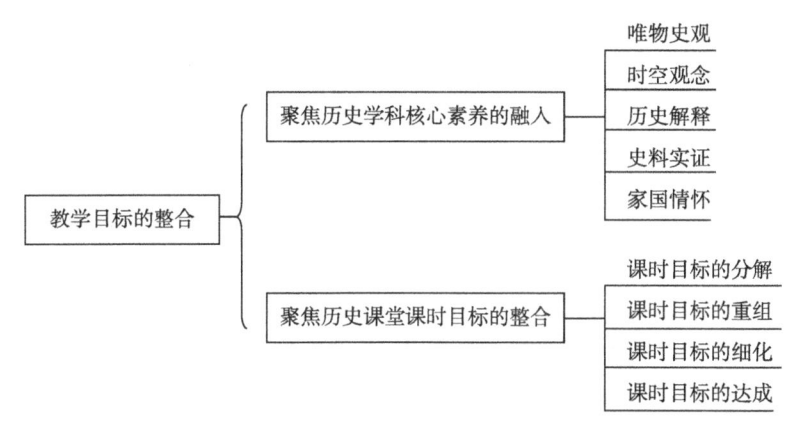

图 4-2　初中历史学科教学目标整合框架

①聚焦历史学科核心素养的融入。随着历史学科核心素养的提出，中学历史课程目标逐渐从知识与能力、过程与方法和情感态度价值观三维目标，向唯物史观、时空观念、历史解释、史料实证、家国情怀五个历史学科核心素养转变。唯物史观是诸素养得以达成的理论保证；时空观念是诸素养中学科本质的体现；史料实证是诸素养得以达成的必要途径；历史解释是诸素养中对历史思维与表达能力的要求；家国情怀是诸素养中价值追求的目标。学生通过历史课程的学习，形成历史学科核心素养，能够掌握中外历史的基本知识，初步掌握学习历史的基本方法和基本技能；对人类历史的延续与发展产生认知兴趣，感悟中华文明的历史价值和现实意义，养成爱国主义情感，开拓观察世界的视野，认识世界历史发展的总体趋势；初步形成正确的世界观、人生观和价值观，为成为拥有良好综合素质的合格公民奠定基础。

②聚焦历史课堂课时目标的整合。历史课堂教学目标的整合主要围绕课时目标的分解、课时目标的重组、课时目标的细化、课时目标的达成等方面展开。而课时目标的分解、重组、细化与达成主要基于历史课程标准、基于学校育人目标、基于学生核心素养，力求使教学目标的整合更具科学性、指导性和可操作性。

（2）教学内容的整合

根据上述的目标整合思路，我们在完成目标整合任务的基础上，以"主题相关""人物点睛""横向联系""纵向联系"为关键词，进行内容整合。内容整合的实践框架如图 4-3 所示。

```
主题相关：求同存异          横向联系：中外关联
            ↘        ↙
          教学内容的整合
            ↗        ↘
人物点睛：价值引领          纵向联系：古今贯通
```

图 4-3　初中历史学科教学内容整合框架

历史教材内容会存在一定滞后性，作为教学对象的学生往往具有一定的个体差异性，因此教师照本宣科式的教学难以符合学生的发展需要。针对这种情况，教师对教材和学情进行深入研究，并对实际教学内容做出合理化调整和补充是十分必要的。教师对教学内容进行适当调整的主要目的是构建更适合学生学习的知识结构，强化一些重要的学科信息。教师对教学内容进行适当补充是借助丰富的教学资源以达到优化教学的目的，增强历史学科的教育功能。教学内容的整合绝不是对知识的简单叠加或删减，而是从教材与学生的实际情况出发，对教学内容进行重组、精简或充实，以达到有利于学生学习与发展的目的。

历史教学内容的整合主要分为横向联系、纵向联系、人物点睛、主题相关等四个方面。横向联系，主要以地域为纽带，关联中外同一时期发生的历史事件、历史人物、历史现象等；纵向联系，则以时间为轴，同一区域在不同历史时期的历史事件、历史人物和历史现象，贯通古今；人物点睛，以重要的历史人物为线索，勾连人物与时势的关系，以人物的发展反映时代的变迁；主题相关，侧重以相关的历史事件、历史现象等为题，求同存异，聚焦历史事件、历史现象的深层内涵。

（3）教学资源的整合

在整合了教学目标和教学内容后，我们对教学资源进行了整合。教学资源整合的实践框架如图 4-4 所示。

```
              教学资源的整合
            ↙              ↘
        校内资源          校外资源
      ↙   ↓   ↓   ↘    ↙    ↓    ↓    ↘
历史教科书 校园图书馆 历史网络资源库 历史教师  历史博物馆 历史遗址 社区家庭 历史教育工作者
```

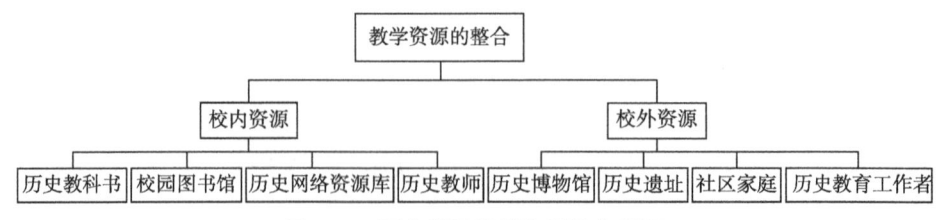

图 4-4　历史学科教学资源整合框架

教科书不应是唯一的教学素材，这已成为共识。随着信息化时代的到来，学生接受知识的渠道越来越多。对此，历史教师不仅要正视这种变化，更要充分地利用这些丰富的课程资源，以推动历史教学的改革与发展进程。历史教学资源主要分为校内资源与校外资源。校内资源，主要有历史教科书、校园图书馆、历史网络资源库、历史教师等。历史教师在不断充实自身的同时，应该借助其他学科的教学资源为己所用。校外资源，一是利用历史遗迹、遗址、博物馆、纪念馆、展览馆、档案馆、爱国主义教育基地等，组织学生参观，增强学生直观的历史感受；二是利用乡土教材和社区课程资源。乡土教材和社区课程资源对学生的历史学习和历史感悟大有裨益。还应随时随地发现和利用本地区丰富的人力资源，如历史见证人、历史专家学者、阅历丰富的长者等，他们能够从不同层面和多种角度为学生提供历史素材和历史见解。家庭也是历史学习的一种资源，家庭所收藏的照片、图片、实物、家谱或族谱，以及长辈对往事的回忆和记录，都会在不同程度上有助于学生的历史学习。这些丰富的课程资源，需要我们予以充分重视和有效开发，一是将社会资源与课堂教学内容进行整合；二是将不同类型的社会资源加以整合，使之充分发挥历史教育功能。

（4）教学方式的整合

教学方式的整合，是为了更好地运用教学内容和资源实现教学目标。教学方式整合的实践框架如图 4-5 所示。

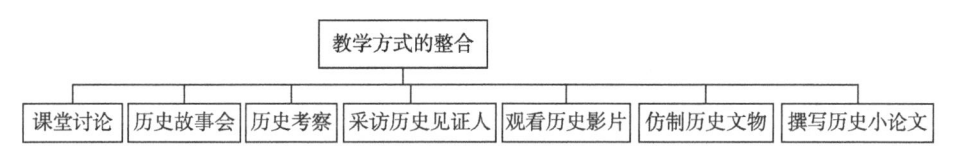

图 4-5　历史学科教学方式整合框架

对历史学科教学内容和教学资源的整合，势必会引发对教学方式进行相应整合的要求。新课程背景下的历史教学方式是多样化的，课程改革中的教材编写也为教师教学方式的革新提供了条件。教师要注重启发式、互动式教学，积极探索多种教学途径，组织丰富多彩的教学活动，例如，开展课堂讨论，组织辩论会，举行历史故事会，举办历史讲座，进行历史方面的社会调查，参观历史博物馆、纪念馆及爱国主义教育基地，考察历史遗址和遗迹，采访历史见证人，编演历史剧，观看并讨论历史题材的影视作品，仿制历史文物，撰写历史小论文，写家庭简史、社区简史和历史人物小传，编辑历史题材的板报、通讯、刊物，举办小型历史专题展览，等等。

（5）评价方式的整合

对学生的历史学习进行评价，是历史课程实施的重要环节。我们在评价方式的整合上主要采用了如图4-6所示的行动框架：

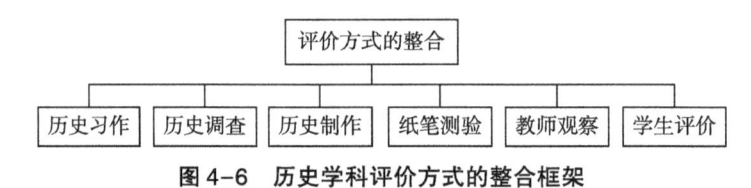

```
                    评价方式的整合
    ┌──────┬──────┬──────┬──────┬──────┬──────┐
  历史习作 历史调查 历史制作 纸笔测验 教师观察 学生评价
```

图4-6　历史学科评价方式的整合框架

在评价方式的整合上，我们力求建立形成性评价与终结性评价相结合的评价体系。既注重评价学生的学业成就，如历史知识、能力、思维方法与品质等；还要考虑到学习的其他变化，如对所学内容的情感倾向、对学习方式的效果领悟，以及与相关学科的迁移情况，特别是学生对历史认识上的变化。历史学科的评价方式主要有历史习作、历史调查、历史制作、纸笔测验、教师观察、学生的自评与互评等。尝试多种评价方式的整合，可以全面了解学生学习历史的过程和结果，激励学生学习，促进学生的学业进步和全面发展，以及改善教师的教学和提高教学质量。

3. 教学案例

中国历史八年级上册《正面战场的抗战》

本案例为人教版中国历史八年级上册《正面战场的抗战》（有节选）（本课案例由锦城一中葛赛老师执教，获四川省初中历史优质课展评活动一等奖。）

（1）目标导向

表4-1　《正面战场的抗战》学习单

学习目标	实现指标	达标情况		
		达到	未达到	不清楚
通过正面战场的战争史实，知道抗日战争的具体形势，理解中国军队为民族存亡而英勇抗争的精神	1. 知道日本进攻中国的路线与计划，认识中国抗战是世界反法西斯战争的重要组成部分			
	2. 了解国民党正面战场的几次大会战的基本情况，以及整个正面战场的发展形势			
	3. 说出抗战时期的英勇事迹与人物故事，理解中华儿女奋勇抗战的英雄主义精神与民族责任感			

（2）基础达标

结合教材的主要内容，梳理本课的知识线索，落实核心的知识要点。

1）台儿庄战役

①经过：1938年3月，日军向台儿庄发起进攻，第五战区司令长官李宗仁指挥中国军队与日军展开激战。

②影响：台儿庄战役共歼敌1万余人，是抗战以来中国正面战场取得的最大的一场胜仗，振奋了中国军民的精神，坚定了抗战意志和信念。

2）保卫大武汉

①经过：1938年6月开始，日军先后集结40多万兵力进攻武汉。为了保卫大武汉，中国军队共部署100多万人参战，并在江西万家岭重创日军。

②结果：1938年10月，武汉失陷，中国军队撤出武汉。

③影响：日本企图迅速灭亡中国的既定战略彻底破灭。广州、武汉失陷后，抗日战争进入相持阶段。

3）第三次长沙会战

1941年12月，日军对长沙发动第三次进攻。中国军队调集重兵防御，拼死抵抗，获得会战胜利。这次会战的胜利，在国内外产生了积极影响。

4）豫湘桂战役

抗日战争后期，国民政府消极抗日、积极反共。1944年初，日军向国民党正面战场发动了大规模的豫湘桂战役，国民党军队一溃千里。

（3）史料研习

篇章一：日寇露野心　华夏陷危机

史料1："皇国之国策首先在于确立日本对东亚保护、指导者的地位……倾注全力使苏联屈服，进而驱逐英国在东亚的势力，捕捉良机，以实力夺取英国在东亚的根据地……准备必将到来的对美大决战。"

——1936年6月，日本参谋本部制定的《国防国策大纲》

问题：能否从上述材料中提炼出日本对外侵略的步骤？

史料2：迩者暴日更肆贪黩，分兵西进，逼我首都。……凡有血气，无不具"宁为玉碎，不为瓦全"之决心。……本日移驻重庆，此后将以最广大之规模，从事更持久之战斗，以中华人民之众，土地之广，人人本必死之决心，继续抗战，必能达到维护国家民族生存独立之目的，特此宣告，惟共勉之。

——1937年《国民政府迁驻重庆宣言》节选

问题：面对日军的进逼，国民政府将如何应对呢？

篇章二：血肉铸长城　扬我中华魂

史料3：从"七七事变"到武汉失守的1年零4个月中，国民党正面战场共毙伤俘日军25万余人，牵制日军70万人以上。

——刘庭华：《抗日时期的国民党正面战场》，《历史教学》

史料4：他的兵力不足与兵力分散之弱点所给予他的极大困难，这就是我之正面主力军的顽抗……的威胁……

——毛泽东：《论新阶段》，《中共党史教学参考资料》第8册，第189页

问题：结合上述材料，分析日军兵力变化的主要原因。

篇章三：碧血千秋在　英名万古存

史料5：抗战期间，国民政府军队与日军进行了22次大会战，较大规模的战役1117次，小战斗38931次，粉碎了日军"速战速决"灭亡中国的迷梦；始终牵制着日军总兵力一半以上的部队；使130万日军在中国战场疲于奔命，有效阻止了日军北上侵略苏联；延缓了日本南进的步伐。

——数据整理自何应钦《八年抗战之经过》、井上清等《日本近代史（下）》、服部卓四郎《大东亚战争全史（第一册）》

问题：结合上述史料，谈谈你对正面战场抗战的评价。

【分享感悟】

(1) 你认为抗战精神主要有哪些表现？

(2) 抗战精神对于我们今天有何启示？

《正面战场的抗战》教学片段节选：

第一部分　开篇切题，为家国情怀张本

【PPT呈现】"1937年8月21日淞沪会战中杨树浦战斗中国民党军队一辆坦克在孤立无援的情况下毫无畏惧地冲向严阵以待的日军阵地"的照片。

【教师活动】请同学们为这张照片取一个标题。

【学生活动】拟标题：如《冲锋》《进击的坦克》等

教师小结：从同学们所拟的标题相信大家已经被这张泛黄的照片所震撼，正如同学们所言，这是一次"向死而生"的冲锋，而他背后是无数抗日将士在民族危亡关头浴血杀敌的缩影，下面让我们一同走进今天的课程：正面战场的抗战——"浴血奋战向死而生"。

【设计意图：通过历史照片创设情境，让学生迅速回到战火纷飞的淞沪战

场，通过解读照片背后的悲壮故事，引起学生的情感共鸣，从而点明本课"向死而生"的主旨，顺利导入新课，为孕育"家国情怀"的理解张本。】

第二部分　勾勒背景，为家国情怀奠基

【PPT呈现】日军侵略计划的资料。

【教师活动】请阅读材料，提炼日军对外扩张步骤。

过渡语：如果日军按照这个计划实施，不仅中国面临亡国之危，整个世界都将面临巨大的危机！（呈现日军侵华大事件线索）。在生死存亡的关头，中华民族该怎么办？

【学生活动】团结起来，积极抗日。

【教师活动】此刻，首都沦陷，国家危亡，国民政府会怎样应对日军的进攻呢？呈现材料。

迩者暴日更肆贪黩，分兵西进，逼我首都。……凡有血气，无不具"宁为玉碎，不为瓦全"之决心。……本日移驻重庆，此后将以最广大之规模，从事更持久之战斗，以中华人民之众，土地之广，人人本必死之决心，继续抗战，必能达到维护国家民族生存独立之目的，特此宣告，惟共勉之。

——1937年《国民政府迁驻重庆宣言》节选
（张弓，牟之先：《国民政府重庆陪都史》）

【学生活动】迁都重庆，抗战到底！以土地和民众与日军拼消耗，打持久战。

教师小结：这注定是一场尸山血海的较量！唯有血战到底，方能向死而生！

这一环节从日军对外侵略扩张的既定方针切入，既揭露日军的侵华野心，同时从世界史观的角度，让学生感知中国抗战是世界反法西斯战争的重要组成部分。继而切换视角，从世界到中国，以时间线索的推进，寥寥数语勾勒出日军的猖狂、民族的危机，激发学生的民族忧患意识。而《国民政府迁驻重庆宣言》材料的引用，不仅是材料分析能力的培养，更让学生在政府宣言中感受民族不屈的精神，为此后正面战场向死而生的抗战做铺垫，让家国情怀的培养找到支撑。

第三部分　关联史实，让家国情怀升温

1. 藤县保卫战

环节一：

【PPT呈现】台儿庄战役概要图。

【教师活动】介绍藤县对于台儿庄战役的重要战略地位及中日双方的兵力

部署。

环节二：

【PPT呈现】日军第十师团师武力配置。

【教师活动】播放数字故事《川军》，介绍川军出川前的种种不堪、出川时受到的不公正待遇及出川后奋勇杀敌的情况。

【学生活动】观看数字故事，感知川军抗战历程。

教师过渡：面对即将到来的战斗，川军122师师长王铭章对全体官兵说了这样一番话：

以川军薄弱的兵力和窳（yǔ）劣的武器，……力量不够是不言而喻的。我们身为军人，牺牲原为天职，现在只有牺牲一切以完成任务。虽不剩一兵一卒，亦无怨尤，不如此则无以对国家，更不足以赎川军20年内战之罪愆！

——王铭章

（王秀鑫、郭德宏：《中华民族抗日战争史》）

【教师活动】提问：从王铭章的话语可以看出他做出了怎样的决定？

【学生活动】牺牲一切，完成任务！

环节三：

教师过渡：王铭章决定牺牲一切要完成的任务是坚守藤县三天，可是这支装备低劣的部队能够阻挡当时全亚洲最精锐的日军师团吗？

1938年3月18日，第二十二集团军总司令孙震等报告死守藤县情形致蒋介石电：

敌军大部突攻，飞机大炮猛轰不绝。……王师长（王铭章）、税副师长（税梯青）督临，官兵浴血抗击，伤亡无数。至日敌乘城倾坍，冲入城内，我军誓死巷战，全军完全壮烈殉城。……此次为保障津浦北段，王、税两师长及王永械团在藤城、谭（尚修）团在龙山、姚（超伦）团在普阳山均全部牺牲以尽军人天职。

【教师活动】提问：从这封来自藤县保卫战爆发后第三天的电报中能提取到哪些信息？

【学生活动】川军作战英勇，完成了任务，但是伤亡惨重。

这一环节，"史料实证，拿史料说话，这是对历史叙述或历史解释一种最朴实的描述。因此，要形成对历史的正确、客观的认识，必须重视史料的搜集、整理和辨析，去伪存真。"四川地区的历史教学，应该充分挖掘家乡资源，拉近历史与学生的距离，以激发学生的学习热情。因此，对于台儿庄战役的过程，重点落在川军的"藤县保卫战"，并以数字故事渲染情境，以史料解读、电报分析等多种方式尽可能还原战史：川军在明知敌强我弱、战则必亡的情况下，依然严守军令，以全军覆没完成任务。川军的牺牲彰显的正是本课的主旨——"向死而生"的抗战精神！这将极大地激发学生的民族自豪感、使命感和家国情怀。

2. 保卫大武汉

环节一：

【PPT呈现】播放《武汉会战》视频。思考：日军为什么要集结重兵攻打武汉？中国政府是如何应对日军的进攻的？

【学生活动】思考、提炼武汉地理位置的重要性及其作为抗战指挥中心的重要地位。因而，日军认为，攻下武汉就能迫使中国政府屈服。为了保卫武汉，国民政府调集百万大军，以海陆空三军全面迎战来犯之敌。

环节二：

过渡语：在这场大战中，年轻的中国空军最早参战，血战长空，一次次刷新空战规模的纪录，在孱弱的民国，保卫着祖国的蓝天！为了攻占武汉，迫使中国屈服，早在徐州会战尚未结束之时，日军便开始了对武汉的空袭，年轻的中国空军在武汉会战爆发前夕便加入到了保卫大武汉的战斗中！

【教师活动】讲述空战英雄陈怀民"勇撞敌机，英勇牺牲"的故事：凸显以他为代表的年轻的中国空军面对强大的日军冲上蓝天、血染长空的"向死而生"的精神。

环节三：

【PPT呈现】武汉会战前后，日军在重大战役中投入兵力对比图。

【教师活动】提问：上述日军兵力出现了怎样的变化？

【学生活动】根据图表提炼信息：武汉会战后，日军在每次战役中投入的兵力越来越少。

【PPT呈现】武汉会战影响的相关材料。

从"七七事变"到武汉失守的1年零4个月中，国民党正面战场共毙伤俘日军25万余人，牵制日军70万人以上。

——刘庭华：《抗日时期的国民党正面战场》，《历史教学》

他的兵力不足与兵力分散之弱点所给予他的极大困难，这就是我之正面主力军的顽抗……的威胁……

——毛泽东：《论新阶段》，《中共党史教学参考资料》第8册，第189页。

【教师活动】提问：结合上述材料，分析日军兵力变化的主要原因。

【学生活动】正面战场消耗大量日军，战线过长，日军兵力不足，无法发动大规模进攻。

教师小结：正是因为抗战初期无数将士流血牺牲，用血肉之躯牵制了日军的攻势，极大地杀伤了日军有生力量，才遏制住日军进攻势头。另外，由于战线太长，日军兵力、补给严重不足，也无力发起向战争初期那样的大规模进攻了。因此，战争进入到了一个新的阶段——抗战相持阶段。

这一环节的意图是："知道史料，是通向历史认识的桥梁。能够从史料中提取有效信息，作为历史叙述的可靠证据，并据此提出自己的历史认识，能够以实证精神对待历史问题与现实问题。"故本环节通过简短视频介绍，让学生在历史情境中，迅速了解武汉会战的概况，并结合问题思考武汉会战的重要战略意义，实现"面"的学习；而老师讲述陈怀民与敌机同归于尽的故事，回归到历史课堂最本真的"讲"，是通过老师对战史细节的生动讲述，彰显出陈怀民及那个时代冲上蓝天的空军将士"向死而生"的精神，用最朴素的方式讲述最动人的故事，紧扣主题，实现"点"的学习，为之后的情感升华做好铺垫。

3. 第三次长沙会战

环节一：

【教师活动】提问：进入相持阶段是否代表日军停止进攻了？

【学生活动】没有，日军亡我之心不死。

教师过渡：的确，日军虽然很难再集结大兵团作战，但日军亡我之心从未消减，在1941年第三次长沙会战中，薛岳以天炉战法重创来犯日军，取得了第三次长沙保卫战的重大胜利！战后，美国即宣布将向中国贷款5亿美元；美英两国宣布废除对华不平等条约；归还上海、厦门等地的公共租界；取消领事裁判权。

环节二：

【教师活动】提问：为什么中国的抗战能够引起这么大的国际反响呢？

【学生活动】略

【教师活动】对于这个问题，当时美国总统罗斯福在给他儿子的信中做出了一个大胆的假设：如果中国屈服，世界会怎样？阅读材料，小组讨论。

你想想看，如果中国屈服，会有多少日本军队脱身出来？那些部队会像摘成熟梅子一样轻而易举地占领澳大利亚、占领印度，然后长驱直入，直捣中东……那将是日本和纳粹德国的大规模钳形攻势……然后完全切断俄国同外界的联系，瓜分埃及，切断经过地中海的所有交通线……

——伊里奥·罗斯福：《罗斯福见闻秘录》，新群出版社1950年版，第49页。

【学生活动】依据材料，小组讨论。

教师小结：正如罗斯福所言，中国的抗战所关系的已不仅是中华民族的生死存亡，更关系到整个世界反法西斯战场的安危！

这一环节的意图：中国的抗战是第二次世界大战的组成部分，中国人民以巨大民族牺牲支撑起了世界反法西斯战争的东方主战场，为世界反法西斯战争胜利做出了重大贡献。因此，本环节以第三次长沙会战为入口，反映中国国际地位的逐步提高，引起学生关注，继而通过罗斯福对中国战场局势的预测引发学生讨论，引导学生从关注个人命运到民族存亡进而到世界格局的深入思考。

第四部分　总结升华，让家国情怀入心

环节一：

【PPT呈现】正面战场对于中国抗战和世界反法西斯战争重要地位数据分析。

教师总结：那时的中国战场上，"是争着死、抢着死，因为没有国，哪有家。因为牺牲自己是为了换取中华民族子子孙孙万代的自由！"

在严阵以待的日军阵地前，装甲一连的坦克，孤军冲锋，死不旋踵；

在台儿庄藤县保卫战，川军以寡敌众，阻敌南下，血染疆场；

在武汉上空，空军战士陈怀民拉起中弹的战机，与来犯敌机同归于尽……

在民族危亡之际，是他们，挺身而出、力挽狂澜，救祖国于危难！是他们，抛头颅洒热血，挺起了中国人不屈的脊梁！正是他们前仆后继，以向死而生的精神，让我们在这场人类历史上最大的战争灾难中拯救了自己的民族，更为世界反法西斯战争做出了巨大牺牲和贡献！

环节二：

教师过渡：国家的荣光值得我们骄傲分享，但民族的苦难更需要我们每一个人去铭记与担当！

【PPT呈现】播放视频：《崇尚英雄，精忠报国》。

这一环节的意图：历史学科核心素养的情感层面，是国民素养的培育和升华。因此，要培养中华民族的自尊心和自信心，增强民族凝聚力，"对于传承历史文化，塑造健康人格，形成科学的世界观、历史观和人生观具有十分重要的意义。"故本环节，通过总结正面战场中国军人付出的重大牺牲及其对抗日战争和世界反法西斯战争的重要贡献来增强学生的民族自豪感，进而回顾本课所涉及的多个正面战场"向死而生"的战史故事，让学生意识到正是个人的牺牲才换来了国家、民族的生存和希望，在点明主题的同时激发学生的民族使命感和责任担当，最后，以英雄视频结尾，润物无声，实现家国情怀核心素养的升华和内化。

4. 教学反思

在促进学科教学整合方面，我们对上述案例进行了如下反思。

(1) 设计意图

葛赛老师以"浴血奋战，向死而生"的民族精神作为教学立意，整合多种史料以落实《初中历史义务教育课程标准（2011年版）》对本课的要求："列举正面战场的抗日史实，体会中国军民在抗日战争中英勇顽强、不怕牺牲的精神。"在教学设计中，本课以核心素养为整合教学的起点，以此去发现和整合情境，从"日军对外侵略扩张计划"切入，让学生在"二战"大视野下感受中国抗战意义，再由点到面地勾勒出整个正面战场的抗战历史，让历史教学在整合中有"宽度"；通过呈现抗战中来自中日双方的照片、战场记录、电报、纪录片等多角度的史料，尽可能在史料整合中还原战争过程，让历史教学有"厚度"；通过川军血战藤县、空军战士陈怀民血战长空等事迹，学生在音视频渲染的历史情境中感悟向死而生的抗战精神，让历史教学在多感官的整合中有"温度"。整堂课在整合立意的基础上，以"向死而生"的精神作为整合教学的线索，按"民族危亡—向死而生—精神永存"依次展开，呈现历史脉络，深入解读史料，通过循序渐进的问题设置，让学生在理解正面战场抗战的民族意义和世界意义的同时，感受中国军人"向死而生"的抗战精神。

(2) 实施效果

本课以"向死而生"为主题，再现了民族危亡之际，正面战场广大爱国官兵前赴后继的战斗历史，凸显了抗日将士浴血奋战、向死而生的抗战精神。该课以"整合"为基本思路，设计新颖、环环相扣，课堂讲解思路清晰，层层递进，引人入胜。在教学内容上，以核心素养导向下的全息课堂理念为牵引，注重多种资源的整合与利用，从全球史观的角度切入，让学生站在整个世界反法西斯的高度重新审视中国战场的历史地位，充分调动学生参与探究，利用信息化手段提高教学的精细化程度，尤其是对历史细节的挖掘，让战争有血有肉地呈现在学生面前。在课堂上，葛老师以扎实的历史教学基本功，流畅的教学语言，得体的教学体态，受到同行的高度赞誉。值得一提的是，他真情流露、激起无数的情感浪潮，当讲到武汉会战"4·29空战"中陈怀民驾驶飞机与敌人同归于尽、魂归蓝天那一幕时，学生们和许多老师都热泪盈眶，学生们和老师们的真情流露，是对本堂课最大的褒奖。四川师范大学历史旅游文化学院陈辉教授在点评时，高度肯定了葛赛老师的"正面战场的抗战"："这堂课体现了新时代对历史教学的要求，将立德树人的根本任务与历史学科的教育功能紧密结合在了一起，着力培养和提升了有利于学生发展的核心素养！"

（3）成功之处

本课之所以取得成功，主要表现在以下几个方面。一是教学目标的优化整合。围绕课程标准的基本要求，列举正面战场的抗日史实，体会中国军民在抗日战争中英勇顽强、不怕牺牲的精神，整合提炼出本课的教学立意：中国军民"向死而生"的抗战精神。二是教学内容的精心整合。从"日军对外侵略扩张计划"切入，勾连正面战场抗战的主要史实，建构起正面战场抗日的宏大场景，删繁就简，剔除了无关的史实，重点突破中国军民如何"向死而生"反抗侵略的精神。三是教学资源的有效整合。本课不仅运用文献史料，还运用口述史料、影视史料等多元史料内容，最大限度地还原了正面抗战的艰巨性和抗争性。四是教学方式的整合运用，葛赛老师在本课的教学中，既发挥了历史教师善于讲述历史故事的长处，又善于在课堂上引导学生分析历史现象，探讨历史结论，较好地整合了不同的教学方式。

（4）问题反思

本课虽然取得了极佳的教学效果，但在实施过程中仍有一些不足之处。一是历史课堂整合的内容主体以军事政治为主，对于学生而言，部分内容过于艰难，如日本的侵华政策与蒋介石的不抵抗政策等，历史课程内容的整合应考虑学生的知识储备和认知水平，遵循学生的认知逻辑。二是历史课堂的教学整合策略相对单调。从实际授课过程看，历史教师讲授比重较大，学生思考和交流较少，致使学生的课堂活动流于形式，缺少深入的思考和对话。三是历史课堂评价方式的整合不具体，整堂课的评价方式主要以教师观察评价，评价指标泛化。

(5) 改进建议

本课需要改进的是：加强对课程整合理论的学习，提升学科内整合理念的认识；遵循学生的认知规律和发展特点，树立以生为本的课程整合意识；调整历史课程整合策略，建构多元一体的课堂教学整合策略；尝试多种评价方式的整合，完善历史课堂评价方式的整合。

(二) 英语学科实施学科内整合的教学案例

在英语学科教学中，以整合的方式来推进教学，一方面反映了学科教学对教学效益最大化的追求，另一方面则体现了教师的教学决策能力和教学机制。

1. 英语学科实施学科内整合的优势与难点

英语学科就其属性而言，兼具工具性和人文性，可以涵盖的领域众多。英语虽说是一门语言学科，但在英语学习的过程中所能掌握到的不仅是语言本身，其学习内容包罗万象，语言背后的思维模式也极具特点。因而，在实施学科内整合时，英语学科优势明显，但挑战也同时存在。

(1) 英语学科实施学科内整合的优势

作为一门学习及运用英语语言的课程，义务教育阶段的英语学科学习以趣味为基础，围绕学习资源和内容，通过有效的信息技术手段辅助，来奠定学生的语言能力、文化意识、思维品质和学习能力的基础，为学生的终身发展奠基。英语学科实施学科内整合的优势主要表现在如下四个方面：

①内容的多元性。在英语学习中，除了英语的语音、词汇、短语、句型、语法等，英语学习的内容包罗万象。通过对英语学科的学习，在不同的主题语境下，学生可以了解异国的风土人情、风俗习惯、历史、文化、地理、社会生活、政治经济、教育科技等内容，这使学生对世界文化的多元与丰富多彩有了更深入的理解，这一系列内容为学科整合提供了先天的优势。

②技能的可整合性。英语语言学习的重要维度之一就是语言技能学习，包含听、说、读、看、写等五大技能训练。在实施教学的过程中，这五项技能可以基于主题意义的探究而采取不同的整合方式，或听说，或读写，或听说写，或读看写……基于训练的出发点，基本技能的训练可以在整合中实施，并通过主题意义探究的方式来进行。

③资源的丰富性。在媒体资源选择方面，除了教材本身所提供的教学素材外，英语学习的资源还可以来自英文报刊、原版小说、网络平台、英文歌

曲及影视作品，甚至是登机牌、广告宣传单等生活中的鲜活材料。《义务教育英语课程标准（2011年版）》明确指出："英语课程应根据教和学的需求，提供贴近学生、贴近生活、贴近时代的英语学习资源。创造性地开发和利用现实生活中鲜活的英语学习资源……"

④技术融入的可能性。当前教学中，信息技术对课堂教学的影响越来越显著，英语学科在整合技术手段方面也有其先天优势，整合不同维度的信息技术手段来辅助教学也是英语教学中的重要一环。

（2）英语学科实施学科整合的难点

英语学科特点在客观上为整合学习提供了有利的条件，然而，就初中学段的英语教学而言，其难度和挑战也不容小觑。

首先，基于主题语境，可整合内容的广度与学生实际水平之间的矛盾。在实际教学中，基于某一个特定话题来整合相关学习资源时，其难度值往往与学生实际水平的匹配会存在一定的不准确性。这为学习内容的整合制造了不小的麻烦。

其次，在探究主题意义的过程中，整合语言技能训练时的融合与聚焦的问题。语言技能（听、说、读、看、写）的五个维度很难进行单一线条的训练，在围绕主题意义探究时，整合的侧重点和关键点不难选择，在多项技能融合训练时，训练的内容比重和时间比重的合理性则是一个难点。

最后，信息技术融于语言学习的切入时机及使用信息技术辅助语言学习的效率具有不确定性。一方面，信息技术的介入为语言学习提供了更加丰富、立体和真实的语言环境和训练方式；另一方面，合理使用信息技术，如视频材料、网络资源、训练平台也挑战着英语教师的判断能力、设计能力，以及驾驭能力。

2. 英语学科内整合的基本框架（图4-7）

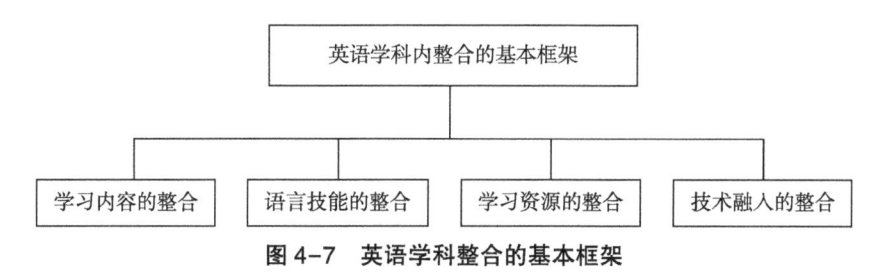

图4-7 英语学科整合的基本框架

（1）学习内容的整合

在学习内容的整合上，主要采用了如图4-8所示的框架。

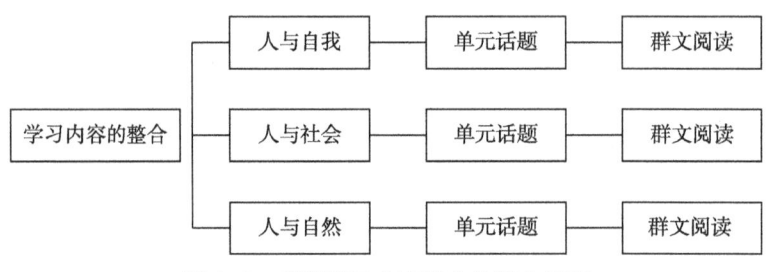

```
学习内容的整合 ─┬─ 人与自我 ── 单元话题 ── 群文阅读
                ├─ 人与社会 ── 单元话题 ── 群文阅读
                └─ 人与自然 ── 单元话题 ── 群文阅读
```

图 4-8　英语学习内容整合的基本框架

主题为语言学习提供主题范围或主题语境。学生对主题意义的探究应该是学生学习语言的最重要的内容，直接影响学生对语篇理解的程度、思维发展的水平和语言学习的成效。因此，对学习内容的整合，主要基于人与自我、人与社会和人与自然三大主题语境。在此基础上，教材各个单元讨论的功能话题也可以被整合到这三大主题语境中。同时，为了使学生从多维度来探讨该主题，我们基于主题，进行多模态的群文阅读研究，使学生的学习在深度和广度上都能有一个突破。以九年级上期"Unit 6 When was it invented?"为例。该单元的主题语境为人与社会，单元功能话题为发明，即人与社会中的科学与技术主题群里面的内容。而教材中的文章主要探讨各种发明的历史、用途及传播。为了使学生对发明有更深入的了解，该单元整合的群文阅读内容围绕着科学与技术的主题语境，选取三篇探讨发明的精神的文章，从一个新的维度对主题进行延伸与拓展。

（2）语言技能的整合

语言技能是语言运用能力的重要组成部分。语言技能包括听、说、读、看、写等方面的技能。听、读、看是理解性技能，属于输入部分（Input），说和写是表达性技能，属于输出环节（Output）。理解性技能和表达性技能在语言学习过程中相辅相成、相互促进。

语言技能整合与课型紧密相关，针对不同课型展开语言技能的整合学习，使学生能够通过听、说、读、看、写等活动，理解口头语篇和书面语篇所传递的信息、观点、情感和态度等，并能利用所学语言知识、文化知识等，根据不同的目的和受众，通过口头和书面等形式创造新语篇。语篇是表达意义的语言单位，包括口头语篇和书面语篇，是人们运用语言的常见形式。语篇是语言学习的主要载体。语言学习者主要是在真实且相对完整的语篇中接触、理解、学习和使用语言，因此语言学习不应以孤立的单词或句子为单位，而应以语篇为单位。语言技能的整合就都是在语篇学习的基础上进行整合。如听说课，以口语语篇为载体，通过看、听信息和语言输入，最终帮助学生以说的形式产出语篇。语法课也不仅是单纯的语法练习，将听力语篇整合进语法，在语篇情境中输入、输出。在此过程中，学生获得了准确运用语言规则来写的技能。短篇阅读和长篇阅读都是书面语篇，虽然两者都是发展学生的读、说技能，但是两者的侧重点不同。短篇阅读更聚焦到语言学习，长篇阅读更聚焦于阅读策略来进行文本解码。写作课的目的是帮助学生以书面的形式形成语篇，但是在写作前，会通过搭建写作支架的方式整合看与说的技能（图 4-9）。

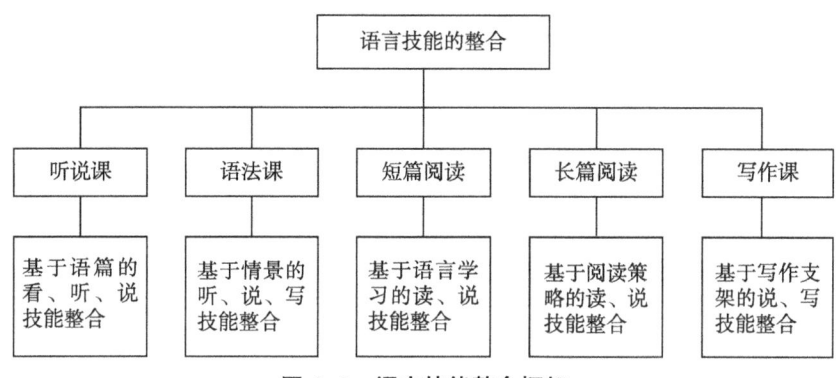

图 4-9　语言技能整合框架

（3）学习资源的整合

从广义上说，有助于学生学习与发展的所有可利用的资源，都可以成为学习资源。如图 4-10 所示，从以下三个方面探讨学习资源的整合。

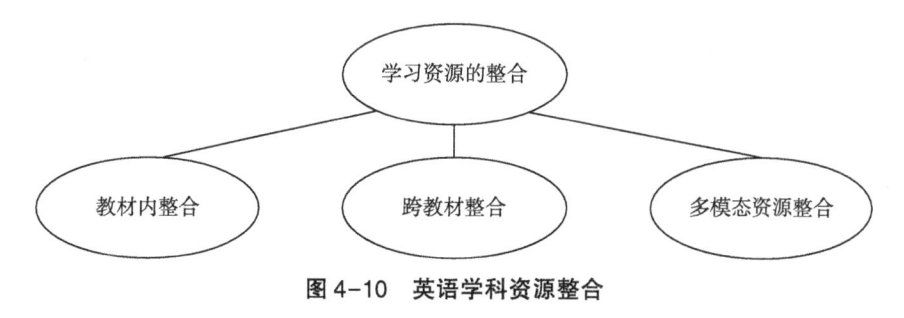

图 4-10　英语学科资源整合

教材是初中英语教学的核心资源，教学工作以教材为原点展开。但是在新课程理念下，教材并不意味着教学的全部内容，教材是开放且可开发的，教学源于教材，又高于教材，教材整合能力是新型教师的必备素质。同时，教材中的内容顺序也并不是一成不变的，可以根据课堂需要进行教材内部整合，以九年级上"Unit 8 It must belong to Carla"为例。

课时	课文包含内容	课文分析	整合措施
Section A	3a：Read the article and decide which might be the best title. 3b：Read the article again and find words to match the meanings. 3c：Read the article carefully and write what people think about the strange noises.	该课是本单元的第二课时，主要讲述一个小镇上发生的奇怪的事情，以及该镇上居民对此的推测及感受	本堂课将阅读与写作整合，阅读材料作为故事背景，读后通过搭建支架的方式帮助学生完成报道的写作
Section B	3a：Read through the article in 3a on page 59 again. What do you think the noises could be? List all your ideas. See who in your group can come up with the most imaginative explanation. 3b：Look at this newspaper headline and finish the article about the strange happenings.	该课是本单元的最后一个课时，但是该写作任务承接的是 Section A 的语篇，因此可以考虑整合	

不仅可以进行教材内部的整合，跨教材的整合也可以丰富学生的学习资源。我们还引进了其他种类的英语教材，进行跨教材的有机融合，把相似话题的内容整合进一个学习单元，这样更能提高教学效率。选择其他的英语教材时，我们看重几个标准，如语言是否地道、选材是否新颖、话题是否与时俱进、是否能够把青少年的心理和生理发展融合到语言教学规律之中，等等。这种跨教材的整合，使学生的学习资源更综合、更系统性、更立体。

多模态资源的整合包括网络上的音视频资料，报纸、原版书籍的补充阅读，师生真实的生活素材。音视频材料可以整合进教学设计，有助于课堂教学的语境创设。同时，这些资源也被用于群文阅读教学中，真正实现多模态的语篇学习。以九年级上"Unit 9 I like music that I can dance to"为例，在本单元的群文阅读中，引导学生探索的主题是音乐对人类的影响，除了文本材料，教师还加入了音频、视频等多模态资源来引导学生进行主题意义的探究。现实生活中的素材往往具有真实性，更能激发学生的学习兴趣。以九年级上册"Unit 4 I used to be afraid of the dark"为例，在第一课时的听说课当中，为了让情境更加贴近学生的实际，教师收集了全部学生小时候的照片，然后对比现在的自己，再运用目标句型谈论变化，课堂生动，学习氛围浓厚。

第四章／学科内整合：核心素养导向的全息课堂样态（上）

（4）技术融入的整合

现代信息技术被广泛应用于英语教学中，对于技术的融入整合，包括以下三个方面，如图4-11所示。

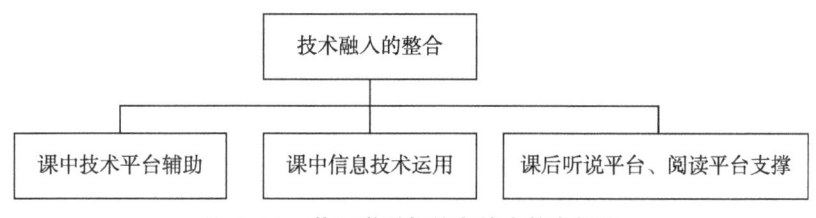

图4-11 英语学科与信息技术整合框架

首先，"以测评反拨教学，借技术创新课堂"，以八年级的一堂听说课为例，与传统的听说课不同，本堂课利用海云天"教考练"平台展开听说测评与课堂教学。在听说过程中，借助平台，教师可以实时跟进学生的语音、语调情况，每个学生都成为学习的主体。同时，通过该技术的融入，教师可以更清晰地关注到部分表达不准确的同学，马上跟进教学，这使课堂更具针对性，也更高效，从而更好地培养学生的英语听说能力。

其次，新课程理念下的课堂已不仅是粉笔加黑板的教师讲解式课堂，更多是师生间互动的课堂。而技术融合也让这种交流互动更加贴近时代要求与学生需求。一方面，教师课堂内多种媒体的交互使用可以让课堂更加直观，教师对于多媒体资源的剪辑、拼接，利用电子白板的勾画、批注等功能也可以将技术更好地融入课堂。另一方面，学生的学习也是与技术相结合的，学生对 iPad 的熟练运用，尤其是在分享环节，直接投屏更高效。总之，技术的融合可以更好地辅助课堂教学，使我们的课堂教学更加丰富多彩。

最后，通过蓝思阅读平台，学生可以根据自己的蓝思阅读值选择对应的书籍，同时在完成阅读后，学生可以完成相应的测试检测自己的阅读理解水平，该平台的技术融入使学生的阅读更加个性化，更加丰富。同时，该技术的融入也让教师对学生的阅读监测更加高效，教师只需登录账号，便可查询学生的阅读进展。

3．教学案例

Reading with text sets：Vacation

本案例为人教版 Go for it 八年级上册第一单元的补充阅读材料，由甘李老师执教，获得四川省2019年初中英语教学展评活动一等奖第一名的成绩。

Reading with text sets: Vacation（群文阅读：假期）学习单

【学习目标呈现】

Period objectives	Learning Objectives & Success Criteria	Linguistic competence: Ss can orally paraphrase the meaning of the following new words and phrases in context: relative, abroad, carelessly, mistake, fall over. Ss can use the following expressions orally to talk about their vacations: have a great time doing make new friends It's just right for doing try one's best to do feel like plan/want to do
		Cultural awareness: Sometimes we can't fight against the trouble brought by the nature, but we can keep away from some trouble made by people so long as we are well prepared.
		Thinking quality: Ss can see the same thing from different perspectives and think about the trouble from a vacation critically.
		Learning competence: Ss can get help and different ideas from group members through group discussions.
	Optional Objectives	Higher level Ss will be able to: use their own words to freely talk about their meaningful vacations from different aspects.

【群文阅读材料】

Reading with Text Sets

Vacation

Learning Objectives:

By the end of this class, we will be able to:

find out some meaning and trouble from a vacation;

share opinions on others' vacations;

plan our meaningful vacations.

A vacation is a great time for people to do different things. Different people have different vacations. Here are four passages about some students' vacations in Jinyi.

第四章 / 学科内整合：核心素养导向的全息课堂样态（上）

Passage 1

We asked 100 students in Jinyi about what they usually do when they are on vacation. Here are the results.

Passage 2

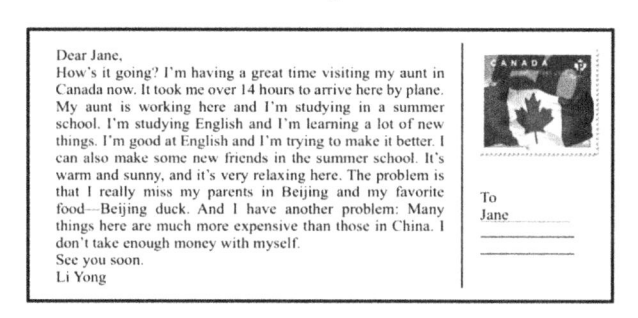

Dear Jane,
How's it going? I'm having a great time visiting my aunt in Canada now. It took me over 14 hours to arrive here by plane. My aunt is working here and I'm studying in a summer school. I'm studying English and I'm learning a lot of new things. I'm good at English and I'm trying to make it better. I can also make some new friends in the summer school. It's warm and sunny, and it's very relaxing here. The problem is that I really miss my parents in Beijing and my favorite food—Beijing duck. And I have another problem: Many things here are much more expensive than those in China. I don't take enough money with myself.
See you soon.
Li Yong

To
Jane
_____
_____
_____

Passage 3

主页　日志　相册　留言板　说说　个人档　音乐　更多

好友动态
特别关心
与我相关
空间达人
那年今日
腾讯课堂
游戏应用
我的收藏

Linda

My parents drove me to Qingcheng Mountain on vacation today. It was cool and cloudy here, just right for walking. I really liked the clean air here. I felt like I was a free bird flying in the forest. The mountain was so high and beautiful that I forgot about the time. I felt a little tired but excited when I arrived at the top. It began to rain heavily later, so we couldn't see anything below. When we went down the mountain, I fell over carelessly and broke my leg unluckily because of the wet road. So my parents had to take me to a hospital. I'm much better now.

浏览75次
8人觉得很赞
评论

Passage 4

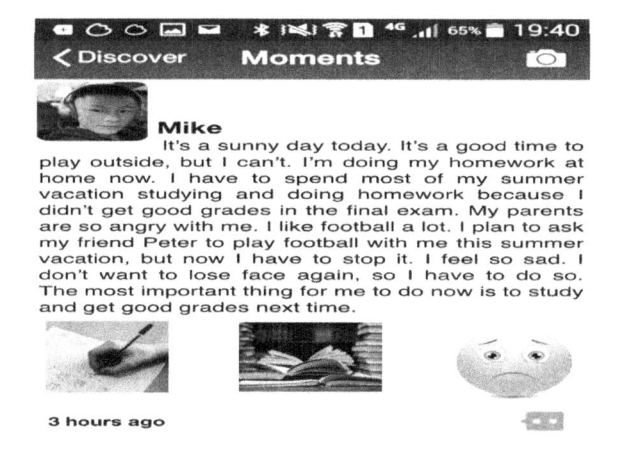

＜Discover　Moments

Mike
　　It's a sunny day today. It's a good time to play outside, but I can't. I'm doing my homework at home now. I have to spend most of my summer vacation studying and doing homework because I didn't get good grades in the final exam. My parents are so angry with me. I like football a lot. I plan to ask my friend Peter to play football with me this summer vacation, but now I have to stop it. I feel so sad. I don't want to lose face again, so I have to do so. The most important thing for me to do now is to study and get good grades next time.

3 hours ago

> Word bank：
> 1. relative n. Your relatives are the members of your family. 亲属
> 2. abroad adv. in or to a foreign country 在国外；到国外
> 3. carelessly adv. not carefully 不小心地
> 4. mistake n. something that has been done in the wrong way, or an opinion or statement that is incorrect 错误
> 5. fall over 摔跤

【课堂学习任务】

Task 1：

Match the similar activities with those in the bar chart.

Task 2：

Read and fill in the blanks.

	Li Yong	Linda	Mike
Where did he/she go?			
How's the weather?			
How did he/she get there?			
What did he/she do?			
How did he/she feel?			

Task 3：plan your own meaning vacation.

课堂教学片段：

第一部分　读前活动：引入话题，激活学生背景图式

【PPT呈现】呈现一段视频，该视频中有上课班级学生上个暑假的旅游相片集锦。待学生回答完与视频相关问题后，呈现本课时的学习目标和读前讨论的话题。

> By the end of the class, we will be able to：
> find some meaning and trouble from a vacation.
> share opinios on others' vacations.
> plan our meaningful vacations.

【教师活动】呈现问题：What's this video about? 播放视频。待学生回答后，呈现本课学习目标。待全体学生明确课时目标后，呈现 free talk 的话题：

What do you usually do when you are on vacation?

【学生活动】带着问题观看视频，在观看过程中思考答案并作答。在老师的引导下了解本课时的学习目标。回答老师在 free talk 中提出的相关问题。

【设计意图】视频导入的优势在于视频可以极大地调动学生视觉和听觉的感官，画面生动，节奏轻快。在本视频中，教师使用了学生假期的真实活动照片，拉近了话题与学生之间的距离，从视觉、听觉以及心理层面极大地激活了学生的背景图式。导入本课话题后，教师首先呈现了学习目标，有助于学生以终为始（to begin with the end in mind），从而提升学习的针对性和效率。在"free talk"环节，学生通过讨论分享自己的假期活动，以语言输出的方式进一步链接实际生活与本课话题的关系，为接下来的阅读做好话题和图式的准备。

第二部分　读中活动：围绕多模态语篇进行主题意义的深度探究

环节一：

【教师活动】呈现本堂课中需要学生阅读的四个语篇，提出问题：What do you hope to read about in the four passages?

【学生活动】浏览四个语篇，回答老师提出的问题。

【设计意图】"整体阅读"的阅读模式强调阅读的"整进整出"，学生通过整体浏览四个语篇的样式，唤醒已有的对该种文体的相关认知，通过分享对所阅读语篇抱有的期待，能极大提升学生的阅读兴趣，激发起阅读探究的好奇心。

环节二：

【教师活动】呈现柱状图和相关问题：

What activities do all of the students do?

What activities do most of the students do?

What activities do only a few of the students do?

Which activity do you like best? Why?

【学生活动】阅读柱状图并回答老师提出的问题。

【设计意图】通过问题驱动带领学生解读非线性文本的柱状图，使学生进一步在语篇提供的主题语境中真实感受和深度理解单词"all, most, a few"与柱状图匹配关系，为下一步匹配语篇大意环节奠定的认知的基础。

环节三：

【教师活动】呈现剩下的三个语篇，提问："Where can you read the following passages?"

【学生活动】观察文本特征并回答问题。

【设计意图】文本特征是某一语篇在表现形式上区别于其他语篇的重要可视化指标和特点。学生通过观察、理解，将已有认知和即将阅读的语篇的文本特征结合起来，有助于提升阅读的效率和效果。同时，三个语篇采用了与学生实际生活密切关联的文本载体：明信片、QQ 空间、微信朋友圈，体现了英语学习在日常生活的价值和意义。

环节四：

【教师活动】PPT 左边呈现三个语篇，右边呈现柱状图，引导学生将左边语篇中提到的假期活动与右边柱状图中的活动相匹配。同时，引导学生关注"在阅读中聚焦有关假期活动的词汇"这一阅读策略。

【学生活动】使用阅读策略，快速完成匹配活动。

【设计意图】通过匹配，整体理解剩下三个语篇的大意。同时将四个语篇建立起内容维度的联系，有利于学生整体上把握四个语篇共同构建的主题意义。同时，在阅读过程中，适时渗透阅读微技能的训练，让学生在阅读过程中真实感受阅读技能对阅读效率带来的影响。

环节五：

【教师活动】引导学生再次阅读语篇，找到表格中问题的答案。引导学生关注"先阅读问题再阅读文本以及在阅读过程中对关键词进行圈画从而加强视觉记忆"的阅读策略。待学生找到答案后，引导学生用关键词总结每一行的相关信息。

【学生活动】再次阅读语篇，在阅读过程中圈画相关答案，并以 pair work 的形式呈现答案。在老师的引导下使用关键词概括每一行的信息大意。

【设计意图】学生在寻找文本相关信息的过程中，有阅读策略的指导，极大地提升了学生阅读的效率和信心。阅读策略的熟练使用对学生而言是具有终身阅读价值的，必将深刻影响学生的阅读素养的提升。在核对答案的过程中，教师通过师生问答、生生问答的多样方式创设的基于主题意义的交际场景，有利于学生在交际语境中进行语言学习。教师引导学生用关键词概括每行大意，有利于培养学生概括总结相关信息的能力。除此之外，教师利用"图形组织器（Graphic Organizer）"将语篇文字转化为表格的形式，有助于学生对语篇内容形成结构化的认知，对后续思维品质培养环节做好语言和内容上的准备。

环节六：

【教师活动】呈现问题："What meaning of a vacation can you find out?" 给出每个语篇的提示，组织学生进行小组讨论。

【学生活动】小组讨论，得出答案并在班内分享各组讨论结果。

【设计意图】通过学生阅读和讨论探究出假期的部分意义，为学生规划自己的有意义的假期，做好价值观上的铺垫和准备。同时，学生探究意义的过程也是学生深度理解语篇文本的过程，在主题意义的引领下思维从形象走向抽象的过程。

环节七：

【教师活动】呈现问题："What trouble did they have?" 组织学生阅读，讨论并回答。结合学生回答，教师给出参考答案。

【学生活动】带着问题阅读文本，和同组成员分享答案。

【设计意图】通过需要语篇中所展现的旅途中的麻烦，引导学生通过语篇中关键词提炼相关信息，有利于培养学生利用"上义词"和"下义词"进行文意提炼的能力。

第三部分　读后活动：迁移语篇，开展主题语境下的创造性活动

环节一：

【教师活动】呈现问题：

Which trouble is from the nature?

Which trouble is from the people themselves?

What can we do to keep away from these trouble made by people?

Can trouble only bring us unhappiness?

组织学生对上述问题进行讨论，从而引导学生认识到：Sometimes trouble can be meaningful.

【学生活动】讨论上述问题，分享观点。

【设计意图】通过思考以上问题，学生能深刻地意识到在旅行途中，自然带来的种种不利因素很多时候不可抗拒，但人为制造的一些麻烦是可以通过如旅行前的周密考虑和充分准备来避免的。同时，引导学生思考 Can trouble only bring us unhappiness? 这一问题，有助于学生辩证地看待事物，形成良好的思维品质。

环节二：

【教师活动】呈现问题：

Whose vacation do you like best? Why?

Do you think it's necessary for Mike to do so?

If you have almost the same trouble like Mike, what will you do?

组织学生就以上问题进行讨论。

【学生活动】分小组讨论，并分享观点。

【设计意图】通过讨论 Whose vacation do you like best? Why? 这一问题让学生再次从整体上回顾三个同学不同的假期活动，并通过前面学习环节中对假期意义和遭遇麻烦的讨论进行自主价值判断，达到对本次群文阅读主题意义的深度探究。同时，让学生转换角色，走进语篇中的任务 Mike，结合自身的经历和认知，分享遭遇同样问题时的做法，促进了学生对主题意义认知深度的发展。

环节三：

【教师活动】通过图片提示国庆小长假即将到来，引导学生规划一个有意义的假期。呈现问题：What can we plan before starting a vacation? 把学生通过"头脑风暴"提供的答案用 mind map 的形式现场展示出来。

【学生活动】通过"头脑风暴"提供多种答案，按老师的指定要求结合本课语篇所提供的相关信息规划并分享自己的有意义的国庆假期。

【设计意图】本环节通过学生分享一次有意义的国庆假期将学生对主题意义探究的认知逐步从学习理解、应用实践提升到迁移创新的层次，从而实现了新课标中所倡导的"英语学习活动观"三个层次逐级在主题语境探究过程中逐级提升的过程。

环节四：

【教师活动】呈现家庭作业：

Write down your meaningful vacation.

Share your vacation with your friends.

Remember to give advice to each other.

【学生活动】记录家庭作业并思考如何就对方假期给出建议。

【设计意图】本堂课中学生以口头输出的环节居多，在家庭作业布置中，平衡了口头输出和笔头输出的比重。同时，通过笔头输出，提升了语言学习的准确性；通过同伴建议，使得话题表达更为立体丰富，对主题意义探究的成果得以巩固。

4. 教学反思

(1) 设计意图

《义务教育英语课程标准（2011年版）》课程理念部分明确指出："整体设计目标，充分考虑语言学习的渐进性和持续性；强调学习过程，重视语言学习的实践性和应用性；丰富课程资源，丰富和拓展英语学习的渠道。"本课学习目标也是基于群文阅读"整体性"的特点进行设定的，力求让学生以"整进整出"的方式进行主题意义探究。同时，本课阅读语篇通过链接课内外资源，梳理文本与学生实际生活的关系，从文本的内容、立意等方面极大丰富了课程资源和学生的阅读体验。

《普通高中英语课程标准（2017年版）》课程理念部分也明确指出："发展英语学科核心素养，落实立德树人根本任务；实践英语学习活动观，着力提高学生学用能力；重视现代信息技术应用，丰富英语课程学习资源。"本课教学设计遵循了"英语学习活动观"中"学习理解，实践应用，迁移创新"三个层次逐次递进的顺序。通过"学习理解"环节梳理四个语篇中有关假期的信息，在此过程中完成语言学习的环节。"实践运用"部分，通过对文本的深度剖析和意义探究，让学生在主题意义探究的过程中体验、理解和内化主题词汇，深化对主题意义的理解，丰富对主题意义的表达。"迁移创新"方面，基于群文阅读意义探究中所达成的共识，学生计划一次有意义的"十一"假期，将阅读在主题意义层面赋予学生的多维思考和启发，最终转化为对现实生活行为的指导，帮助学生解决生活中的实际问题，从而体现了群文阅读语篇的现实意义和超越文本的真实价值。

(2) 实施效果

本堂课的教学设计充分考虑了学生的已有背景图式和对假期意义相关认知的"最近发展区"，学生阅读的动机被充分调动了起来，故课堂上所有学生均能深度参与，语言产出的品质高，思维培养的强度大，学生在主题意义的引领下能主动关联自身生活与文本的关系，逐层剖析文本主题，不断深入探究主题意义，最终达成关于语篇主题的共识。在探究假期意义的环节中，学生通过补全老师的提示语句，对假期的意义有了更深入地理解。而随后教师引导学生思考旅途中遭遇的麻烦是否只能给人带来不悦时，主题意义的探究被推向了另一个高潮，学生们在热烈的讨论中最终自主总结和感悟到：sometimes trouble is meaningful。在整个主题意义探究的过程中，教师为学生搭建了多个支架，多次与学生进行有意义的协商，自然、流畅且真实的交际在本堂课中体现得淋漓尽致。同时，教师对学生的回答和反馈进行了适时而又适切的点评，课堂的节奏因为教师精湛的专业素养显得松弛有度，主题意义探究的进程因为师生之间真实而又默契的交流、互动逐渐推向深入和多维发展。

(3) 成功之处

本课在教学设计中的成功之处表现在如下四个方面。

第一，成功处理了群文阅读中多模态语篇"相关性"和"独特性"的关系，使多个语篇的"共性"和"个性"在主题语境的统领下得到了较好的平衡。本课中，教师分别从四个内容维度选择了四个语篇：passage 1 用柱状图的形式呈现了锦一学生假期活动的调查结果这一非线性文本；passage 2 用明信片的形式呈现了李勇同学去加拿大看望亲戚和在 summer school 中的学习收获；passage 3 以 QQ 空间为文本载体介绍了 Linda 假期游览青城山旅途中不幸受伤的经历；passage 4 以微信朋友圈为文本载体介绍了 Mike 因为考试成绩不理想不得不在假期放弃自己的爱好转而补习功课的经历。四个语篇中均从不同内容维度指向本课的主题意义，并且后三个语篇与第一个语篇在内容上构成相互照应，由"抽象"到"具体"的关系。四个语篇中均含有可供学生进行批判思维的信息点，从而为主题意义探究的真实发生提供了触发点。在主题意义探究过程中，四个语篇从不同维度帮助学生推进意义探究的广度和深度，又统一指向了最终主题意义共识的达成。四个语篇的"相关性"和"独特性"互为补充，相得益彰。

第二，本课通过深度解读文本，对主题意义进行了提炼和分解，为最终意义探究共识的达成搭建了充分的语言支架、内容支架和情感支架。首先，本课对假期意义的探究并不只是从假期的收获这一个探究点获取的，而是追加了语篇中提到的在假期中遭遇的种种不顺心的事情，引导学生深度挖掘"trouble"赋予的意义，从而使假期意义探究维度更全面、更充分、更辩证。其次，在阅读过程中，教师适时生成板书，呈现了围绕"vacation"这一主题词汇，帮助学生为最后的语言输出搭建了语言支架。通过使用关键词概括总结三名同学的假期经历，帮助学生搭建了内容支架。最后，使用学生真实的相片与视频，通过问题驱动，不断与学生进行意义协商，让交际真实发生，为学生搭建了足够的情感支架。

第三，本课中，教师成功地将主题意义探究的过程转化为主题意义引领下的问题驱动的过程，为学生创设了丰富的探究情境。教师在设计问题时关注了问题的如下特性：一是问题是否超越了学生的语言水平，二是问题是否对学生有思维挑战，三是问题是否与学生的个人生活相关。本课中教师使用的问题类型一共有三类：第一类，展示型问题，如：What activities do all of the students do? What activities do most of the students do? What activities do only a few of the students do? 等。第二类，参阅型问题，如：Which trouble is from the nature? Which trouble is from the people themselves? What can we do to keep away from these trouble made by people? Can trouble only bring us unhappiness? 等。第三类，评价型问题，如：Whose vacation do you like best? Why? Do you think it's necessary for Mike to do so? If you have almost the same trouble like Mike, what will you do? 等。本课中，参阅型问题和评价型问题在总问题数量中占据了很大比例，有利于学生思维敏捷性和批判性的发展。

第四，本课的教学活动设计是深度践行"英语学习活动观"的一次成功尝试。"英语学习活动观"指引教师在教学设计中要从学习理解、应用实践、迁移创新三个维度进行。在本课中，教师引导学生阅读文本，梳理文本细节信息，这是"学习理解"层次；学生深度研读文本内容，对文本内容进行深度剖析和评价，这是"应用实践"层次；学生根据文本所得，计划自己的有意义的假期，这是"迁移创新"层次。三个层次在主题意义的统领下依次递进，循环上升，逐级完成主题意义探究所需要的认知深度的完善。

（4）问题反思

本课亮点突出，但仍存在一些问题和遗憾。

第一，阅读活动形式略显单一。本课大部分活动是在问题驱动下通过师生互动和生生互动完成的。单一的互动形式容易引发学生精力的分散，且比较密集的思维活动容易让部分英语能力较弱的学生产生疲惫。

第二，语言学习与思维品质培养的比例需要再微调。本课中，学生对有关主题词汇和表达方式的语言学习是通过梳理语篇的基本信息并以表格的形式完成的，但在后续的学习过程中，部分学生没有适时地使用主题词汇，对主题词汇的学习缺乏进一步的追踪和在讨论分享过程中的循环出现。

（5）改进建议

针对本课出现的相关问题和深度反思，建议本课教学设计可在如下三个方面进行改进。

第一，丰富课堂阅读活动方式，将自主、合作、混合学习等多种学习方式和主题探究学习结合起来，从而丰富学生的探究体验。在主题意义探究的过程中，教师可以结合英语学习的特点和规律，从语言探究、思维探究、情感探究和综合性探究四个维度开展活动，从而让阅读活动形式更加丰富、立体和多维。思维探究适合的活动有头脑风暴、师生问答、学生自主提问、拼图阅读、小组讨论、辩论等围绕问题进行的活动。情感探究适合的活动有角色扮演、读者剧场、戏剧活动、与文本中的人物对话等。语言探究适合的活动有复述、采访、语法规则归纳、词汇和语法操练、概要写作等。综合性探究适合的活动有阅读圈、画廊漫步、读后续写等。

第二，应把词汇的"显性学习"和"隐性学习"结合起来。英语中词汇学习有"焦点知觉"（Focus Awareness）和"附带知觉"（Subsidiary Awareness）两个概念。前者是"有意识"地知觉显性知识，后者是"无意识"地知觉隐性知识。词汇教学是显性和隐性的叠加，词汇学习是学得和习得的融合。故在群文阅读中，教师应把词汇的"显性学习"和"隐性学习"相结合，在阅读中既要有专门的语言学习的板块和时间，又需要将部分词汇和表达融入阅读过程中处理。

第三，教师在选择群文阅读语篇时，可以从如下几个维度进行思考：首先，选择文本时要注意贴近学生实际，考虑学生的知识能力、学习特点、兴趣爱好、生活经验和文化背景，让文本真正走进学生的生活；其次，教师还可以将课内教材与课外阅读资源相结合来确立话题，本课中教师在文本选择时就较好地把教材话题和课外语篇整合在了一起，给学生带来了良好的阅读体验；最后，使用文本时要尽量保持其原貌，保证其语言的地道性。故在群文阅读中，教师要尽量为学生呈现原汁原味的语篇，当然，也可根据生情适当加以改编。

(三) 道德与法治学科实施学科内整合的教学案例

1. 道德与法治学科实施学科内整合的优势与难点

(1) 道德与法治学科实施学科内整合的优势

①道德与法治学科具有时代性特点

道德与法治课是党和国家对中学生进行思想政治教育的主阵地，属于思想政治教育的具体实施方式，道德与法治课的教学应该紧密把握住时代的脉搏，不断创新，与时俱进，积极传播党和国家战略的新思想。因此，道德与法治学科的时代性特点要求教师的教学内容、教育理念和教学策略要不断推陈出新、与时俱进，实现学科的全面整合。

②道德与法治学科具有大视野特点

道德与法治是学生了解社会、了解国家、了解世界的重要窗口，一节有深度、有格局、有意思的道德与法治课必须要进行多方的整合，尤其是资源的整合，包括整合文本资源、整合生活资源、整合时政资源等，以整合的方式开拓学生的视野，让学生立足中国、着眼世界，把"思政小课堂"和"社会大课堂"结合起来。

③道德与法治具有综合性、生活性特点

道德与法治作为一门综合性和生活性学科，本身就有丰富的内涵，同时它又与其他人文学科和社会生活紧密相连，道德与法治课的每一个主题都是一条引领生活经验的线索，它既来源于生活，也将作用于生活，这就为道德与法治课的整合提供了切入点和融合点。

（2）道德与法治学科实施学科内整合的难点

①道德与法治学科的整合研究还在起步阶段

目前，使用的教材是2016年部编新教材，新教材与旧教材相比，更具有整体性、层次性、实践性，新教材与旧教材相比变动较多，而新教材的各项研究目前还处在初期阶段，尤其是整合方面，这方面的研究基本空白，缺乏理论和实践支撑，这就为学科内整合增加了研究难度。

②道德与法治学科的变化性加深了整合难度

道德与法治作为一门与时俱进的学科，必须因时而进，因事而新，党和国家的大政方针与国家发展处在不断前进的过程中，因此，道德与法治学科的知识体系也要不断地推陈出新，很难形成固定的整合体系，这也为整合增加了实施难度。

2. 道德与法治学科内整合的基本框架（图4-12）

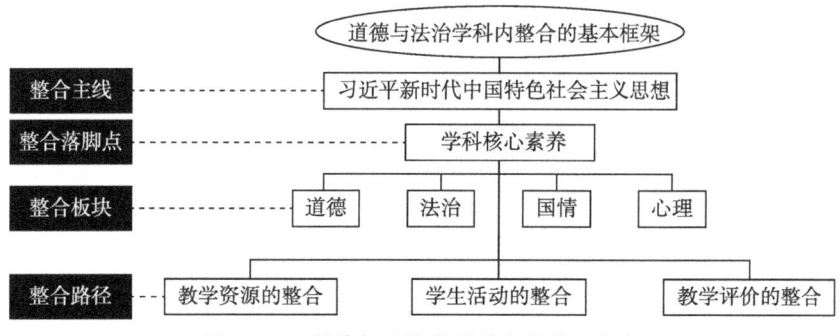

图4-12 道德与法治学科整合的基本框架

2019年3月18日,习近平总书记召开了学校思想政治理论课教师座谈会。习近平总书记在座谈会上强调,办好思政课,必须推动改革创新,要不断增强思政课的思想性、理论性和亲和力、针对性,着力推动思政课改革创新,就要深刻把握"八个相统一"。如何推动思政课的改革与创新,学科内整合是一条重要的路径。

(1) 整合主线

思想政治理论课是落实立德树人根本任务的关键课程。道德与法治学科是对中学生进行思想政治教育的主课程,同时也是中学生进行德育教育的主渠道,理应将落实习近平新时代中国特色社会主义思想作为主要任务,2016年编写的新教材在课程内容上其中一个突出的特点就是基于中国特色社会主义思想,开展道德教育、法治教育、国情教育、心理教育,因此,在整合过程中将习近平新时代中国特色社会主义思想作为整合主线,确保道德与法治学科正确的育人价值导向。

(2) 整合落脚点

思想政治理论课的学科核心素养包括政治认同、科学精神、法治意识和公共参与四个方面。要培养学生的这些学科核心素养,整合是一种有效的手段。整合的方式很多,但归根结底都是指向核心素养的培养,因此,在整合过程中以学科核心素养为落脚点有充分依据和必要性。

(3) 整合板块

2016年使用新教材后,课程体系分为道德、法治、国情、心理四个板块,指导学生的道德实践、指导学生参与法治建设、指导学生认知当下国情、指导学生心理发展,四个板块相互独立、相互联系,在实施整合路径的基础上,需要对这四个板块进行梳理(表4-2),厘清它们内部之间的逻辑关系及相互之间的联系,从宏观的角度把握整个课程体系,这是整合的基础。

表4-2 初中道德与法治学科的板块逻辑梳理

	指导学生的道德实践	指导学生参与法治建设	指导学生认知当下国情	指导学生心理发展
我与他人	《友谊天空》	《走进法治建设》	《富强与创新》	《成长的节拍》
	《师长情深》	《遵守社会规则》	《守望精神家园》	《生命的思考》

续表

指导学生的道德实践		指导学生参与法治建设	指导学生认知当下国情	指导学生心理发展
我与社会	《在集体中成长》	《坚持宪法至上》	《和谐与梦想》	《青春时光》
	《走进社会生活》	《理解权利义务》	《我们共同的世界》	《做情绪的主人》
	《勇担社会责任》	《人民当家作主》	《世界舞台上的中国》	
我与国家	《维护国家利益》	《崇尚法治精神》		
		《民主与法治》		

(4) 整合路径

①教学资源的整合

在全息课堂"全体""活态""立体"思路的引领下，道德与法治学科作为一门思想性学科，要构建高效整合、深度体验、审思明辨、情境鲜活的道法课堂，必须以学生现阶段和未来需求为聚焦点，进行教学资源整合，资源整合的效能直接影响学科核心素养能否落地落实。资源整合的方式，分为"横拓性"整合和"纵深性"整合两种路径（图4-13）。

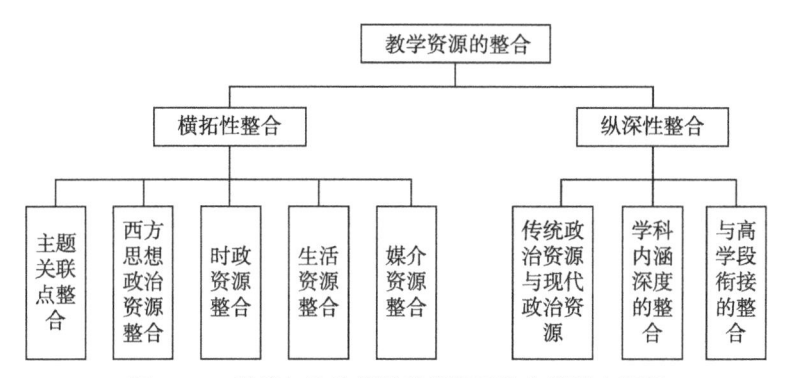

图4-13 道德与法治学科教学资源整合的基本框架

"横拓性"整合包括五个方面，其中主题关联点整合是指同一个主题内部或不同主题之间的逻辑关系的整合，比如陈述性知识与程序性知识的整合、理性形态知识与感性形态知识的整合等，以主题整合优化教学，培养学生多角度、大视角的思维能力；对西方思想政治资源的整合是培养学生"四个自信"的有效手段，尤其是在国情板块，让学生在中外对比辨析中理解我国的政治制度；道德与法治学科作为一门与时俱进的学科，党和国家的大政方针及社会发展处在不断前进的过程中，整合最鲜活的时政资源是道德与法治课的鲜明特点；政治来源于生活，最终也将应用于生活，目前一些政治课育人效果不佳的重要原因是对生活资源的整合不够，导致学生无法"感同身受"，育人效果难以深入人心，因此，必须加强生活资源整合；媒介资源是一种比较创新的整合方式，比如运用影视媒介资源，分析影视资源背后所蕴含的政治问题，这种整合方式学生乐于参与，也善于实践。

"纵深性"整合中传统政治资源与现代政治资源是从时间纬度来整合，要探究其"前世"，才能深入理解其"今生"，还要善于用"旧瓶装新酒"，要赋予优秀的传统政治资源新的时代内涵，以胜任新时代的思政教育实践；学科内涵深度的整合是指根据教学对象的"最近发展区"，对某个知识点的深度、细节和难度方向的延伸，让学生有获得感；与高学段衔接的整合是指对学科内容中具有延伸性的知识，结合高学段的教学目标，进行衔接性整合，帮助学生在未来的学习中更好地融入。

②学生活动的整合

在培育学生核心素养的过程中，思想政治课程如何避免简单灌输、空洞说教的旧习，如何彰显探究、活动、体验的价值，学生活动是关键。新课标中提出活动型课程的建设目标，让政治学科活动课程化，课程活动化，在活动使用过程中，如何巧妙而合时宜地用活动贯穿教学，整合是关键，比如"锦一"说天下、时政变辩辨、政治活动亲体验、法治小讲堂、模拟法庭等（图4-14），让学生在丰富的政治活动中参与、体验，在体验中理解知识，在体验中内化素养，这对于提高道德与法治课的实效意义重大。

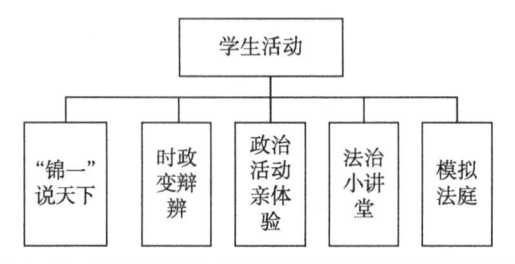

图4-14 道德与法治学科学生活动整合的基本框架

③教学评价的整合

目前，道德与法治学科逐步构建了以学科任务为导向的测评体系，整合了学科任务、学科内容和典型情境。在此基础上，道德与法治学科需要把学科知识、学科语言、学科素养整合进行评价（图4-15）。学科知识的评价重点考查学生对知识理解和掌握深浅程度，但要从传统的"知识点"转为对

"知识面"的考查；道德与法治学科语言评价就是核心素养导向下的全息课堂中学生学习表达力的培养，学生学习道德与法治学科应该在一定程度上掌握道德与法治学科的语言体系，学会说"专业的话"，这是评价教学效果的重要显性指标；政治学科核心素养是最深层次的教学评价，也是最重要的方面，学生学习道德与法治后身上是否有道德与法治学科赋予学生的独有的气质和"味道"，是否能运用本学科的思维方式观察世界、分析问题和解决问题，这是教学评价的最终指向。

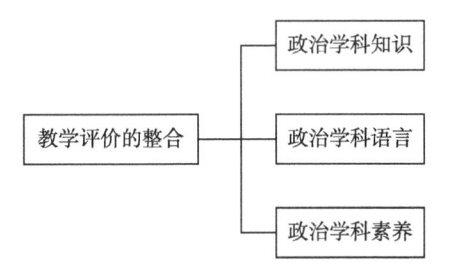

图 4-15　道德与法治学科教学评价整合的基本框架

3. 教学案例

本案例为部编人教版《道德与法治》七年级上册《生命可以永恒吗?》（有节选）（本课案例由何耀宏老师执教，曾在成都市高新区进行公开课展示）。

《生命可以永恒吗?》学习单

（1）目标导向

表 4-3　目标导向

学习目标	实现指标	学习后达标情况		
^	^	达到	未达到	不清楚
树立正确的生命道德观念，增强生命的责任感与使命感	1. 了解生命发展的自然规律，懂得身体不可永恒，但精神可以永存			
^	2. 理解人生价值分为自我价值与社会价值，而衡量人生价值的大小主要由社会价值决定			
^	3. 理解个体生命与他人生命、社会发展、国家兴亡有重要关系			
^	4. 明确自己个人生命的价值与使命			

续表

学习目标	实现指标	学习后达标情况		
		达到	未达到	不清楚
自我小结	主要收获			
	自我提醒			

(2) 教学片段实录

以《生命可以永恒吗?》为例,笔者一共设置了三大讨论点,一方面引起学生的角色意识,另一方面激发学生的深度思考。

①讨论点一

正如乔布斯所言:"你的时间有限,所以不要为别人而活,要为自己而活。"

又如爱因斯坦所言:"我们是为别人而活,他们的笑容和幸福构成了我们快乐的源泉。"

问:这两种观点你更赞成哪一个,请把理由简要地写下来。

【问题分析】是让学生站在自己的角度思考,人应该为别人而活还是为自己而活,教师进而在学生回答的基础上,总结得出人生价值分为自我价值和社会价值。

②讨论点二

教师会简要介绍前两次红手印的来历,然后再提问学生,"当沈浩书记去世之后,不能再帮助小岗村发展建设了,那么他们按第三次红手印把沈书记的骨灰留在小岗村有什么意义?

问:小岗村人为什么还要按第三次红手印,原因是什么?

【问题分析】一方面是将人物、故事情节进行一个总结,提炼出作为中国共产党党员,沈浩能够牺牲小我,奉献别人的高尚情操,也表明党员干部与群众有着不是亲人但胜似亲人的感情;另一方面也将情境与理论知识结合起来,让学生在故事情节中学习与记忆知识点。

③讨论点三

沈浩同志虽然身体离开了小岗村,但是他的精神却永远地印在了世世代代小岗村人的心中。不仅如此,经过人们的传颂,沈书记的人物形象也会深深印在我们每一个中国人的心中,他的生命在我们的心中得到永生。

问:通过这节课,你找到了长生不老药了吗?如果找到了,请把药方跟老师和同学分享一下。

【问题分析】检验学生是否明白身体虽然不能永远存在,但是像沈浩这种为人民甘愿付出自己一切的人，是会被人民永远记在心中的，即精神永恒，就像当代我们每个人还在学习论语，学习鲁迅的文章，学习雷锋精神一样，他们的生命印记在我们的心中只会越来越持久，越来越鲜活。

通过刚才所呈现的三个讨论点，我们可以得出"一例贯穿"整合方式，一个很重要的任务就是营造情境、激发学生的情感体验，进而让他们联系到自己的学习生活，激发学习兴趣。这种案例不仅是老师找到的真实的人物故事，还可以是学生的或者老师的生活故事、一个现在正困扰着大家的个人、班级和校园问题等。

4. 教学反思

（1）设计意图

一例贯穿的整合方式，需要教师精心设计一个从头到尾的教学内容，而学生的注意力也就深深跟着剧情的发展，这样一来，学生往往非常想知道剧情的发展，他们就会非常积极地投入教学设计中，这时产生了两种方式：第一种方式是老师讲述剧情，学生听，然后老师呈现知识内容；第二种方式同样是老师讲述剧情，但是布置任务，学生自主学习探究、总结知识点，显然后者是我们所要追求的，这也是我们教学所要达到的目的，那就是激发学生在案例中自主地总结出老师所要教授的知识点。

教育心理学在教学运用中指出，在教学中如果教师过分要求学生以有意注意来进行学习，容易引起疲劳；但是如果只让学生单凭无意注意来学习，则不利于他们克服学习过程中的困难去完成学习任务。因此，设计一个合适的、具有教学意义的案例，不仅有利于学生集中注意力，更有利于学生主动参与教学过程，实现教育效果。教师在设计案例时，精心布置"连环套"的问题，可以充分调动学生的好奇心和探究意识，充分调动学生的学习兴趣，深入挖掘他们的思维深度。

（2）成功之处

相比于一事一例的碎片化教学，"一例贯穿"的整合思想，具有以下三个特点。

① "一例贯穿"整合方式有利于充分实现教学内容的整合

在信息技术如此发达的当下，学生、家长、教师都可以了解到大量的案例，但是，作为教师在寻找案例的过程中需要贯穿教学意识，要以专业知识为基础、以教学育人为目的，对参差不齐的案例进行甄别和筛选，确立一个有内容、有含量、有教育意义的案例，这是一件非常考究的事情。

案例：人教社《道德与法治》七年级上第四单元第八课《生命可以永恒吗?》。这节课的思路是以《道德与法治》学科核心素养下的政治认同为基调展开的，对第四单元的知识进行了大量的梳理与整合，实现了政治核心素养渗透和中国传统文化教育。本课以"沈浩是小岗村2004年担任党委第一书记，在职期间一心为民，换来了小岗村人的三次红手印"为线索，展开情境教学，让学生在故事中学习知识，在与教师互动中理解知识要点，升华情感。

② "一例贯穿"整合方式有利于课堂教学思路更加清晰

这里的"教学思路"，特指教师的教学思路，在一事一例的整合方式当中，教师为了教授学生知识，往往以举例来说明，而在"一例贯穿"教学当中，要教授学生知识，就是以"案例阶段"来说明。沈浩书记为小岗村的发展鞠躬尽瘁，这是小岗村民看在眼里的，由此产生了三次按红手印的故事，这三段故事就是我们在这里说的"案例阶段"，换句话说，剧情就充当了教师讲解知识的导火线。

在上述案例当中，本课应当从生命是否可以永恒为出发点，让学生讨论"我们为什么活着?"这一抽象话题，在此基础上讲解人生价值分为自我价值和社会价值，其中的重点是，让学生明白衡量一个人人生价值的高低最重要的是一个人的社会价值，即每个人应当为别人、社会发展、国家兴亡做出的贡献。教师以小岗村人的三次手印为整堂课的线索，然后把人生价值观的理论知识"悄无声息"地放入其中，一方面同学"津津有味"地听着故事，思考并回答老师提出的问题；另一方面又学到了知识，巧妙地把灌输式的方法改为了引导式的方法，课堂气氛和课堂效率都尽善尽美。

③ "一例贯穿"整合方式有利于学生开展自主学习

正如本书前面提到的，"一例贯穿"这种整合方式，需要教师精心整合一个从头到尾的教学内容，而学生的注意力也就深深地跟着剧情发展，这样一来，学生往往非常想知道剧情的发展，因此他们会非常积极地投入教学设计中。

(3) 问题反思

"一例贯穿"的整合方式必须切实关注学生学情，做到以学生经验为出发点，以点燃学生学习自主性为发展点，以培养学生核心素养为落脚点。通过案例，使学生的思维在课堂中有明确载体可以交互，也便于教师深入引导价值观。因此，在道德与法治课中使用"一例贯穿"的整合方式时还需要注意以下三个问题。

①注重教材知识对课堂的领导作用，落实学科核心素养培养

在情境教学中，且不可忽视教材理论知识的领导作用，所用到的案例只是教学设计的一种呈现方式，但是如果本末倒置，而去追求表面的花哨，就脱离了情境教学的本质。如果一堂高效的初中道德与法治课是一串项链，那么"一例贯穿"的整合方式的"例"就是这串项链的珠子，起到了装饰的作用，教材中的学科知识是项链的绳子，起到串联作用，二者在课堂上，如果运用得当，即是相得益彰；如果单方面强调"一例贯穿"的整合方式，即是本末倒置。同样，如果只是一味灌输书本知识，不但效果极差，而且也会逐渐减弱学生的学习兴趣，导致恶性循环。

②注重案例内容的真实性，实现有效的情境教学

如果说学科知识内容是货物，教师就是司机，而目的地则是学生的掌握情况，那么运送货物的载体就是教学设计中运用的案例。对于"一例贯穿"中的"案例"，绝不同于一事一例中的案例。首先，需要真实性。一个虚构的案例当然也可以串联起整个课堂，但是一个真实的案例，从知识的承载量到对学生的影响程度一定是大于一个虚构的案例的。其次，需要相关性。这里提到的相关性指的是，与教授对象的匹配程度，有些案例对于初中生来说，接受起来可能不太容易，也就谈不上教学效果了。例如，法律课中的专业法律案件，除非教师对其进行整合处理，否则很难让学生理解。最后，教育性。不管是哪类案例，正面的或者负面的、过去的或者现在的、中国的或者国外的等，只要教师善于挖掘蕴含其中的教育资源，都一定能够实现其教育性。

③注重对学生价值观的正确引导，适时地开展有效的追问

初中的道德与法治课，很大的一个功能对学生进行价值观的塑造与引导。党的十七届六中全会进一步提出，社会主义核心价值观体系是兴国之魂，是社会主义先进文化的精髓，必须把社会主义核心价值观的培育融入教育，坚持用社会主义核心价值体系引领社会思潮。初中学生正处于价值观形成的阶段，而当今社会是个多元化社会，各种思想，好的不好的，学生多多少少都会接触一些，因此老师有必要对学生进行正确的价值观教育。对学生的追问过程就是一个学生价值观形成或者纠正的过程，从不全面到全面，从偏见到辩证，从错误到正确，这个过程需要老师的细心发现、提前预设问题，以及正确引导。

(4) 改进设想

①按照全息课堂理念，深度设计教学逻辑

本课还有许多改进设想，但为了整合课本知识，实现学生的全面发展，改进的重点依然在"整合"上。

根据核心素养导向下的全息课堂的要求，课堂设计的逻辑应当是"明确问题—目标分解—整合改革—教学实践—评价反馈"（图4-16）。通过整合一例到底，可引导学生按照系统论的原理，把零散的知识组织成体系，构建知识网络，更便于检索和应用。但知识并不是对现实世界绝对正确的表征，不是放之各种情境皆准的教条，一例到底更侧重于使学生将知识组织和联系起来，为灵活运用知识分析、解决问题奠定基础，知识网络的构建在这一过程中得以循序渐进、水到渠成。

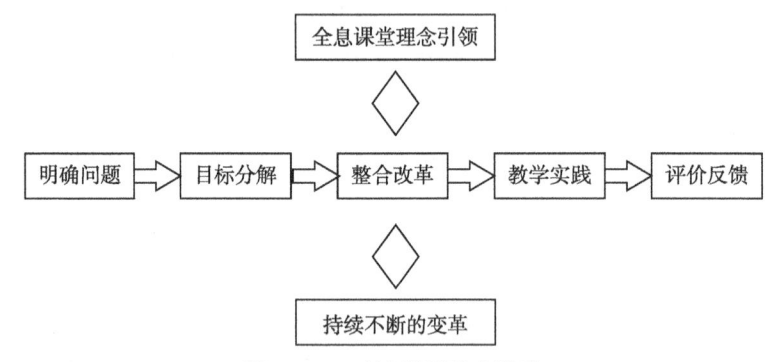

图4-16 政治学科整合思路

②深度挖掘材料，提升教学艺术

政治课案例教学的艺术性，体现在选择案例、设置问题的过程中，其核心原则就是以生为本。课堂教学重在引导，引导之法贵在善问。如"企业的经营"一课，教师对小米手机和苹果手机层层设问，从手机的销售模式、产品卖点、企业经营模式与营销模式，引导学生进入情境，使学生对手机行业乃至企业的经营产生更多思考，使课本知识不再只停留在字面上。提高教学艺术性，就要尊重学生的认知水平与思维发展规律，充分挖掘材料、以生为本、关注学生、开放课堂，合理开发和利用生成性资源。

③强化情感价值观的渗透，延伸思考空间

一节好课不仅体现在课内，还要看是否在课外带给学生启迪。通过案例教学，学生在购买商品时会关注企业的发展消息，在看国际新闻时会留意联合国的动态，在看动漫电影时会思考中国文化的发展，在看热点消息时会运用辩证思维去评析……这样的政治课使学生自然地将思考延伸至课外，实现了学以致用。

(四) 语文学科实施学科内整合的教学案例

1. 语文学科实施整合的优势与难点

语文课程与其他课程的不同在于，其他学科对言语形式层面的穿透是为了把握言语内容。语文以外的人文学科，如政治、历史等，明确了言语内容，也就完成了教学任务；而就语文教学而言，则是为了获得实现言语内容的途径。理解某篇范文只是语文教学的目的之一，透过言语形式理解言语内容，进而凭借对言语内容的把握，品味言语形式的妙处，获得言语形式运用规律、技巧及言语本身，才是语文教学的现实途径。立足言语形式，是语文教学的逻辑选择，因此语文课程是立足于言语形式的课程，这从根本上决定了语文课程的学科属性。基于此，从学科内整合的理论研究和实践操作来看，语文学科在实施学科内整合的优势和难点如下：

(1) 语文学科实施学科内整合的优势

①教材层面

统编教材体现了新课程改革的价值追求，注重基础性，具有时代性，兼顾发展性，为语文学科实施提供了基础保障。教材编排体系注意了四个方面：文体系列、内容系列、知识系列、助学系统，这四者相互配合，紧密联系。同时，统编教材还突出了以下三个特性：

合理的开放性。叶圣陶先生认为，教师应该学会用教材教而不是教教材。统编教材中 1+X 的篇目安排特色，体现了教材编排的开放性。

科学的序列性。统编教材明确了学习能力层级的目标生成序列，也兼顾涵盖了方法技能的教学运作序列，这两个方面被整合于"语文核心素养"这个中心。

阅读的拓展性。从单篇到单元，从课内文本到课外文本，从课内篇目到整本书阅读……统编教材对学生的阅读能力有了更高的要求。

②实践层面

在学校大力推行核心素养为导向的课堂改革的背景下，核心实验基地校语文组大力推行课程整合教学，非常注重将课程内容重新梳理、重新组合，语文与其他学科内容进行整合，改进课程结构和课程形态，促进学生轻负担、高效率地学习，实现"全息"育人，促进人的全面发展，培养学生的核心素养。

语文组教师尝试探索和推进整合课堂的多元探索，通过对初中语文课程进行整体规划，用语文核心素养统摄初中阶段学习内容，依据课程标准，结合学生语文学习能力要求，对语文核心素养目标进行细化，根据初中各年级不同，从高到低进行重构。从课程目标到学年目标，从单元目标到教学目标，从学习目标到实现指标，形成层级递进的细化目标体系，我们在具体的教学中探索出了几种常用的模式：

文体整合——重视文体特色，给学生适当补充相同或相近的选文；

主题整合——通过删减、融合、增补、重组形成主题教学；

作者整合——梳理教材中相关作家的一系列作品，将这些课文进行整合，在补充该作家的其他部分作品的同时，引领学生了解该作者的整体风格和人格魅力；

知识能力整合——抓住一个语文知识点、能力点进行整合教学；

读写整合——以共生作文教学为抓手，倡导读写整合，以读促写，读写共生。

整本书阅读整合——让整本书阅读进入学生的选修课，分年级开出选读书目，努力保证学生的读书时间，确保教师有效的过程性指导，为学生设计"阅读出口"，给学生展示平台与空间。

另外，语文教研组也积极推进与其他学科，以及德育活动的整合。语文组积极寻找学科间的联结点，立体、客观、多角度、多层面整合课程，多学科交叉，将语文教学活动与艺术、科学等进行有机整合。例如，戏剧课、书法课、"经典咏流传"唱诗活动等；在德育方面，通过全校范围的研学活动，带领学生到博物馆、纪念馆参观，感受历史，增长见识，脚步遍及神州大地，积极开展寻访、研究，开展社会公益活动等，引导学生弘扬民族精神、增进爱国情感，提高实践能力、创新能力，彰显社会责任感，增强社会担当。

(2) 语文学科实施学科内整合的难点

①锻造教师单篇教学的文本解读力、课堂导学力、师生共生力

整合教学，不是单篇教学的对立，而是在单篇教学的基础上，培养教师的文本解读能力、目标聚焦能力、活动设计能力、师生互动能力，对语文教师的个人教学能力具有较高要求。目前，学校的教师资源，主要由各校骨干教师和名校大学毕业生、研究生组成，但在单篇文本的教学能力上

仍然有差异，如何加强对单篇教学基本功锻造，将是一个长期的、不间断的过程。

②改变教师固化的、孤立的单篇教学观念和教学习惯

如何以整合思维去备课，如何在教学实施中去掉过分烦琐的教学环节、过度的教学设计，适当将问答方式的课文分析化为灵动深入的语文活动；将枯燥无益的语文重复训练变成提升思维和能力的语文练习……在教学中实现有目标的取舍，有质量的取舍。

③摸索并掌握高普识度的整合阅读教学规程

整合教学，需要结合统编教材的基本意图，从三年的实践摸索中逐步探索出具有理性指导意义的整合阅读教学规程。从议题确定及落实、文本组合及使用、关键行为的落实、阅读方法的选择、关键能力的侧重、集体意义的建构六个方面探索并形成既能统领初中学段，又能适应不同教师教学需求，满足不同学生学习需求的具有普适度、操作性的整合阅读教学规程，使整合阅读成为教师运用自如的教学行为和方式。

2. 语文学科内整合的基本框架

整合教学需要聚焦教学目标，找准整合点，从以下三个方面实现整合的意义：学生层面——培养能力，提升素养；教师层面——创新理念，革新课堂；课堂层面——活化优质，提升品质。

目前，核心实验基地校初中语文教学可分为以下几大整合框架（图4-17）：

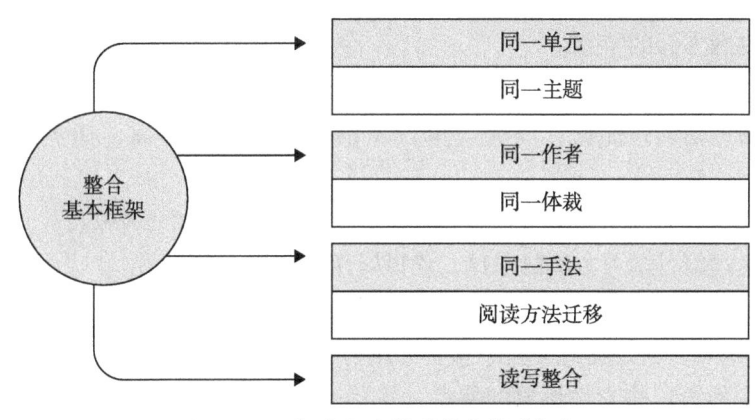

图4-17 初中语文教学整合教学框架

3. 语文学科实施整合教学案例

统编教材七年级上册"《世说新语》之女性形象——群文阅读整合课"❶

（1）学情分析

七年级学生的古文基础，基本是能读浅显的文言文。但能否通过朗读读出人物形象，通过一些具体办法理解作品主题，是学生的一个疑问和难点。七年级的学生，对古文学习还没有建立整合、比对的意识，对整本书的阅读更是漫无目的。阅读缺乏具体的方法指导。

（2）文本解读及设计意图

《世说新语》是七年级学生进入初中以来第一次接触的古文。这是一次激发学生阅读古文兴趣的极好机会。《世说新语》在中国文学史上的作用和价值不容低估，而且由于它篇幅短小，故事有趣，语言精练，隽永传神，很值得中学生阅读。同时，统编教材总编温儒敏先生也提出：语文教学的效果好不好，不只是看课内和考试，很大程度上要看课外，看是否培养了学生阅读的兴趣与习惯。培养学生广泛的阅读兴趣，扩大阅读面，增加阅读量，提倡少做题，多读书，好读书，读好书，读整本书。但由于七年级学生第一次接触整本书阅读，尤其是古文，所以以《世说新语》为例，教会学生如何阅读古文，如何进行整本书的阅读，怎样更高效地阅读。

（3）学习目标

1）学习目标：分析、把握《世说新语》的女性形象，鉴赏《世说新语》在人物刻画方面的特点。

2）实现指标

①通过朗读、品析，理解《世说新语》中的女性形象，初步感受魏晋风度；

②通过言语品味，鉴赏《世说新语》在人物刻画方面的特点；

③通过篇目学习方法的总结，尝试运用方法阅读整本书。

（4）教学重难点

1）重点：通过比对分析、整合归纳，分析人物形象，鉴赏语言特色，把握《世说新语》中女性形象的特点。

2）难点：学习分析人物形象的方法，逐步从一类人，走进一部书、一个时代，初步领略魏晋风度。

---

❶ 执教教师：付雪。

（5）教学流程

1）前置性学习

朗读三遍，不理解的字词查古汉语字典，疏通大意。

【设计意图】给学生更多的自主学习空间，为学生的课堂学习打基础。既"保底"又不"封顶"，使学生又能够操作，又感到有趣味。

2）教学环节

结合教学内容和教学目标，本课的教学环节如下：

环节一：我读名士教科书，浅谈故事之魅力

环节二：整体感知说大意，整合求同出特征

环节三：女性形象共欣赏，辨析比较更深刻

环节四：写作特色共探究，魏晋风度齐鉴赏

【教师导入】

亲爱的同学们，我们今天一起来走进《世说新语》。《世说新语》被鲁迅先生誉为"名士的教科书"，能够为我国一个文化大家进行这么高度的点评，《世说新语》一定有它独特的魅力。今天老师为大家带来了我们统编教材中的《咏雪》和《世说新语》一书当中另外三则小故事。下面请同学们看自己的学习单。学习单上面我们布置了预习作业，那么文言文的学习，既要有"文"又要有"言"，我们今天首先检测一下，大家在"言"的部分预习的情况。

【学生活动】

看学习单，解释句中加点字，并且说一下句子大意。小组讨论。

【教师引导】

我们一起看看，你能解释下列加点字，并且说一下句子大意吗？好，会的同学举手。有点难度是吗？好，这边先小组进行讨论。把你在阅读的时候，不清楚的字词在小组内提出来。

【设计意图】

这一环节，从学生的原始起点开始，充分尊重学生的初读感受，散点、个性地分享，在句子理解中带领学生逐渐深入文本，为下一环节的整合做好准备。

核心素养培育与课堂整体转型

> **预习检测：你能疏通句子大意吗？**
>
> 汝为吏，以官物见饷，非唯不益，乃增吾忧也。——《贤媛》二十
> 你身为官吏，用公物作为礼物赠送给我，这样不但没有好处，反而增加我的忧虑。
> 明主可以理夺，难以情求。——《贤媛》七
> 对英明的君主，只可以用道理去取胜，难以用情感去求告。
> 勿忧，寻还。——《贤媛》七
> 不要担心他，不久就会回来。
> 妇人卿婿，于礼为不敬，后勿复尔。——《惑溺》六
> 妻子称丈夫为卿，在礼节上算做不敬重，以后不要再这样称呼了。

环节二：整体感知说大意，整合求同出特征

【教师引导】

文言文的理解一定首先不求甚解。先读大意，读了大意之后，对于无法理解的字词，要学会用手中的古汉语字典去辨析它的意思，然后整体来理解这个句子。好了，我们把有一些难以理解的字词解决了以后，接下来就走入这四个故事，请同学们分别用一句话来概括每一个故事的大意。

> **分别用一句话概括故事大意**
>
> 陶公少时，作鱼梁吏。尝以一坩鲊饷母。母封鲊付吏，反书责侃曰："汝为吏，以官物见饷，非唯不益，乃增吾忧也。"
> 《贤媛》二十
>
> 谢太傅寒雪日内集，与儿女讲论文义。俄而雪骤，公欣然曰："白雪纷纷何所似？"兄子胡儿曰："撒盐空中差可拟。"兄女曰："未若柳絮因风起。"公大笑乐。即公大兄无奕女，左将军王凝之妻也。
> 《言语》七十一
>
> 许允为吏部郎，多用其乡里，魏明帝遣虎贲收之，其妇出诫允曰："明主可以理夺，难以情求。"既至，帝核问之。允对曰："举尔所知，臣之乡人，臣所知也。陛下检校，为称职与不？若不称职，臣受其罪。"既检校，皆官得其人，于是乃释，允衣服败坏，诏赐新衣。初，允被收，举家号哭。阮新妇自若云："勿忧，寻还。"作粟粥待。顷之，允至。
> 《贤媛》七
>
> 王安丰妇常卿安丰。安丰曰："妇人卿婿，于礼为不敬，后勿复尔。"妇曰："亲卿爱卿，是以卿卿，我不卿卿，谁当卿卿！"遂恒听之。
> 《惑溺》六

【学生活动】

分别用一句话概括故事大意。

【教学预设】

(1) 陶侃做官时，母亲拒绝他送的鱼，还批评了他。

(2) 许允因为多用同乡人被逮捕，其妻告诫他以理服人，果然后来查明真相被放了。

(3) 谢太傅开家庭聚会，谢道韫对雪的比喻最为出彩。
(4) 王戎妻子直接表达对王戎爱的称呼。

【教师点拨】

这四个故事今天我们把它们放在一起，你觉得它们有什么共同点都讲了什么？

四个故事的共同点是什么？

陶公少时，作鱼梁吏。尝以一坩鲊饷母。母封鲊付吏，反书责侃曰："汝为吏，以官物见饷，非唯不益，乃增吾忧也。" 《贤媛》二十

谢太傅寒雪日内集，与儿女讲论文义。俄而雪骤，公欣然曰："白雪纷纷何所似？"兄子胡儿曰："撒盐空中差可拟。"兄女曰："未若柳絮因风起。"公大笑乐。即公大兄无奕女，左将军王凝之妻也。 《言语》七十一

许允为吏部郎，多用其乡里，魏明帝遣虎贲收之，其妇出诫允曰："明主可以理夺，难以情求。"既至，帝核问之。允对曰："举尔所知，臣之乡人，臣所知也。陛下检校，为称职与不？若不称职，臣受其罪。"既检校，皆官得其人，于是乃释，允衣服败坏，诏赐新衣。初，允被收，举家号哭。阮新妇自若云："勿忧，寻还。"作粟粥待。顷之，允至。 《贤媛》七

王安丰妇常卿安丰。安丰曰："妇人卿婿，于礼为不敬，后勿复尔。"妇曰："亲卿爱卿，是以卿卿，我不卿卿，谁当卿卿！"遂恒听之。 《惑溺》六

记言 记行 记女性

【学生活动】

总结四个故事的共同点。

【教学预设】

四个故事的主角都是女性的形象。

【设计意图】这一活动的背后，一定是学生对四个故事有了整体的了解，对四位女性形象有了初步的感知，同时进行了求同的思维过程。在这一环节中，可以很好地训练学生整合思维的能力，这也为下一环节奠定了基础。

环节三：女性形象共欣赏，辨析比较更深刻

【教师引导】

今天我们就聚焦《世说新语》当中的女性形象，看到了在这部书当中，作者为我们诠释了魏晋时期的女性，她们的形象到底是什么样的，在她们身上有什么，或是感人，或是令我们印象深刻的故事。来，我们一起走进这四个故事。我们请同学们再读课文，说说你最欣赏这四个故事当中的哪位女性？温馨提示，尝试通过朗读来表达你的欣赏。

【学生活动】

学生自由朗读、表达。

要求：抓住对女性语言、动作的描写，朗读并揣摩关键字词，归纳四位

女性的不同特征。

【教学预设】

归纳出四位女性的不同特征：

陶母：清廉、正直。

许允之妻：远见、胆识、智慧。

谢道韫：才学、自信。

王戎之妻：敢爱、敢说。

【教师点拨】

朗读过程中进行重音、节奏的指导。

总结归纳出：阅读古文需要反复朗读、揣摩语气。

【教师总结】

以上四位女性形象分别在哪个方面见长呢？请分别用一个字概括。

明确：德、识、才、情。

【教师点拨】

说说《世说新语》中女性的共同特点：

"汝为吏，以官物见饷，非唯不益，乃增吾忧也。"——陶母

"明主可以理夺，难以情求。""勿忧，寻还。"——许允之妻

"未若柳絮因风起。"——谢道韫

"亲卿爱卿，是以卿卿，我不卿卿，谁当卿卿！"——王戎妻子

【学生活动】

朗读语言和动作描写，归纳出：自然、率真、放达。

【教师总结】

归纳阅读文言文的方法：补充留白、关注句式。

【设计意图】

四位女性形象，你最欣赏谁？这是一个很有思辨性的问题。能快速打开学生辨析比较的思维。谁更值得欣赏，其实都不重要，重要的是在这一辨析过程中，学生慢慢体会到人物的语言是反映人物精神品质的重要抓手。高阶思维就是在这样辩论的火花中生成的。

【教师引导】

鲁迅先生这样评价《世说新语》："记言则玄远冷隽，记行则高简瑰奇"。我们一起来探究《世说新语》的写作特色。

【教学预设】

简约而不简单；

性格鲜明；

叙事典型。

【教师引导】

由女性形象窥见魏晋风度。

> **由女性形象窥见魏晋风度**
>
> **魏晋**是一个动乱的年代，也是一个思想活跃的时代。新兴门阀士夫人格思想极为自信风流、不滞于物、不拘礼节。士人们多独立特行，又颇喜雅集。正是在这个时代，士夫们创造了影响后世的文人书法标杆，奉献了令人模范景仰的书圣。"竹林七贤"，即阮籍、嵇康、王戎，在生活上不拘礼法，常聚于林中喝酒纵歌，洒脱倜傥，他们代表的"魏晋风度"得到后来许多知识分子的赞赏。

> **由女性形象窥见魏晋风度**
>
> "不是人的外在的行为节操，而是人的内在的精神性(亦即被看作是潜在的无限可能性)成了最高的标准和原则。完全适应着门阀士族们的贵族气派，讲求脱俗的风度气貌成了一代美的理想。不是一般的、世俗的、表面的、外在的，而是必须能表达出某种内在的、本质的、特殊的、超脱的风貌姿容，才成为人们所欣赏、所评价、所议论、所鼓吹的对象。"
>
> ——李泽厚

【教师总结】

我们来看一下关键词独立特行。它代表的魏晋风度得到了后来许多知识分子的赞赏。由此，我们可以看到读书应该怎么读：

读书可以从一个故事当中的一个人，读出一群人，由一群人（女性形象），读出一个时代。在时代的烙印之下，我们看到人们有着不同的表现形式。但是这些人物，恰恰又是时代真正的反映和象征。

【教师引导】

我们怎么进行《世说新语》整本书的阅读？同学们来看《世说新语》的目录，编者给我们做了很好的一个示范，它是按照什么样的原则编排目录的，发现了吗？你来说说看。

【学生活动】

学生翻开《世说新语》目录，归纳目录编排特点。

【教师总结】

归纳总原则：求同比异。

整合角度：主题、年龄、品行、敬谦词……

【教师结语】

当然还有更多的角度有待于同学们去发现。翻开《世说新语》这本书，去发挥自己的聪明才智，去编排。我们一节课肯定讲不完一本书，但是我想今天这节课，我们首先从女性的角度打开了阅读《世说新语》的一扇窗，希望这扇窗能够带给你们一些启示，能够让你们下了课以后就去翻开《世说新语》，走进那个时代，走进一本书，最后提升自我，获得我们人生独特的体验。今天这节课我们学习了阅读文言文的基本方法，反复朗读揣摩语气，补充有把关注句式。今天这节课我们不仅带领大家走进《世说新语》，也希望带领大家走进每一本你们喜欢读的书，乃至于我们的人生这本大书。

【设计意图】

由点成线，就是依据一定的线索（都是写女性），将多个事件联结成一个脉络（魏晋时代女性特征——魏晋风度）。从故事脉络与结构中，我们不仅能读到女性形象特征，更能窥见人物的价值追求和一个时代的精神追求，从而启发学生进行整本书的阅读方法多元化探究。

【板书设计】

《世说新语》

女性风采：德、识、才、情

魏晋风度：自由、放达、率真

整本书阅读：求同比异的原则　　整合角度多元化

《世说新语》之女性形象

附：

基础（核心）素养尝试学习单

七上二单元第8课　标题《世说新语》作者：刘义庆编写　文体：志人小说

[学习目标与实现指标]

学习本课，我们将实现以下目标：

学习目标	实现指标	尝试学习后达标情况			提升学习后达标情况			优化学习后达标情况		
		达到	未达到	不清楚	达到	未达到	不清楚	达到	未达到	不清楚
通过朗读、品析，理解《世说新语》中的女性形象，感受《世说新语》和魏晋风度的魅力	1. 能在反复的诵读中，疏通文义，通过查工具书和小组合作的方式解决疑难字词									
	2. 能通过比对分析、整合归纳理解《世说新语》中的女性形象									
	3. 能从一个人、一类人，走进一本书、一个时代。初步领略魏晋风度									

【熟读】

1. 每篇文章大声朗读五遍，圈出不理解的字词。

2. 疑难字词，查古汉语字典解决，做好旁批。

3. 口头疏通大意。

（1）陶公少时，作鱼梁吏。尝以坩鲊饷母。母封鲊付吏，反书责侃曰："汝为吏，以官物见饷，非唯不益，乃增吾忧也。"

P681《贤媛》二十

（2）许允为吏部郎，多用其乡里，魏明帝遣虎贲收之。其妇出诫允曰："明主可以理夺，难以情求。"既至，帝核问之。允对曰："举尔所知。臣之乡人，臣所知也。陛下检校，为称职与不？若不称职，臣受其罪。"既检校，皆官得其人，于是乃释，允衣服败坏，诏赐新衣。初，允被收，举家号哭。阮新妇自若云："勿忧，寻还。"作粟粥待。顷之，允至。

P666《贤媛》七

（3）谢太傅寒雪日内集，与儿女讲论文义。俄而雪骤，公欣然曰："白雪纷纷何所似？"兄子胡儿曰："撒盐空中差可拟。"兄女曰："未若柳絮因风起。"公大笑乐。即公大兄无奕女，左将军王凝之妻也。

（4）王安丰妇常卿安丰。安丰曰："妇人卿婿，于礼为不敬，后勿复尔。"妇曰："亲卿爱卿，是以卿卿，我不卿卿，谁当卿卿！"遂恒听之。

P936《惑溺》六

【精思】
1. 想一想这四篇短文有什么共同点？
2. 四篇短文中人物各自有什么性格特点？
3. 我对魏晋风度的初步了解。

【妙悟】
1. 我还可以从哪些角度整合《世说新语》，从而更有效地阅读？
2. 《世说新语》魅力之我见。

【自我小结】

4. 教学反思

（1）设计意图

创造核心素养导向下的全息育人课堂，打造优质学习生命体，一直以来是我们的不懈追求。在这样的背景下，语文学科秉持学校"四力共生"的课堂理念，大胆进行整合，以此培养学生语文核心素养。《世说新语》能有效激发学生阅读古文的兴趣。同时，它篇幅短小，故事有趣，语言精练，隽永传神，很值得中学生阅读。同时，以《世说新语》为例，应该教会学生如何阅读古文，如何进行整本书的阅读，怎样更高效地阅读。

（2）本课亮点

①从散点信息到信息链条的整合思维

单篇短章的阅读发现常常是单一的"点"。因为现在学生思维"碎片化"问题的典型特征是信息之间未建立逻辑关系，散点信息与最终结论之间未形成证据链。学生被各种情节或各个相对比较独立的小故事包围，却没能将这些信息点进行有机整合。而《世说新语》整本书因其信息间的关联，如"让学生寻找这四位女性的共同特点"，这就有赖于学生形成综合比较、系统思考的思维习惯，充分体现了整合阅读的特质。

②从人物个体走向时代风貌的深度思维

《世说新语》整合理念体现了由一类人到一个时代再到一本书的阅读。这节课就是想指导学生建立起信息之间的逻辑关系，其思维路径为"由点成线，由表及里"。由点成线，就是依据一定的线索（都是写女性），将多个事件联结成一个脉络（魏晋时代女性特征——魏晋风度）。从故事脉络与结构中，不仅能读到女性形象特征，更能窥见人物的价值追求和一个时代的精神追求。从而启发学生对整本书的阅读方法进行多元化探究。

（3）问题反思

整本书阅读一直以来就是中学语文教学中的重点与亟待突破的难点。中学的名著导读的教学实施中，涉及两个根本问题：一是如何读，二是如何导。

①如何读

名著导读教学该如何规划整本书的阅读活动？到底是以泛读为主，还是精读、研读为主？究竟要读到什么程度？这都涉及名著阅读的基本定位问题。这节课更多是精读文本，深挖共性。在进行整本书阅读的方法引导上稍显薄弱。

在以后漫长的阅读过程中，怎样指导泛读，怎样在课内组织学生一起来开展阅读活动，值得深思。所以，名著阅读教学如何处理好课外阅读与课内阅读的关系，以及个体阅读和群体阅读的关系，显得非常重要。

②如何导

名著导读，教师的导应该始终指向学生的读。在阅读起始阶段，要启动、激发学生的读。所以，本节课聚焦女性形象，让学生有话可说。在阅读进程中，要推动、深化学生的读；在阅读结束阶段，要评估、提升学生的读。

（4）改进设想

这节课后，按照学校顶层设计的要求，如何让核心素养导向下的全息育人课堂在语文整本书阅读中落地。教师进行了如下改进设想：

①以学生活动推动课堂思维的深入

在精读文本中，可以介入适当的学生活动来突破教学难点。如在写法探讨时，在朗读描写女性形象的言行之句时，调用到现代空间，"王戎之妻如何曰？"采用学生活动添词法揣摩人物心理，理解文本——"记言则玄远冷隽，简约而不简单"的特点。许允之妻作粟粥待之，动作背后的心理，为什么煮粥呢？通过想象情境还原、添减词句的活动，可以使学生的思维更落地，参与更深入。

②开设不同课型的阶段性推进课

在整本书阅读的起始阶段，需要规划整个阅读推进课。如，阅读导读课、批注式阅读指导课、批注成果展示课、专题研读指导课、专题研读成果分享课、阅读评价课等。

尤其是当学生进入《世说新语》整本书阅读的中后期时，往往会产生种种疑惑，甚至还会再次产生畏难情绪。适时安排读中交流分享课，答疑解惑，有助于顺利地推进阅读，深化学生的阅读体验。所以，本节课可以拟出名著阅读推进课的计划表，让学生明白课程进度。

（五）体育学科实施学科内整合的教学案例

1. 体育学科实施学科内整合的优势与难点

体育学科既有自然学科的规律性，又有人文学科的发展性；既有内在的深层知识逻辑结构，又有外在的宽泛的技术衔接。学科内整合是学科发展的必然需求，更是学科进步的不竭动力。体育学科内整合的优势与难点如下：

（1）体育学科内整合的优势

①全面性

体育学科是一门综合性交叉学科，涉及门类知识较多，内在逻辑结构错综复杂，学科延展性宽泛，技术技能成长针对性强，涉及心理、生理、环境、技术等多方面内容。在实际操作中主要以身体参与为主要手段，本体感受、心理影响及人际关系都影响着学习质量。学科内整合可以将不同阶段、不同难度、不同形式、不同的环境下根据学生实际需要串联起来，形成具有实际价值与意义的知识技能体系，使学生掌握的知识与技能更加系统，情感体验更加丰富，人际交往与个体感受更加真实。

②整体性

体育学科内整合并不是简单的东拼西凑，而是学科深层整体的解读与思考，从学科本身的知识与技能的发展到人体感知与技能形成都需要更准确而合理的整合策略。从整体出发才能检验出内部细枝末节的问题，才能全面实现整合的功能，才能推进整个学科的进步和人的全面发展，促成核心素养的落地。

③发展性

从学科的目标与发展来看，更新传统体育教育理念，改变传统的体育教材内容配置方式和教学组织形式，从而精心设计教学内容和创新教学方法手段，可以使学生对学习体育产生兴趣，喜欢上体育课，并逐步形成稳定的运动兴趣。在锻炼过程与交流沟通中，学生在自我认识、分析、判断、实践等方面进行自我教育，在拼搏与竞争中相互影响，为终身体育锻炼奠定牢固的基础。

④综合性

体育学科的内容广泛、错综复杂，最终集中体现在人的健康发展，其中包括身体健康、心理健康、社会适应健康等。体育不仅要学会知识与技能运用，促进身体健康发展，还要在此过程中提高心理健康水平，更要学会健康的生活方式，以适应社会。

（2）体育学科内整合的难点

①思想认识的偏差

在整个社会发展的历史长河中，体育在不同阶段发挥着不同功能。在传统的举国体制的影响下，体育的使命更偏向于竞技水平，偏重人体的功能发挥从而获得优异的成绩。在当时体育理论支撑的水平相对较低的环境下，内生的生命成长与社会适应功能滞后，形成了"重技术，轻理论"的现象。而目前，随着物质生活的极大丰富，生活质量的不断提升，不仅要在竞技水平上提升，还要从体育的内生发展力上突破，向着生命健康成长发展的方向迈进，具体操作中的一些思想认识不能顺应发展，妨碍了学科内整合的方向把握。

②学科特性影响

体育学科涉及的交叉门类学科太多，包括自然类、人文类、科学类，而且涉及的门类学科知识都较为广泛。在学生不同的阶段整合出适合其发展的内容对教师的要求很高，在有限的课堂时间段里，如何让学生听懂逻辑关系、学会技术技能、有趣安全参与、认识理解提升都是极大的考验，整合好教育教学、学科知识、运动技能、心理干预、情感沟通等各种因素，并梳理出适合的内容是十分必要的。

③整合无序、无理、无趣

体育学科主要以身体参与为主要手段增进健康、促进发展，很多整合方式忽略背后的理论支撑，经过断章取义后东拉西扯，在形式上似乎形成了一种短暂假象，但对于长远的学科发展来说是致命的，失去了长久意义。相反，另一种做法就是将理论设计做得天花乱坠，但不能根据学生、场地、时间、器械等具体因素考虑，造成只能看、不能做的整合。最后一种现象就是评价过失，以少数人的优秀竞技成绩覆盖大部分学生的体育弱势，通过障眼法来蒙蔽失误，没有一系列贯穿整个教育主线的体系支撑，没有具有发展意义的逻辑关系。

④物质条件不足

体育教学是以人的活动为主要载体进行的教育活动，场地器材设施不足

· 157 ·

的环境下，是不可能完整地实施整合策略的，最终的呈现效果会大打折扣，教学效果更不能如愿。

2. 体育学科内整合的基本框架

体育学科的整合要深入聚焦学科核心素养、深刻理解学科特性、深化健康标准指导。整合的目的是精准地提炼出最优学生发展的策略，优化课堂教学的手段，促进课堂有效实施，使体育教育教学质量不断提升。在此过程中，聚焦核心素养是方向，深化《标准》指导是方法，深刻理解学科特性是前提。教育者与受教育者应在知识技能传授的整个系列过程中，有效地整合出最适合当前学习真正发生的策略与内容。这种整合在学习发生前是独立进行的，学生会根据自身的喜好、认识理解、性格特征、心理与生理感受等，建立具有个人行为色彩的隐性整合。教师会根据知识技能的特征以及学生现状，对知识技能、方法措施、实施路径等进行显性整合。然而，这种整合都属于个体单独的整合，相对处于静态环境。而在学习发生中，这种整合又需要在师生共同参与、实践、研究中动态发生，就是教师教学策略实施与学生学习准备，通过心理调整、身体感受、理解感知等因素平衡调整，在教学内容传授中，双方快速整合出信息互通的最佳状态，使"教"与"学"真正发生。所以，体育学科内整合，应该从"教师的教"与"学生的学"两方面思考。具体策略如图4-18所示：

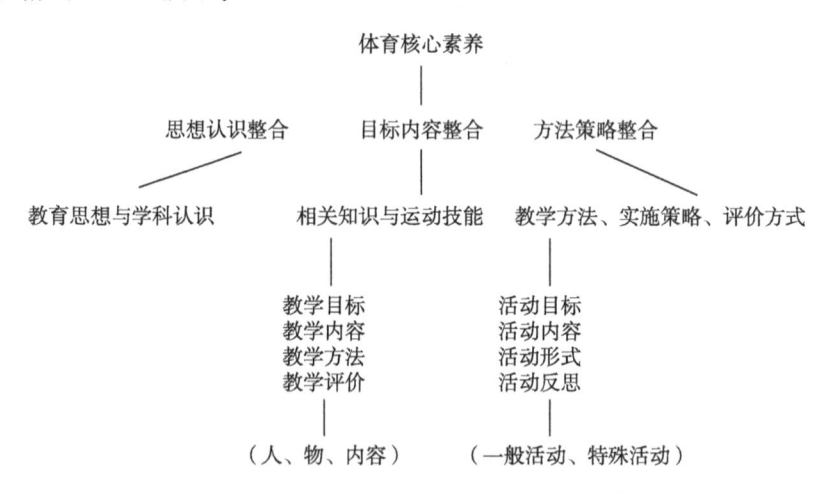

图 4-18 体育学科内整合的基本框架

（1）思想认识整合

教师对"教书"和"育人"应该有新的理解与思考。过去，教师教的是用来考试的知识，育的是考试的能力，是为了通过考试来适应自己未来生存进行的教育活动。今天，教师应该教学生改造未来社会、创造理想生活的基本知识与相对应具备的能力；教育学生勇敢积极面对生存与生活中挫折的能力、人际交往的能力和感知生活与生命美好的能力。体育要让学生具备身体锻炼的基本知识与能力，形成良好的体育锻炼习惯，能够积极向上地融入集体，在挫折与失败面前挑战自我超越自我；能够明确判断是非曲直，胸怀天下、包容万物，以积极的人生观对待生命意义，热爱生活善待生命。让教师能够升华教育情怀，站在人性互通的高度去定位工作态度，要重新认识理解教育的含义，站在更高更远的角度去评判学生的成长发展；要以全新的思维重新"阅读"生命意义与生存意义。

体育学科的认识要站在人的全面发展与学科的具体实施上。体育的根本任务就是促进人的更优发展，人的发展涉及生理、心理、情感、社会适应等，只有先思考人的发展才能体现学科的意义，学科的发展因为人的不断进步，获得了更为持久的推动力量。

（2）目标内容整合

①目标整合

根据整合思路，体育学科目标整合分为两个部分，一是宏观层面的目标，二是微观层面的目标，二者的整合相互影响、相互推进（图4-19）。

```
目标整合 ─┬─→ 身体健康、意志坚强、责任担当、品德高尚、社会栋梁
          └─→ │目标有共识│子目标明确│子目标关联│子目标反馈│
```

图 4-19 体育学科目标整合思路

通常目标的制定是将宏观的目标与微观实施目标分开的，认为一个个子目标实现的终极成果就是宏观目标，往往忽视了宏观目标与微观目标之间的联系特性，这种特性正好就是整合的要点。体育学科中，身体参与和认识理解是相互影响、彼此促进的关系。伴随着身体的参与，在情感认识上一定要有对应的刺激，否则身体参与的持久效能会大大降低。相反，只有深刻的认识，若身体感知较差，这种刺激会在一定时间内消退。所以，宏观目标始终引领微观目标，同时教师与学生在目标的实现上始终保持一种积极的欲望，并明确每个人的职责与任务，才能收获好的期望和效果。人的情感强度在外

力作用下会转移或者消退，在目标明确的同时尽可能关联下一个子目标，并加以及时合理的反馈后，这种情感的传递连续性和身体参与技能才能合二为一，学习效果才能最佳，情感体验才能最好。

②内容整合

体育学科内容整合是课程重要的部分，什么样的课程下呈现什么样的课堂，课程决定着课堂的方向，课程的高度决定着课堂的高度，当然也决定着教学的高度。课程的构建是在学校的育人理念下产生的，结合培养目标，如图4-20所示，体育学科的整合将从现有的常规课程、外教课程、外聘课程、优势增值课程中进行剖析。常规课程是主阵地，在最多的时长和最多的人群中影响力最大。根据课时安排，室内理论课程分为两种形式操作，专门理论课程在室内，指导理论课程在随堂，根据技能发展的需要与阶段精确讲解理论知识，保持技术练习的连贯性与持续性。专门理论课堂要在音频、视频画面等环境下呈现。外教课程的内容要与常规课堂内容并行，并进行集体备课，发挥外教不同形式的授课能力，在外语环境下，使学生更好地体验体育运动。外聘课程在体育组整体规划下进行，在一定课时段内进行授课，内容考核与终结性评价比例相关，补充学校不能满足的运动项目，使更加专业、更加丰富的课程走进学生。优势增值课是学生在上述三种课堂学习后，根据兴趣和能力选择适合自己的增值课程，使技术技能不断进步。在课堂中，所有技能学习从发展学生的一般技能为起点，加强人体本能发挥的能力，发展基本的运动能力，打好锻炼基础。专项技能发展是学生的某项运动项目突出并且兴趣浓烈，使学生更加获得锻炼的体验。学校不能满足的体育技能，学生校外获得资源进行锻炼，称为特殊技能。

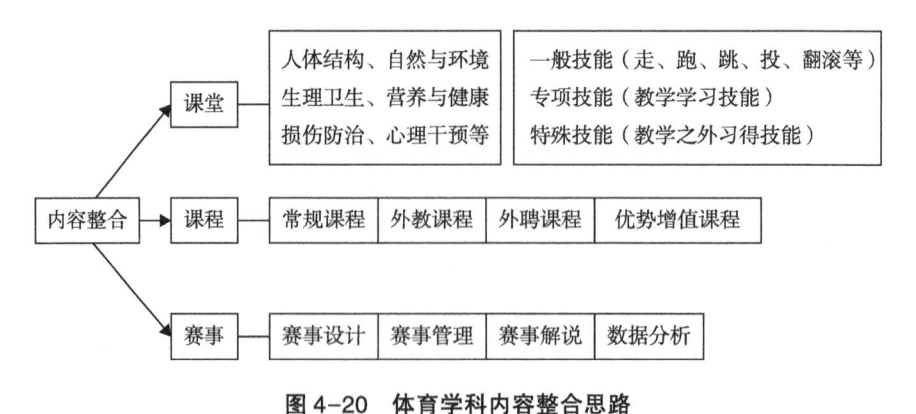

图4-20 体育学科内容整合思路

赛事内容整合是教学内容的重要补充部分，赛事承载着学生的兴趣欲望与能力展示，不仅是个体的展示更是众人的参与、欣赏、沟通、交往，发展好赛事是课堂之外重要的教育部分。从赛事安排中发展学生积极组织、交往、沟通的能力，让一群人影响另一群人。赛事管理中培养责任心、自信心、积极态度等。赛事解说与数据分析更加体现专业知识的平台。学生在赛事解说中充分运用所学知识进行展示，通过合理科学的数据分析找出相关问题，指导技术技能学习。

（3）方法策略整合

体育学科方法与策略整合需要整合校内外各种资源优势，具体思路如图4-21所示：

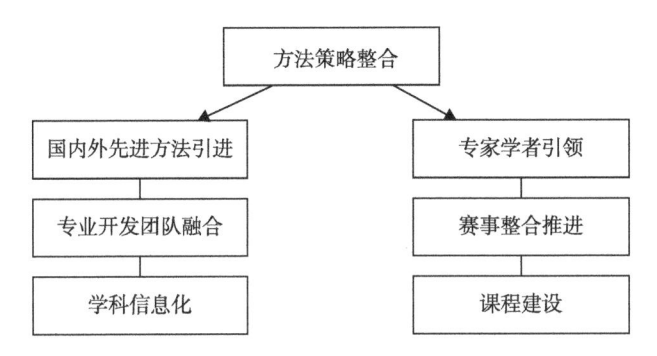

图 4-21 体育学科方法策略整合思路

目前，体育学科的教授方式在国内外差异很大。在全球化时代，互通学习势不可当。在课堂教学方法上，主要向国外先进的锻炼手段进行选择性学习，再结合学校实际情况进行改良进化，形成适应性的锻炼手段，经过一些专业团队的融入与共同开发，使创新的动力十足。在教学方法上主要以专家引领为主，在实际过程中选择研究性课题进行思考研究，在专家指导下形成具有持续指导意义的方法与策略，使教学的形式、内容、方法更加科学合理。赛事开发要发挥学生群体中的原生力，通过体育优生进行孵化，从小众人群开始走向多元与多样。通过上述的一系列学习与整合，依据学生的培养目标进行课程开发，通过信息化手段的介入使真正具有价值的精品课程服务于学生，使体育学科更有魅力。

3. 教学案例节选

题目：篮球原地肩上投篮　对象：初三年级学生

（1）导入

教师用启发、提问的方式导入本课内容。让学生通过比赛视频建立动作模型，然后教师讲解动作要领，引入正题，激发学生的学习兴趣，树立学习目标。

解析：这一环节中通过学生观看图示和视频使学生的学习注意力集中到本课中，在讲解本节课目标的时候，通过集中学习目标的方式，让每个学生都知道本节课的目标，并明确相应的等级。

（2）热身活动

教师带领学生绕椅子与标志桶进行运球跑步，然后进行球性熟悉与集中拉伸，使学生身体各部分得到充分活动，又熟悉球性。

评价指标：学生的动作放松、舒展，反应快。

（3）自行模仿

教师安排学生按照分组，在组长带领下到指定场地观看平板视频，自行模仿原地单手肩上投篮动作。

（4）学习模仿

教师讲解、示范技术动作要领，带领着学生进行原地徒手练习。单人投篮尝试练习，过渡到双人面对面投篮技术，看教师示范、模仿中体验动作发力顺序。通过模仿、观察、比较，师生纠正，记住原地单手肩上投篮技术要领。进行分层教学，降低对女生的动作要求，扩大投篮的力矩，使女生更容易掌握投篮技术动作和控制投篮的力度。

评价指标：积极模仿练习、建立正确动作概念。

解析：本次活动结合本节课即将要用的器材进行设计，使资源配置更加合理。以小组为单位的模仿练习中，学生可以有自主的互动与交流，在没有其他干扰与心理压力下进行模仿，能够激发出学生运动潜能。在个人活动与多人活动中，将自我评价与他人评价有效地结合起来，使学生更加准确地了解自己的动作，加强交流与合作，营造良好的学习氛围。

（5）小组合作练习

把学生分成 4 个小组，每组指定一个小组长，在组长带领下学习、讨论、探究、合作练习。请同学谈学习收获，多角度地鼓励性评价学生，最后让学生展示自己合作学习效果。

评价指标：相互帮助交流单手肩上投篮动作的要领，积极实践。

解析：小组合作练习，主要是个人练习向群体参与的过渡，也是自我能力展示向他人能力比拼的过渡。这个过程，符合技术形成的需要经历阶段，符合学生学习的心理状态，通过小组展示使学生更加具有信心和互动的能力，对激发学生的兴趣起到了承上启下的作用。

（6）技术拓展

①小组之间投篮比赛

游戏目的：提高学生的动作质量，体会全身协调用力，营造愉快的学习氛围。

场地器材：每人一球，球筐两个。

比赛办法：男女四个小组分组进行比赛，在两分钟内看哪个组进的球最多，输了的组进行俯卧撑惩罚。在比赛结束后，小组内再选出一名动作最好，进行最后展示。

评价指标：协作配合，交流提高，团队合作。

②个人投篮大赛

游戏目的：提高学生的动作，激发学生兴趣，提高技术。

场地器材：篮筐两个，每人一球。

规则：A. 采用正确的原地单手肩上投篮技术，在指定的四个位置各投球一个。

B. 每个同学都对自己的进球个数进行记录，对照目标进行评价（表4-4，表4-5）。

解析：本环节完全是学生展示本节课学习效果的最佳阶段，有同伴的比拼，有自我的展示，有很好的氛围，学生可以放开心理压力与束缚尽情练习。在此过程中，学生频繁地交流互动，反复尝试技术的失败，彼此鼓励为荣誉而行动，切实有效地帮助学生建立了兴趣，提升了学生的技术水平。

表4-4 篮球原地肩上投篮学生自评标准

考核标准	蹬地有力，伸臂抬肘，整体动作连贯协调	优秀
	基本能做到蹬地向上、伸臂抬肘，动作较协调	良好
	能较好地做到蹬地、伸臂抬肘，完成投篮动作	合格
	没有蹬地、伸臂动作，上下肢动作不协调	不合格

（7）考核办法及标准

表 4-5 篮球原地肩上投篮的考核办法及标准

编号	姓名	知识 (10%)	达标 (30%)	技评 (30%)			学习态度 (20%)			情意与合作 (10%)			合计
				自评	互评	师评	小计	自评	互评	师评	小计	自评	互评	师评	小计	
1																
2																

体育教学设计

学习阶段	水平四	单元位置	九年级篮球单元 9
教学内容	原地单手肩上投篮		
教学目标	1. 通过学习本课内容，使男生 90%、女生 85%初步掌握原地单手肩上投篮的动作要领。使其他 15%的男生与 20%的女生掌握知识要点，领会技术要领，体会到"蹬、伸"的重要性，不断实践操作提高技术 2. 通过教学提高学生的投篮能力，增强学生的身体素质，提高学生的认知水平 3. 通过教学培养学生参与运动的兴趣、增强自信心，不断突破自我、挑战自我，培养主动克服困难的能力，提高与他人协作的能力，学会欣赏他人		
学习重难点	蹬地伸臂　　协调用力		

教学程序	内容	教师活动	学生活动	组织形式	运动负荷时间
一 开 始 部 分	课前常规	1. 组织学生集合队伍，听取体委报告班级人数 2. 向学生问好 3. 宣布本节课学习内容、目标及要求，安排见习生	1. 体育委员整队 2. 向教师问好 3. 认真听讲，知道学习内容、目标及上课要求。见习生随堂听课	组织： ○○○○○○○○ ○○○○○○○○ ★★★★★★★★ ★★★★★★★★ ☺	3 分钟

续表

教学程序	内容	教师活动	学生活动	组织形式	运动负荷时间
二 准备部分	1. 运球慢跑 2. 球操拉伸	1. 带领学生绕篮球线各种形式慢跑 2. 教师带领学生做球操，活动身体各个部位 3. 讲解拉伸动作的主要动作节点	1. 按照要求跟随老师慢跑 2. 认真听讲，明确要求。根据教师的口令指挥做出相应的动作 3. 模仿教师动作，积极练习	教法： 1. 示范讲解 2. 口令指挥	8分钟
三 基本部分	1. 观看视频（篮球投篮集锦与篮球微视频） 2. 讲解动作技术要领（完整单手肩上投篮技术）	1. 引导学生观看视频，并提出相应问题 问题：同学们看视频的感觉是什么？哪个环节最吸引你？ 2. 讲解原地肩上投篮动作要领 ①单手持球方法：以右手原地单手肩上投篮为例。由双手持球开始，然后将球引至右肩前上方，右臂屈肘，肘关节稍内收，上臂与肩关节约成水平，前臂与上臂大约成90°。右手五指自然张开，手腕后屈，掌心空出，用手掌外缘和指根…… ②双手持球方法：以原地双手胸前投篮为例。双手五指自然张开，用指根以上部位握住球的后侧部，两拇指相对成"八"字形，掌心空出。两肘自然下垂，肩关节放松，将球置于胸颚之间 3. 组织学生分组按要求进行原地模仿练习	1. 按照分组观看视频，根据老师的问题进行思考，找出视频中的主要内容，建立投篮的初步动作模型 2. 认真听讲，观察老师示范。根据示范动作思考动作要领。积极投入模仿练习，相互交流反思。积极接受教师的指导 （手型固定练习、基本姿势练习、完整动作练习、个人自主练习、合作联系）		15分钟

续表

教学程序	内容	教师活动	学生活动	组织形式	运动负荷时间
三、基本部分	3. 辅助动作学习（个人模仿练习、个人自主练习、双人配合练习）	1. 教师讲解示范动作 2. 带领学生进行练习 3. 教师巡回指导	1. 分别进行搓球手型固定练习 2. 双手投篮固定球练习 3. 徒手完整动作练习 4. 夹球工作固定练习		
	4. 个人技术练习（无护球投篮、护球投篮、下蹲投篮、坐式投篮）	1. 教师讲解练习方法，组织学生进行分组练习 2. 组织学生进行投篮练习 3. 巡回指导，表扬优秀动作，再次提出练习要点 4. 集中讲解问题	1. 认真听讲，积极练习 2. 记录自己的成绩，回顾动作要领 3. 检查动作技术规范程度，不断提升技术质量 4. 积极配合相互学习		10分钟
	5. 小组比赛练习	1. 教师组织学生进行比赛 2. 指导学生在规则范围内比赛	学生分成四组进行综合练习比赛		
四、结束部分	1. 放松拉伸	组织学生猜拳游戏，胜者先享受放松，提示放松的动作	学生互相按摩放松		2分钟
	2. 总结、点评	1. 教师小结本课学练过程，评价目标达成情况，对学生的进步给予表扬，点出不足之处 2. 布置课后力量练习内容	1. 回顾本课学习目标，认真听取教师讲评，能正确评价自己 2. 学生明确课后练习内容及其作用		2分钟
	3. 归还器材	1. 有序的归还器材，相互积极帮助 2. 与学生再见	1. 按教师的要求，做到快、静、齐收拾器材 2. 与老师再见	学生依次有序地把球放入指定的球车内	
生理负荷预测			教学准备	篮球44只，标志桶8只，展板2张	
	平均心率	100~115次/分钟	课后反思		
	练习密度	48±5%			

4. 教学反思

（1）本节课成功之处

①从实现目标上，学生大部分都达到了预期目标，学生上课感到开心有趣，能够积极参与各项锻炼，课堂氛围活跃和谐。

②从内容安排上，各个环节衔接紧凑由易到难，问题过渡较为顺畅，内容整合有效合理。

③从组织设计上，结合了信息化技术手段，在串联上通过各种练习形式来配合学生兴趣，使技术不断提升，整个过程组织有序。

④从教学评价上，能够及时评价学生的学习情况，学生得到最及时的反馈信息，有助于技术技能提升。

⑤整个课堂男女生锻炼积极，整个运动氛围浓厚。

（2）本节课不足之处

①内容串联：在重难点攻克方面需要再次思考，本节课在重难点解决上不能满足所有人的痛点，有小部分同学在学习上仍存在困难。应该再次预备多种方案，尽可能照顾到每个学生的学习过程。

②技术教学：没有关注到个别同学的学习方式，一般情况下都是右手操作，但是个别学生是左手操作。教师在示范的时候应该左右手都进行，避免一些学生观察困难。

③教学语言：应该更加精练和专业，在讲解的时候有很多非专业用语，浪费了较多的时间。

④安全提示：体育锻炼的安全提示是保证上课有序进行的重要保障，每个环节应该提醒学生注意哪些安全点，帮助学生减少安全隐患，使技术学习更加流畅。

⑤创新思维引导：在体育课中运用多媒体设备，播放各种奔跑、跳、走等各种动作。学生看后，教师提出以组为单位，把各种动作连起来，组成一套组合动作的要求。

⑥改进措施：加强对学生的前期了解，尽可能全面掌握学生学习的前期水平。不断更新辅助手段，助推学习的有效发生，特别在信息化设备的使用上要更加大胆和广泛。教学仪态大方得体，教学语言的精练精要更加从细枝末节处提升。弱势群体的照顾与针对性措施准备仍有不足，需要进一步提升。

第五章 CHAPTER 5

学科内整合：
核心素养导向的全息课堂样态（下）

每个学科都具有独特的育人内容、育人路径和育人价值，学校要做的就是营造好一种改革的氛围，既要确保教学改革彰显学校改革的理念和思路，又要确保各学科遵循各学科的特色，依照学科育人规律科学、有序推进教学改革。本章我们将继续解读"国家社会科学基金教育学一般课题'基于核心素养的课堂教学改革研究'"的核心实验基地校在自然科学所属的各学科对核心素养落地所做的实践和探索。

一、自然科学实施学科内整合的要求与策略

自然科学是研究自然界的各种事物和现象的科学，包括数学、物理学、化学、天文学、地质学、生物学等。它既包括多个结论丰富的知识体系，也包括人类认识自然现象和规律的一些特有的思维方式和探究过程。针对自然科学的特点，在自然科学学科中实施学科内整合时，要符合自然科学的特征要求。

（一）自然科学实施学科内整合的基本要求

1. 注重学科知识体系的整体构建

自然科学学科是以科学概念、科学理论等组织起来的知识体系，具有严密的逻辑性。例如，初中物理学科的知识可分为"力""热""声""光"

"电"等板块，板块内各部分内容紧密联系，环环相扣，前面相关内容不学，就无法跳过来学习后面的内容。初中生物学科的知识，则需要"细胞""生物个体"和"生态系统"等板块作支持，学生才可以从微观、中观、宏观三个层次全方位建构生物学的学科知识体系。因此，这些学科的学科内整合，需要特别注重帮助学生整体建构学科的知识体系，只有这样，学生在遇到新知识时，才能运用已有的认知结构做出同化和顺应。

2. 注重理性思维的培养

在《中国学生发展核心素养》中，作为六大核心素养之一的"科学精神"有三个基本要点：理性思维、批判质疑和勇于探究。其中，关于理性思维的解释是"崇尚真知，能理解和掌握基本的科学原理和方法；尊重事实和证据，有实证意识和严谨的求知态度；逻辑清晰，能运用科学的思维方式认识事物、解决问题、指导行为等"。

在数学学科核心素养中，提出了发展"数学抽象""逻辑推理"等；在物理、生物学科核心素养中，都提出了发展"科学思维"；地理学科核心素养中则提出了发展"综合思维"……虽然，各学科所提出的关于理性思维的培养方面有所侧重，但"理性思维"无疑都是各自然科学学科核心素养的重要组成部分。因此，对学生的理性思维的培养，是学科内整合的重要方向。

3. 注重运用所学解决真实的问题

自然科学以客观存在的事物和现象为研究对象，是对客观事物本质及其规律性的真实反映，是人类社会实践的产物，同时也能指导社会实践、服务于社会实践。因此，创设真实的问题情境，让学生在面对真实情境中的实际问题时能表现出正确的价值观念，在解决真实情境中的实际问题时进行理性分析、采用合理的方法策略，极为重要。

(二) 自然科学实施学科内整合的主要策略

和人文学科一样，自然科学学科实施学科内整合也可以从课程目标、课程内容、课程评价等方面进行整合。但由于自然科学具有客观真实性、重视逻辑和实证等特点，因此，也有一些有侧重的策略。

1. 以学科知识体系的建构为主线实施学科内整合

自然科学中的各个学科本身就是一个结论丰富的知识体系。虽然知识是逐渐积累的，但它们在头脑中不应只是简单的堆积。将逐渐积累起来的知识加以归纳和整理，使其按照一定的规律形成有层次、有联系的网络体系，可以大大提高应用时的效率。因此，学科知识体系的建构，是实施学科内整合的重要主线。

以初中生物学科为例，目前该学科学习内容的发展趋势是"内容聚焦大概念"：去除一些细枝末节的内容，追求"少而精"，聚焦具有居于学科中心位置、对学生学习具有引领作用的基础知识，即大概念进行学习。因为大概念本身就具有一定的层级系统，由重要概念、次位概念、事实性知识逐级构成。学生构建学科大概念的过程，就是一个建构学科知识体系的过程。在七年级上期生物学科学习时，学生需要构建"细胞是生物体结构和生命活动的基本单位"这一大概念。围绕这一大概念，就可以将北师大版《生物》七年级上册中"第3章细胞"和"第4章生物体的结构层次"整合为一个章节进行系统学习。

以学科知识体系为主线进行学科内整合，可以将教材中相关章节有机结合起来，让教学过程中主线更为明确，各知识之间的逻辑联系更为清晰，同时也可以节省部分课时，为相关学习内容的丰富、多种学习方法的使用、学习评价的多元化提供必要的时间和空间。

2. 以学科学习方法的形成为切入点实施学科内整合

自然科学中的各个学科，也包括了人类认识自然现象和规律的一些特有的思维方式和探究过程。赵占良老师曾提出，自然科学学科所倡导的"科学思维"，是指基于事实证据、运用科学概念、通过科学推理和论证对客观事物的本质、规律及其相互关系作出判断和解释、对客观事物的发展变化做出预测的认识方式。可见，科学思维既是能力，也是学习的方法。以学科学习方法为学科内整合的切入点，是学科内整合的重要方式。

以初中数学学科为例。在学习函数部分时，都需要采用"画图象""分析图像性质""研究函数应用"等基本方法，因此，就可以将与"函数"相关的章节，通过类方法的方式进行整合。

在初中物理学科的学习中，"力""热""声""光""电"五个板块之间并不太好整合，但是在各板块内，学生对这些现象和规律的学习都需要基于认知规律进行。因此，在教学过程中设计相应的活动，帮助学生经历"感知—认知—内化"的学习过程，是物理学科进行学科内整合的重要方式。

在初中地理学科的学习中，在区域地理部分，学生只需要掌握"区域认知"的一般学习方法：即综合分析该区域的"位置和范围""地理特征""联系和影响因素"，就可以用此方法选择性地去认识大洲、认识地区、认识国家，既能充分调动学生学习的内动力，也能解决国家、地区过多无法一一学习的难题。

以学科学习方法为切入点进行学科内整合，可以以学科知识的学习为载体，在学习过程中培养学生基于事实和证据进行归纳与概括、演绎与推理、批判与创造等思维方式，培养严谨和务实的科学态度，有利于发展学生未来生活所需的学科必备品格和关键能力。

3. 以学生在学习过程中的实践经历为侧重点实施学科内整合

"纸上得来终觉浅，绝知此事要躬行。"自然科学学科的学习，需要高度关注学生学习过程中的实践经历，强调学生学习的过程是知识主动参与的过程，通过创设真实的问题情境，让学生积极参与动手和动脑的活动，进而运用所学，探讨或解决现实生活中的问题。

在初中数学学科的学习中，特别植入了"数学阅读"板块，即通过阅读的方式，整合数学史、数学文化等相关内容，开阔学生视野，让学生明白数学知识是如何产生的，又是怎样服务人们生活，以及我们如何利用数学来让我们的生活更加美好。在这个过程中，学生既弄清了知识的来龙去脉，也逐渐领悟了数学的学习价值。

在初中生物学科的学习中，构建"观察法、实验法是生物学科研究的基本方法"这一大概念时，则以"面包虫的那些事"为主题进行了整合。从观察面包虫到提出与面包虫相关问题，到设计影响面包虫生活的环境因素实验，到完成影响面包虫生活的环境因素实验，到交流影响面包虫生活的环境因素实验，最后完成面包虫相关论文，学生通过实践进行了科学观察和一次非常完整的探究实验活动，亲历了提出问题、获取信息、寻找证据、检验假设、发现规律的过程，对面包虫的外形、生活史、影响其生活的环境因素进行了深入的学习，是运用所学解决现实生活中问题的一次有意义的探索。

在地理学科的学习中，也非常注重真实问题情境的创设。例如，在"澳大利亚"一课的学习中，以澳大利亚大陆的发现者库克船长为主线，设计了"寻找南方大陆""考察南方大陆""开发南方大陆"三部分学生实践活动内容，让学生重温了澳大利亚大陆的发现历史，并将澳大利亚独特的地理位置、特有生物、自然环境特征及人文经济的发展等重要内容巧妙地贯穿于活动中。

运用所学解决实际问题的能力是学生核心素养发展水平的重要体现。因此，在学科内整合时，需创设真实的问题情境，增加学生的实践经历，增强学生学习的自信心，养成良好的学习习惯，发展自主学习能力，提升实践能力和创新意识。

二、数学学科案例：聚焦数学关键能力发展的整合式改革探索

数学学科具有独特的学科特点，长期以来，中学数学是学生比较难学的学科。正因为数学难学，才造成教师的难教。这种困境的突破需要改革，初中数学学科的教师通过两年多积极探索学科整合式教学改革，目前有了初步的认识，现将这样的教学改革的优劣分析如下。

（一）数学学科实施学科内整合的优势与难点

数学是自然科学的皇冠，为其他科学研究提供思想方法和计算工具基础。从学科内整合的角度看，数学学科在实施学科内整合时，具有如下的优势和难点。

1. **数学学科实施学科内整合的优势**

数学学科的特点，包括高度的抽象性、严密的逻辑性和应用的广泛性。要想学好数学必须具备三大能力，即运算能力、空间想象能力及逻辑思维能力，其中运算能力是基础，空间想象能力是关键，逻辑思维能力是核心。数学学科内整合从整体性、逻辑性及数学运用的广泛性具有整合的优势。

（1）整体性

数学知识是建立在约定和逻辑之上的，数学知识是一个有机整体，且在不断发展完善。为了让学生更充分地认识到数学知识间的整体联系，构建数学知识框架，教师只要抓住数学学科本质和特殊性，把相近的数学知识嵌入核心概念模型中，将相近的数学知识进行模块化组合，就能让学生明白每个知识点在整体结构中的位置，以及与邻近知识点的区别和联系，就能让学生以联系的角度对数学知识进行整体性的建构，从而提升学生的数学抽象、逻辑推理能力，强化数学模型的体验，这是数学学科整合教学的一大优势。

（2）逻辑性

数学是一门逻辑性、严密性和系统性很强的学科。因此，在教学过程中教师要有机整合中学阶段数学学习的同类方法，让学生对数学方法进行模仿迁移，自主地系统构建普适性数学方法。正是基于数学逻辑，在类知识、类方法、类问题、类思想等方面都可以进行适当的整合，这是数学学科的另一优势。

(3) 广泛性

著名数学家华罗庚曾指出："宇宙之大，粒子之微，火箭之速，化工之巧，地球之变，生物之谜，日用之繁，无处不用数学。"这是对数学应用的广泛性的精辟概括。数学即生活，生活即数学，数学作为一种工具或手段，几乎在任何一门科学技术及一切社会领域中都被运用。各门科学的"数学化"，是现代科学发展的一大趋势。无论是情境的创设，还是问题的解决，数学的广泛应用都为数学学科内整合提供了丰富的素材和整合点，这也是数学学科整合教学的又一大优势。

2. 数学学科实施学科内整合的难点

数学学科推进学科内整合的难点突出表现在以下三个方面：

（1）缺乏课程整合理论的支撑

目前，学科内课程整合可供参考的理论较少，相关的整合教学理论，在当今课堂改革中依然处于摸索阶段。

（2）初中数学课程体系的自身特点

初中数学课程体系涉及数与代数、方程与函数、图形与几何、统计与概率，综合与实践等。整个初中阶段的数学知识结构循序渐进，螺旋上升，初中数学的学习具有突出的阶段性、有序性。无论是学生的知识储备、学习心理，还是课程评价、阶段性检测，都在一定程度上制约着整合的步伐。

（3）初中数学课程整合策略缺乏

初中数学课程整合策略从目前的实践来看还比较单一和机械，主要体现在以下几个方面。第一，课程目标模糊泛化，仅列出整合的内容和粗略流程，涉及具体操作步骤及整合意图的较少，导致课程整合实施随意性较大。第二，课程资源选择受教材局限，许多教师无法突破固有的学科本位，课程整合的实施多是章节内、学期内、学科内的整合，无法打破学科疆域，拓展课程资源的视野。第三，课程整合实施的有效性缺失，许多教师在实施整合教学时，因对学情的把握、课程的理解、学习情绪的调动等方面存在差异，导致课程具体实施后的效益差异较大。

（二）数学学科内整合的基本框架

1. 将教学目标整合成学习目标

在研究课标、教材、学生等方面的基础上设计好"三维目标"，站在核心素养发展的视角，并将其转化为具体的、可操作性的课堂学习目标是课程实施的关键，这也是优化整合学习目标的过程。教师在这一过程中应立足于关键能力与必备品格的发展，在学生的认知基础上关注其学习过程与结果，启迪学生的智慧与思维的同时使学生能够在积极情感的触动下对数学学习保持兴趣。获得优化与整合后的"学习目标"应在知识与技能目标上、过程与方法目标上，以及在情感、态度、价值观目标上能相互融为一体。

（1）生本性

为学生学习服务、以学生发展为本是教师在学习目标的设计和优化中最应该考虑和明确的，针对学生个体发展与培养进行学习目标的设计和优化也就成为一种原则，因此，教师应着眼于学生实际学习需求进行学习目标与整体方案的制订，围绕学生的发展整合各种教学资源并展开教材、学情、教学理念的具体分析、整体把握、统筹安排并列出知识体系，制订出适合学生发展的总目标与单元学习目标并将其分解到各个章节与具体课型的课堂教学中。

（2）层次性

学生的学习水平、个性特征、兴趣爱好在群体活动或小组活动中都会表现出很大的差异，活动状态也会各有不同，教师应根据不同学生的知识的"最近发展区"进行数学课堂学习目标的设计，考虑目标实施过程中的层次性与梯度性，以及不同教学内容上的不同层次要求，将目标设置得更具"个性化"，在不同学生层面上有所体现，使所有学生都能获得发展并体验到数学学习的成功感。只有适合不同学习水平学生的学习目标，才能满足不同基础水平学生的学习需求，使不同时期的、不同层面的学生都能在学习活动、探究活动中获得最好的发展。

（3）可测性

目标设置与教学结果的达成是否一致可以进行测试，教师在确定课堂学习目标时应充分发挥组织者与引导者的作用，并考虑学生的实际学习水平和状态，确立较高可测性的学习目标并因此保障教学活动结果和目标达成的互融与统一。

（4）生成性

"生成"和"预设"是教师在确立学习目标时应该充分考虑的两个方面，教学的计划性与封闭性、动态性与开放性是具有一定对立性质的具体体现，因此，教师应着眼于校情、教情、学情并确保学习目标的可操作性，以促进学生的多维性、多元化发展，充分利用预设和生成之间的互补性，使两者成为相辅相成、密不可分的共同体。新课标提出了拓展学生数学视野的具体要求，实际上这是在发展学生知识的同时，要求教师关注对学生的"见识"的培养，鼓励学生在解题中学会多角度地探求解题方法。也应在学习目标的设计上进行合理的、多角度的预设，教师在各种预设目标的比较、分析与考量中对最大化实现学习目标的途径进行探寻和斟酌，使学生能够在有意义的数学教学活动中建构数学知识，探索数学方法、发现数学规律，帮助学生在数学创造与应用的过程中巩固知识、形成能力、发展智力并获得情感、态度与价值观的养成。

2. 基于教学内容的整合

核心实验基地校数学学科教研组尝试从类知识、类问题、类方法、类思想等方面进行整合，以此达到发展学生数学关键能力的目的。

类知识：结合相近知识，强化数学模型的体验；

类问题：整合问题情境，完善认知结构的构建；

类方法：整理同类方法，增强学科育人的效果；

类思想：整合数学思想，提升学科育人的素养。

无论是单元教学，还是课时教学，我们都要尝试以学生核心素养发展为主线，基于学习内容，综合考虑教学的各要素，对学习内容进行整合。我们的观点是，教什么比怎么教更重要，所以我们的改革首先是要完成学习内容的整合。整合内容选择依据如下四个方面：

（1）知识的关联性

各知识点之间存在着许多显性或隐性的联系。教学中一定要把这种联系从繁杂的知识中抽离出来，以便学生借助联系，形成完整的数学认知结构。在初始的教材整合过程中，整合的知识面不易过大，知识点不宜过多，应借助一条主线，将知识相互关联到一起，由点连成线，由线织成面。

（2）知识的系统性

针对教材知识编排跳跃性比较大的现象，教师普遍感觉很难形成系统的知识结构体系。比如，有些教学内容在学生还没来得及消化吸收，进一步深化认识时就中断了，而后续内容被编排到了下一个年级的教材中，造成了知识系统性不强，不利于形成完整的知识体系。按教材顺序教学，常常在学到某一内容时，总要将以前的相关内容都重新学习一遍，因为学生已经忘得差不多了。为此，在教材整合过程中，需要依据知识的系统性，做一些适当的调整，这样才能达到整合的目的，即寻求知识之间的内在联系，解决教材编排系统性不强的问题,让学生在一定时间内集中进行系统学习,避免出现线长点浮的现象。

例如,我们把图形的三种变换方式(平移、旋转、轴对称)整合在一起,进行系统教学,重点让学生体会"动的思想":从运动的视角,发现图形运动变化规律。我们将北师大版七年级"平移"的概念和性质、八年级"轴对称"的概念和性质、九年级"旋转"的概念和性质,整理编排成"全等变换"单元进行了集中教学。

(3)安排的合理性

数学知识的学习不能是多个知识点的罗列,在整合教学内容时需要考虑知识的难易程度、教学内容的多少等因素,所以在教材整合时要注意内容安排的合理性。

例如,进行函数教学时,不能进行大整合,因为函数的种类比较多,有的函数学习难度比较大(如二次函数),所以在整合内容时以小整合为主,侧重本册内容或本年级教学内容的整合。到初三总复习时再对各种函数的概念、解析式、图像及性质进行整体对比,找出函数之间的区别与联系,梳理出关于函数的知识网络体系。

(4)内容的适度性

选择和重组教学内容,一定要根据学生的接受度,坚持适量、适度的原则。所谓适度主要是指广度和难度。广度,就是在教学内容的广度上要控制好,内容太多,学生难以消化。难度,指的是要控制好教学内容的难易程度和深度。教学内容广度与难度是课堂有效性的重要保障。所选择的教学内容过难,学生不易理解,容易挫伤学生学习的积极性;过易会降低教学要求,影响学生学习的兴趣,长此以往,容易造成学生思维肤浅,不善于动脑分析和解决问题,学生的智能也得不到应有的发展。

3. 教学方式的整合

课程实施是初中数学整体课程在课堂上的具体落实。我们在构建整体课程内容时,采用了多种方式构建新的整体,有的是增加,有的是减少,有的是扩展,有的是深入,有的是合并,有的是分类,有的是比同,有的是存异……但在具体整体课程实施中,都是按照整体教学的思路进行分模块实施的。

在分模块具体实施中,我们依据核心素养导向下的全息课堂模式,按照"尝试学习—合作交流—课堂议练—方法总结—拓展延伸—内化提升"的课堂环节，以学习单的方式进行了具体的教学设计。具体实施流程为：

(1) 依据整体课程目标，整合教学内容，确立整体规划。
(2) 划分整体模块，确定分模块课程目标和内容。
(3) 制订课程实施方案。
(4) 讨论完善整体课程实施方案，制定分模块学习设计。
(5) 分模块组织实施，同步评估课程实施情况。
(6) 集体教研，修订整体课程实施方案。

4. 评价方式的整合

对学生的数学学习进行评价，是数学课程实施的重要环节。在评价方式的整合上，我们力求建立形成性评价与终结性评价相结合的评价体系，我们主张应将学生数学学习评价建立在学习的全过程。既注重评价学生的学业成就，如数学知识、技能、方法及思维品质等，还要考虑到学科育人的价值，如对数学史、数学文化、数学精神等的渗透。数学学科的评价方式主要有数学习作、问卷调查、数学小报、思维导图、纸笔测试、学生的自评与互评等。尝试多种评价方式的整合，全面了解学生学习数学的过程和结果，激励学生学习，促进学生的学业进步与全面发展，以及改善教师的教学方式和提高教学质量。

5. 学习资源的整合

我们要立足于学习目标，使内容的难度落脚在学生通过努力可以达到的潜在接受能力上，让学生在教学中有一种跳一跳就能够得到的满足感，从而不断开发新的"最近发展区"，促进学生发展。教学内容的广度也要适当，要围绕教材内容，又不能拘泥于教材。要紧紧围绕课程目标，把"博"与"精"有机结合起来。一方面教学内容的选择不要局限于既定教材，应适当加以延伸，让学生在课堂学习中有充实感；另一方面教学内容的选择又必须是精心筛选的，要具有基础性和示范性，以帮助学生取得良好的学习效果。

因此，数学学科组开发了《读数学》的校本阅读读本，并在此基础上，要求每节课必须要渗透数学文化，丰富数学的人文价值，让数学文明走进学生心灵。同时，数学学习内容与生活的整合、信息技术的整合极大地丰富了数学学习资源，为学生更好地学习数学提供了资源的保障。

(三) 数学案例

【数学学科内整合案例1】

类方法整合——"幂的性质探究"

【学习目标和实现指标】

学习目标：

(1) 经历运用幂的定义进行同底数幂的性质探究的学习过程，体会核心概念在数学知识形成过程中的作用；

(2) 通过对同底数幂的乘法、同底数幂的除法、幂的乘方、积的乘方及商的乘方法则的结构认识，感受符号意识和数学抽象；

(3) 类比同底数幂的性质探究方法进行其他问题的探究，培养学生发现问题、分析问题、解决问题的能力。

实现指标：

(1) 能描述探究过程与幂的定义之间的关系；

(2) 能够描述结论表达式结构的特征；

(3) 能够运用同底数幂的乘法、同底数幂的除法、幂的乘方、积的乘方及商的乘方法则进行简单的计算或化简；

(4) 能够表达出通过本节课所学到的探究问题的方法。

【学习重点】

幂的性质探究。

【学习难点】

负数指数幂、0指数幂的理解及探究方法的迁移、内化。

【教学设计及课堂实施】

环节一：情境再现、复习回顾

某细胞第一次分裂成2个，第二次分裂成4个，第三次分裂成____个，……，按照这样的规律分裂下去，则第 n 次将分裂成____个。

【师生活动】

回忆乘方运算产生的实际背景。

【设计意图】

帮助学生回忆乘方运算是一种特殊的乘法运算。

问题：

（1）上述情境中，$\underbrace{2\times 2\times\cdots\times 2}_{n个2}$ = _____ ；

（2）乘方的定义是：_____

（3）对于 a^n，你能回顾一下相关知识吗？

【师生活动】

学生分享、交流，教师适时点拨、归纳。

教师点拨：幂是一种特殊的乘法运算，是相同因数（因式）乘法运算的一种简写形式，从而产生了相关的一些概念，比如底数、指数及幂。

【设计意图】

帮助学生回顾旧知识，为后面的性质探究做铺垫。

环节二：提出问题、分析问题

问题一：怎样进行幂的性质探究？

问题二：根据现有知识，你能进行与幂相关的哪些运算？

（1）a^3+a^3　　（2）a^3-a^3　　（3）a^4+a^3　　（4）a^4-a^3

【师生活动】

师生互动，寻找有效、有序的探究方法和策略。

教师点拨：从幂的定义入手，在进行幂的相关运算时，需关注底数和指数。如果底数相同且指数也相同，此时幂之间的加减运算其本质就是合并同类项，否则无法进行加减运算。那么，如果底数相同、指数不相同，是否可以进行其他运算呢？进而激发学生思考，提出探究相关运算的依据、策略和方法。

【设计意图】

激发学生的求知欲，引导学生有效、有序、有依据地进行探究。

环节三：自主探究、分享交流

类比同底数幂的乘法及积的乘方探究方法，自主进行其他性质的探究。

【师生活动】

学生在充分的独立思考、尝试后进行分享和交流。

教师点拨：当指数相同时，可以根据幂的定义，类比同底数幂的乘法运算法则探究的方法，我们很容易探究并理解：$a^m \cdot b^m = (ab)^m$；$a^m \div b^m = \left(\dfrac{a}{b}\right)^m$（其中 $b \neq 0$）；$(a^m)^n = a^{mn}$。但在进行同底数幂的除法运算时，我们关注 $a^m \div a^n = a^{m-n}$（其中 $a \neq 0$）；当 $m=n$ 或者 $m<n$ 时，会产生什么结论？进一步

促进学生思考，为何规定：$a^0 = 1$ 及 $a^{-p} = \dfrac{1}{a^p}$（其中 $a \neq 0$）。

【设计意图】

授之以渔，学生可以根据类似的方法进行类比探究学习，在教师的追问、启发下，积极思考、交流两个规定的重要性和必要性，在"最近发展区"提升学科素养。

环节四：探究创生、归纳小结

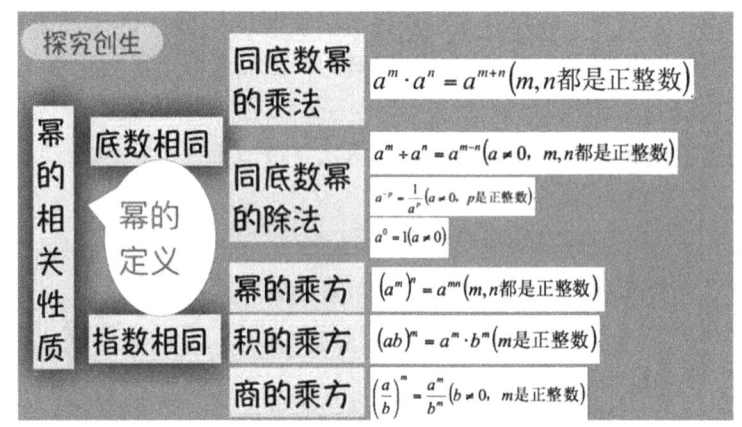

【师生活动】

归纳得到幂的相关性质，提炼探究的方法和策略。

教师点拨：在进行幂的相关运算性质探究时，始终从幂的定义出发，围绕底数和指数的同与不同进行运算性质的探究，从而形成方法的提炼。

【设计意图】

师生共同梳理、归纳运算法则，形成知识框架，进一步提炼、总结、感悟探究方法。

环节五：初步运用、内化提升

问题一：

口答：(1) $5^2 \times 5^7$　(2) $a^7 \div a^4$　(3) 2^0　(4) 3^{-2}　(5) $(x^2)^3$

(6) $(3x)^2$

问题二：定义新运算：$a \times b = x^a \cdot x^b$

(1) 试表示 5×6 和 3×9；

(2) 你能利用今天所学知识和方法探究以下两个问题吗？

① $a \times b$ 是否满足交换律？

② 比较 $(a \times b)(c \times d)$ 与 $(d \times b)(a \times c)$ 的大小。

【师生活动】

学生在充分的独立思考后再分享、交流。

教师点拨：根据新定义运算的法则，回到幂的定义进行探究。

【设计意图】

通过一组简单题的口答练习，巩固新知。问题二的提出是考查学生是否形成了知识方法的迁移、内化。

环节六：课堂小结、提升素养

谈收获，提困惑，悟数学。

【师生活动】

引导学生归纳、总结、提炼、感悟。

教师点拨：类比学习的广泛运用，转化思想的重要性。

【设计意图】

通过学生谈真实的课堂感受和收获，做进一步的教学反思及调整，同时也帮助学生重新建构知识体系，感悟学习方法，并引用波利亚名言："如果不转化问题，我们几乎不能有任何进展。"进一步体验本节课最核心的三个转化思想：将未知转化为已知；将复杂转化为简单；将实际转化为数学。进一步渗透数学思想，提升学科素养。

【教学反思】

在促进学科整合（类方法）教学方面，我们对上述案例进行了如下反思。

（1）设计意图

无论是同底数幂的乘法、除法，还是幂的乘方与积的乘方，其运算法则的推导都需要从幂的定义出发，且各种运算法则推导的方法之间存在相通性，这就为整合教学提供了很大的空间。因此，我们将教材中"同底数幂的乘法""幂的乘方与积的乘方""同底数幂的除法"五个课时的内容，重新整合成"幂的性质探究""幂的性质初步运用""幂的性质综合运用"三个课时的内容。这样学生在学习过程中一方面建立起了整体的学习观念，另一方面运用类比、猜想、验证等学习方法进行了探究学习，相比较而言，这样的学习更能激发学生学习的积极性，更有利于学生关键能力的培养。

（2）实施效果

本课以"类方法整合"为基本思路，设计新颖，课堂中充分调动学生参与探究、交流，学生能积极发现并提出问题。通过在学生"最近发展区"搭建脚手架，学生们能体会到幂的性质探究起点在哪里，如何进行有序、有效的探究，最终分析并解决问题。北京师范大学郭华教授在点评时，高度肯定了晏学渊老师的"幂的性质探究"："这堂课是在学生真问题下进行的真探究、真发现，从而获得了真知识和真体验，也提供了一节老师该如何帮助学生在'最近发展区'达到该有的高度的好课。"

（3）成功之处

本课之所以取得成功，主要表现在以下三个方面。一是学习目标的优化整合。经历运用幂的定义进行幂的性质探究的学习过程，体会核心概念在数学知识形成过程中的作用，感受符号意识和数学抽象，进一步培养学生发现和提出问题、分析和解决问题的能力。二是教学内容的精心整合。从创设情境，回顾幂的定义，到幂的加减运算联想到其他运算，发现问题并提出猜想，再到利用幂的定义分析、验证猜想，最后到拓展内化、知识迁移，层层递进、环环相扣。三是教学方式的整合运用。授课教师在本节课的教学中，既发挥了教师组织者、引导者、合作者的作用，在关键地方进行点拨、归纳，又善于激发学生思考、质疑、分享交流、展示，很好地整合了不同的教学方式。

（4）问题反思

本课虽然获得高度认可及极好的教学效果，但在实施过程中仍有一些不足之处。一是整合教学对学生学习能力有较高要求，学生在类比、迁移方面有根本性差异，导致不同层次的学生对本节课的体验、认识、收获的差异较大；二是课堂评价方式的整合还需加强，整节课以教师观察评价为主，可适当引入小组评价、生生评价等方式。

（5）改进建议

本课需要改进的是：加强对课程整合理论的学习，提升学科内整合理念的认识；遵循学生的认知规律和发展特点，树立以学生为本的课程整合意识；尝试多种评价方式的整合，完善数学课堂评价方式的整合。

【数学学科内整合案例2】

类思想整合——"以形释数"

【学习目标和实现指标】

学习目标：

（1）经历拼、折、剪、画等活动，从数与形结合的角度来分析数学问题的过程，在"观察—猜想—关联—操作—论证—归纳"的过程中，分析、感悟数形结合的思想方法，提高解决问题的能力；

（2）在感悟数形结合的过程中，培养独立思考、合作交流、反思质疑的习惯，感受到问题研究的乐趣，喜欢数学，喜欢思考；

（3）获得一些研究问题的方法和经验，加深对知识的理解。

实现指标：

（1）能通过拼、折、剪、画等活动，找出数与形的一些关系；

（2）在感悟数形结合的过程中，能说出自己的想法，能动手操作有关数学实验；

（3）初步实现数与形的一些转化。

【学习重点】

感悟数形结合的思想方法，提高分析问题、解决问题的能力。

【学习难点】

初步实现数向形的转化，并能利用数形结合思想解决实际而具体的问题。

【教学设计及课堂实施】

环节一：情境引入

由学校校徽引出数字"1"，然后激发学生畅谈关于"1"的问题，从"形"和"数"的角度归纳总结"1"，从而引出课题。

【设计意图】

从数联想到图形，由图形来解释数，经历"直观—抽象"的解释的过程，初步感受"数"与"形"之间的关联，突破数形认知转换的障碍，为后续数学问题的解决埋下伏笔。问题的开放度在某种意义上决定了知识内容的整合度，此问题具备了这样的整合知识性提问。

环节二：感悟数形

庄子在《庄子·天下篇》中写道："一尺之棰，日取其半，万世不竭。"

问题一：你知道这句话是什么意思吗？

问题二：你觉得这里面有没有数学问题？

（1）前6天取下来的长度之和如何表示？

（2）前6天取下来的长度之和等于多少？

【设计意图】

让学生经历发现、应用数学模式（即规律）的过程，学生通过观察发现加数有规律，和也有规律。在数学学习中，要善于发现数（或形）中的规律，只有发现了规律，才能进一步应用规律。学生的答案广泛，教师在此过程中注意将知识进行整合并归类表达。

环节三：学用数形（初步感知）

问题一：请尝试计算

$$\frac{1}{2}+\frac{1}{2^2}+\frac{1}{2^3}+\frac{1}{2^4}+\frac{1}{2^5}+\frac{1}{2^6}$$

变式1：

$$\frac{3}{4}+\frac{3}{4^2}+\frac{3}{4^3}+\frac{3}{4^4}+\frac{3}{4^5}+\frac{3}{4^6}$$

变式2：

$$\frac{1}{4}+\frac{1}{4^2}+\frac{1}{4^3}+\frac{1}{4^4}+\frac{1}{4^5}+\frac{1}{4^6}$$

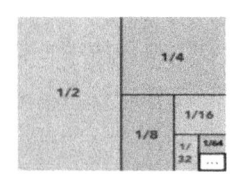

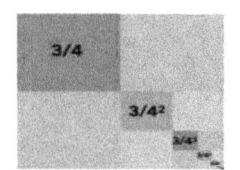

【设计意图】

借助面积模型图（形）直观感受其与数（式）之间的关系，体会形与数之间可以互相表达、解释，在数与形之间建立关联，在问题解决中初步感悟数形结合的思想方法，经历数学中几何直观的过程，初步体会数形结合的好处。

在此环节中，学生对于 $\frac{1}{2}+\frac{1}{2^2}+\frac{1}{2^3}+\frac{1}{2^4}+\frac{1}{2^5}+\frac{1}{2^6}$ 的图形理解是比较到位的，但对于 $\frac{1}{4}+\frac{1}{4^2}+\frac{1}{4^3}+\frac{1}{4^4}+\frac{1}{4^5}+\frac{1}{4^6}$ 的图形理解会出现较大问题，结合学生的学情，设计让学生先解决 $\frac{3}{4}+\frac{3}{4^2}+\frac{3}{4^3}+\frac{3}{4^4}+\frac{3}{4^5}+\frac{3}{4^6}$，做好思维和知识铺垫，意图突破此处的数形结合难点。

问题二：请结合以上的方法和结论，解决下面的问题：

计算：$\frac{1}{3}+\frac{1}{3^2}+\frac{1}{3^3}+\frac{1}{3^4}+\frac{1}{3^5}+\frac{1}{3^6}$

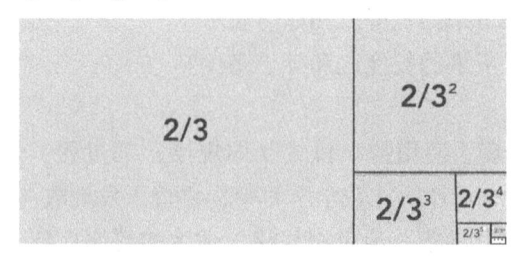

【设计意图】

在前面"以形助数"活动经验积累的基础上,学生先独立思考,再进行小组合作,在小组交流中无论是能力强还是能力弱的学生都应明确研究对象、研究任务、有效的研究方法和最终的检查方式,进而在独立思考、小组交流后全班汇报时,组织条理清晰的表述模式和表述语言,即儿童个体数学表达结构的建立,这无疑是一次思维上的巨大提升。

回顾:刚才我们是怎么解决数(式)的运算问题的?

启发:借助图形解决数学问题有什么精彩之处?

小结:复杂的计算如果借助图形来解释就会变得直观、简单。看来数与形的联系非常紧密,形不但赋予了数实际意义,也给了数鲜活的生命。

【设计意图】

回顾"以形助数"解决数学问题的意义,体会图形的力量,感受数形结合思考的价值,培养学生归纳、概括的数学能力。

环节四:巧用数形

问题一:a^2 表示什么?ab 表示什么?a^2+ab 又表示什么?

问题二:请你利用手边的物品来解释 $(a+b)(a+2b) = a^2+3ab+2b^2$

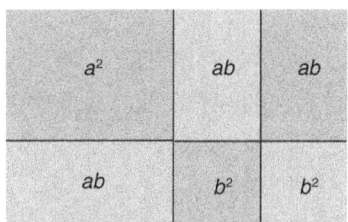

问题三:请化简 $(a+b)^2$,说说你的想法,你还有什么好方法吗?

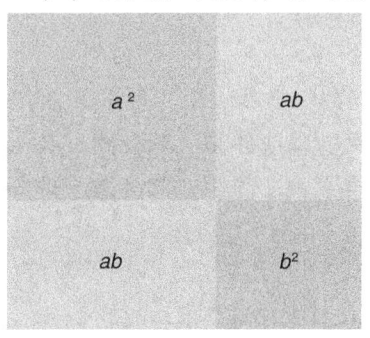

【设计意图】

设置这个探究性任务,目的是考查学生数形结合解决问题的能力。初中生对符号的抽象性把握不够,所学公式如果仅凭法则加以计算的话,好像失去了数学知识点间的联系。数形实际是统一的,数可以通过形来运算,形又可以通过数来表现。学生在经历探索、讨论、交流之后,发展了数学思维能力,对于整式乘法甚至因式分解等可以从图形的角度获得一定的认识,通过动手探索获得了研究问题、解决问题的经验和方法,使得他们对数学的认识从感性阶段上升到理性阶段,同时也使初中数学的学习由抽象变得具体、枯燥变为有趣,增加了学生对数学的学习兴趣。因此,把七年级相关学习内容通过这样一个问题串起来,整合成一个完整、和谐的整体。

环节五:延伸数形(内化提升)

问题一:你能不能提出一个可以利用数形结合解决的好问题?说说你的想法。[如化简 $(a+b)^2$、$(a+b)^3$]

问题二:数与形的联系可以解决纯数学的问题,那可以运用于生活中吗?说说你的想法。

【设计意图】

瑞士教育家皮亚杰认为,学生的认知能力不能从外部形成,而只能由学生自身的发展来决定。真正的学习并不是由教师向学生灌输知识,而是出于学生本身的自发性和主动性。因此,需要提升学生的发现问题、提出问题、分析问题和解决问题的能力。

通过"折纸"微视频,使学生感悟"数"与"形"不仅是数学的表现方式,也是世界的存在方式。大千世界无不遵从数学的规律,数与形的有机联系带给世界以和谐的美感。

环节六:畅谈数形

请展示你所梳理的七年级上册的数形结合案例;

谈谈你对数与形的认识。

【设计意图】

回顾七年级上学期的数学学习中用"形"来解决"数"的问题,唤醒以往散落的知识经验的记忆,以成体系,感受图形在问题解决中的价值,使抽象的数学原理与事实变得直观、简明,体会数学中不同表现方式的关系,体会数形结合思考的意义。

学习评价:

1. 通过本节课的学习,你有何感悟与收获?

2. 还有哪些问题没有完全弄清楚？

3. 你还想研究什么问题？

【设计意图】

教师与学生一起回顾学习数与形的活动经历，强化了活动体验，激发了学生情感。教师引用数学家华罗庚的话，让学生和数学家产生共鸣，更强化了数形结合的意识，感受数形结合的魅力，也进一步让学生感受数学文化的熏陶。

【教学反思】

1. 从落实"四基、四能"到发展学生核心素养

在教与学的活动过程中巩固了"双基"，渗透了数学思想，积累了数学活动经验。另外，学生在动手操作中不仅锻炼了自己分析问题和解决问题的能力，还培养了自己发现问题和提出问题的能力。学生从实验活动中以直观形象的图片、材料、工具等为载体，小组合作进行数学推理、运算，在此过程中培养学生的语言表达和合作交流能力，促进了思维发展和能力形成，引导学生学会学习，发展了核心素养。

2. 充分认识实验教学的价值

数学实验教学过程的最后一个步骤应该对学生有一个提升，要引导他们将实验所得的结果或者方法进行数学化，从借助有关工具的直观思维回归到抽象思维。数学实验毕竟与物理、化学等实验不同，后者更注重实验的操作，以及对实验现象的观察，而前者在关注实验表象的同时，更注重将活动对象及过程进行提炼、概括，使其上升为相应的数学概念或数学思想方法。所以，教师在教学过程中，既不能忽视数学实验的价值，又不能过分夸大。没有实验的数学教学会让学生缺乏直观感受，不仅枯燥乏味，而且对学生合情推理能力的提高、学习兴趣的培养都会有消极影响。但只有实验的数学教学，又会阻碍学生演绎推理能力、抽象数学思维的发展，而且会形成看问题不会由表及里、不会抓本质的弊端。数学实验这种新型的学习方式要与传统学习方式互做有益补充，这样才能达到相辅相成的效果。

3. 基于学生学情找准学生思维培养的切入点

《新课标》指出：学生的知识技能有"生长点"和"最近发展区"，学生的数学思想、数学情感同样具有较为清晰的"生长点"和"最近发展区"。学生在小学阶段就学习了看图写数，看图写算式，接触了看线段图列式，初步感知了用图形与字母符号来表示数，先"形"后"数"的思维占主导地

位。进入初中后在有理数、整式、解应用题、画统计图等学习实践中慢慢实现"先数后形"的转化，抽象思维开始得到培养。那么，学生思维的"最近发展区"在哪儿呢？通过钻研教材，了解学情，授课教师把"体会数与形的联系""积累数形结合解决问题的活动经验""培养学生数形结合的数学思想意识"作为本课的教学内容。而学习内容的设计既有数，又有形；既有猜想、又有印证，找准了学生的思维入口，引起学生学习的兴趣，为后面的思维训练、方法训练做好了铺垫。

4. 激发学习兴趣，发展学生关键能力

德国教育家第斯多惠说，"教学的艺术不在于传授的本领，而在于激励唤醒、鼓舞"，富有挑战性的、启迪性的、鼓动性的问题情境，激发了各小组同学积极探究的兴趣，精彩洋溢地展现在同学们的课堂言语中。

在探究中发现，在实践中体验，是数学学习的最佳途径。在本节课中，一是准备了充足的学具，每个学生都有不同的小正方形、长方形，甚至正方体，等等，这样便于学生动手实践，给学生创造探究的条件；二是给学生足够的探究空间，在操作动手实验的过程中组织学生"想一想""说一说"，将学生的活动思维、表达条理化。这样的设计和组织让图形动起来，让学生动起来。学生全体投入，全心投入，探究过程生动有趣，内心的体验也就丰富多彩了。

三、物理学科案例：基于认知规律，以整合促进核心素养落地

初中物理教学的根本问题，在于已有的知识如何被学生获得，并转化为学生个体的内在发展动力。物理学科团队在学校构建核心素养导向下的全息育人课堂的建设战略规划的引领下，结合物理教学的困境，以整合突破有限的学习时空，以整合建设"轻负高质""活态优质"的课堂，以整合来实现和不断追求开放与智慧的课堂教学形态，引领全体学生的持续成长，努力建构具有"全体、立体、活态"特征的核心素养导向的全息课堂。以"认知规律"整合初中物理能够有效地将目标与过程、内容与形式、方法与结果有机地统一起来，使初中物理教学更加有效且富有生命力。

我们认为，物理学科承担着培养学生"勇于质疑创新的科学精神""严密的逻辑推理论证能力""以中国科技发展感知世界科技"等使命，并以此提升学生的物理学科核心素养，实现学科"全息树人"的学习价值。整合是在有限的时空中，拓展培养"优质生命体"的宽度和广度，实现多元发展，整合

是重要的有效途径。

（一）物理学科的整合的切入点和聚焦点是如何符合学生的认知规律

学生的学习过程与人类最初探索未知事物的过程之间存在相似性、共通性。学生应该在发现中获得、掌握、体会、探究，成为"发现"的主体。在教学中，学生不可能事无巨细地重现知识形成的过程，需要教师把知识进行逻辑重组，简约的模拟和再现知识最初被发现的过程，突出重点和关键之处，起到引导作用，学生必须亲身参与到活动中才能成为学习的主体。整个过程以"认知"为目的，伴随着认知过程会发生探究、交流等活动。当学生以发现者、合作者等身份投入学习时，学生与知识在认知活动中便成为一个不可分离的整体。

学生的学习过程是感知、领悟、积累、运用、形成的过程，其中主要环节是感知、认知、内化。从认知规律上看，解决物理问题的过程是新的具体问题情境与学生头脑中已有物理知识，以及运用知识的方法相互作用的过程。当学生面临新的问题后，就要努力寻找解决问题的方法和需要达到的目标，以及同现有的知识方法之间的实质性联系。

（二）物理学科基于认知规律实施整合的难点

1. 现有教学体系逻辑严密难以打破重组

初中物理学科现有的框架体系包含力、热、声、光、电的内容，某些表面上看似关联的章节实则无法基于学生的认知规律进行整合，比如教科版八年级上册第二章运动与能量中包含能量的内容，八年级下册第十二章专门用来讲机械能，九年级下册第十一章专门讲能源利用与人类文明的进步，这些章节都是在剖析能量，它们能不能合在一起？答案是不能，因为后半部分学的能量必须要有力与运动、电与磁等知识作为基础，所以物理学科现有框架体系逻辑严密且完善，部分内容看似可整合，但基于学生的认知规律，难以整合。

2. 课型差异大

物理最常见的课型有概念类、规律类、应用类，当学生感知新面临的问题后，就要努力寻找解决问题的方法和需要达到的目标，以及同现有的知识方法之间的实质性联系，这适用于物理概念、规律类课型的教学。而另一些应用类的课型，比如密度知识应用交流会、电路设计与展示等，是建立在学生熟练掌握并理解的基础上，把已有知识与生活经验相联系，这类课型很难基于认知规律的建构进行整合。

3. 观察能力以及观察手段的局限性

观察能力的局限性是指初中学生的抽象思维在很大程度上是凭借自己的已有经验。初中物理的基本知识是从大量生活实例中提炼出来，甚至是基于大量实验基础获得的，是一代代物理学家智慧的结晶，体现了某个时期最辉煌的成果。虽然中学生已初步具备物理学感知能力，他们能够通过自己的感官对周围世界的物理现象形成模糊的个体认识，也能对值得注意的物理现象做粗浅的分析，但很难建立起具体的物理现象、物理概念以及物理规律之间的有机的联系。

观察手段的局限性是指：初中物理中涉及的理想模型比如光线、磁感线、主光轴等，是为了方便研究某些问题而引入，并非真实存在的模型，学生难以理解，需要教师在整合的过程中认真思考，如何更好引发学生的共鸣，以突破观察手段的局限性。

(三) 物理学科基于认知规律的整合策略

1. 概念类课程中重构教学机制

概念类课程易学难懂需要从认知规律上进行整合。物理难学似乎已成了中学生的共识，学生大都觉得物理概念非常抽象，不易理解。一些同学为达到老师的要求对概念死记硬背，在回答概念性问题时显得对概念掌握极为熟练，但遇到应用性问题时脑子总是转不过来，必须有人在旁边"提点"一下，每当有老师或同学稍微点拨一下便立刻恍然大悟，但是如果自己去思考却总找不到方向。如此学习概念会使学生思想僵化、呆板，既影响了物理学习的长期发展，也扼杀了学生认识自然的好奇心。

"两次倒转"教学机制给物理教学一定的启发。如果我们之前在不断地尝试整合以实施更加有效的教学活动，那么"两次倒转"机制就很好地为我们的尝试做出了系统的指导。"两次倒转"是郭华教授提出的先"倒过来"再"转回去"的一种教学机制。所谓"倒过来"，是指和人类对知识的实际认知过程相比，学生对知识的学习逻辑是"倒过来"的，即学生对外部知识的认知起点并不是从实践、试误开始，而是直接从人类认知的终点——物理的概念、规律等已知结论开始，然后再用规律和结论去解释各种生活现象。这个"倒过来"的过程，把人类知识的终点作为学生认知的起点，与人类最初发现知识的过程完全相反。很明显,直接从人类知识的终点开始,有着巨大的优越性,高效、安全、结构化,能够在较短的时间内掌握人类千百年来的知识成果。"倒过来",是先决地承认人类已有知识成果作为教学内容的意义和价值;而"转回去"是要使知识成果变成学生有客观需求、愿意主动认知的对象,重新构建知识认知的过程,真正落实学生主体的地位,使教师、学生、学习内容得以有机统一,使教师的"教"与学生的"学"能够统一而成"教学"。

以"在流体中运动"为例:

本节课是八年级下期第十章的第一节,内容很简单,就一句话:"流体在流速大的地方压强小,在流速小的地方压强大。"同学们很容易记住,但并不能理解。为了符合同学们对知识的认知规律,我们把教学进行了两次倒转。首先基于成果设定学习目标,其次再基于认知规律设定实现指标(表5-1)。

表5-1 "在流体中运动"学习目标

学习目标	实现指标	尝试学习后达标情况			提升学习后达标情况			优化学习后达标情况		
		达到	未达到	不清楚	达到	未达到	不清楚	达到	未达到	不清楚
1. 知道流体的压强与流速的关系	1. 能够通过观察法、实验法探究流体的压强与流速的关系									
2. 了解飞机的升力是怎样产生的	2. 能够通过分析推理法探究飞机的升力是怎样产生的									
	3. 能够解释生活中跟流体压强与流速关系相关的现象									
自我小结	主要收获									
	自我提醒									

根据学生的认知规律,我们利用"两次倒转"机制对教学过程进行了如下整合:

(1) 对现象的感知

以魔术的方式呈现生活中流体压强和流速关系造成的影响,激发学生的好奇心,让学生有切实的体会和感知。

教师引入：（老师表演软管吸彩卡纸魔术。）一根软管甩两下居然可以把碎彩片吸上来，是什么原因导致碎彩片飞出来的呢？通过这节课的学习，同学们将会有一个非常准确的答案。这节课我们就来学习第十章的第一节，在流体中运动，也就是流体的流速和压强的关系。

（2）对现象的分析论证

带领学生观看并动手完成流动的空气和流动的液体的相关实验，结合已经学过的知识对所观察到的实验现象进行分析论证，从而获得对新知识的认知。

节选老师的引导语：同学们注意观察，这是一根两端开口的透明塑料管，我现在将乒乓球静止放在透明塑料管中，请同学们思考，乒乓球水平方向上受到什么力的作用？我现在用吹风机在塑料管的一侧向下吹风，请同学们仔细观察乒乓球的运动状态。我在吹风的时候 F1 的一侧空气流动速度更大一些，所以这边的压力变小了，所以相当于左侧有了风之后，空气流动速度变大，压强变小，压力变小，这样的话，我们可不可以提出来一个关于气体的流速和压强的猜想。

学生提出猜想后，通过分组实验来验证气体压强与流速关系，继而提出液体压强与流速关系的猜想，随后验证液体压强与流速的关系。综上认知，学生们可以自行提出伯努利原理的内容，再由老师归纳。

（3）对知识的内化与应用

对新知识的认知并不能真正变成学生自己的能力和科学素养，还需要进行内化及应用。

在伯努利原理的基础上，老师带领学生又进行了对飞机升力产生原因的探究和对生活中现象的解释，同时说明了流体压强和流速的关系可能造成的危害。

本环节主要是教学生对知识加以应用，培养学生的学习表达力和物理核心素养，在感知认知的基础上进行内化。

在上述环节完成后，学生们对本节课内容的学习基本可以达到领悟并能够加以应用的程度，为了提高学生的思维能力，我们整合前期学习过的连通器原理和刚学习到的伯努利原理，进行了课堂内容的拔高，让学生们能够融会贯通，拓展了思维的广度和深度。

（4）反思

通过下述实验分析出流体流速和压强的关系：由纸张靠拢联想到船自然

过渡；由纸杯飞杯自然过渡到魔力；由吹硬币过渡到飞机升力。

由学生提出生活中的应用并进行理论分析，相较传统的教学模式，此架构过渡自然，学生对所学内容更容易接受。后期在授课过程中可以采用同课异构，尝试不同的架构，观察学生的接受情况，做好课堂研究并形成反思文本。关注更多学生的认知规律，用最行之有效又有趣的方式将每一节课呈现给学生们是每一位教师应该考虑的整合方法。

2. 探究类课程中体现核心素养

让学生形成促进终身发展的核心素养至关重要。作为物理学科，学生能否具有科学探究的能力？能否具有科学思维、科学态度与责任？能否形成物理观念？这决定了学生物理学科能否可持续发展。

物理学科素养中，科学探究能力是基础。学生在一次次的科学探究中发展自己的科学思维，养成自己的科学态度与责任，最终形成自己的物理观念。而科学探究能力不是一两次实验能够一蹴而就的，因此对实验探究课程进行整合势在必行。

我们需要在每一节探究课中进行符合学生认知规律的知识构建，既体现出知识发现的规律，又要剔除很多不必要的细枝末节，仅保留对培养学生学科素养有益的内容。接下来以"科学探究：平面镜成像规律"一课为例（表5-2）。

表5-2 "科学探究：平面镜成像规律"学习目标

学习目标	实现指标	尝试学习后达标情况			提升学习后达标情况			优化学习后达标情况		
		达到	未达到	不清楚	达到	未达到	不清楚	达到	未达到	不清楚
1. 经历"平面镜成像特点"的探究过程，进一步学习实验探究的基本思路和方法	1. 能够根据实验现象分析实验器材或操作存在的问题，并改进									
	2. 能够自主动手做实验并总结出平面镜成像的特点									

续表

学习目标	实现指标	尝试学习后达标情况			提升学习后达标情况			优化学习后达标情况		
		达到	未达到	不清楚	达到	未达到	不清楚	达到	未达到	不清楚
2. 了解平面镜在生活中的应用	3. 了解平面镜成像在生活中的应用									
自我小结	主要收获									
	自我提醒									

学生们在已经学习了光的反射定律的基础上进行本节课的探究学习，学生的相关生活经验丰富，但是欠缺观察和对平面镜成像规律的总结和应用，所以本节课将整合学生的生活经验，带领学生再次感知，并通过实验对平面镜成像的规律进行归纳总结达到认知的程度。

(1) 对现象的感知

教师引导语：当你在照镜子的时候，你会在镜子中看到另外一个你，镜子里的这个人就是你的像。像是相对于物而言的，那平面镜所成的像跟物之间会有什么关系呢？同学们把镜子拿出来看一看自己在镜中的像，猜想像和物的大小位置有怎样的关系？

教师引导学生联系并重现生活中的场景，感知平面镜成像并提出合理的猜想。

(2) 对现象的分析论证

教学过程：教师一步步引导学生根据科学探究的七要素来设计实验制订计划，进行实验与收集证据，分析论证，评估。首先整合已经学过的实像和虚像对平面镜成像的虚实进行验证，接着引导学生设计实验思考为什么要使用玻璃板而不用平面镜？为了像更清晰，实验应该在怎样的环境下进行？为什么需要玻璃板和桌面垂直？逐步地设计研究平面镜成像的方法。

在学生动手进行实验时，观察学生实验过程中出现的不合理操作，并加以指导，在学生完成实验后，教师引导学生对实验结果进行分析论证，最终得到平面镜成像的相关规律，达到认知的程度。

得出结论的同时，教师对学生在实验过程中出现的问题再次评估，培养学生的物理学科素养。

(3) 对知识的内化与应用

教学实录节选：

师：我们今天学习了平面镜成像的特点，接下来我们通过一个小游戏来检验大家学得怎么样，这个游戏需要两位同学来参与，谁愿意？

师：假设两位同学是双胞胎，一位来模拟物，另一位来模拟像。两位同学面对面站好，假设中间有一面大镜子，你是物，你是像。当物在镜子面前活动的时候，像要有相应的动作，我们来试一试。

师：物后退一步，前进一步，物举左手，物举右手，物头像左偏，物像左转。感谢参与。

舞蹈演员可以在镜子前训练并矫正舞姿，早晨的时候你还可以照镜子看看自己的仪表是否规范，这些都利用的是平面镜成像。平面镜除了成像，还可以改变光路，一些办公楼里面利用平面镜将太阳光引入室内，解决室内的照明问题，这利用的光的反射，改变了光的传播路径。平面镜也会造成光污染，当太阳光照射强烈时，城市里建筑物的玻璃幕墙反射光线，炫眼夺目造成光污染。

学生通过自身的行动，完成了对平面镜成像特点的内化，再通过对生活中现象的解释和归纳，充分掌握平面镜成像的相关特点。

(4) 反思

①设计意图

"平面镜成像"是《物理》八年级上册重点内容之一，是在学习了"光的直线传播"和"光的反射"的基础上，进一步学习认识平面镜成像的特点、原理和应用。平面镜既与生活联系紧密，又是学生首次接触"像"的概念，为"凸透镜成像"做铺垫。所以，它起着承上启下的作用。学生对平面镜成像现象比较熟悉，也比较感兴趣。学生通过对平面镜成像的分析，可以丰富知识，开拓思维，培养密切联系实际，运用科学知识来解释一些自然现象的习惯和能力。

教材中用大量的图片呈现了平面镜成像现象，留有充裕的时间来探究平面镜成像规律及其应用，让学生在实验探究中领略物理的美妙，体会成功的快乐，体现了学生自主性探究的新课程标准。

教师在教学中通过奇妙的平面镜成像现象激发学生的兴趣，引发学生思考并提出问题，进而鼓励学生设计实验，进行探究，用类比法分析和归纳结论。引导学生运用自己归纳的结论解决生活和学习中的相关问题，进一步激发和保持学生探究的热情,培养学生思考和探究的习惯。

基于以上的教学分析,本节课分为三个教学板块:生活中的平面镜,设计实验探究平面镜成像的特点,了解平面镜成像的一些应用。

本节课是学生在学习物理的过程中遇到的第一个完整的科学探究,这节课定义为实验探究课,所以紧扣科学研究的七个步骤,并让学生自主学会科学探究并经历实验器材的选择和实验方案的制订。因此,本节课的重点是设计实验探究平面镜成像特点的实验探究过程活动,它是本节教学活动开展的中心。

②实施效果

本节课的引入是空盒子变出人民币和彩花,学生一来就被这神奇的魔术吸引了,极大地激发了学生的学习兴趣,都想要弄明白魔术背后的物理原理。接着课堂进入了第一个板块,生活中有哪些物体可以当作平面镜来成像,这一板块请学生根据生活经验来分享自己的看法,极大地调动了学生的学习热情。学生活动:通过平面镜看镜子中的自己,猜想像和物的大小、位置关系,学生经历了猜想与假设、提出了自己的看法。教师引导学生进行实验器材的选择和实验方案的制订,抛出了三个问题进行引导,调动学生的思维。三个问题分别是:玻璃板和平面镜应该选择谁?如何比较像和物的大小关系?如何测量像和物到平面镜的距离?实验器材和实验方案制定之后,强调实验细节,学生动手做实验,探究平面镜成像的特点。

得出平面镜成像的实验之后,用了一个探究活动:模拟镜前物和镜后像,极大地调动了学生学习的积极性。最后的课前魔术揭秘环节,让学生触摸到魔盒里面有镜子,体会到平面镜可以成像,让学生学会学以致用。

③成功之处

本节课之所以能够成功,是因为进行了有效的整合。

整合亮点一:将已有生活经验和物理学科新知进行整合。

在引导学生思考如何证明平面镜成像,像和物等大这一问题上,教师从生活现象出发拿出来两个一模一样的圆形物体,问如何比较两个圆是否等大?学生容易联想到将两个圆重合在一起,若完全重合,说明两个圆等大。教师接着引导,应用同样的方法,我们可以把物拿过去和像进行比较看是否重合,或者把像拿过来和物进行比较看是否重合。很明显,学生发现这两种方法都不可行,那应该怎么办?学生想到拿一个和物体A完全相同的物体B去替代物体A,并放在像的位置移动,看二者是否能重合,若重合,则说明,像和物等大，最后通过实验证明了像和物等大。这样的设计很巧妙，从学生已有经验出发，让学生根据生活经验解决问题，效果极佳。

整合亮点二：实验和理论的整合。

物理是一门以实验为基础的学科，本节课又是一节典型的实验探究课，从动手实验出发再到通过实验得出科学理论和规律是本节课的特点。本节课教师根据科学探究的七个步骤一步步引导学生，在进行实验、收集证据环节之后，引导学生根据实验现象进行分析论证、得出结论，巧妙地将实验和理论进行了整合。

整合亮点三：学生认知规律的整合。

本节课的难点是如何比较像和物的大小关系，以及如何比较像距和物距这两个问题上。教师先调动学生已有经验解决了像和物的大小关系，找到了像和物重合的位置，而这个位置就是像的位置，用一个和像相同的物体去替代了像的位置，像的位置确定下来了，自然而然地解决了第二个难点问题，如何比较像和物到平面镜的距离？这样的引导极具有启发性，从生活出发，极大地调动了学生的积极性，启发了学生的思维，而且也是符合学生认知规律的。

④不足之处

本节课是一节具有整合性质的实验探究课，对于学生今后实验探究课的学习应该起一个引领作用，但是学生对于实验探究的具体方法还了解得不够到位。此外，教师应更多关注学生的能力发展，给学生更多思考和发现问题的机会，多关注学生的真实想法。

⑤改进建议

本课需要改进的是：加强对课程整合理论的学习，提升学科内整合理念的认识；遵循学生的认知规律和发展特点，树立以生为本的整合意识，构建多元一体的教学策略，尝试多种方式的评价体系。

另外，当学生提出像和物的大小关系可能与像距和物距有关时，教师应该及时调整做三次实验，改变三次物距，发现像和物都重合，解决这个学生易错的问题，而且指出这是学生的一种视觉效应。

(四) 物理学科基于认知规律的整合案例

1. 目标定位

本案例为教科版《物理》八年级上册第五章第三节，"汽化"这节课的目标立意原本局限于"沸腾""蒸发"两个知识模块。经专家指导、教研组相互启发，基于物理学科认知规律整合，将此节的主要目标定位为"发展学生设计实验、评估实验的能力"（表5-3）。

表5-3 "汽化"学习目标

学习目标	实现指标	尝试学习后达标情况			提升学习后达标情况			优化学习后达标情况		
		达到	未达到	不清楚	达到	未达到	不清楚	达到	未达到	不清楚
1. 知道什么是汽化	1. 能说出汽化的概念									
	2. 知道汽化的两种方式									
2. 知道蒸发的特点	3. 能举例说明蒸发的现象及其特点									
	4. 能从微观层面简单解释蒸发现象									
3. 理解影响蒸发快慢的因素	5. 能用控制变量法设计实验探究影响蒸发快慢的因素									
	6. 能应用影响蒸发快慢的因素解决简单的生活问题									
自我小结	主要收获									
	自我提醒									

2. 课堂活动及设计意图

本节课以探究沸腾的特点和蒸发与哪些因素有关为主线，让学生经历探究沸腾的特点和蒸发与液体的温度、液体的表面积、液体表面空气流动的速度的过程。通过实验获得蒸发的有关知识后，注重引导学生运用所学的知识去分析解释大量生活生产中的蒸发现象，让学生明白生活中常见热现象中的物理原理（表5-4）。

第五章／学科内整合：核心素养导向的全息课堂样态（下）

表5-4 "汽化"课堂活动及意图

导学环节	教师活动	学生活动	设计意图
引入	演示：将少量神秘液体（酒精）倒入塑料袋，把口扎紧，放到沸腾的水面上，一起观察。塑料袋发生了什么变化？离开水面后，它又发生了什么变化？塑料袋的内部到底发生了什么变化？ 引导思辨：怎样用另一个相同的塑料袋验证该现象是否是热胀冷缩引起的 依据学生方案验证	猜想：可能发生了热胀冷缩；可能是里面液体变成了气体 设计：不加入神秘液体，把口扎紧，放到沸腾的水面上	引发学生的好奇，感受汽化现象
汽化	引导：观察沸腾水中的气泡，推测内部气体成分 提出定义：汽化和沸腾 引导学生举例缓慢的汽化现象 引导学生通过生活经验推测加快蒸发速度的方法并及时板书，归纳相应物理量	观察并推测：沸腾时，水中产生大量水蒸气，且过程比较剧烈 联系生活举例	简析沸腾属于汽化的一种形式，迅速引入到蒸发主题；通过联系生活实例积累主观感受；培养学生归纳现象、理论化的意识
实验探究：哪些因素会影响蒸发的快慢？	引导学生使用控制变量法设计实验并及时展示提供的器材：酒精一小杯（即待蒸发的液体）、滴管（可以用来吸取酒精）、铁盘两个（可以滴上一两滴被蒸发）、玻璃棒（可以将液珠摊开）、温度计（后面实验再用） 提问：①如果加一个暖手宝，方便探究哪个因素对蒸发快慢的影响？那应该控制哪些变量相同，哪些变量不同？具体如何操作 提问：②如果将暖手宝换成吹风机（注意：电源用充电宝，只能吹冷风），方便探究哪个因素对蒸发快慢的影响？那应该控制哪些变量相同，哪些变量不同？具体该怎么操作 提问：③如果什么都不加，想探究表面积对蒸发快慢的影响，应该怎么做 提问：④如果仅仅是把酒精摊开，酒精蒸干的时间会不会太长？老师提供给你两把完全相同的吹风机，你能不能把实验方案优化一下 组织分组：全班48人分成三个大组（每个大组含四个小组），每个大组只探究一个因素。第一大组探究液体温度，每个小组器材中多一个暖手宝；第二大组探究液面空气流速，每个小组器材中多一把吹风机；第三大组探究液体表面积，每个小组器材中多两把完全相同的吹风机	①②小组讨论1分钟并分享设计方案 ③④直接回答设计方案 分组实验，实验时间3分钟。每个大组派代表分享做法和结论	培养学生观察和选择器材的能力，分工合作意识；培养学生的表达能力，评估实验的意识；锻炼学生设计实验的能力；严谨得到实验结论的意识。课堂实践证明，此板块中给予了学生充分思考、发散、思辨、表达的空间，教学效果非常好

· 199 ·

续表

导学环节	教师活动	学生活动	设计意图
实验探究：哪些因素会影响蒸发的快慢？	肯定评价学生的做法和结论后，引导学生评估实验不足和改进方案。（尤其是"控制蒸发液体质量相同""控制蒸发液体表面积相等""缩短蒸发时间"等话题） 介绍托盘天平及教师的实验：为了解决这个问题（怎样准确知道哪个蒸发的快呢？），给大家介绍一个新的测量工具——托盘天平。虽然我们本该在下一章学习，但是不妨碍咱们今天用它来解决问题。将原理和操作放一放，先关注天平的一个特点：我们在左右托盘上分别放置一杯冷水和一杯热水，烧杯形状相同，如果左边的冷水重，则左边下沉，带动指针偏向中央刻度线左边；反之，如果右边的热水重，则指针向右偏。现在天平是平衡的，如果热水真的蒸发快，随着时间的流逝，我们应该会看到指针向哪边偏？我们一起来看，是否如大家所预测的 播放视频——"温度对蒸发快慢的影响"，并引导学生分析现象、结论。 引导学生分析怎样稍加改动实验器材验证其他要素对蒸发快慢的影响，并播放相应视频（"空气流速""表面积"），再次验证结论		
蒸发的特点	提问：增大液体表面积可以加快蒸发，提示我们蒸发很可能发生在液体的哪个部位？表面还是内部，还是都有 提问：高温时蒸发快，低温时蒸发慢；虽然不同温度下蒸发有快慢之分，但始终在进行。那么，蒸发需要特定的温度条件吗？ 提问：既然任何温度下蒸发都能进行，那蒸发还需要吸热吗？引导学生实验验证	归纳出蒸发发生在液体表面及蒸发不需要特定温度 分组实验：让温度计的感温泡在酒精中蘸一下，拿出来观察示数变化 分享现象并归纳出蒸发具有致冷作用	培养学生理论思辨的能力；培养学生理论联系实际的能力

续表

导学环节	教师活动	学生活动	设计意图
蒸发的微观解释	引导：我们探究、归纳了蒸发在宏观层面上的特点后，要想更本质地理解蒸发，就需要寻求其微观解释。相对于气体分子，液体分子的间距比较小，联系比较紧密。但液体分子是静止的吗？在怎样运动？播放视频"蒸发的微观解释" 引导学生推测开头实验中的神秘液体并由前面同学通过"闻"来验证	学生观看视频并归纳蒸发的微观本质	培养学生形成"宏观现象-微观解释"的认识。培养优生理论联想、理论演绎的能力
蒸发的应用	引导：一起学习了蒸发的知识，学习知识是为了更好地为生活服务。教师列举一些社会中的角色（PPT展示8个社会角色名称，对应相应图片的超链接），这些角色能让你联想到哪些与蒸发相关的应用 结语：今天同学们从兴趣出发，学习、探究，但你们终将会走向社会，走入形形色色的社会角色，有自己的社会担当，希望大家的今日所学能支撑起明天的社会担当	学生选择一个角色应用"蒸发"知识解决问题的方案；或者由教师提问，学生回答解决问题的方案	让学生代入社会角色，理论走向实践。让学生稍加体会"生活不易"和"社会责任感"

【学习重难点】

重点：探究影响蒸发快慢的因素。

难点：设计实验，发展学生的探究能力。

【学习准备】

教师演示：电陶炉、大烧杯、水、保鲜袋、酒精、铁架台、温度计（演示版）、棉花

学生分组：水、酒精、注射器、铁盘、玻璃棒、吹风机、扇子

3. 整合亮点

（1）立足全人发展的目标整合

一节好课的立意应该立足全人发展，主要体现在以下三个方面。①有思维的深度。只有真正去发展学生的思维、能力才符合学生优质高效发展的需求，亦必然是学生喜欢的。②有社会的广度。只有让知识来自生活，学生才会积极参与；只有让知识应用于社会，学生才会代入角色，认可其价值。③有生命的长度。一节课的达成效果绝不应只体现在当天的作业、几个月内的考试；如果一节课让学生受益深远，能延长到生命的长度，这是我们所期待的。在这些理念指引下，将此节的主要目标定位到"发展学生设计实验、

评估实验的能力"。

(2) 设置知识内容的整合

教科版教材上"汽化"这节知识涉及初三的"分子动理论""热传递""内能"等多块知识，而"探究影响蒸发快慢的因素"也需要用到后面一章的"天平"。为最大限度地完成"学习目标"，整合后面要涉及的知识按需要稍加解释，这既符合学生学情，也利于与这些"后续知识"相互呼应，符合"螺旋式上升"的物理学科学习规律。

(3) 关注课堂生成，基于学生认知规律的整合

物理学科注重"探究"，做到"真探究"，探究学生的真问题。课堂实施中，提出的问题、猜想、实验设计、实验评估等环节均充分让学生表达，提升学生的学习表达力，是基于学生认知规律的整合。实践证明，放手给学生独立思考和自由表达的机会，学生也能够反过来给课堂增添很多"惊喜"。更重要的是，学生也会体验到自身学习的主体地位。

四、地理学科案例：基于学科思想方法构建核心素养导向下的课堂样态

地理学科团队在核心素养导向下的全息课堂建设中，以"涵养创造未来的智慧，沉淀行走全球的品格"[1]为成长目标，并提炼出"拓展区域认知的眼界""具有全局思考的综合思维""提升格局，以世界之眼赏识中国，以中国发展感知世界"等地理独有特色的学科使命，这也是地理学科可以培养的学生的重要素养。同时，地理学科本身是一门具有综合性和融合性的学科，这为我们探索整合式教学方法提供了基础。

(一) 学科思想方法是地理学科培养学生核心素养的聚焦点，也是学科内整合的依据

地理学科思想方法是人们在科学认识地球表层各种地理事物和现象，以及研究方法的基础上提炼的具有发现和解释其他同类地理事物和现象的观念与推断法则，是分析、处理和解决地理问题的根本方法。地理思想是一种理念，是地理学的灵魂，它指导着地理方法。在很多时候，学科思想与学科方法并没有确定的界限，人们通常将学科思想与学科方法统称为学科思想方法，如"从空间看待一切"就是地理学的根本思想方法。

---

[1] 杨斌. 走向远方：成都金苹果锦城第一中学战略规划：成都金苹果锦城第一中学战略规划[M]. 成都：四川教育出版社，2018.

(二) 地理学科基于学科思想方法实施整合的优势与难点

地球表面是一个多种要素相互作用的综合体，这决定了地理学科研究的综合性特点。地理学的综合性研究分为不同的层次，层次不同，综合的复杂程度也不同。高层次的综合研究，即人地相关性的研究，是地理学所特有的。地球表面自然现象和人文现象空间分布不均匀的特点，决定了地理学研究又有区域性的特点，地球表面的复杂性决定了地理研究方法的多样性。地理学科基于思想方法实施学科内整合时，具有如下优势和难点。

1. 地理实施学科内整合的优势

符合新课程改革的理念和教育趋势。长期以来，地理学科教学内容设置比较注重知识的系统性，新课标明确将"培养现代公民必备的地理素养"作为课程的基本理念之一，超越学科知识体系，把培养学生的学科核心素养作为教学的主要目标，所以蕴含在地理知识背后的思想和地理方法才是真正需要在教学中落实的内容，促使我们基于学科思想方法实施整合。

有助于学生认识科学的本质和发展核心素养。"科学的本质，不只在于认识真理，而在于探索真理。"因此，在地理教学中基于学科思想方法实施整合，有助于学生深刻全面认识学科本质。地理核心素养与地理学的思想方法是密切相关的。学科的价值和理念在于学习对生活有用的地理，对终身发展有用的地理，那么什么是地理学科的价值所在，学生如何感受区域特征？什么是地理的视角？这些问题都涉及地理的思想和方法性的内容。

有助于"轻负高质"的课堂形成。在教学指导思想上，把学科方法教育提高到与基础知识教育同等的地位，以学科思想和方法帮助学生把知识内化为思维和行动，可以激发学生学习的兴趣，提高学生学习积极性和课堂效率，从而解决教学内容多而学时少的矛盾。

2. 地理学科实施学科内整合的难点

中学地理教学对地理思想和方法的研究还处在初级阶段。[1] 相对于其他学科而言，国内有关地理学科方法教育的论述较少，研究也相对不足。关于地理思想方法的概念目前还没有定论，每位地理学者都有自己的理解和认识，但也证明了其重要性。[2] 因此确定整合点时，梳理学科方法有难度。

---

[1] 高枫. 地理思想方法及其教学研究 [J]. 中学地理教学参考，2013 (11).
[2] 褚丽娟. 中学生地理方法和地理观点培养的案例教学设计研究 [D]. 长春：东北师范大学，2006.

地理学科方法多样发展，基于不同的方法梳理就会有不同的整合方式。地理学科的区域性和综合性，使学科方法呈现多样性特征，且随着研究对象的发展和变化，学科方法也在不断发展和变化，现阶段还进入了学科方法走向融合的时代。那么根据学科实际和学生年龄特征、认知水平有选择地确定哪些学科方法且由此确立整合点也是难点所在。

学科思想方法的梳理也是难点，思想观点和学科方法之间的关系交织相辅相成，基础地理教育阶段把人地关系思想、空间思想、因地制宜思想作为地理思想教育的重点，在新的课程标准中对中学地理科学方法也做了规定，既包括具有地理特色的地理观察法、区域比较法、区域综合分析法，也包括其他一般科学方法（如实验法等），因此，基于思想方法的整合点也是难以确立的。下面以区域地理教学中区域综合分析法进行学科内整合为例，谈谈我们的实践与探索。

(三) 世界区域地理教学中基于区域综合分析法的学科内整合策略

1. 以学科方法为参照整合教学内容

区域地理教学的开放性和弹性需要教学内容的整合。在《初中地理新课程标准（2011年）》中的世界地理和中国地理分区部分，只列出区域的基本要素和学习区域地理必须掌握的基础知识与基本技能，以及必选区域的数量，而不再规定必须学习哪些区域。世界有200多个国家和地区，我国有34个省级行政区域单位，这么多的区域，学生不可能都学习，所以新课标规定了教材编写和教学组织必须要在世界范围内选择至少一个大洲、五个地区和五个国家，而在选择哪些区域上体现了开放性和弹性，因为设计的重点并不是放在学生学习了多少个大洲、国家、地区，而是注重培养学生掌握地域地理的学习方法，要求是"初步掌握学习和探究区域地理的基本方法""教材编写者和地理教师可以自行选择教材编写和授课的顺序，可以先教授中国地理，也可以先教授世界地理"，鼓励创新、开放思路的地理教材编写体系和教学体系。所以，新课程标准的指导思想也倡导在分解学习目标、任务与内容时，要尽量以学科学习方法与能力的培养为主线建构学科学习序列。

提升学生地理核心素养的学科使命需要以学科方法为参照整合教学内容。区域认知能力是地理要着力培养且具有学科独特性的一项重要的学科核心素养。每学年的下学期，七、八年级都在学习区域地理（世界地理、中国地理），如何提升学生在区域认知上的素养，七、八年级侧重点不同。七年级侧重于教会学生如何学习和分析一个区域的地理特征及相互联系和影响，八年级在此基础上侧重于识地图，综合分析提取信息，加工形成"脑图"的能力。因此，两个年级都是以课为载体，着力培养学生的学科思维和方法。

学习内生力激发需要以学科方法为参照整合教学内容。以人教版七年级下册教材编写体系为例，教材以区域的知识体系按由近及远的地理位置为顺序"我们生活的大洲——亚洲""我们邻近的地区和国家""东半球其他地区和国家""西半球的国家""极地地区"进行编写。以此教材顺序来介绍，一是没有大洲、地区、国家这样的归类学习的思维，二是每学习一个区域实际上都是按照位置范围、地理特征、联系和影响这样的区域学习方法展开，如果都由教师牵头学习，一学期被这样的"套路"带着走，学生实感枯燥乏味，不利于内在学习兴趣和动力的激发。与其如此，不如将学习方法教授学生，以探究学习的方式将教学内容交给学习小组，进行自主选择学习并灵活表达。

2. 以学科思想和方法的建构为目标进行系统设计

以学科思想方法的建构为目标进行系统设计是初中地理核心素养导向的全息课堂教学整合的关键点所在。人教版七年级下册在初中地理知识结构中具有承上启下的作用，将上册所学的世界地理概况（如地形、河流、气候、居民、经济等知识）运用于具体的区域，同时也为学习世界区域地理提供了学科方法和策略，以培养学生区域综合分析方法，提升区域认知的学科素养。整学期教学内容既是对大洲、地区和国家的学习，更是对区域研究方法的学习。图 5-1 为认识区域的一般方法的思维导图，体系严密，要素完整，层级清晰，但是学生掌握起来比较困难，容易重要素而轻体系，从哪几个方面去认识一个区域不太清晰，可以依照学生年龄段认知水平等实际情况进行整合简化，先整体把握思维再局部重点分析要素。

整合策略如图 5-2 所示，根据地理课程内容可将人教版七年级下册教材所选取的 12 个区域整合归类，分为 1 个大洲、5 个地区和 6 个国家，将区域综合分析的思和方法整合为"WWW"即"Where?"位置和范围；"What?"地理特征；"Why?"影响因素及相互联系。

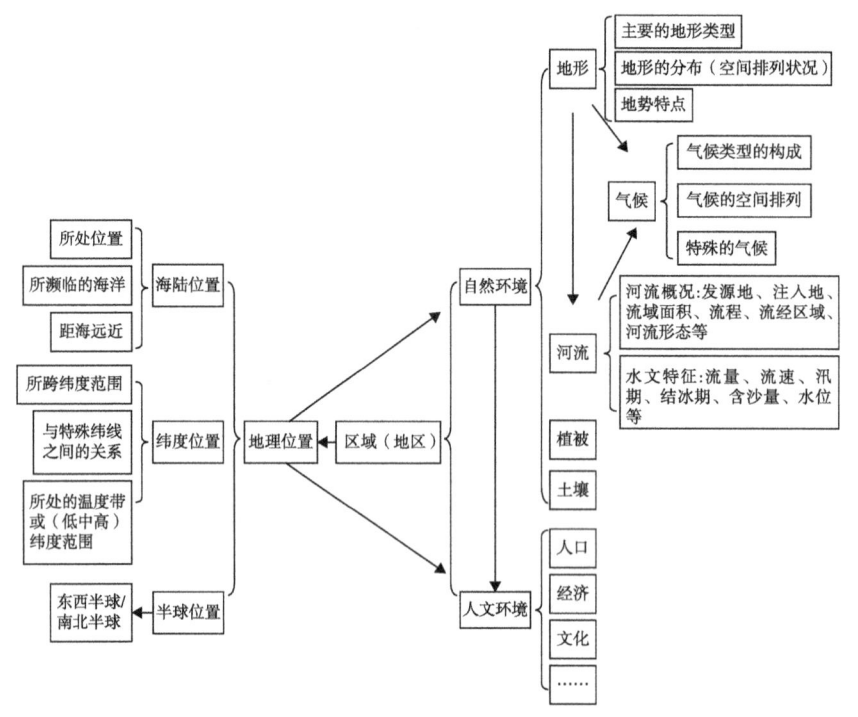

图 5-1 认识区域的一般方法的思维导图

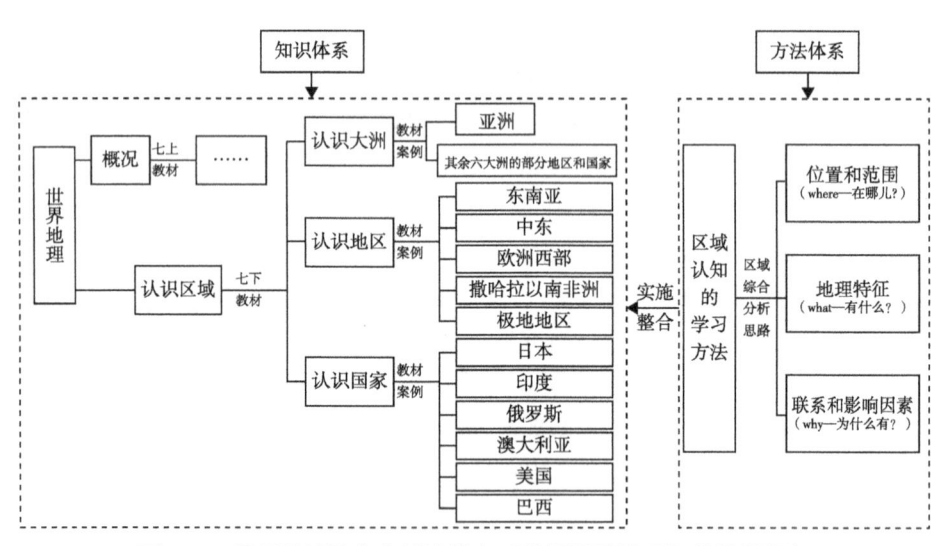

图 5-2 基于区域综合分析法整合"世界区域地理"的教学框架

3. 以多元教学策略促进学科核心素养落地

（1）学科主题活动的整合开展有效促进学习内生力——"玩转世界"

七年级下学期以"我们生活的大洲——亚洲"一章为开篇展开本学期的区域地理教学，以"亚洲"一章为示范，由教师讲解并引导同学们总结出区域学习的方法。后面章节的 11 个国家和地区，我们开展以"玩转世界"为主题的小组自主学习。"玩转世界"主题活动贯穿整个学期，首先由每个小组自选一个国家或地区，先确定好讲课顺序，然后每个小组要运用区域研究方法进行研究性学习，并在全班进行约 20 分钟的展示讲解，教师再组织小组之间展开互评，并进行补充、纠正、归纳和提升。

就活动效果来看，虽然组与组之间的学习成果还是有差距的，但小组自选区域，从课堂设计、收集素材、小组分工合作和课堂管理多个维度去准备一次高质量的展示，同学们的积极性很高，逐渐对区域认知的方法熟知并运用，而且课堂因为具有自主性而显得不枯燥，每个组还能有一些创新点。师生可沉浸在一种轻松、愉快、有序的学习氛围中。

建立主题活动的评价体系，制定评课标准。从知识体系的角度，评判各小组是否掌握了区域研究的方法，是否充分整合了课内外资源，是否原创制作了精美的课件，是否进行了小组分工，是否灵活表达和对课堂进行了调控和管理。从学习能力提升的角度，包括学生的学习内生力、自主学习力、资源整合力和成果表达力等方面设计评价量表。各小组分数进行期末汇总奖励，计入学期总评成绩（表 5-5）。

表 5-5　七年级下世界区域地理小组自主学习评价量表

班级_____　　评价小组_____　　授课小组_____

"玩转世界"小组授课展示主题活动评价表　　题目_____　得分_____

评价维度	评价指标	评价得分（满分100分）			闪光点及建议
		达到（10分）	部分达到（8分）	需改进（6分）	
目标实现	1. 是否讲清楚了该区域的"三部曲"（www）	较为清楚	困惑未完全解决	未解决困惑点	
	2. 结合书本内容进行拓展延伸情况（生活/时事政治/特色文化等）	拓展得当	拓展还需改进	无拓展	
	3. 学习单使用情况	针对讲述内容合理使用	有使用学习单痕迹	完全未使用	
	4. 板书情况	板书清晰	板书看不懂	无板书	

续表

评价维度	评价指标	评价得分（满分100分）			闪光点及建议
		达到（10分）	部分达到（8分）	需改进（6分）	
小组合作	5. 课件制作质量	不错	一般	看不懂	
	6. 组员参与情况	全员参与	部分参与	1人独角戏	
	7. 语言表达情况	非常流畅	卡顿较多	表达不完整（笑场、中途中断等）	
课堂发现	8. 与同学们的互动情况（活动/提问/表扬等）	有3次以上互动	有1~3次互动	无互动	
	9. 内容的趣味性	非常有趣	趣味性一般	很单一	
	10. 听课同学的专注度	非常专注	不够专注	很散漫	
	合计				

（2）创设鲜活的情境主线，整合时空促学习效益

在七年级下"澳大利亚"一课中，授课教师以"澳大利亚大陆发现史"作为情境主线，将历史学中大航海时代的地理发现与地理学中相关国家的学习进行整合，以澳大利亚大陆的发现者库克船长为主线，设计了"寻找南方大陆""考察南方大陆""开发南方大陆"等教学活动，把澳大利亚独特的地理位置、特有生物、自然环境特征及人文经济的发展贯穿一线，并附以开放性的探讨。鲜活的情境主线与真实的历史事件相融合，使同学们感受到认识一个区域还要能够分析它的时空发展变化，以及环境对它的影响因素等，力求在全景视野下促进学生学科核心素养的生长（表5-6）。

表5-6 "Terra Australis Incognita 探索未知的'南方大陆'——澳大利亚"学习设计

学习过程	学生活动	教师活动	设计意图
故事导入	了解南方大陆的传说，打开书信	讲解关于"南方大陆"的故事，介绍库克船长及其主要事迹，创设情境	以故事为背景，创设情境，增加悬念，引发学生学习的兴趣

续表

学习过程	学生活动	教师活动	设计意图
小组自主学习展示	学习小组代表，展示本组自主学习（各小组按照开学初的选择，形成本期常态学科活动）	介绍学生手中的库克船长写给英国王室的三封信，并请出讲课小组	小组展示，通过自主学习形成区域认知的基本思路和方法，以学习方法整合本学期内容，培养学生的学习能力
	探究一：第一封信，寻找"南方大陆" 深度探究问题：为什么澳大利亚的动植物古老而奇特	聆听、点评、补充	循序认知区域的方法，where 是第一步
	探究二：第二封信，考察"南方大陆"	聆听、点评、补充	循序认知区域的方法，what，有什么？自然环境之间的相互联系
深度思考小组探究	假如你是当初到澳大利亚的垦荒者，一个拥有29只羊的英国人，你准备到哪里去放牧，使羊的数量迅速增长到5000只？请说明理由	聆听、点评、补充 总结提升：澳大利亚农牧业的发展历史与地形、气候等因素的关系	以地图为载体，鼓励学生读图分析地形和气候，培养学生读图、分析能力，突出地理学习的实用性
深度思考小组探究活化表达	探究三：第三封信，开发澳大利亚 学生进一步了解澳大利亚利用矿产、草场和土地资源优势，发展工矿业与农牧业，并成为一个独立国家的事实，以实例理解各地因地制宜的重要性	聆听、点评、补充，总结提升	以小组为单位，给学生设置开放性的活动，尝试让学生动手创作，培养归纳和表达的能力
承转小结	情感升华，留下悬念，南方大陆之南极洲	澳大利亚尽管很神奇，但库克船长的故事是英国殖民地发展的一段历史，课程在南方大陆的南极洲视频中结束	情感升华，留下悬念

（3）注重区域的综合分析，贯穿地理思维，构建多元框架

地理学科除了具有区域性，还具有综合性。全球、各大洲、国家与地区

间的地理特征或区域综合体的形成，均是各种自然、人文要素相互制约、相互联系、相互作用的结果，有些区域具有鲜明的特殊性，比如极地地区、中东地区等，区域综合分析方法能够找出不同地域之间的区域差异，形成这些特征和差异的主要条件，因此进行区域分析还应该注重自然地理、人文地理和区域的有机结合，使地理思维贯穿学习过程，构建多元的教学框架。

比如"中东"一课中，有一个选择讲解中东地区的小组，就以军事评论员的身份带给同学们中东局势的报道，以"中东为什么是长期的热点地区"为问题主线，引导同学们从位置、自然资源、宗教文化等多方面综合分析，最后总结出因为地理位置特殊、石油资源丰富、水资源匮乏、文化差异明显等多方面原因而成为世界关注的热点地区。运用地理思维多角度认识中东问题的复杂性，学会综合分析解决问题，才是装上了"地理的头脑"（图5-3）。

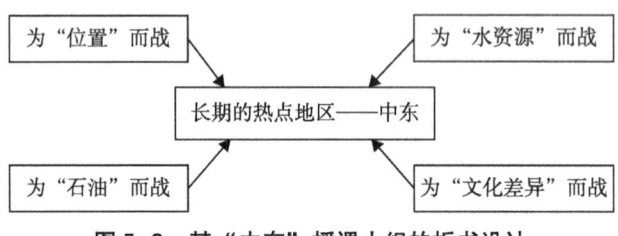

图5-3 某"中东"授课小组的板书设计

（四）基于学科思想观点整合教学资源，活化和优化地理课堂的策略

《全日制义务教育地理课程标准（2011年版）》明确提出了利用和开发课程资源的理念，其实质是要利用一切可以利用的资源为教育教学服务。因此，为探索更多的地理教学方法，地理组考虑了多种教学资源的整合，如将阅读书目与教材整合，重视学习体验并引入实验教学，重视地理信息载体的利用并融入信息技术辅助教学，设计板块拼图小组竞技，模型演示以及实验探究板块运动，并将科学求证等活动引入课堂，培养学生的学习兴趣和学习能力。课堂如果能呈现如此丰富的教学资源，对学生的学习来说无疑是"源头活水"。其中，教材与课外阅读书目的高效整合方面还鲜有出现，赵晶老师在聚焦课标的前提下创造性地使用教材，将阅读书目相关内容与教材进行有机融合，并在"海陆的变迁"一课中首次做出了尝试。

设计意图：地理学科素养的核心内涵——科学发展观。人教版教材中，本节课要求学生举例说明地球表面海洋和陆地处在不断运动和变化之中，同时也贯穿了科学史教育，以及科学精神的培养。如果局限于教材，很难真正达到教学目标要求，缺乏对地球演变有更系统的认识，需要教师做出改变。而我们为学生提供的课外必读书目《地球之美》，以地球历史为时间轴，描述了地球 45.67 亿年来表层景观的演变、气候的变化、水陆环境的交替、生命的进化等演变历史，同时涵盖科学家探索的历程及其对地球未来的预测，该内容与本节教材内容高度契合。因此，寻找教材和推荐学生阅读书目《地球之美》的相关整合点，在整合中促进学习效益，可以帮助学生建立地球变迁知识体系，对地球发展历程有一个全面的认识（表 5-7）。

表 5-7 《地球之美》的整合点和整合方式

相关内容		教材与《地球之美》的整合点	整合方式
教材《海陆的变迁》	《地球之美》		
第一部分：沧海桑田。海陆变迁的三个实例（喜马拉雅山脉海洋化石、我国东海域的海底发现人类活动、荷兰的填海造陆分析海陆变迁的原因）	1. 3.7 亿年前·水下撒哈拉 2. 1.6 亿年前·从海底到高山（阿尔卑斯山） 3. 4000 万年前·山的沉浮 4. 2500 万年前喜马拉雅山的拔地而起 5. 2400 万年前·一座岛的诞生：冰岛； 6. 600 万年前·地中海干涸……	1. 丰富海陆变迁的实例 2. 从更深层次的原因解析海陆变迁的原因 3. 从地球演变历史的角度，认识其海陆变迁的历程	1. 学生提前阅读《地球之美》推荐内容 2. 学生自由组队，课前制作关于地球局部区域海陆变迁实例 PPT（需涉及地壳的变动、海平面升降、人类活动三个方面实例） 3. 课上进行汇报 4. 部分实例教师整合到教师制作的"地球故事"视频中
第二部分：地图上得到的启示及阅读材料（魏格纳提出大陆漂移说的历程）	1. 11 亿年前·罗迪尼亚超大陆 2. 2.5 亿年前·大陆分离 3. 南大西洋的扩张 4. 1858 年·史耐德·佩莱格里尼，大陆漂移说的先驱； 5. 1895 年·没有派上用场的驱动力 6. 1912 年·大陆漂移说……	1. 丰富科学家对地球变迁探究历程案例，加强对学生科学史教育及科学精神的培养 2. 进一步讲述科学家魏格纳的经历（魏格纳写给未婚妻的信等）	1. 教师用 PPT 引导学生一起探究全球范围地球表面的海陆变化，体验科学探索的提出问题、猜测和假设、验证、得出结论等科学探究过程 2. 教师将大陆变迁及科学家实例整合到制作的"地球故事"视频中

续表

相关内容		教材与《地球之美》的整合点	整合方式
教材《海陆的变迁》	《地球之美》		
第三部分：板块的运动	1. 6600万年前·大规模火山爆发对世界的影响 2. 4000万年前·东非大裂谷的形成 3. 3500万年前·亚欧大陆板块的台球游戏 4. 5000万年后·地中海成为一道山脉 ……	1. 进一步认识火山地震对地球的影响 2. 进一步完善知识体系	1. 将地球的演变及科学家的预言整合到教师制作的"地球故事"视频中 2. 最后以"地球故事"视频结尾，升华情感

从该课教材与阅读书目的整合实施效果来看：阅读书目丰富的地球演变科学史，以及科学家探索真理的动人故事让很多学生对地球科学产生了很强的好奇心，很多同学提前完成了课外阅读；课堂上整合效果良好，学生参与面大，课堂上不再局限于书本知识及教师的讲解，从课内延伸到课外，拓展了学习空间，增强了学生自主学习能力，同时也让课堂具有可持续发展力。

课后反思：实践证明，依据学科课程标准，灵活使用教材，并依据教材内容创新选择合适的阅读书目并加以整合，将实践性强并受学生喜爱的实验项目、先进的信息技术软件，以及视频等资源融入课堂，课堂效益将得到有效提升，学生的自主学习能力、课堂参与度及学习的积极性都有较大提高。当然，关于七年级上学期教材其他章节（例如地球与地球仪、大洲和大洋、世界的气候等章节）与《地球之美》及其他教学资源的整合和开发还需进一步研究。教师如果能够时刻以研究者的眼光审视并开发教学资源，不管对教师自身的发展还是对学生的学习都是一笔宝贵的财富。总之，在新课程理念下，教师在课程标准的指引下，在灵活处理教材活动内容、整合各种资源丰富教学等方面大有可为。

（五）学科内整合教学案例——"人口与人口政策"[1]

1. 整合思路

初中阶段的学习紧密围绕着世界地理、中国地理展开，我们希望课堂的设计能使学生达成"以世界之眼赏识中国，以中国发展感知世界"这样的境界和格局。因此，在构建地理整合课程的阶段任务中，也专门选取了人文地理作为研究点。人教版七年级上册第四章第一节"人口与人种"和八年级上册第一章第二节"人口"的内容均探讨了人口的相关问题。在初中地理新课程标准中对这两节的内容有如下表述：

（1）运用地图、资料，说出世界人口增长的特点。

（2）说出我国人口总数，运用有关数据说明我国人口增长趋势，说出我国的人口国策。

（3）举例说明人口问题对环境及社会、经济的影响。

教材七年级上册第四章第一节"人口与人种"主要落实了（1）、（3）两条，八年级上册第一章第二节"人口"的部分主要落实了第（2）、（3）两条，可以看出两节内容在关于人口问题的学习上是有重复的，世界人口和中国人口的增长具有相似的规律，其内在的知识原理均为人口增长速度受到生产力和经济发展水平的影响，以上即是对这两节内容进行整合的基础所在。通过对这两节内容的整合可以避免重复教学，充分利用教学时间，以对比的方式分析中国和世界的人口增长规律与人口政策的制定依据，帮助学生打通人口与人口政策之间的内在联系，以树立正确的人地观念。

2. 设计思路

本节课以人口政策的调整和制定为主线，探究人口的增长与社会经济、资源环境的关系，从而达成落实人地协调观这一学科核心素养。中国是人口大国，是世界控制人口的典范，其人口的增长经历了从缓慢到快速再到趋缓的过程，中国的人口政策也随之进行了调整，学生身处其中，其家庭三代人口结构正是多子女阶段、独生子女阶段及三孩新政阶段的人口政策调整的反映，学生有许多真切的感受，故本节课围绕着从家庭看中国，再从中国看世界的思路，通过"家庭人口结构小调查""中国人口的增长变化分析""为负增长的国家意大利出谋划策"三个探究活动有效达成。

---

[1] 执教人：刘欢。

首先，通过"家庭人口结构小调查"活动引导学生认识中国人口政策的调整，以中国人口政策的调整为线索来梳理中国人口发展变化的过程，分析异常的人口数量和增长速度对社会经济产生的影响，理解制定人口政策的主要依据。其次，由中国看世界，通过人口自然增长率认识不同地区人口增长的特点，再通过"为负增长的国家意大利出谋划策"的活动引导学生分析人口增长慢所带来的人口问题，以及帮助其制定相应对策，而理解不同地区或国家面临着不同的人口问题，需要根据当地具体的社会经济和资源环境状况制定人口政策，达到训练学生综合思维，提高地理实践力，最终树立正确的人地观念的目的。

中国为世界人口的控制做出了巨大的贡献，其经验可供世界各国借鉴，中国人口政策的制定及调整都体现着大国风范，以及人类命运共同体的责任担当。通过本课的学习希望学生不仅学习到人口的相关知识，提升地理学科核心素养，而且能够感受到中国是一个践行人地和谐思想观念，具有人地协调之美的国家。通过中国看世界，再以世界看中国，学生更能够体会到强大的国家给我们每个公民所带来的安全感和自豪感，让学生真正具有中国风骨、世界眼光，认识到一个民族和国家对于世界应该承当的责任和担当。

3. 学习目标和实现指标

表5-8 "人口与人口政策"的学习目标和实现指标

学习目标	实现指标	学习后达标情况		
		达到	未达到	不清楚
认识人口增长的规律，理解人口政策的制定依据，树立正确的人地观念	1. 能够说出中国和世界人口增长的特点			
	2. 能够说出我国在不同时期的人口政策，并简要分析原因			
	3. 能够说出人口问题的不同表现，根据不同的人口问题提出相应对策			

4. 教学重难点

教学重点：（1）我国不同时期的人口政策，以及原因。

（2）人口问题的不同表现，根据不同的人口问题提出相应对策。

教学难点：中国和世界人口增长的特点。

5. 教学过程

表 5-9 "人口与人口政策"的教学环节及设计意图

实现指标	环节	教师活动	学生活动	设计意图
能够说出我国在不同时期的人口政策，并简要分析原因	新课导入	导入：上课前先在班上做个小调查，有弟弟妹妹的同学请举手 随机访问：你家是弟弟还是妹妹？有了弟弟妹妹后你觉得对你比较大的影响是什么？你会欺负他/她吗	学生参加调查，接受访问，聊一聊有了弟弟妹妹后的感受	放松学生情绪，活跃课堂气氛，引入正题
	家庭人口小调查	问题1：通过分析家庭人口小调查结果，你能找到不同年代家庭结构的突出特点吗？ 祖辈：多子女家庭占比最大 父辈：多子女家庭占比最大，但比重有所降低，独生子女家庭比重上升	学生分析不同年代占比较大的家庭结构类型	从身边熟悉的例子出发，了解不同时代的社会经济特征，理解中国人口政策的调整和制定依据，易于理解，印象深刻
		问题2：根据调查的结果，推测当时国家的人口政策可能是怎么样的？为什么会采取这样的政策	学生分析祖孙三代人出生年代的人口政策	
能够说出中国和世界人口增长的特点	画一画	根据所学知识将中国人口增长曲线绘制完整 问题1：绘制近100年来中国人口增长变化的趋势 问题2：长期以来中国都是世界第一人口大国，中国的人口长期占世界总人口的20%以上，而中国人口数量的波动，也对世界人口的增长造成很大的影响。大家猜一猜，世界人口增长会有什么特点呢？	学生动笔绘制人口增长曲线，总结中国人口增长的过程，并推测世界人口增长的特点	通过绘制国人口增长曲线理解人口政策对人口增长的影响，掌握中国和世界人口增长的特点
	人口增长速度的启示	用人口自然增长率来表示人口增长的速度，即用出生率减去死亡率。大家看这是三个国家的人口自然增长率，你能读懂它们吗？	学习人口自然增长率的计算方法，通过判断尼日利亚、意大利、中国的人口增长情况，理解结果所表达的含义	通过具体的例子理解人口自然增长率含义，印象更加深刻
		在各大洲人口数和平均人口增长率图上找出世界人口最多的大洲，增长较快以及增长较慢的大洲	观察图，了解不同地区的人口特点	认识不同大洲的人口数量和增长特点

· 215 ·

续表

实现指标	环节	教师活动	学生活动	设计意图
能够说出人口问题的不同表现，根据不同的人口问题提出相应的对策	人口问题与对策	根据材料所提供的信息，你认为意大利将会面临什么样的人口问题？应该采取什么样的人口政策？有哪些具体措施呢	根据材料分析意大利面临的人口问题，小组讨论其应该采取的政策和具体措施	通过意大利的例子分析人口少、增长慢所带来的人口问题，并学以致用
	结语	从中国到世界，人口的政策因时而进退，不管怎么变，人口的增长应该与社会经济的发展相适应，与环境、资源相协调，保持敬畏自然的初心，做到人地协调，人类的文明才能得以延续，才能走得更远！今天的课到此结束，感谢同学们的积极参与	学生聆听	课堂总结，升华主题

6. 板书设计

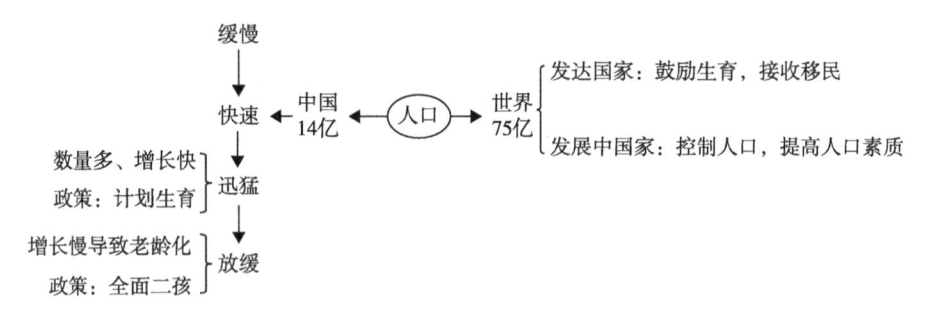

图5-4 "人口与人口政策"的板书设计

7. 教学反思

由于地理学科的综合性比较强，知识的内在逻辑联系比较紧密，学科内的整合是非常困难的一件事情，本节课的打造也经历了一个非常艰难的设计和磨课过程。在这一过程中，我们总结了经验，相信对以后的学科内整合教学具有一定的帮助和启发。

（1）学科内整合时首先应该认真研读要整合的教材内容和课标，梳理清楚整合部分内在的逻辑联系和在学科知识上具有的共性，这样才能较为准确地把握学习目标，明确本节课具体的学习任务。

（2）在进行学科内整合时可以把教材作为重要的参考资料，但不能将学科内整合变成对教材内容的简单组合。

(3) 在进行教学设计的过程中要跳出思维定式，高度关注课标，学习目标要紧扣课标，设置的教学环节一定是为学习目标服务，在进行教学设计时要随时与课标和学习目标对照，根据与课标和学习目标的关联度对教学资源和环节大胆取舍。

(4) 要高度关注地理学科核心素养，明确本节课能够为提升学生哪些素养有所帮助，真正做到每节课都能为学生核心素养的提升做出努力，体现地理的学科思想和方法。

（六）我们的困惑

基于学科思想方法的探索实践，还只是处在地理学科课程校本化的初探阶段，在地理学科基础素养课的整合开发过程中，我们也感到困惑，学科思想和方法是多样并存、变化发展的，地理课程的内容结构还不能简单地基于某一种或几种学科方法来梳理整合，人地关系思想、空间思想、因地制宜思想往往综合体现，地理特色的观察法、实验法、区域比较法、区域综合分析法也不是孤立采用的，普适性学科方法、学科特殊方法、哲学方法等共同构成了学科思想方法，地理学具有一套发育完善的视角。

在美国地理学家撰写的《重新发现地理学》中，地理视角矩阵图为我们揭示了地理学观察世界的方法——通过地方、空间和尺度透视观察世界（图5-5）。很多例子都能说明地理学的思维和方法为一般科学认知做出了贡献。作为探索课堂改革的一线教育工作者应该具备地理学者的学科思维并基于方法进行地理整合课程的全面开发。

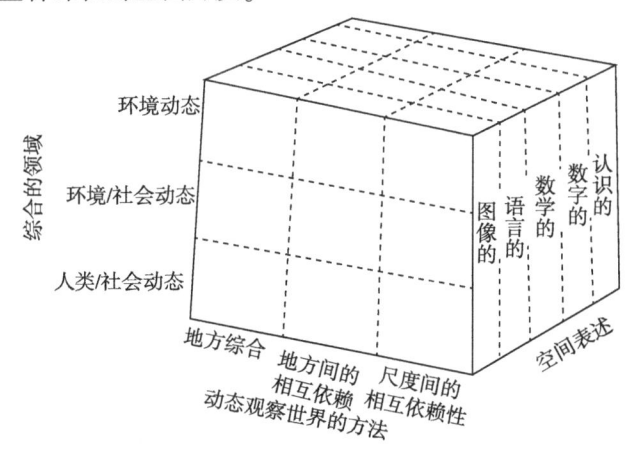

图 5-5　地理视角矩阵图《重新发现地理学》

署名标注：连晋、刘欢、赵晶（刘欢和赵晶提供教学课例）

五、生物学科案例：聚焦大概念构建学科内整合的教学实践探索

我们认为，初中生物学科可以聚焦"构建学科大概念"，以进行学科内系统整合的教学实践探索，引导学生探索生命的属性及其变化规律，帮助学生认识生命世界、理解生命本质，学习科学的思维方法、感悟科学精神，实现通过学科学习培养学生学科核心素养的学习价值。

(一) 初中生物学科实施学科内整合的优势与难点

生物课程是自然科学中的基础学科之一，是研究生命现象和生命活动规律的一门科学，是科学教育的重要领域之一。从学科内整合的角度看，生物学科在实施学科内整合时，具有如下优势和难点。

1. 初中生物学科实施学科内整合的优势——内容聚焦大概念

2009年，一组科学家和科学教育专家召开了一次国际会议，确定了10个科学知识中的大概念和4个有关科学本身及其应用方面的大概念。2018年1月正式颁布的《普通高中生物学课程标准（2017年版）》中，提出了"内容聚焦大概念"的课程理念，即课程体系和内容框架以大概念为中心进行构建。虽然目前义务教育生物学科新课程标准尚未出炉，但可以推测近年将推出的新课标必然与世界科学教育发展趋势和普通高中生物学课程标准相契合。

大概念是指居于学科中心位置、对学生学习具有引领作用的基础知识。它是对原理、理论等的理解和解释，是生物学科知识的主干部分[1]。这些大概念数量不多，但构成了学科的基本框架，贯穿了全部课程内容；它们具有丰富的内涵，往往又由诸多的下位概念，即重要概念构成；每个大概念往往都对应多个生命观念；它们还具有跨学科性，与物理、化学等科学课程的学科观念相互融通。当它们被学生接受和理解后，可以保持很长的时间，成为影响学生认识世界、思考、判断、解决问题等未来发展的重要因素。因此，大概念的形成有利于帮助学生构建学科知识体系、养成科学的思维方法、并能迁移到其他章节、其他学科的学习，具有极其重要的学习价值。

2. 初中生物学科实施学科内整合的难点

学科视域下初中生物学科概念体系的系统性与逻辑性不够明晰。

首先，现行课标中相关概念的层级关系及结构有待完善。《义务教育生物

---

[1] 中华人民共和国教育部. 普通高中生物学课程标准 [S]. 2017：58.

学课程标准（2011年版）》明确提出了50个重要概念，但这50个重要概念的相互关系并不明晰，缺乏统领的大概念，结构体系不完整，给学科教学的整合带来了一定难度。

其次，是体现生物学科核心素养的"生命观念"与概念之间的关系有待厘清。生命观念是生物学学科核心素养的标志，是学生学习生物学课程后获得的标志性的学习成果。生命观念是贯穿生物学科不同课程不同内容的主线，但概念体系如何去承载生命观念发展？这个问题值得深思。

最后，如何帮助学生构建学科概念体系没有可参照的现成样本。即使已经确定了学科大概念，但如何将这些概念逐级分解，最终落实为课堂教学的具体教学目标，形成相应的目标体系，目前并没有可以参照的样本。同时，如何在实践层面进行精准化的教学实施，如教学内容的梳理、教学课时的设置、教学方式的选择、教学资源的运用、教学效果的测评等，都缺乏可操作的原则与方法体系，这些都是亟待研究的内容。

（二）聚焦大概念构建的初中生物学科内整合教学实践探索

1. 初中生物学科大概念的选取建议

由于目前初中生物学科大概念尚未明晰，我们结合国际科学教育发展趋势、《普通高中生物学课程标准（2017年版）》，以及现行义务教育生物学科课程标准的要求，以"发展学生学科核心素养，凸显'生命观念'""与高中生物学课程的概念体系衔接，奠定学生学科学习基础""契合初中学生现有基础及学习特点，体现与高中学段的差异性"为依据，尝试选取了6个概念作为初中生物学科需要构建的大概念，并以此为基础展开学科课堂教学实践。

建议选取的6个大概念表述如下：

（1）观察法、实验法是生物学科研究的基本方法；
（2）细胞是生物体结构和生命活动的基本单位；
（3）生物界是由多层次结构组成的复杂系统；
（4）遗传物质控制生物性状，并随配子代代相传；
（5）生物的多样性和适应性是进化的结果；
（6）生物与生物之间、生物与非生物环境之间相互影响，彼此联系。

其中，第1个大概念属于学科基本方法范畴，第2、4、5、6个大概念与高中必修部分大概念一致，第3个大概念则为初中特有，可以帮助学生将微观生物世界与宏观生物世界有机结合起来。

2. 概念层级关系分析是初中生物学科内整合的依据

在生物学科中涉及诸多概念，根据抽象概括的程度不同，可以分为大概念、重要概念和次位概念，以及组成它们的大量事实性知识，四者的对应关系如图 5-6 所示。

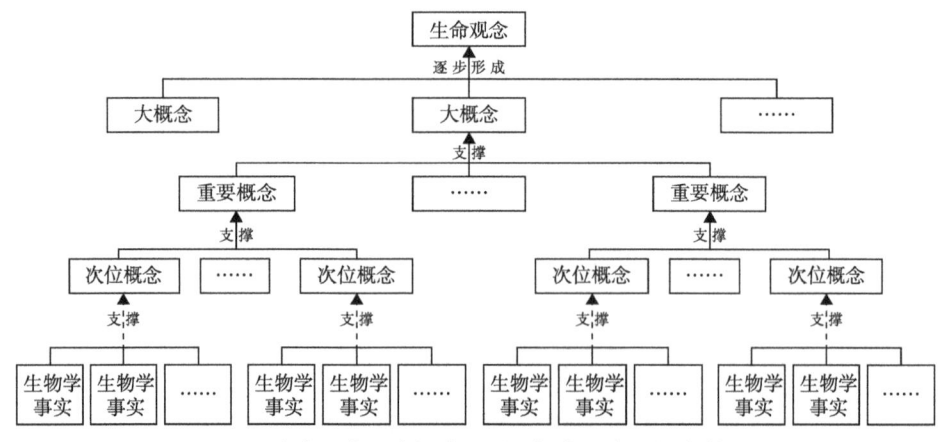

图 5-6　生命观念、大概念、重要概念、次位概念关系图

根据学生的认知发展特点，学生对学科大概念的构建并不能一蹴而就，而是需要先经历对事实性知识的感知，再经过抽象概括在头脑中形成相应的重要概念、次位概念，进而逐步构建相应的大概念。而学科课堂教学，是由一节节零散的课时组合而成的，每一个课时往往只能完成某些次位概念或某个重要概念的学习。因此，对支撑大概念的重要概念、次位概念进行层级分析非常必要。

以建议选取的 6 个大概念中的第 2 个大概念"细胞是生物体结构和生命活动的基本单位"为例，该大概念由如下重要概念、次位概念支撑：

大概念"细胞是生物体结构和生命活动的基本单位"的层级分析

概念 2：细胞是生物体结构和生命活动的基本单位

1.1 绝大部分生物体以细胞为基本单位构成。

1.1.1 单细胞生物由一个细胞构成。

1.1.2 多细胞生物以细胞为基本单位构成，具有一定结构层次。

1.2 构成生物体的细胞具有相似的基本结构，但又有一定差异。

1.2.1 植物细胞由细胞壁、细胞膜、细胞质、细胞核等基本结构构成，细胞质里有叶绿体、液泡等结构。

1.2.2 动物细胞由细胞膜、细胞质、细胞核等基本结构构成。

1.2.3 真菌细胞由细胞壁、细胞膜、细胞质、细胞核等基本结构构成,细胞质里无叶绿体,有液泡等结构。

1.2.4 细菌细胞由细胞壁、细胞膜、细胞质和遗传物质等基本结构构成,没有成形的细胞核。

1.3 细胞各部分结构分工合作,共同完成细胞的各项生命活动。

1.3.1 细胞壁具有保护和支持细胞等功能。

1.3.2 细胞膜包裹在细胞外,具有将细胞与其外界环境分隔,控制物质进出细胞等功能。

1.3.3 细胞质具有线粒体、叶绿体等结构,是完成细胞生命活动的主要场所。

1.3.4 细胞核控制着生命活动,也是遗传物质的贮存和复制的场所。

1.4 细胞的分裂、分化使得生物体得以生长、发育和繁殖。

1.4.1 细胞分裂使得生物体细胞数量增多或产生新个体。

1.4.2 细胞分化形成组织,进而形成器官(系统)、生物体。

在对各大概念的层级关系进行分析后,可以对应相应的次位概念、重要概念。如何帮助学生逐步构建这些次位概念、重要概念,并厘清它们之间的逻辑联系,进而构建起相应的大概念,是初中生物课堂教学目标确立、教学课时安排、教学内容选择、教学活动设置及教学资源匹配等的基本依据。

3. 系统设计是初中生物学科内整合的实施关键点

基于对各大概念的层级分析,一个大概念往往涵盖了多个章节的内容。要帮助学生形成某个大概念,需要进行多章甚至跨册的教学整合。因此,系统设计是课堂教学整合的关键。

系统设计是指在进行教学设计时,不只是考虑某一个课时,为构建某一个重要概念应如何进行设计,而是以某个大概念为主线,整合多个章节,设计相互关联、前后衔接或是层层推进的多课时系列学习活动,帮助学生在构建系列重要概念的基础上,明晰重要概念之间的逻辑联系,进而形成更上位的大概念,从而达到深度构建概念的目的。系统设计主要采用以下策略。

(1) 以"大概念"为主线重组教学内容

目前,初中生物教学面临时间紧、课时不足等问题,解决该问题的重要策略就是以大概念为主线重组教学内容。以北师大版《生物学》七年级上册教科书为例：本册实验教学分量很重，同时教学内容也很多，共7章。如果加大实验教学的比重，又要在一学期有限的时间内完成7章的教学，基本上不太可能实现。但是，如果将这些章节的内容以大概念为主线统筹重组为4个板块，就能实现两者的兼顾。重组方式如表5-10所示。

表5-10　七年级上期教学内容重组情况分析

重组板块	对应章节	对应大概念	主要教学内容
走近生物学	第1章　生命的世界		生物的基本特征 生物与环境
生物学研究基本方法	第2章　探索生命	观察法、实验法是生物学科研究的基本方法	体验观察法 体验实验法
细胞构成生物体	第3章　细胞 第4章　生物体的结构层次	细胞是生物体结构和生命活动的基本单位	细胞的结构功能 细胞分裂分化 生物体结构层次
植物的生活	第5章　绿色开花植物的生活方式 第6章　绿色开花植物的生活史 第7章　绿色植物与生物圈	生物界是由多层次结构组成的复杂系统	开花结果结种子 植物根茎叶与五大生理作用

通过以"大概念"为主线重组七年级上册的教学内容，将观察、探究、显微镜使用、临时装片制作、植物生理实验等多个实验与教学内容有机融合，让实验成为帮助学生构建概念的重要学习途径，可以很好地解决实验教学需加强与教学课时不足的矛盾。同时，重组后的教学内容主线更清晰，去掉一些细枝末节的内容，有利于学生在头脑中建立学科的基本框架。

(2) 从"课时目标""章节目标""板块目标"三个层次设置教学目标

由于大概念的构建需要若干次位概念、重要概念做支撑，因此基于大概念的教学目标可以分为三个层次：课时目标、章节目标和板块目标。其中，课时目标一般对应某个重要概念或某些次位概念的构建；章节目标通常对应某些重要概念的构建；板块目标则对应某大概念的构建。

(3) 根据不同层次教学目标设置"节课时""章课时""板块课时"三类课时

依据不同层次的教学目标，教学课时也相对应地分为三种类型：节课时、章课时、板块课时。其中，节课时重点帮助学生构建某个重要概念或某些次位概念；章课时主要侧重梳理概念之间的逻辑联系，帮助学生构建某些重要概念；

板块课时则侧重复习与检测，进而促进学生更深度地构建对应的大概念。

（4）根据不同层次教学目标、不同类型课时匹配对应的教学活动

在明晰相应的教学目标和课时类型后，可以根据需要选取相应的教学活动。一般来说，节课时中的教学活动侧重从体验事实性知识归纳提炼；章节课时的教学活动重分析、比较、概括等抽象思维活动；而板块课时则侧重回忆、再现等强化概念的活动，以及解释现象、解决问题等迁移运用活动。

表5-11 "细胞是生物体结构和生命活动的基本单位"系统教学设计

	达成目标	所属课时类型	主要教学活动	课时安排	备注
1	熟练操作显微镜 初识动植物细胞、组织	节课时	观察南瓜茎纵切、迎春叶横切、人血涂片、运动神经元等永久装片	第1、2课时	实验室
2	熟练制作临时装片 感知事实：生物体由细胞构成、细胞具有一定结构	节课时	制作观察洋葱内外表皮、番茄果肉、菠菜下表皮、黑藻叶片、人体口腔上皮、草履虫等临时装片	第3~6课时	实验室
3	构建动植物细胞结构的概念	节课时	比较分析各种细胞显微照片，归纳动植物细胞基本结构；绘制细胞结构图	第7、8课时	教室
4	构建动植物细胞各结构的主要功能的概念 构建细胞是生物体生命活动基本单位的概念	章课时	草履虫细胞染色实验；酚酞琼脂块实验；计算体表比；图示/分析克隆羊产生过程；分析归纳细胞膜、质、核的主要功能	第9~11课时	实验室 教室
5	构建细胞分裂、分化及组织的概念	节课时	观看动植物细胞分裂视频，描述细胞分裂过程；分析细胞分化现象	第12课时	教室
6	构建细胞是生物体结构的基本单位的概念	章课时	解剖观察植物器官，概括植物体结构层次；观察动物器官解剖微视频、运用专业App观察人体系统，概括动物体的结构层次	第13、14课时	教室
7	构建细胞是生物体结构和生命活动基本单位的概念	板块课时	章节复习与检测	第15课时	教室

从表 5-11 中可以看出，对"细胞是生物体结构和生命活动的基本单位"这一大概念的构建总共需要 15 课时，分为 7 个部分。其中，第 1、2、3、5 部分属于节课时，主要用于感知事实，构建某些次位概念，如"生物体由细胞构成""生物体细胞形态、结构、功能既相同又不同"等；第 4、6 部分属于章课时，主要是在节课时的基础上厘清各事实性知识、次位概念之间的逻辑联系，形成相应的重要概念，如"细胞的基本结构""各基本结构的主要功能""植物体的结构层次""动物体的结构层次"等；第 7 部分是为板块课时，主要是通过对前期所学的复习与检测，帮助学生进一步构建起关于细胞的大概念，并评估学生的学习效果。根据不同的部分，匹配不同的教学活动，并在不同的教学场所进行，这样的系统设计，可以把教学目标、教学课时类型、教学活动、教学场所等方面有机地整合起来。

(三) 初中生物学科实施学科内整合教学案例

1. 节课时教学案例——"体验观察法"

本课时属于节课时，需要帮助学生构建"观察"的概念，属于"观察法、实验法是生物学科研究的基本方法"大概念中的一节。在现行教材中，并未设置这一节，但由于"观察"是学科研究与学生感知事实的最基本方法，因此原创地增加了本节的教学。

(1) 设计思路

观察和实验是生物学研究的基本方法。观察也是实验过程的必要手段，在生物学研究中有着非常重要的地位。因此，在北师大版生物教科书七年级上学期第 2 章"探索生命"中增加了"观察"这一课时，帮助学生建立"观察"的概念，并运用科学观察方法进行一次观察活动。

学生对观察有一定的感知，但容易将"观察"等同于"看"，且在观察过程中缺少一定的方法，如目的的明确、多种感官及工具的运用、进行观察记录等。因此，本节课意图通过两次体验，帮助学生归纳观察的概念并学习科学观察的方法。首先，由上一课时学习的生物学家及珍妮古道尔对黑猩猩的研究引入，让学生用自己的语言初步概括观察的概念。其次，准备三种透明液体，让学生通过"看""闻""尝"，以及使用显微镜归纳出观察的概念。最后，通过体验观察面包虫的活动，掌握科学观察的基本要求，并且能交流结果，培养语言表达能力。

（2）重要概念分析

本节课的重要概念为"观察""科学观察的基本方法"。

①观察是指利用感官、借助仪器设备搜集信息的过程；

②科学观察需要有观察的目的、操作方法、观察记录及观察过程中的思考。

（3）学习目标

①简述观察的定义。

②列举科学观察的要点。

③完成"观察面包虫"活动。

④提出与面包虫相关的问题。

（4）学习重难点

①学习重点：观察的定义；观察面包虫活动。

②学习难点："观察面包虫"活动。

（5）教学过程

①三次体验活动，构建观察概念

教师引导学生回忆生物学发展史上具有重大成就的生物学家，并播放珍妮古道尔的简介视频，引出主问题——什么是观察。之后利用三种透明液体（花露水、冰糖雪梨汁、水蚤培养液），让学生通过利用"看""闻""尝"等感官，以及借助设备仪器来收集信息，归纳总结出观察的概念。

教师提问：珍妮古道尔利用了哪种生物学研究方法？学生可迅速回答：观察。紧接着追问：那什么是观察？部分学生会回答：看。此时教师拿出塑料瓶A（里面装花露水）。先让学生看，教师提问看到了哪些信息。学生均可描述液体的颜色，并且给出猜想。接着让学生闻，同时演示"闻"的正确操作，用手扇取少量气味闻。学生此时判断出A液体为花露水。

教师再拿出B液体，依然让学生先看并且回答看到哪些信息，接着请一到两位学生用纸杯尝，可判断B液体为冰糖雪梨汁。此时，教师强调不是任何情况都能轻易尝试，并拿出C瓶液体，提示需要利用显微镜观察。学生会有惯性思维认为是之前实验课中的草履虫溶液。利用数码显微镜投屏之后，可能会有少部分学生知道是水蚤。教师简单介绍一下水蚤。

然后让学生归纳什么是观察。学生可以回答出：利用感官与仪器设备。但对于"收集信息"这一点需要教师提示，颜色、气味、味道，以及显微镜下的内容都是"信息"，进而帮助学生理解并归纳出观察的概念。

②完成观察活动，体验科学观察方法

教师准备面包虫观察活动，通过提问并引导学生翻开《学习指南》相应页数，帮助学生归纳出观察需要有目的、方法与记录。然后教师先将面包虫用实时影像投屏 1~2 分钟，带领学生一起观察，给学生时间适应，消除对面包虫的恐惧感。结束后提问通过屏幕观察到的内容，并提示学生记录。接着两人一组进行分组观察活动。活动开始前，安抚学生情绪。分发面包虫后，教师巡视全班，提醒学生做笔记。观察活动持续 8~10 分钟，结束后回收面包虫。

教师提问：观察面包虫的哪些方面？学生会回答：外形、如何蜕皮、吃什么等。教师归纳：这些属于面包虫的形态特性及生活习性，也就是观察的目的。接着追问应该怎样观察？学生会回答：看、摸、吃，用镊子、尺子解剖等。此时，教师强调我们应该尊重生命，不能故意伤害它们。因此在观察方法中不能包含吃与解剖。同时回顾观察的定义，利用的这些感官与仪器就是观察的方法。再次追问科学地观察还需要干什么？学生对该问题可能会感到疑惑，也可能有部分学生回答。教师引导学生看学习单（上有观察记录表），学生可立刻答出科学观察还需要"记录"。

教师利用平板拍摄面包虫实时影像投屏，全班先通过屏幕的影像一起观察 2 分钟，消除学生的恐惧感。同时讲解面包虫不会咬人，不必恐惧。然后提问通过对屏幕上这 2 分钟的观察，收集到面包虫的哪些信息？学生有各种回答，教师提示这些就是应该记录的观察内容。然后分发面包虫之前，教师再强调观察的要求，如果确实害怕就只看，不接触面包虫，以便维持课堂秩序；不要故意伤害面包虫，尊重生命；做好观察记录；另外在观察记录里还需要写下通过本次活动收获的内容或思考提出对面包虫的问题。

教师在分发面包虫时，指令需明确，让学生有序依次排队领取，分组观察活动计时 8~10 分钟。巡视全班，提醒做记录。学生可以利用平板拍照录像等，用文字与图片记录。并且会有学生提出相应的问题，教师在观察活动中暂时不回答，让学生把问题写在记录表里。

③交流观察结果，为实验探究做好铺垫

教师回收面包虫，并计时 5 分钟让学生整理观察笔记。接着请学生来分享观察记录，可让学生利用自己拍摄的照片投屏讲解，展示记录表。教师点评并回答观察中出现的问题。最后复习提问，科学观察需要哪些要求，并解释有些问题是可以通过下节课的实验法来解决。

观察活动结束后，教师组织学生将面包虫放回保管处。学生完善观察记录，计时。学生描述观察到的结果：面包虫有13节身体，前部有三对足、一对触角；有"脱皮"，与普通面包虫形态不同的乳白色虫、黑色有壳的虫，同时会提出相应的问题。教师点评记录，纠正不科学的说法比如蜕皮并非"脱皮"，并且简单讲解"昆虫的特征"。然后再次提问学生：要进行一次科学的观察有哪些要点？回答：有目的、有方法、有记录。引导学生掌握科学观察的要求。最后总结同学们提出的许多有价值的问题，而某些问题可以在下一节实验法的学习中解决。

本案例的设置目的是帮助学生在活动中深度构建"观察"的概念。设计通过感官和显微镜判断三种未知液体的实践活动，让学生在活动中归纳出观察的概念；再通过观察面包虫的活动，完整地体验科学观察的过程。这样的设计，既帮助学生充分感知了事实，又指导其在活动中积极归纳概括、交流表达，最后构建出关于"科学观察"的精准概念，符合概念形成的认知规律，发展了学生的理性思维。

本案例的教学组织难度较大，难点在于学生要在较短时间完成观察、撰写观察报告、交流表达。信息技术与教学充分结合帮助实现了活动的规范组织。分组观察前，利用投屏的方式师生共同观察，可以帮助部分同学克服对面包虫的恐惧心理，并指导观察步骤；学生在观察活动中用平板拍摄，便于记录和整理面包虫的形态特征；再利用投屏方式投射观察结果，方便师生进行交流，让交流表达更直观、更明晰。

2. 节课时教学案例——"植物细胞的结构"

本课时属于节课时，在学生进行了大量观察植物细胞实验的基础上，帮助学生深度构建"植物细胞的结构"概念。

（1）设计思路

本课时内容选自《生物学》（北师大版）七年级上册第2章"细胞"，主要学习植物细胞的基本结构。课前，学生使用显微镜观察了许多植物细胞和动物细胞，积累了大量有关细胞结构的事实性知识，但对细胞结构的认识仅停留在形象感知阶段。因此，教师在教学过程中要充分利用学生已有的直接经验，层层推进学生对于植物细胞结构的认识，对比植物细胞间的相同点，初步认识植物细胞的基本结构；对细胞质中结构的学习，完善对细胞质的认知；辨认植物细胞结构立体图，从平面走向立体；绘制植物细胞结构模式图，实现概念的自我构建。通过以上环节，可以帮助学生准确掌握相关知识，实现教学目标。

(2) 重要概念分析

《义务教育生物学课程标准（2011年版）》在"生物体的结构层次"主题下，要求学生形成的重要概念有"动物细胞、植物细胞都具有细胞膜、细胞质、细胞核和线粒体，以进行生命活动""相比于动物细胞，植物细胞具有特殊的细胞结构，例如叶绿体、液泡和细胞壁"。落实到本节课，需要形成的概念为"植物细胞具有细胞壁、细胞膜、细胞质、细胞核等基本结构，在细胞质中还含有线粒体、叶绿体、液泡等结构"。

要形成这一重要的概念，需要以下概念的支持：

A. 动植物细胞有相似的基本结构，从外到内依次为细胞膜、质、核。

B. 植物细胞相比动物细胞，在结构上有明显的不同。

B1. 植物细胞在细胞外还有细胞壁。

B2. 植物细胞的细胞质中有液泡。

B3. 植物细胞的细胞质中有叶绿体。

(3) 学习目标

①辨认植物细胞的基本结构。

②绘制植物细胞基本结构模式图。

(4) 学习重难点

①学习重点：植物细胞的基本结构。

②学习难点：细胞壁和细胞膜的位置关系；细胞颜色味道等不同的原因。

(5) 教学过程

①实验过程视频回顾植物细胞观察精彩瞬间。

观看本班学生实验精彩瞬间，激发学生学习兴趣。通过观看视频回顾显微镜下所观察到的植物细胞图像（洋葱内表皮细胞与番茄果肉细胞），并对图像进行辨认。

②显微图片初步认识植物细胞基本结构。

教师设置问题串：洋葱内表皮细胞与番茄果肉细胞相比，其大小一样吗？形状一样吗？结构一样吗？引出学生对植物细胞结构的探索：两者大小不一，结构不一，却有着许多相似之处。通过对比两者细胞间的相似点，学生可以发现：

a. 两细胞内部都存在着一个深色小点，这个小点是细胞核。

b. 两细胞都存在着边框，这个边框是什么呢？通过阅读书本，学生知道是细胞壁和细胞膜，但是对于壁膜的关系没有具体形象的感知。教师利用洋葱外表皮进行质壁分离演示实验，学生观察到洋葱外表皮细胞在高浓度溶液中失去水分，细胞壁与细胞膜分开。从而在一定程度上加深了学生对两者关系的理解：细胞壁在细胞的最外层，支持保护细胞，细胞膜紧贴细胞壁内侧。

c. 细胞核与细胞膜之间都存在着一定的空间，这个空间容纳细胞质。

学生辨认洋葱外表皮细胞和番茄果肉细胞的显微图像，初步认识植物细胞的基本结构。

③数码显微镜录制微视频完善细胞质内相应结构。

初步认识植物细胞的基本结构之后，教师追问：既然构成植物细胞的基本结构都是相同的，为何洋葱是紫色的？番茄是红色的？黑藻是绿色的？学生回顾对黑藻细胞的显微镜观察，阐述了黑藻的绿色是由于其细胞质中含有叶绿体。但对于洋葱的紫色和番茄的红色来源无法解释。教师进一步引导学生观察黑藻细胞，可以看到叶绿体在围绕一个结构绕圈，从而引出液泡。教师以西瓜汁以及洋葱的独特气味举例，学生总结出液泡中储存着色素等物质，使植物具有颜色、味道、气味等特性。

④从植物细胞平面结构到立体结构的认知。

完善植物细胞基本结构之后，教师引导学生认识立体结构下的植物细胞模式图，实现对植物细胞立体结构的构建。

⑤绘制植物细胞结构模式图实现自我构建。

为了评价学生对于知识的掌握程度，教师布置绘制单个植物细胞结构模式图的任务。在任务中，要求学生明确生物绘图要求，清楚绘制出各结构并予以评价，帮助他们巩固知识，强化内容。

在本案例中，以植物细胞的同与不同为导入，以学生积累的有关细胞结构的事实性知识为切入点，充分利用学生已有经验，让学生自行归纳总结，初步构建关于植物细胞基本结构的概念；再通过"质壁分离""黑藻细胞质流动"两个演示实验，帮助学生突破"细胞壁和细胞膜的位置关系""细胞质的基本组成"等认知难点，进一步精准地构建关于植物细胞结构的概念并运用所学分析植物颜色、味道不尽相同的原因；再通过辨认植物细胞立体结构，实现从平面细胞结构向立体细胞结构的构建；最后，通过绘制植物细胞结构模式图，检验学生概念构建的效果且做进一步的强化。这样的设计，遵循了理性思维培养的规律，注重了运用所学解决真实的问题，符合自然科学实施学科内整合的基本要求。

3. 章课时教学案例——"植物的生殖和发育"

本课时属于章课时。本课时在教材上的教学顺序的基础上进行了调整——将本课时调整为本章第 1 课时，其主要原因是借助本课时帮助学生建立关于"生殖"的基本概念体系，为之后的动物的生殖和发育、人体的生殖和发育奠定良好的基础。

（1）设计思路

本节课是北师大版《生物学》八年级上册第 6 单元第 19 章第 3 节。将其调为本章的第 1 课时，是帮助学生形成"生物的生殖、发育和遗传是生命的基本特征"这一概念的重要章节。

学生在学习这节课之前对生殖发育的认识很片面，对于"有性生殖"和"无性生殖"的概念基本不了解，对生殖的本质模糊不清。通过本节课的学习，帮助学生对"生殖"建立正确的认识。本节课以生活中常见的植物及活动讲解植物的生殖，为下面学习动物和人的生殖做铺垫。

（2）重要概念分析

A. 生物能以不同的方式将遗传信息传递给后代。

A1. 一些生物进行无性生殖，后代的遗传信息来自同一亲本。

A2. 一些生物进行有性生殖，后代的遗传信息可来自不同亲本。

B. 植物能够进行无性繁殖和有性繁殖。

B1. 高等植物的有性繁殖表现为依靠种子繁殖。

B1.1. 种子的形成经历了开花、传粉、受精，以及胚的发育等过程。

B1.2. 受精卵发育成胚，种子中的胚是新一代植物体的幼体。

B2. 利用植物营养器官，通过扦插、嫁接等方式可进行无性繁殖。

B3. 植物组织培养技术可以快速繁殖植物。

（3）学习目标

①完成"绿萝扦插"活动。

②举例说出植物生殖的主要方式。

③分析"种子繁殖""营养生殖""组织培养"的同与不同。

④简述有性生殖、无性生殖、生殖的概念。

（4）学习重难点

①学习重点：营养生殖、有性生殖、无性生殖、生殖的概念。

②学习难点：有性生殖、无性生殖的区别及联系。

(5) 教学过程

①花卉图片引入，感受植物之美

展示美图：龙沙宝石和铁线莲，以实际事物感受植物之美，接着出示这些花的出处——三圣乡著名的玫瑰花墙，但由于三圣乡拆迁，玫瑰花墙已经不复存在，是人类的活动对其的破坏。提问：这么美丽的花，是怎么种的？学生给出各种答案，不做解释，本节学习会给出答案，引出课题。

接着以实际活动或事件引发学生对本节课内容的思考，教师提问：同学们，你们种过植物吗？种过什么呢？学生则从平时的生活经验进行搜索：种过多肉，将多肉的叶子插在土壤里；种过玫瑰花；种过绿萝……其实学生所说的多数都是从花卉市场买回来再移栽到花盆里，其实这并不重要，目的是让学生对植物的种植有一定的感性认识。

②观察体验活动，构建植物三种生殖方式概念

让学生回忆去年的种植活动，提及用到绿豆和小麦种子，在这里加入了一位学生的展示，将这次种植活动进行简单的介绍，也让学生了解什么是比较详尽的实验记录。此时教师提问：用的植物的哪个器官？学生思考回答：种子。引出"种子繁殖"的种植方式。此时教师追问：7年级曾讲过绿色开花植物有哪六大器官？将8年级与7年级的内容建立联系，让学生对知识进行整合。学生回答：根、茎、叶、花、种子、果实。

通过学生的回答，引导学生对知识进行归纳，教师提问：植物利用种子产生新个体的繁殖方式，称为什么呢？学生就更容易地回答：种子繁殖。

教师追问：除了用种子繁殖，还能用什么繁殖出新植物体？引导学生回答通过其他器官进行繁殖。学生回答出了多肉用叶子进行繁殖。

活动：种植绿萝。课前让学生准备漂亮的花瓶，让学生根据生活中的经验种一瓶新的绿萝。教师提问：谁来说说你是怎么种的？两组学生进行分享：一组学生将植物的茎剪下，插入水中，分析植物成活的原因，预设植物的生长；一组学生将植物的叶剪下，插入水中。此时教师追问：用的是什么器官？学生回答：茎和叶。教师总结：这种方式叫作扦插。在活动过程中也有学生将绿萝连根拔起，稍做介绍，留作后面环节中进行讲解。教师将自己平时在家做的活动给学生做展示，拉近与学生的距离，让学生感受到老师对生活的热爱，并引导学生热爱生活，做生活的有心人。A. 与孩子种植多肉的过程，并展示长大后的多肉。教师提问：我用的是植物的哪个器官？学生容易回答出：叶子。教师补充：这种方式是叶插。B. 这是前段时间老师带着宝宝体验

的种植活动。（展示压条的过程图）追问：我用的是植物的哪个器官？学生回答：茎。接着展示漂亮的多头菊图片，追问：这株多头菊是如何种出来的？此时学生可能无法回答出嫁接，但是当教师展示出多头菊种植细节图片时，学生快速的反应出：用到嫁接。接着出示土豆番茄嫁接图片。教师提问：这也是嫁接，用的是植物的哪个器官？学生回答：茎。此时教师补充：除了这些，还有红薯和胡萝卜，可以这样种植，并展示红薯和胡萝卜种植细节图片。此时追问：用的是植物的哪个器官？学生此时回答的答案较多，有的说是茎，有的说是果实。教师纠错：红薯和胡萝卜看似是果实，实际是植物的根。

通过对以上内容的学习，学生应该大致知晓本环节的内容，此时就"营养生殖"知识进行讲解，学生可较好接受并理解。教师提问：以上这些植物的种植有什么共同点呢？学生对这个问题的回答比较多样，但是都围绕没有用到种子，用到了根、茎、叶。教师提问：用的是根、茎、叶，这些统称为什么器官？学生回答：营养器官。教师补充提问：花、种子、果实属于什么器官？学生回答：生殖器官。教师做归纳性提问：用营养器官产生新个体的生殖方式，称作什么？学生回答：营养生殖。教师此时总结：用营养器官产生新个体的生殖方式，称作营养生殖。

组织培养，对于学生来说比较陌生，生活中见不到，所以这个环节采用实物教学，通过组织培养产生的"铁皮石斛"。

教师提问：如果不用种子，也不用根、茎、叶这些营养器官，还能培育出新个体吗？学生基本回答不出。此时出示铁皮石斛组培苗，让学生们猜测是什么植物？学生答不出。再展示图片，学生才知道是铁皮石斛。教师提问：这是怎么培育出来的？学生是回答不出的。此时播放视频：植物的组织培养。教师追问：用的是植物的哪个部分？由于视频中用到的是花的一部分，所以学生回答也是：花。此时教师追问：用的是花的整个器官吗？学生通过视频内容回答：不是，只是花的一部分。教师追问：这一部分是由什么构成的？学生回答：细胞。此时教师引导回答出组织：细胞构成什么？什么又构成器官呢？学生回答：组织。教师补充完整副板书，并解说：不同的组织按照一定的次序组合在一起构成器官。

教师归纳性提问：用组织产生新个体的生殖方式，称为什么？学生回答：组培生殖。教师纠正：用组织产生新个体的生殖方式，称为组织培养，简称组培。

③分析植物三种生殖方式的同与不同，构建上位概念

请学生比较：这些生殖方式的共同结果是什么？教师引导回答：产生新个体。教师追问：种子繁殖和营养生殖有什么不同？学生回答不出，此时结合教材第87页，快速找到种子繁殖和营养生殖的不同。学生提取有用信息回答：种子繁殖是有性生殖，营养生殖是无性生殖。教师接着追问：有性生殖与无性生殖本质有什么区别呢？回忆一下，花、果实、种子有什么关系呢？学生大概回答出三者关系。此时带着学生回忆：同学们7年级剖过花，我们看这幅花的剖面图。教师提问：这是一朵完整的花，有的花会缺少一些部分，比如百合没有花萼，但如果要正常的生殖，必须要有哪些结构？学生回答：雄蕊和雌蕊。追问：为什么？开花结果，结的是什么？学生回答：种子。此时展示种子内部结构图。教师提问：种子是由什么构成的？学生回答：胚和种皮。教师追问：植物幼体是由种子的什么结构发育而来？学生回答：胚。教师追问：胚又是由什么发育而来？学生回答：受精卵发育成胚。教师总结性提问：换句话说，新个体是由受精卵发育而来，受精卵又是由什么发育而来？学生较容易地回答出：精子和卵细胞结合形成受精卵。教师追问：精子和卵细胞如何产生？学生回答：雄蕊里有花粉，花粉萌发产生精子；雌蕊中有胚珠，胚珠里有卵细胞。

教师归纳性提问：请结合副板书，给有性生殖一个定义。教师引导学生回答：经过精卵结合形成受精卵，由受精卵发育成新个体的生殖方式称为有性生殖。

教师提问：那么营养生殖与有性生殖有什么区别呢？学生回答：没有经过精卵结合。教师追问：那是由什么发育而来呢？学生回答：植物自己。教师接着问：能产生新个体的是母体，是母体的整体吗？学生回答：不是，是一部分。教师总结性提问：这就是无性生殖。你能根据有性生殖的定义，说出无性生殖的定义吗？学生此时不用教师引导，对比回答出：不经过精卵结合，直接由母体的一部分发育成新个体。

此时判断组织培养是有性生殖还是无性生殖就很容易了。学生自然回答出：无性生殖。

继有性生殖和无性生殖的学习后，总结什么是生殖。学生自己总结：经过有性生殖或无性生殖，产生新个体，繁衍种族的过程。

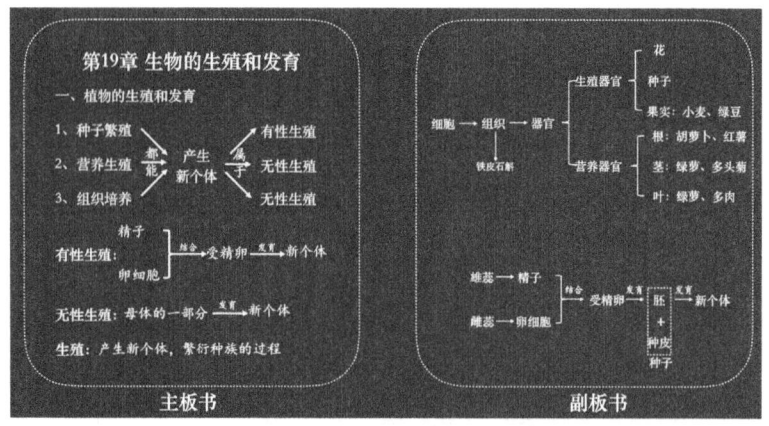

图5-7 "植物的生殖和发育"的板书设计

④拓展延伸，为下一章节做铺垫

教师提问：为什么有性生殖和无性生殖都能产生新个体？是细胞中哪个结构决定的？学生回答：细胞核。教师追问：细胞核里的什么物质？学生回答：DNA。教师归纳：除了生殖细胞——精子和卵细胞外，生物体的细胞通常都有全套的遗传物质。这就是我们将要在20章学习的内容。

在本案例中，教师将学生上学年完成的"让种子萌发"的国庆实践活动、"种植绿萝"的现场实践活动、组织培养的实验视频三者充分进行了整合，帮助学生体验植物不同的生殖方法；在学生亲身感知之后，借助精心设计的主、副板书，通过引导学生归纳概括、比较异同，先得出了"种子繁殖""营养生殖"和"组织培养"的次位概念，再得出了"有性生殖"和"无性生殖"的次位概念，最后通形成了"生殖"的概念。这样的设计和实施，不仅帮助学生形成了6个生物学基本概念，并整理了这些概念之间的逻辑联系，还帮助学生清晰地构建起关于"生殖"的基本概念体系，遵循了学生认知的发展规律，注重了知识体系的整体构建，符合学校关于自然学科整合的思想理念。

4. 章课时教学案例——"神经调节的基本方式'反射'"

本课时属于章课时。表面上，这节课是对重要概念"反射"的构建，但实际上要构建反射的概念，需要学生先构建章节中涉及的一些其他重要概念，例如"感受器""神经中枢""传入神经""传出神经"等。因此，本节课实际上是对整个章节重要概念之间联系建构的重要课时。

(1) 设计思路

本节选自北师大版《生物学》七年级下册第12章。旨在构建"神经调节的基本方式是反射"的重要概念后,为学生构建"神经系统和内分泌系统调节人体对环境变化的反应及生长、发育、生殖等生命活动"这一核心概念奠定基础,是帮助学生建立"结构与功能观"的生命观念的重要章节。

本节教学由两个活动引入,通过师生互动,层层深入,三次建构反射的概念。首先通过两个体验活动:触摸烫水杯(事先不知道是烫水)、品尝青柠,引导学生分析得出体验这两个活动的共同点:接受刺激从而作出反应。在引发学生兴趣的同时,初次建构反射的概念:反射是人体对刺激作出的反应。其次,指导学生分析摸烫水杯缩手这一反射过程,得出完成反射活动的神经结构——反射弧的相关概念;接着让学生自主分析品尝青柠分泌唾液这一反射过程,归纳反射弧的概念,从而再次建构反射的概念:反射是通过一定的神经结构——反射弧完成;然后通过深入分析缩手反射活动不仅会让人缩手还让人感觉到痛,让学生明晰神经系统各结构是相互联系的。最后,通过再次触摸烫水杯的活动(已经知道是烫水),分析本次活动"触摸烫水杯(已经知道是烫水)"与之前的活动"触摸烫水杯(事先不知道是烫水)"的差异,进而得出条件反射和非条件反射的概念及反射的意义;精准建构反射的概念:反射是通过一定的神经结构"反射弧",对刺激作出的适当反应,它可以帮助人体调节自身生命活动或适应环境的变化。

(2)重要概念分析

《义务教育生物学课程标准(2011年版)》在"生物圈中的人"提出的重要概念是"神经系统和内分泌系统调节人体对环境变化的反应及生长、发育、生殖等生命活动"。本节课的重要概念为"反射是通过一定的神经结构'反射弧',对刺激作出的适当反应,它可以帮助人体调节自身生命活动或适应环境的变化。"包括4条主要的次位概念,以及支撑每条次位概念理解的事实性知识:

A. 神经调节的基本方式是反射。

B. 反射是指通过神经系统对刺激作出的适当反应。

C. 完成反射的结构叫作反射弧。

C1. 反射弧由感受器、传入神经、神经中枢、传出神经、效应器五部分组成。

C2. 感受器主要包括感觉神经末梢和感觉器官,其功能是接受刺激,产生冲动。

C3. 神经中枢通常位于中枢神经系统内,能够接受冲动并发出冲动。

C4. 效应器主要是一些肌肉或腺体,能接受神经中枢传来的冲动并作出相应的反应。

C5. 传入神经、传出神经能够传导冲动。

D. 反射能帮助人体调节自身生命活动，并且使人能对环境变化作出及时的反应，有利于提高人对环境的适应性。

（3）学习目标

①说出反射弧的各部分结构及其功能；说明反射的过程；分析反射的意义。

②进行"摸烫水杯""品尝青柠"的活动，尝试描述、分析活动现象。

③认同"结构与功能相适应""反射可以帮助人体调节自身生命活动或适应环境的变化"。

（4）学习重难点

①学习重点：反射弧、反射的意义。

②学习难点：反射的意义。

（5）教学过程

①感知事实，初建反射概念

活动一：在学生并不知情的情况下，教师端着盛有热水的水杯在教室里走动，让学生触摸水杯，根据学生的反应得出：摸到烫水杯会缩手。活动二：学生品尝青柠，根据学生反应得出，吃酸青柠会分泌唾液。

教师引发学生思考这两个活动的共同点？分析得出：接受刺激，作出反应。随后，引导学生初步归纳反射的概念：反射是人体对刺激作出的反应。

②分析现象，再建反射概念

分析缩手反射，推理完成反射的结构。教师追问：刚刚几位同学的缩手反射是如何完成的？学生能够意会但是不能准确回答。此时，教师展示手臂结构图和脊髓大脑图，引导学生，步步分析，设置并解决以下10个问题：什么结构接受到了烫水杯的刺激？手部皮肤中的什么接受到刺激？手部皮肤中的感受器接受到刺激，会产生什么？感受器接受刺激产生的神经冲动，会传导到哪里？手部皮肤感受器接受到刺激产生的神经冲动，会沿着什么结构传递？这个神经和哪个结构相连？脊髓中有处理这个信息的结构吗？当脊髓中的缩手反射中枢接受到传入的神经冲动，也就是"烫"这个信息，它会有什么反应？处理信息时，它会作出相应的指令，指令以什么形式传出？这个神经冲动沿着什么传出？

根据学生的回答，教师追问：神经冲动传给什么结构，同学们的手才能缩回？进而归纳：这些能直接产生缩手反应的肌肉就被称为效应器，而肌肉是常见的效应器。

根据以上问题串得出以下内容并板书（图5-8）：

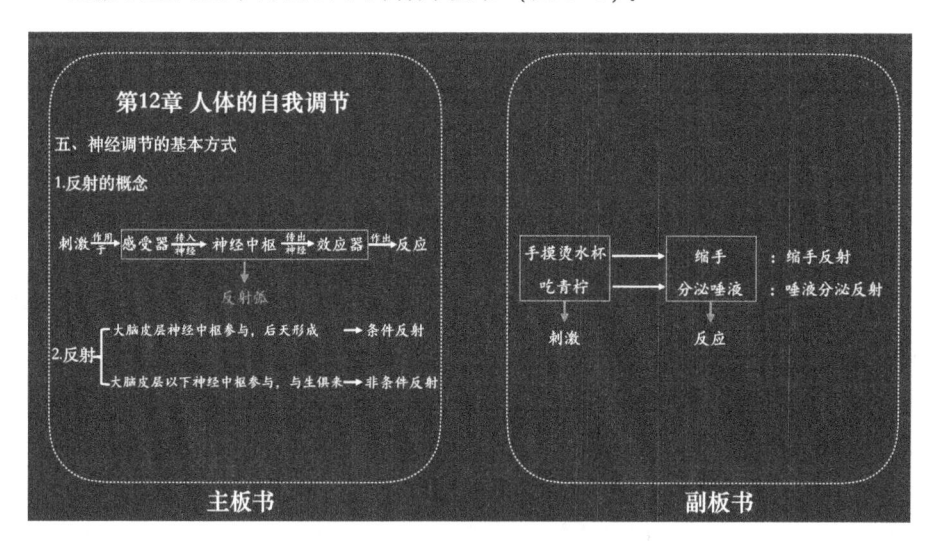

图5-8 "人体的自我调节"板书

自主分析唾液分泌反射，强化完成反射的结构。学生通过小组讨论、根据图（口腔、神经中枢图）分析吃青柠，分泌唾液这个反射活动是如何完成的。

生1：舌头上的味蕾受到刺激，产生神经冲动，传到脑干，再传回来，传到唾液腺和嘴里。

生2：传到脑干后，再传到唾液腺，唾液腺就可以分泌唾液了，分泌的唾液会出现在口腔里。

教师追问：在唾液分泌反射的过程中，感受器在哪儿？神经中枢在哪儿？效应器在哪儿？

教师补充：唾液腺是效应器，效应器和肌肉一样，也是常见的效应器。

教师归纳：唾液分泌反射就是口腔里的感受器接受到刺激，产生神经冲动，这些神经冲动传到脑干里的唾液分泌反射中枢，唾液分泌反射中枢又产生神经冲动，传到唾液腺分泌唾液。

分析两种反射活动，归纳反射弧的组成。教师鼓励学生类比分析缩手反射和唾液分泌反射所用到的神经结构，进而归纳反射弧的结构组成：感受器、神经中枢、效应器、神经（传入神经、传出神经）。紧接着，教师展示反射弧的模式图，通过学生的思考与辨认强化反射弧的概念。

分析归纳，再建反射概念。教师鼓励学生根据目前所学，大胆总结反射的概念。并且根据学生的回答再次归纳反射的概念：反射通过一定的神经结构"反射弧"，对刺激做出反应。

③深度体验活动，三建反射概念

再次分析缩手反射，得出神经系统各结构的相互联系。教师展示手臂、大脑、脊髓图，追问：在进行缩手反射的过程中，为什么不仅缩手，还感到烫？

生1：手上感受器受到刺激，产生神经冲动，传到大脑皮层的躯体感觉中枢。

生2：手上感受器受到刺激，产生神经冲动，传到脊髓再传到大脑皮层的躯体感觉中枢，躯体感觉中枢再产生神经冲动传导到手上。

生3：手上感受器受到刺激，产生神经冲动，传到脊髓中的神经中枢就可以作出缩手的动作了，再传到大脑皮层的躯体感觉中枢，就感觉到烫了。

教师根据学生的回答归纳：当手上感受器受到刺激，产生神经冲动，传到脊髓中的神经中枢，神经中枢就会产生神经冲动，传到肌肉，就可以作出缩手的动作了。脊髓还与大脑相连，所以当神经冲动传导脊髓后还要传到大脑中的躯体感觉中枢，就可以感到烫。

再次体验活动，建构非条件反射与条件反射。教师现场倒一杯滚烫的热水（学生已知水杯中是滚烫的热水），让学生想办法把装着热水的水杯搬到某处。追问：搬热水的活动是反射吗？这个活动中，有刺激吗？有反应吗？有用到反射弧吗？学生经思考得出这个活动也是反射。教师追问：那这个反射活动是如何完成的呢？学生讨论分析，教师适时指导，设置以下问题，引发学生思考：用到哪些神经中枢？除了用到视觉、听觉、躯体运动神经中枢外，还用到其他神经中枢了吗？为什么还用到了语言神经中枢？搬水活动用到的这些中枢位于哪里？根据分析得出参与该反射的神经中枢位于大脑皮层。

教师追问：本次搬水反射活动与之前的缩手反射之间有什么差异？学生对比分析得出：缩手反射用到的神经中枢在脊髓，而搬水反射活动用到的神经中枢在大脑皮层。

教师再次追问：缩手反射是生来就会吗？搬水这个反射活动是生来就会吗？

教师根据学生的回答归纳：我们把需要大脑皮层中神经中枢参与，后天形成的反射叫作条件反射。把需要大脑皮层以下神经中枢参与（如脊髓和脑干），与生俱来的反射叫作非条件反射。

分析反射的意义，三建反射概念。教师引导学生分析以上几个反射活动和我们日常生活中的反射活动，思考反射的意义。学生能够得出：保护自己、调节生命活动、趋利避害。根据学生的回答，教师归纳反射的意义：调节生命活动、保护自己、趋利避害，从而让我们更加适应环境的变化。

再次让学生思考：根据我们本节课的学习，再次描述一下，什么叫反射？教师结合学生的回答，及时点拨并归纳，第三次建构反射的概念：反射是通过一定的神经结构"反射弧"，对刺激做出的适当的反应，从而帮助我们调节自身生命活动并且适应环境的变化。

本节的整合力度非常大。

首先，大力整合了章节教学内容与教学活动。要构建"反射"的概念，需要"感受器""神经中枢""神经元"等多个次位概念的支撑，因此，本节教学顺序调整至了本章的最后。在本节课教学之前，对"第1节神经系统与神经调节"进行了节课时的整合，在第1课时增加了观察"猪脑"和"牛脊髓"的演示实验，着力构建了以"神经系统"为重要概念的基本概念体系，厘清了"神经元""神经中枢""中枢神经系统""周围神经系统"的关系；将第2节"感受器和感觉器官"的教学调至了本节的第2、3课时，强化"感受器"这一概念；在第4课时整合了"第1节神经系统与神经调节"中关于脑和脊髓的内容，强化了"神经中枢"的概念。这样的整合，为本节中"反射弧""反射"两个重要概念的建立奠定了良好的基础。

其次，充分利用了本节的两个原创的实践活动。本节课只设计了两个实践活动：摸烫水杯和品尝青柠。这两个活动贯穿了整节课：在导入时引发学生兴趣，初次建构反射的概念"接受刺激作出反应"；随后，深入分析缩手反射和唾液分泌反射，再次建构反射的概念"反射是通过一定的神经结构——反射弧，对刺激作出反应"；最后，再次体验相似但不相同的摸烫水杯活动（一种是未知水杯内是烫水，一种是已知水杯内是烫水），分析两者的异同进一步概括出"条件反射与非条件反射"并且分析不同的反射活动，得出反射的意义，第三次建构反射的概念"反射是通过一定的神经结构——反射弧，对刺激做出的适当的反应，从而帮助我们调节自身生命活动并且适应环境的变化"。两个活动、三次分析，层层剖析，达到了深度构建概念的目的。

本案例是对整个第12章"人体的自我调节"从教学内容、教学活动、教学实施等方面的一次大力度且卓有成效的整合教学探索。

第六章 CHAPTER 6

跨学科整合：
核心素养导向的全息课堂高阶追求

核心素养培育的基本阵地在课堂。我们高举核心素养旗帜，各个学科组以学习目标和实现指标为指引，以学科内整合为主要攻坚点，经由真实、专业、有序的改革路径，使核心素养导向的全息课堂基本样态得以呈现。站在更高的发展起点上，我们的教师、我们的学生、我们的课堂正深度融入跨学科整合的探索之中，不断实现着我们对核心素养导向下的课堂建设的更高追求。

一、核心素养导向的全息课堂与跨学科整合

"基于核心素养的学校课堂教学变革是核心素养得以实现的重要途径。"[1] 而对于当前远未实现的课堂教学的普遍性的根本性转变，除较为常见的浅位探究外，张伟指出："课堂教学改革缺乏'全息'观念，无法做到每一节课都能像总体要求那样提高教学质量也是一个非常重要的原因。"因此，无论教学改革走到哪个阶段，应拒绝"从局部要素出发思考课堂教学的整体改革问题"，而是"运用全息理论思考和改进课堂教学"。[2] 基于全息理论，我们获得了核心素养导向的全息课堂的基本原理。同时，提炼出八大课堂教学策略，也为学科组的跨学科整合提供了科学有效的思路。

---

[1] 杨志成. 核心素养的本质追问与实践探析 [J]. 教育研究，2017（7）：14-20.
[2] 杨斌. 走向远方：成都金苹果锦城第一中学战略规划 [M]. 成都：四川教育出版社，2018：88.

（一）核心素养导向的全息课堂基本原理

20世纪90年代的《全息教学浅论》❶以及《全息教学论原理》❷为立志将全息理论应用于课程与教学的开拓者提供了强有力的指导，全息课堂的理念也逐渐深入人心。随着核心素养的提出，一些研究者开始关注核心素养背景下全息课堂的教学原理与策略研究。如杨志成认为："全息课堂教学把每一节课作为整个学科课程和学校课程的全息单元。根据全息理论，每一个全息单元都包含整体或母体系统的全部信息。因此，全息课堂教学旨在使每一节课都能体现学校的办学理念及育人目标的全部信息，能够体现所在学科的核心素养和整体学科逻辑，从而通过每一节课撬动学生的学科思维、学科情感和认知发展，实现全面持续的育人目标。"❸

（二）核心素养导向的全息课堂三大原理建构

1. 全息课堂结构原理

全息课堂教学策略认为，课堂教学是学科知识认知和学科核心素养发展的基本单元，是课程发展的全息元，是学科核心素养发展的全息元，也是人的核心素养发展的全息元。

2. 全息课堂发展原理

全息课堂教学策略认为，课堂教学就是对人的素养和学科素养的发展。核心素养导向的全息课堂教学要基于学科课程、学科核心素养、人的核心素养整体系统，将其微缩至课堂教学单元系统中，使每一节课成为撬动学科认知、学科体系、学科素养、学科智慧、学科情感、人的核心素养的全息元，从而实现课堂效能的最大化。

3. 全息课堂重演原理

全息课堂教学策略认为，课堂教学在一定程度上重演了人类认知过程。因此，课堂教学应遵循人类的知识建构与认知过程，强化课堂教学基于知识历史、知识生成与应用的实践过程进行教学，激发学生持续学习的内在能动

---

❶ 刘宗寅，秦荃田. 全息教学浅论［J］. 当代教育科学，1990（1）：15-20.
❷ 刘宗寅，秦荃田. 全息教学论原理［M］. 济南：山东大学出版社，1990.
❸ 杨志成. 核心素养背景下全息课堂教学原理与策略研究［J］. 北京教育学院学报：社会科学版，2017（2）：1-7.

性，通过全息课堂使教学从知识本位走向智慧本位，从知识体系建构目标走向学科核心素养和学生核心素养发展目标。

这三大原理是核心素养导向的全息课堂建构的理论基础。❶

(三) 核心素养导向的全息课堂教学策略

根据全息课堂教学原理，提炼出全息课堂教学的八大策略。❷

1. 思维为本

思维是认知之本。全息课堂把思维发展贯穿课堂教学始终，把学科与课程思维发展作为承载知识和生命发展的重要基础。全息课堂要基于课程内容，把握学科思维全息元，并通过建立元思维，学科元认知，从而为构建知识体系和发展学科智慧奠定基础。全息课堂的元思维既可以从源于生活经验的形象思维建立，又可以从之前学习的抽象思维推理，也可以从其他学科领域的类似思维模式迁移。最终要建立基于本学科知识模块的全息思维体系，形成形象思维与抽象思维及跨学科思维迁移的全息思维体系，建立撬动学科知识体系的全息思维支点。

2. 知识为体

知识是思维的工具、智慧的载体、素养的表现、能力的表达。课堂教学以知识为载体，以思维为骨架，通过层层的思维推进实现知识体系的建构，进而促进学生智慧的发展，建立学科素养，培养学科能力。全息课堂教学的知识发展，要基于全息思维逻辑，构建学科知识体系，发展学科知识论认知。教师在全息课堂教学中要注重事实性知识（信息、方法等）、概念性知识（从事实到学科的抽象知识点）、体系性知识（由概念构建的学科知识逻辑体系）、知识论知识（由知识体系建立的形而上系统，即学科本体论知识）的整体建构，使课堂教学成为带动和发展学科整体知识的全息元。

3. 迁移为法

迁移是全息教学的重要方法。全息教学的关键是寻找学生思维认知元，也就是要在学生知识建构的元思维和元认知基础上建立课堂教学的全息点

---

❶ 杨志成. 核心素养背景下全息课堂教学原理与策略研究 [J]. 北京教育学院学报：社会科学版，2017 (4)：3.

❷ 杨志成. 核心素养背景下全息课堂教学原理与策略研究 [J]. 北京教育学院学报：社会科学版，2017 (4)：3-4.

(全息元)，并以此撬动知识传授过程、思维发展过程，以及智慧生成过程。课堂教学的迁移方法主要包括空间（情境）迁移法、学科迁移法、时间迁移法。空间迁移法也称为情境迁移法，主要是通过学生生活空间情境与学校课堂教学情境的迁移建立学生学科学习的元思维和元认知基础。如教学中教师将学生生活的兴趣点、经验点、生活情境等引进课堂教学，使课堂教学思维发展建立在学生已有的形象或抽象思维认知基础上，实现撬动课堂教学的目的。学科迁移法，分为学科内迁移法和学科间迁移法，学科内迁移法主要是将学科已有的知识体系或思维逻辑迁移到本学科后期知识的学习过程中，通过前期的元思维撬动后期知识学习的新的全息思维元；学科间迁移法，是指将一个学科的知识思维逻辑迁移到另一学科的知识学习，撬动另一个学科知识体系的过程。时间迁移法，是指前期学习思维迁移到后期学习思维的过程。

4. 实践为基

全息课堂注重基于学生的实践和经验开展教学，将知识学习、思维发展通过实践表达出来，展现和检验学生思维发展和知识学习成效。从人类发展的系统认知看，知识产生的目的都是为了解决问题，为了应用与实践，因此全息课堂教学要遵循全息重演原理，注重课堂教学中知识与实践的结合教学，使实践成为检验知识学习的标准，成为撬动知识持续发展的动力基础。

5. 素养为核

促进人的发展是课堂教学的核心。而人的发展的重要标志是人的素养的发展，尤其是核心素养的发展。全息课堂教学认为人的学科核心素养发展是课堂教学的核心任务。因此，课堂教学要通过知识载体和思维发展撬动人的学科核心素养的持续发展，实现人的全面协调可持续发展。

6. 智慧为重

人的素养的核心是身体、精神和智慧的协调发展。而这其中以人类智慧发展最为重要。全息课堂教学在发展人的核心素养的过程中，把提升人的智慧作为思维发展、知识建构的重要目标。启发人的学科智慧是全息课堂始终遵循的原则。

7. 整体建构

全息原理告诉我们，单元是整体的基础，并蕴含了整体的全部信息。全息课堂应遵循整体建构原则。全息课堂所要发展的思维品质、知识体系、智慧生长、实践能力、核心素养是一个有机整体。全息课堂教学要基于教学全息元，带动学生的整体发展，实现学生持续学习、自我建构的目标。

8. 全息发展

全息发展是全息课堂教学的理想目标。它旨在通过全息课堂实现人的整体发展和持续发展。通过全息课堂促进学生建构和培养整体学习的意识和能力，撬动学生重演人类持续学习的兴趣以及终身发展的原动力，进而实现学生自我学习、自我探究，自我建构和创新发展的目标。

全息课堂的八个策略是全息课堂遵循的标准和实施依据，也是课堂教学评价的尺度。教师课堂教学可以选择其中一个策略为主要教学策略，其他策略组合运用，实现基于全息元的知识整体认知和素养整体发展的效果。我们将这八个策略运用于跨学科整合的实践与探索中，取得了一定成效。

(四) 跨学科整合

"什么是真正的跨学科整合？"李佩宁[1]对关于跨学科的概念与认知的梳理，可以有效帮助一线老师避免在课堂探索实践中做无用功。同时，通过对案例的分析，其也为设计跨学科课程及学校落实跨学科课程的路径给出了极具启迪性的建议。

1. 正确理解跨学科的概念

什么是跨学科？笔者选出四种学界广泛认同的跨学科定义，可以从中正确理解跨学科的概念。第一个定义是由戴安娜·罗顿、马克·秦等人提出的，他们将跨学科教育定义为：一种课程设计与教学模式，由单个教师或教师团队对两门及以上的学科知识、资料、技术、工具、观点、概念或理论进行辨识、评价与整合，以提高学生理解问题、处理问题、创造性地使用多学科的新方法解决问题的能力。第二个定义是由维罗妮卡·曼西拉提出：整合两门及两门以上的学科知识与思维模式以推动学生认知进步的能力，例如解释现象、解决问题、创造产品或提出新问题。第三个定义是由美国国家科学院在《促进跨学科研究》中提出：由个人或团体对两门及以上学科的信息、资料、技术、工具、观点及理论进行整合的研究模式，为了提升基本认识或解决问题，而那些问题的解决方案通常超出了单学科或单个研究实践领域的范畴。第四个定义是由艾伦·雷普克在《如何进行跨学科研究》中提出：跨学科研究是回答问题、解决问题、处理问题的进程，这些问题太宽泛、太复杂，靠

---

[1] 李佩宁. 什么是真正的跨学科整合——从几个案例说起 [J]. 人民教育，2017 (11)：76-80.

单门学科不足以解决；它以学科为依托，以整合见解、构建更全面认识为目的。

2. 跨学科概念的几大要素

跨学科概念的几大要素为：跨学科要以现实问题的研究和解决为依托；跨学科要以学科为依托，但要超出单学科研究的视野，关注复杂问题或课题的全面认识与解决；跨学科要有明确的、整合的研究方法与思维模式；跨学科还旨在推动新认知、新产品的出现，鼓励在跨学科基础上完成创新与创造。

3. 多学科并不等同于跨学科

在操作过程中，很多人把多学科与跨学科混为一谈。多学科通常指两门及以上学科的见解并罗列在一起。比如，针对"水"的主题课程，语文教师介绍与水有关的诗词、文化，物理教师介绍水的三态变化，生物教师介绍水对于生物体的巨大作用，地理教师介绍水在地球系统中的重要作用……但是课程到此为止，不进行整合，学科间是相邻关系。多学科课程好比一盘水果沙拉，不同种类的水果只是被沙拉酱混合在一起而已。而跨学科恰恰要求有真正意义上的整合，并且选题更加具体。

4. 跨学科主题的确定

真正的跨学科主题学习需要从现实情境中提炼出更多的跨学科课程研究的视角，进而整合生成全新的课程。比如，围绕水这个主题，可以研究水的物理、化学性质与生产生活；水与生命的关系（动物、植物、微生物）；水与地球的各个系统（大气、生态、地质、气候、土壤、热力）；水资源研究（淡水、污水处理、灌溉、净化、污染、再利用）；水资源管理（水坝、节水、发电、引水、现代农业、雨水收集）；水与社会、经济的相互作用（价值观、城市、运动、信仰、治水、航行、运输、运河、起源、一带一路、国家边界、迁徙、战争）；水与文化的共生（艺术、语言、风俗、音乐、茶艺、庆祝活动、诗歌、摄影）。

（五）发展学生核心素养，呼唤跨学科整合

在学校课程改革的初期，我们进行了学科内整合的诸多探索，在发展学生核心素养，特别是学生的学科核心素养上找到了一条路径。但随着研究和改革的深入，我们认识到，现代社会是流动、开放、充满不确定性的，因科学技术的不断发展，未来人类需要在更复杂的情境中完成更多非常规的认知任务，这就需要综合运用各学科的知识，并考验着个体在技能、态度、情感与价值观等方面的养成与取向。这也是核心素养出台的最大背景。解决这些非常规的认知任务，只依凭某个单一学科的知识去加以解决，在未来几乎是不可能完成的。事实上，真实复杂的问题解决，都会涉及多个学科。从这个意义上讲，核心素养是由与学生全面发展紧密相关、对学生终身学习和发展有重要影响的诸多基础的、核心的素养所组成的素质合体，表现为在实现"成功生活"与建设"健全社会"过程中，个体所拥有的知识、技能、态度、情感与价值观等各方面素质的集合。正是基于这样的思考，我们开始了跨学科整合的全息课堂的探索和实践。

二、跨学科整合的实施方式与要求

完整梳理从理论到实践的跨学科研究成果对开展各类跨学科实践极其必要。

(一) 跨学科整合的实施方式

1. 从跨学科系列研究中汲取思想

唐磊[1]重点解析了跨学科研究的一般操作理念和主要的操作性原则，其反映的虽然是跨学科研究理论性成果，对一线教师实践工作的指导意义却不容忽视。从古至今，人类一直没有放弃追求知识完整性的努力，跨学科研究可以视作现代人在学科知识时代的新尝试。但正如学者默里所说："完美的知识是一种妄想，有缺陷的知识才是我们永恒的情形。"不管跨学科研究者如何自我期许或经受质疑，至少我们相信，跨学科研究有助于深化我们对学科知识和研究主题的认识，促进学科知识间的合作与相互影响，形成具有独创性的跨学科见解，进而更好地促成学生核心素养的养成，这些就足以让我们充分重视跨学科研究的价值。

一般认为，现代意义上的学科出现于 19 世纪，此前社会的知识生产处于前学科时代（pre-disciplinary era）。19 世纪末到 20 世纪初，新兴学科尤其是现代社会科学诸学科纷纷涌现。尽管随后的整个 20 世纪持续上演着学科的分分合合，但现代学科体系的框架在 20 世纪前 20 年已基本定型，今日我们所接受的诸多学科在当时大多已取得独立的身份和建制。然而，20 世纪初，学科现代化的大潮尚未完全消退之际，跨学科研究已接踵而至。早期跨学科研

---

[1] 唐磊. 理解跨学科研究：从概念到进路 [J]. 国外社会科学, 2011 (3): 89-98.

第六章／跨学科整合：核心素养导向的全息课堂高阶追求

究的发展主要出于知识生产专门化和知识需求综合化的矛盾。尤其是在一些大型的科研计划中，如20世纪40年代美国开展的"曼哈顿项目"（即美国的原子弹发展计划），就需要集中几乎全部科技领域门类的专家，而评估投弹后的破坏力这类综合性课题，更需要科学技术和人文社会科学集体智慧的整合。因此，现实社会具体问题的综合性与复杂性也是促使跨学科研究得以产生的重要原因。

20世纪60年代末，国际经济合作与发展组织（OECD）的教学研究及创新中心在全球范围进行了首次跨学科活动调查，该调查"发现了5个源头，即自然科学的发展、学生的需要、职业培训的需要、社会的基本需要和大学的功能与管理问题"。克莱恩和纽威尔对此作出了进一步的补充，认为跨学科兴起的动力还包括"普通教育、文科研究和职业培训；社会、经济和技术中的问题解决；社会的、政治的和认识论的批评；整体的、系统的和超学科的研究；借鉴的互补性交流和亚学科互动；新领域、混合团体和机构间的联盟；人才培养与机构规模的缩小等"。实际上，无论是经合组织还是克莱恩和纽威尔所总结的具体因素，都折射出一个更大的时代背景，即在20世纪中叶前后，一个更加复杂、更加综合的世界在加速形成（其最重要的原因是知识和技术的进步），知识生产的模式和配套的社会建制都发生着重大的变化。体现在跨学科方面，不仅出现了针对性项目和专门科系，甚至出现了侧重跨学科教学和研究的高校。

1972年是跨学科活动发展历史上的重要一年，CERI❶在该年组织了一次专门针对跨学科活动的研讨会，研讨的成果结集为册，题为《跨学科：大学中的教学与研究的问题》。书中总结了对"跨学科"的各种定义并指出：跨学科旨在整合两个或多个不同的学科，这种学科互动包括从简单的学科认识的交流到材料、概念群、方法论和认识论、学科话语的互通有无，乃至研究进路、科研组织方式和学科人才培养的整合。在一个跨学科研究集群内，研究人员应当接受过不同学科的专门训练，他们不断相互交流材料、观点、方法和话语，最终在同一个主题和目标下实现整合。2005年，美国国家科学院、国家工程院等单位联合发布的题为《促进跨学科研究》的报告显然遵循了CERI在30多年前的那个定义"跨学科研究是一种经由团队或个人整合来自两个或多个学科（专业知识领域）的信息、材料、技巧、工具、视角、概念和/或理论来加强对那些超越单一学科界限或学科实践范围的问题的基础性理

---

❶ 经济合作与发展组织下属的"教育研究与改革中心"。

解，或是为它们寻求解决之道。"学者克莱恩和纽威尔长期致力于研究跨学科理论与实践问题，他们在1998年的一篇合作文章中这样定义跨学科："跨学科研究是一项回答、解决或提出某个问题的过程，该问题涉及面和复杂度都超过了某个单一学科或行业所能处理的范围，跨学科研究借鉴各学科的视角，并通过构筑一个更加综合的视角来整合各学科视角下的见解。"

在众多有关跨学科概念的定义中，上述三种算是较有代表性的表述。学者曼西利亚（Verónica Boix Mansilla）也提出了大致相近的定义，但他同时强调在其定义中突出了跨学科研究（或者说跨学科性）的三个特性，即意图性、学科性和整合性。首先，跨学科是有意为之的活动，目的在于拓展我们对某个问题的认识而不是终结它，即提高我们理解问题、解决问题和提出新问题的能力；其次，跨学科研究要基于学科知识，不仅是学科研究的成果，还包括它们的思维模式特点；最后，跨学科研究重在整合而不是并列各种学科视角，要达到部分之和大于整体的效果。在上述观点的基础上，热普科（Allen F. Repko）提出了一个更加整合和简明的定义："跨学科研究是一项回答、解决或提出某个问题的过程，该问题涉及面和复杂度都超过了某个单一学科所能处理的范围，跨学科研究借鉴各学科的视角，整合其见解，旨在形成更加综合的理解，拓展我们的认知。"

综上，面对单一学科解决不了的问题，跨学科的应对方式是：针对某一具有综合性和复杂性的现实问题的解读和处理，在学科视角的基础上重构"学科知识单元"（即在学科视角下所获的种种见解），使有关的知识单元在以问题为指向的新框架内实现整合，在这个过程中，我们会获得对该问题的新认识（不同于单一学科视野下的认识），也可能提出新的问题（跳出学科框架下的问题域）❶。

科际整合方法论的综述，如刘仲林点评成中英教授的跨学科观，❷可以帮助我们以更坚定、更科学的态度实施跨学科教学。

"这是一个交叉方法学大纲。（1）关于交叉研究的现实作用，有三点值得注意：一是交叉研究作用的普遍性，遍及开拓新知、创造价值的各文化、技术领域；二是突出显现在开拓、创造、改造、改良等创新环节，说明只有在进取的心态，开放的环境中，交叉研究才能发挥其应有的作用，在因循守旧、

---

❶ 唐磊. 理解跨学科研究：从概念到进路［J］. 国外社会研究，2011（3）：89-98.
❷ 刘仲林. 科际整合的哲学与方法——评成中英、傅成勋的跨学科观［J］. 哲学研究，1999（1）：70-74.

第六章 / 跨学科整合：核心素养导向的全息课堂高阶追求

墨守成规的条件下，交叉研究必黯淡无光；三是交叉研究是一种重要的智慧工程，这一提法强调了交叉研究是涉及诸多方面有广泛增智开慧意义的系统工程，其本质是一种社会实践，需全面规划、精心实施，涉及科研、管理、教育、经济、技术等众多领域。（2）交叉研究的核心内容和基本含义，至少要有不同领域的两种方法或两种观点参与，交叉才能实现。（3）作者指出了实践交叉研究的重要条件。交叉研究不是'器'的拼组（有形物件组合），而是'道'的结合（理论或方法融合），因此必须有清晰的方法意识和深度的概念理解。在两个不同领域，特别是两个学科内容相距很远的领域，进行交叉研究，与传统的单学科封闭式研究方法有质的不同，绝不能把习惯的单学科研究方式和评判标准一成不变地引到交叉研究中来，否则，交叉研究就无法起步。因此，必须有清晰的方法意识，即必须实现单学科方法观与跨学科方法观的转换。另外，交叉研究不是各领域概念或范畴在表层进行机械组装，而是在深层的有机统一，因此，必须要求对涉及的概念与范畴系统有深度理解。传统教育强调专业，讲究科班出身，学者多以有某一专业精湛知识为满足，而对其他学科其他专业的概念与范畴知识甚少，这是交叉研究的一大障碍，只有花大力气克服这一障碍，交叉研究才能健康发展。（4）作者从系统、科学、世界三个维度，立体地显示了交叉研究的巨大意义和价值。'系统'主要是从社会分工角度说的。俗话说，社会七十二行，行行出状元。这七十二行如果相互交叉渗透，不仅状元要成十成百倍增长，行业本身也会面貌一新。交叉研究的运作是跨行业跨系统的，其成果价值和影响也是跨行业跨系统的。'科学'主要是从学术角度说的，交叉研究使不同学科、不同专业建立密切联系，成为一个有机的整体，它不仅使物理学家和化学家会通，又使自然科学家和社会科学家会通，也使科学家和艺术家会通。交叉研究不仅影响科学，而且影响教育、经济、社会、文化、技术各方面的发展。从以上意义上说，交叉研究的成果是跨科学的。交叉研究的世界意义是什么？这一层意义颇深，我们试从近远两个视角做一回答：从近的角度说，交叉研究不仅可以打破行业系统局限，打破学科专业局限，而且可以打破国家民族局限，从人类一体、地球一村的大视野研究人类面临的各种困难、问题和挑战，用更加全面、系统、综合的方法提出应答和对策。例如，困扰 20 世纪的科学文化与人文文化对立问题，中西文化难通难融问题，没有交叉研究和交叉实践是无法得到满意解答的。有人说，我们的时代是信息时代、电子时代、计算机时代，这些概括都欠准确，只概括了现象，没有概括本质。信息、电子、计算机的崛起，发展和广泛应用，都是人类综合创新的结果，而综合创新是在深刻专业研究的基础上，突破原有学科专业局限，进行多学科交叉融合的背景下实现的，'综合'就是交叉、就是科际整合，所以我们的时代是一个综合创新的时代，也可以说是一个交叉科学的时代。从这个角度说，交叉研究在实现人类自身解放中有重要的不可替代的作用。马克思说：'分工对于创造社会财富来说是一个方便的、有用的手段，是人力的巧妙运用，但是它使每一单个人的能力退化。'❶ 人要获得天性完整，得到全面发展，发挥创造就必须从旧式专业分工解放出来，以一种新的科际整合统一机制，把分工、分学科对人的消极影响降到最低限度，而在今日学科割据严重的形势下，交叉研究、交叉教育是打破割据的必由之路。交叉研究深层涉及全球利益、人类解放，其成果的直接和间接影响，是跨世界的。"

刘仲林的这一论述，深刻地表明了跨学科学习在当下和未来，对于培养全面发展的人，促进人的核心素养的发展有着重要的价值。刘仲林还总结了成中英从五个方面重点分析交叉科学研究兼具方法性与目的性的特质：

（1）进行交叉研究的首要环节是找寻焦点

交叉研究中的"焦点"，是指用两种或两种以上的方法或观点同时观照一个待解决的难题而产生的交点（集中点）。寻找焦点的关键是"同时观照"，如果先用一种方法（或观点）分析一个问题，得出一个结论；而后又用另一种方法（或观点）分析同一个问题，得出另一个结论，两种结论各自独立存在，这是单纯的多学科分析法，而不是跨学科、交叉学科分析法，因为上述为独立分析，没有体现"同时观照"的原则。"同时观照"在时间上是共时的，在空间上是共点的，既包含必要的分析，更强调主体的"一以贯之"的整体把握。

（2）建立融合是交叉研究的核心和关键环节

有的国外学者曾很形象地比喻说，多学科是"混合物"，跨学科是"化合物"。"融合"有融会贯通之意，把不同学科的概念或知识，通过恰当的交叉方法，融合贯穿，通达一体。这里还应当强调，融合不是同化，不是强求同一，而是在相异的背景下达到内在和谐。"融合"的要诀是相互协调的"和"，而不是简单一刀切的"同"。因此，融合可以是对立互补，可以是同中生异、异中显同。

（3）挖掘共源，揭示不同事物在历史的深处共同因子是交叉研究统一的

---

❶ 马克思恩格斯全集：第42卷［M］．北京：人民出版社，1979：148．

基础

研究的客观依据来源于历史深处的共同因子。

（4）视野扩大、境界提升是交叉研究在学术精神方面的展现

交叉研究的使命之一，就是打破学科对立的神话。交叉研究把少有来往的不同学科观点交合在一起，使不同学科知识域连成一片，扩大了每门学科的知识境域。

（5）灵活应用是交叉研究在生活与实践方面的展现

把交叉研究应用于实际经验与生活，产生其特有的价值，是交叉研究追求的重要目标。例如，技术美学（又称工业美学）研究，是将工业技术与美学相结合，使工业产品既符合科学技术规范又有优美的艺术造型，二者达到有机统一，从而美化生活，产生更大价值。从传统观念看，艺术品和技术产品，不论在存在方式，还是与人的关系上都有质的不同。但技术美学通过创新的观念"Design"而使二者统一。"Design"是组合大规模机器生产各个环节的创造性审美活动，它要求生产的产品不仅是经济、耐用、科学的技术品，而且是美观、新颖、漂亮的艺术品。今日，"Design"已成为许多工业品，特别是与人类日常生活密切相关的产品，是开发生产的关键环节。

总之，上述五个方面中，"找寻焦点"和"建立融合"是交叉研究的首要和中心环节；"挖掘共源"是交叉研究的构成基础；"扩大境界"和"灵活应用"是交叉研究两大拓展方向。五个方面有机统一，组成了一个较完整的交叉科学研究方法论纲。而这一论纲，对于我们开展跨学科教学也有着极大的启示。

2. 从跨学科成功实践中获取方法

具体到跨学科课程的设计，彭云、张倩苇[1]、李佩宁[2]均列举了美国小学高年级跨学科教学的多个案例，这对各学科打开思路，实施我们自己的相关课程是很可资借鉴的。

三个典型案例看跨学科课程的设计与教学：

课例观察一：《我是勤劳的劳动者》[3]。这是小学高年级的视觉艺术语文课，即语文与美术整合课程，需要3课时180分钟完成，看其教学目标：学生要学会分析让·弗朗索瓦·米勒的名画《扶锄的男子》；学生学习画家怎样

---

[1] 彭云，张倩苇. 课程整合中跨学科教学的探讨 [J]. 中国信息技术教育，2004（4）：96-101.
[2] 李佩宁. 什么是真正的跨学科整合——从几个案例说起 [J]. 人民教育，2017（11）：76-80.
[3] 本课取材于洛杉矶联合学区，由四位教师（Marisela Padilla, Ellen Ochoa, Claudia Morales, Jaime Escalante）共同设计。

用线条与空间强调主题；学生将就怎样理解油画、如何使用视觉证据证明自己的观点等问题展开讨论；学生对画中人物进行情感揣测，并写一首小诗表达自己的观点；学生通过为一位辛苦工作的家庭成员作画，来证明自己已经理解如何使用线条及空间强调主题。从这份教学目标中，可以看到有历史、美术知识与创作、讨论、诗的写作、德育等要素。

在本课中，学生要了解艺术史方面的内容，不但要学会从作品当时的社会、宗教、物质、事件等多个角度对名作《扶锄的男子》进行分析，还要了解艺术家的生平与作品特点；学生学习审美，练习美术方面的基本功，通过观察画家对于空间和线条的把握来学习怎样用线条与空间强调主题；学生还需要猜测画中人物的内心与情感，但这种猜测要建立在丰富细节的基础上，包括成画的年代、画作的主题、画作中的矛盾与冲突、画作中的远近虚实对比等，学生要用细节作为论据证明自己对于画中人的情感揣测并与他人分享、讨论乃至辩论，这就是分析、评价与综合，展示了对学生高阶思维能力的培养；在充分了解的基础上，学生要写一首小诗描写画中人物；最后，通过要求学生为一位辛苦工作的家庭成员作画，又巧妙地将创作与德育进行了融合。

这个课程非常经典，由此可见，通过教师的有效合作，传统的课程也可以改良成跨学科课程。

课例观察二：《桥梁中的悬臂》❶。这是一个 5~6 年级混龄教学的 STEM 课程，取自学校桥梁项目课程。本课需要 3 课时完成。我们用布鲁姆教学目标分类理论分析教师在本课程中预置的全部问题分别属于哪一层次。

塔吊的结构为什么能够吊起重物？（理解）

吊起重物时有没有最大重量限制？（应用）

吊臂远端还是近端更能吊起重物？为什么？（应用）

用自己的话说出什么是悬臂？对照塔吊寻找什么是梁，哪里是固定点？（理解）

说说塔吊的结构原理是什么？（应用）

[高年级拓展问题]

塔吊的原理和杠杆有什么相同点和不同点？（分析）

---

❶ 本课程取材自旧金山硅谷地区的圣卡洛斯特许学校，这是一所 k~8 年级的高水平学校，为加州第一所特许学校。其学生来自硅谷中产及以上阶层的家庭。学校有三个重要特色：一是课程全部整合为项目式学习（Project-based learning, PBL）课程；二是除了 2 年级以外，其余年级（k~1、3~4、5~6、7~8）均进行混龄教学，以此提升高年级学生的领导力；三是高素质家长对学校课程构建的极大化参与。本课程请参见《基础教育参考》2017 年第一期上第 34 页。

给出一部分悬臂结构的图片,让学生辨认。(应用)

进一步思考生活中哪些地方应用到了悬臂结构,并阐述。(应用)

思考塔吊的吊臂为何有那么多三角形?起什么作用?(分析)

吸管之间有哪些连接方式?(分析与创造)

吸管的哪个部位受力最大?如何将受力分散?(分析)

......

从预置的问题中可以看到大量的锻炼高阶思维能力(分析、综合、评价与创造)的问题,这些能力(也是核心素养的重要组成部分)靠传统的做题方式是难以获得的。最为关键的是,教师在设计课程的时候就要思考问题如何设定,而不是结束后思考。这个课例同样经典,它告诉我们怎样才能问出高质量的问题,同时还告诉我们,好的课程需要成为学校课程的一部分才有长久的生命力。

课例观察三:项目式学习课程,北京市广渠门中学项目式学习课程——"如何更好地向北京市民宣传南水北调工程进而影响市民的节水行为项目"

通过本项目课程的学习和推进,使学生深入了解了南水北调的科学知识(北京水资源动态统计、北京地理和人口情况对水资源的影响、水输送过程中的三态变化问题、水的指标和净化问题、连通器、动能势能能量转化、对照实验设计等)、工程知识(三线工程施工难点、泵站提水、暗涵送水、倒虹吸结构等),社会研究(移民搬迁、民众对工程的了解情况,问卷设计与调查,数学分析、数据交叉分析等)。学生们在研究中发现:如此利国利民的工程,北京市民竟然知者寥寥,于是学生们将最终的视角定位于针对不同的目标人群做好宣传并推广家庭节水方法,还制作了微信公众号南水北调与北京(微信号:nsbdybj),取得了很好的效果。在下一步的课程设计中,教师将逐步引导学生,尝试设计改造方案和预算,说服校领导,争取经费来真实地、试验性地改造学校的一部分设施来节水,并向学校各年级推广节水方法,以达成节水的目的。该课程让学生参与研究过程,使学生参与最大化,让学生利用对照实验和证据提高思维能力,为学生创造机会、分享想法,使用各种方式和工具陈述数据、口头介绍,并利用互联网进行传播。课程打破了学科界限,将分析思维应用于项目研究,让学生从更高的视角去综合信息,建立联系,得出结论,鼓励学生分析历史和时事,培养学生研究、写作与展示意愿。

这个项目式学习课程不但很好地诠释了"科学的应用经常会对伦理、社会、经济和政治产生影响"这个大概念,还提升了学生的核心素养,让学生文理兼修，全面发展。

3. 实施跨学科整合教学时要特别注意以下 3 点

（1）选题上要注重现实情境下真实问题的研究与解决

真实合理的情境是学习的重要一环，在情境中解决真实的问题，可以帮助学生明晰学习目的，进而提高学习兴趣。一是有效利用国家课程标准或重要知识点。课标呈现的是各个学科下重要的能力范畴，会涉及项目实施操作中的相关知识、技能、方法、策略的目标要求。比如开展语文与其他学科结合的跨学科写作课程，写各种主题、话题的研究报告或者小论文。二是利用网络搜索。目前，许多网站有针对各个年级、各个学科开展得十分成熟的项目介绍，可以借此激发灵感，形成自己的跨学科研究选题。比如，研究太阳能应用、3D打印、物联网等。三是联系人们的日常工作。跨学科学习的核心目标是以解决日常生活中最实际的问题为出发点，所以要把关注点聚焦到校园外的社会环境下，寻找人们在各行各业工作时遇到的实际问题并给予解决办法。比如，环境不断恶化的问题、能源的生产与使用等。四是结合当地或国家大事。跨学科的项目学习，要培养学生关注国家大事、城市大事、身边大事的素养。比如，垃圾的分类与回收在校园如何实现？通过提炼，我们总能得到极有价值的课程选题。

（2）内容上要注重学科核心概念及学科间的大概念

学科之所以自成体系是因为其具备完整的知识架构和研究方法，这是完成跨学科的基础。因此，即便是跨学科课程，其涉及的学科核心概念与研究方法也必须是严谨的、经得住推敲的。

对于跨学科课程而言，除了学科内容精准、选题真实外，还要利用学科间的大概念（Big Ideas）来支撑。大概念一词伴随 STEM 教育的兴起而进入公众视野，是指能够用于解释和预测较大范围自然界现象的概念。温·哈伦在《科学教育的原则和大概念》一书中就明确提出了科学教育的 14 个大概念，例如"科学的应用经常会对伦理、社会、经济和政治产生影响"就是一个大概念，与此相对应，我们很容易在美国的初、高中学校发现学生在研究"寻找替代能源""医学发展和立法以及社会伦理的关系"等研究课题。

（3）设计上要注重学生高阶思维能力的培养

伊万尼特斯卡雅、克拉克等人在《跨学科学习：过程与结果》中提出，跨学科学习可以帮助学生强化高阶思维技能，也可以帮助学生在不同学科领域之间建立更完善的知识体系和更有意义的研究。所谓高阶思维，是指发生在较高认知水平层次上的心智活动或认知能力，它在教学目标分类中表现为分析、综合、评价和创造。

(二) 跨学科整合的基本要求

鉴于跨学科整合的历史渊源及深远意义，借鉴国内外开展跨学科整合的各式经验，学校对应提出了跨学科整合的基本要求。

1. 更新观念、加强合作、提升能力是前提

面对由快速发展变化的世界带来的不断刷新的挑战，保持积极的心态并投入精力研究合作是至关重要的。跨学科课程实施需要学科组教师形成共同意志，拥有默契且能通力协作。利用每一次跨学科整合教育教学活动的机会，我们都全情投入，及时总结。我们将在现有基础上构建出一套更加优质高效的跨学科合作机制，实现跨学科课程序列化，打造具有可持续发展力的教师专业发展共同体。同时，跨学科课程需要创造性地实施。一方面，我们继续专注针对现有国家课程的校本化升级改造，同时不断开发自选课程的序列化主题设计。另一方面，加快系统学习，借鉴国外成熟课程并实现先进经验的校本化再创造。

跨学科整合所无法回避的困惑之一是对跨学科整合课程中涉及的跨学科的学科知识的了解程度，是完全精通还是掌握必要的内容？对此，我们认为，不能采取"临时抱佛脚"的态度，而是应当如克莱恩所说的，"完成一项学科互涉任务所'不可或缺的学科知识'必须受到'恭敬的、谦恭的'对待"。[1]因此，保持对未知的敏感，对学习的热情，尤其是面对具体的跨学科整合主题，提升教师的综合能力及核心素养是一个永恒的命题。

2. 整体设计、有序推进、课时分配是保障

跨学科整合课程在学校的课程体系中的位置举足轻重。金苹果锦城第一中学创造性地建立了各年级不同步的校内课程时刻表，利用长短课时分别确保综合类素养课及基础素养课的落实，利用优势增值课时间、社团时间大力保证学生实现学科内及跨学科的整合学习，利用短学程开展跨学科研学旅行课程。

与此同时，学校学科组秉承开拓创新的精神，以创建世界一流中学为使命，在课程建设方面一直坚持统筹计划，分学段侧重，学科内整合与跨学科

---

[1] Klein, 1996, p.213.

整合融合，紧密结合学生成长经历，在整合创新方面取得了可喜的成绩。

随着学校的发展，学科组专业团队的成长，各学科要在现有基础上根据学生、教师的特点，结合时代背景，不断优化成熟的跨学科课程并保持根据资源开发新课程的自觉、敏锐及能力，让学校跨学科课程可以呈现整体设计、有序推进的样貌。

3. 与时俱进、精耕细作、促进学生核心素养发展是目的

成长即课程。学生的生命体验、在学校经历的每一件事都是课程的一部分。无论是哪种形式的整合，教师都要坚持与学生的现有生活紧密联系起来，找寻最真实的话题，学习最有意义的主题，让学生在生动活泼的体验中涵养核心素养，为未来发展奠定基础。社会发展的趋势需要学生成为综合素养极高，同时又能有所专长并随时可以根据社会需要高效掌握未知领域知识与技能的人。作为利用整合课程引领学生探索未知世界的教师，我们要有足够的信心、勇气与意志。在跨学科整合尝试中做到精耕细作，在继续深钻自己专业的同时，尽力拓宽学科视野并做深、做细，以高格局、大智慧、超高效的教育者、学习者的形象为学生树立榜样，在学科组课程建设、学校课程建设中不断砥砺前行。

三、跨学科整合案例：八年级语文组新闻项目式学习❶

（一）项目简介

1. 项目结构设想

摒弃单篇教学模式，尝试以跨学科整合教学的方式进行新闻项目式学习。

项目式学习（Project Based Learning），源自美国教育家杜威（John Dewey）所倡导的"做中学（learning by doing）"，由克伯屈的设计教学法发展而来。项目式学习"主张教师围绕真实的问题或挑战设计一系列的体验和探究活动，学生需综合运用多种学科知识与技能来解决问题，并将最终的学习成果予以表达、交流与展示，学习过程始终伴随反思、评价、修正和多方支持。"❷ 在实践探索中，项目式学习是培养学生核心素养的一种有效方式。

---

❶ 此案例由金苹果锦城第一中学八年级语文组提供；付雪、蒋芬芬、刘婷、刘昕、李岚、秦莉、刘雪梅、王琳、陈劲宇老师执笔。
❷ 王淑娟. 美国中小学项目式学习：问题、改进与借鉴［J］. 基础教育课程. 2019（11）：70-78.

(1) 设置探究活动

2001年教育部颁布的《基础教育课程改革纲要（试行）》中提出，课程的结构必须"体现课程结构的均衡性、综合性和选择性"。项目式学习的过程正好能够体现这三个方面的特点。

八年级新闻单元的文本与生活紧密联系，涉及范围广，具有高度综合性，比较适合项目式学习方式。我们将新闻单元学习的核心目标（问题）设置为制作一张校园新闻报纸。围绕这一核心目标，教师设置了一系列体验、探究活动：经典新闻阅读、新闻采访、新闻写作、报纸制作等。

(2) 学习方式选择与学习成果评价

要完成这一系列的体验探究活动，达成核心目标，学生就必须综合运用多学科知识与技能，进行跨学科整合学习。

首先，语文与德育的整合。撰写新闻的前提是敏锐地捕捉新闻信息。开学之初新生军训、校园门卫包裹整理、同学仪容仪表整顿、入学典礼、教师节庆典等德育活动都可以成为学生采集的新闻素材。此外，中秋佳节即将来临，学生还可以采编与中秋节相关的传统文化、习俗、古诗文及传说，其中也不乏德育元素。

其次，语文与信息技术的整合。学生要进行新闻采访活动，必然要通过各种途径搜索相关知识，拟写采访提纲，录制视频、音频，整理采访信息，进行数据统计得出结论等，这些探究性活动必然要运用到信息技术学科的相关知识。

最后，语文与美术学科的整合。学生编辑创作报纸，不仅要求撰写高质量的新闻文稿，还要求学生能够工整地书写文字，配上富有意义的图片，进行美观和谐的排版，这些活动都离不开美术学科的相关知识支持。

通过语文与多学科的深度整合，学生最终完成新闻小报，择优展出，并拟写展出活动宣传语、设计制作海报和展板、优秀作品排版张贴、报纸解说与"售卖"（并非真正售卖，而是向老师同学"推销"介绍自己的新闻小报）。

(3) 目标能力达成

新闻项目式学习促使学生综合运用各学科知识和经验，分析问题、解决问题，以达成核心目标，其整个过程始终伴随自主学习、合作探究、评价反思、修正改进等思维活动。一系列的体验探究活动旨在培养学生的阅读感知能力、信息提取能力、新闻写作能力、口语交际能力、审美鉴赏能力，促进学生"四力共生"(即学习内生力、自主学习力、资源整合力、学习表达力的相互促进、共融共生),最终达到提升学生的高阶思维能力和核心素养的目标。

新闻项目式学习框架设计如图6-1所示。

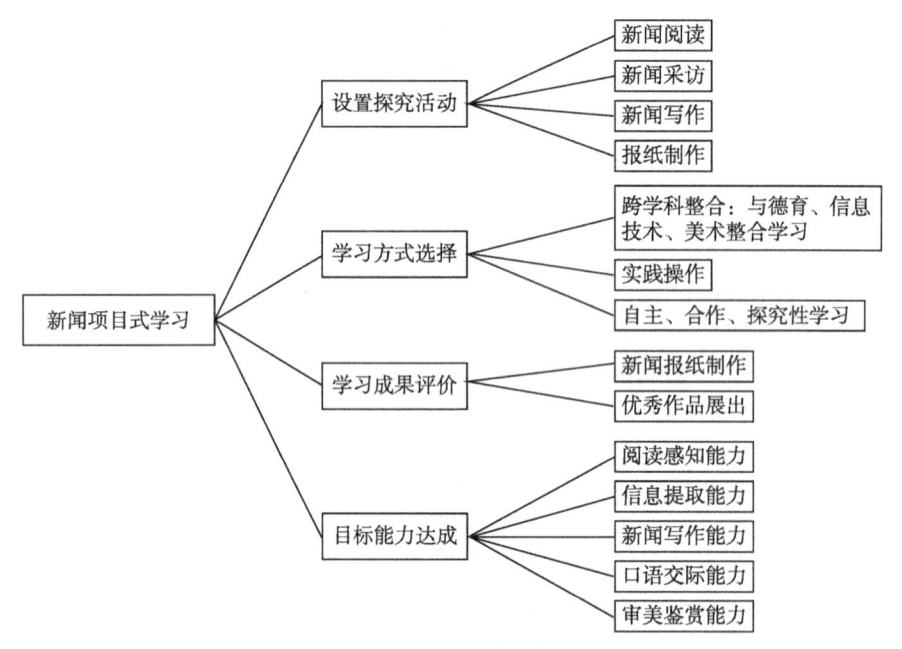

图6-1 新闻项目式学习框架设计

新闻项目式学习
- 设置探究活动
  - 新闻阅读
  - 新闻采访
  - 新闻写作
  - 报纸制作
- 学习方式选择
  - 跨学科整合:与德育、信息技术、美术整合学习
  - 实践操作
  - 自主、合作、探究性学习
- 学习成果评价
  - 新闻报纸制作
  - 优秀作品展出
- 目标能力达成
  - 阅读感知能力
  - 信息提取能力
  - 新闻写作能力
  - 口语交际能力
  - 审美鉴赏能力

(二)项目实施方案

1. 实施阶段(表6-1)

表6-1 新闻项目式实施阶段一览

实施阶段	时间	课程题目	涉及内容	地点及授课方式
第一阶段	2019年9月前两周	新闻阅读课	统编教材八年级上册第一单元课文	课堂 师生合作探究
第二阶段	2019年9月第三周	新闻采访课	锦一校园新闻及老师采访素材	课堂 观看视频 课堂当堂采访老师

续表

实施阶段	时间	课程题目	涉及内容	地点及授课方式
第三阶段	2019年9月第四周	新闻写作课	统编教材八年级上册第一单元写作指导	课堂 学生课堂尝试写作
第四阶段	2019年10月前两周	新闻小报制作及展出	锦一新闻和中秋新闻	在家或小组合作

2. 课型设计

统编教材八年级上册第一单元设置"活动·探究"任务群学习内容，这是学生第一次开展新样式语文学习活动。从学习内容、学习形式到学习方法都需要变革创新。教师也首次在同一任务下融入不同课型，在不同课型中进行跨学科的整合（表6-2）。

表6-2 新闻项目式课型设计一览

课堂类型	课程安排	
课型一：基于任务型学习的群文阅读课	第一课时学习任务 捕捉新闻内容	课堂主要教学环节 一句话概括五则新闻的主要内容
	第二课时学习任务 把握消息文体特征	课堂主要教学环节 用思维导图的形式梳理《消息两则》《首届诺贝尔奖颁发》两文的结构特点
	第三课时学习任务 把握通讯文体特征	课堂主要教学环节 1. 作为新闻特写，《"飞天"凌空》一文是如何展现特定场合中的一个片段 2. 作为新闻通讯，《一着惊海天》是如何打动读者的
	第四课时学习任务 走进新闻背后	课堂主要教学环节 1. 作者如何在场 2. 读者如何在场

续表

课堂类型	课程安排
课型二： 新闻采访——口语交际课	环节一：敏锐捕捉身边新闻素材
	环节二：明确采访任务 　　　　探讨"偶像"对于当下青少年的价值意义 　　　　　　——以李现为例
	环节三：设置采访问题
	环节四：创设情境，进行采访并整理记录
课型三： 新闻写作课	环节一：怎样将采访记录转化为新闻作品
	环节二：学拟标题
	环节三：学写导语
	环节四：厘清新闻主体的逻辑层次
课型四： 写作实践活动	阶段一：实践活动准备 　1. 锦一新闻采访、收集；中秋素材收集 　2. 小报设计、排版 　3. 确定主题
	阶段二：自行制作小报
	阶段三：实践活动展示（小组交流展示、全校展示）

系列任务群的学习，需要划分不同的任务和课型。新闻阅读、新闻采访、新闻写作到新闻小报制作，学习任务由阅读、口语交际到写作，由课内到课外，体现了语文探究活动的综合性、实践性、开放性。

3. 整合学科的方式

传统的语文课堂是直线型的知识讲授。近年来，逐渐重视了师生之间的课堂对话，但这种对话依然是比较单一且封闭的。统编教材的实施，尤其是活动探究单元的出现，给语文教学打开了一扇更开放、更广阔的窗。生物学中提出，两个不同而又相互影响的物种之间互惠生存的关系，在这种关系中两个物种都可以得到益处。既然不同的物种可以共生，那么不同学科之间也可以找到联结点，达到相互受益的效果。

以语文学科"新闻项目式学习"为基点的跨学科整合，是以学生核心素养发展为目标，通过整合德育、信息技术、美术等多个学科的知识进行教学，将多个学科领域的多个知识点或技能深度融合，以新闻小报的形式显现，以达到促进学生核心素养发展、提高学生关键能力的目的。

"新闻项目式"跨学科整合，在形式上要求语文老师打破语文学习边界、跨越学科限制，带领学生拓宽语文课堂教学的广阔空间。在不同课型下，多个学科的教师联手打造的跨学科语文教学，可以以微课的形式使各个学科之间知识相互渗透，这样能扫除学科盲点，促进科学性与人文性的高度统一。同时，多学科之间的师资互补，有利于教师之间相互促进，也利于激励学生进行自主学习，开展综合化的项目学习，促进学生核心素养的提升。

4. 跨学科整合实施策略

（1）语文老师需要转变观念

语文活动探究课需要在任务驱动下，实现多学科的整合。整合后的教学必将改变传统的教学方式。这就需要教师以发展的眼光、多元的思维来审视新型的教学方式，还要有全面提升初中课堂效率的觉悟，自觉将德育、信息技术等学科融入语文课程教学体系中，使之成为教师的教学工具、学生的认知工具、重要的教材形态。

（2）语文与德育整合

①努力培养学生提升自我修养。八年级新闻单元所选篇目都是新闻类的优秀作品，这些作品的学习，有助于增长学生见识、开阔学生眼界、提升学生素养。

②培养学生参与情感体验。新闻也有作者的主观倾向性，有效的活动能激发学生内心的情感体验，使学生内心和思想更加丰富。

③培养学生的爱国情怀。强国一代，如何培养一批强而壮、思而远、有智谋、有情怀的学生呢？这不但需要教师在语文教学中提升学生素养，促进学生的情感体验，还要培养学生深远、厚重的爱国情怀，激发学生从小爱学校、爱城市及心系祖国的热情。所以在新闻小报制作中，挖掘校园趣事，关注传统文化——中秋节，引导学生用客观、积极的眼光看世事百态，用有思考的注视审视当下。

（3）语文与信息技术的整合

①导入多媒体手段把信息技术作为促进学生自主学习的认知工具和情感激励工具。

②新闻项目式学习中，尤其是新闻采访课，针对课堂任务，穿插视频资源，来突破重点。精彩的采访视频，有效开启了学生思维的闸门，提高了课堂效率。

③培养学生广泛搜集信息的能力。整合的一个基本点是对课程教学内容进行信息化处理后成为学习者的学习资源。所以,在新闻项目式学习的各阶段,就充分利用各种工具引导学生广泛搜集信息,将课内学习与课外学习、网络知识、社会知识联系起来。在新闻学习的过程中,不断提升学生搜集、分析、判断、加工信息的能力,也培养了学生主动探究、主动学习的素养。

(4) 语文与美术的整合

语文与美术的整合主要体现在新闻项目式学习的制作小报阶段。美术让语文新闻教学具体化、形象化。在新闻小报制作任务中,整合美术学科。首先,学生需利用美术知识进行小报版式的设计、制作,包括小报标题、消息、通讯、特写这几个板块的位置摆放等。其次,学生需要根据所写的新闻稿件内容,配合合适的插图,包括图片比例、色彩搭配等。这样使之完美达到"书画同源"的效果,促进学生核心素养之审美力的提升。

语文与美术学科的整合,尤其是在项目式活动探究课程中的实施,让语文教学变得多元化。在活动实践课程中,配以绘画的形式展现文字的内容并借助图像,促进大脑的想象力和联想力发展。它可以充分调动学生的积极性,弥补语文课堂只是读读、写写、讲讲的不足,使语文课堂变得生动活泼、丰富多彩。整合后的语文课程资源开放而有活力,使学生在生活、自然、社会广阔的天地里锻炼了综合运用所学知识的能力。

(三) 活动剪影

新闻在一定程度上建构起我们对世界的认知方式。新闻阅读是我们感受新闻、了解新闻特点的重要学习内容;学会采访是新闻记者获取新闻素材的重要途径;新闻写作则是我们运用新闻知识、掌握新闻能力的重要载体。

统编本语文教材八年级上册的第一单元是以新闻为主题的"活动·探究"单元,它承载着语文教材中其他单元所不具备的语文学习与生活技能的重要价值,体现了"生活即语文"的大语文观。对于"新闻"这一贴近生活的文体的学习,要用新闻活动的方式来解决新闻活动的问题。因此,将本单元的教学设置为三大新闻系列活动,以活动贯穿新闻阅读、新闻采访与新闻写作的学习,这也是对于本单元的课堂定位。

八年级上学期的学生正处于思维发展的关键期,批判性思维的"最近发展区"亟待拓展,其中批评质疑的水平能力亟待提升。本单元的课堂设计正是适应该阶段学生学情的,学生通过新闻活动能够充分调动自主探究和口语交际的潜能，增加的不仅是语文的专业知识和能力，更是对语文学科核心素养的深透理解。

1. 新闻阅读课活动剪影

新闻阅读课是统编本教材八年级上册第一单元群文序列化课程中的第一项新闻专题任务。本项任务横跨整个单元的五篇课文，将五篇课文以整合的方式建立新闻阅读群，从"认识并提取新闻要素""消息、新闻特写、通讯、新闻评论等不同新闻体裁的阅读""走进新闻背后"这三部分入手，以三个课时来推动新闻阅读群文课。

【任务一】从"如何捕捉新闻信息""了解什么是新闻"入手，落实本课目标，即掌握新闻的"六要素"和新闻的结构特点，并结合第一课《消息二则》来进行解读分析。

【精彩瞬间】当学生通过合作学习并了解了消息的标题、导语、主体、背景和结语在新闻的所在位置及结构特点后，再次把"我三十万大军胜利南渡长江"一课的标题、电头、导语、主体和结语临时打乱，让学生上台连线。当教师抛出此张课件时，接近100%的学生举手，踊跃展示自己的课堂收获。毫无悬念，学生表现都是"零失误"，足见这节课目标达成是很充分的。

【任务二】以"'消息'知多少"的课题启思引入，解决并落实本节课的主要目标——把握消息的文体特点及新闻的语言特点。

【精彩瞬间】本节课通过"'消息'知多少"的课题抛入，促进了学生对"消息是什么""何为消息六要素"等信息的回顾和质疑，很快达到了课前启思的效果。同时，本课还借助《消息二则》一文，围绕主问题——"你认为新闻主体比标题、导语、插图多了哪些内容？"展开，从文本对比、结合插图分析文本等多种方式的运用，让学生的学习方式不至于单调，也便于调动班级课堂活动氛围，让整节课静思与表达完美统一。

【任务三】通过学生小组合作，探讨新闻的语言特点。

【精彩瞬间】借助"毛泽东的这则消息为什么会成为二十世纪我国最经典的消息？"这一主题，通过对比分析重点词语在新闻内容中的作用等方式，引领学生感知新闻语言的准确性及毛泽东语言的个性特点，也加深了学生对毛泽东所处时代的认识。

【任务四】以情境式教学，布置情境任务——"阅读《'飞天'凌空》《一着惊天海》两篇文章，如果这两篇文章都上了报，你会更愿意阅读哪一篇呢？"透过这个情境任务，学生了解了新闻特写和通讯这两种新闻文体的特点。

【精彩瞬间】本节课主要是将《"飞天"凌空》和《一着惊天海》进行比对阅读。其中《"飞天"凌空》全文是将跳水姑娘吕伟跳水过程的仅有1.7秒的镜头拉长、放大，将连贯的跳水动作被分解成起跳、腾空、入水三个步骤，逐一描写，犹如慢镜头回放。恰是因为本文用细腻的笔触融入了动静结合、虚实结合、正侧结合及比喻拟人等手法，使整篇文章的文辞优美动人可以细细品味。因此，这节课介入了不同的朗读方式，如开火车读，个读，小组读，男女生分角色读，使整堂课书声时起时伏，也让新闻这种知识性强的文章，瞬间有了语文味。

【任务五】这节课带领学生"走进新闻的背后"，围绕主问题："作者立场何在？读者如何在场？"来进行探究。

【精彩瞬间】所谓立场是指新闻记者采访过程中观察、认识和处理问题的立足点，是通过政治态度、道德认知和价值标准反映出来的。立场问题是一个根本问题。因此，这节课先提出主问题："通读五篇课文，你能读出文中的作者吗？"，此问有意识地启示学生去寻找五篇新闻中的"我"，如《我三十万大军胜利南渡长江》，就让学生在文中先试着去寻找"作者"的存在，并勾画相关语句。而"读者如何在场"，则是为了培养学生解读新闻，寻找新闻背后读者的意识，即"分别提取三则报道的主要观点。思考：针对同一新闻事件，为何出现截然不同的三种报道观点？这给我们怎样的启示？"由此学生得知，仁者见仁，智者见智，对于同一篇新闻或者不同的新闻，相同的读者得出的结论和看法是不一样的。这是和人们的思想观念、生活态度与价值取向紧密相关的。

2. 新闻采访课活动剪影

我们在设计新闻采访课这一口语交际课的时候，设计意图是非常明确的，本课型的价值就在于"放手"或者说"任务驱动"。要求在教学过程中，以完成一个个具体的任务为线索，把教学内容巧妙地隐含在每个任务之中，让学生自己提出问题，并经过思考和教师的点拨，自己解决问题。

课堂的意义在于带领学生体验新闻采访的过程，让学生创造生成新闻思维的方式、体验新闻学习的过程、认知新闻采访的本质，让新闻采访在学生的语文学习过程中真实发生。因此，本课的教学目标设定为：①学会新闻采访的基本方法；②学会拟写新闻采访提纲；③在采访过程中，要尊重采访对象，注意言行得体。教学重点在于在完成任务过程中，学习新闻采访的基本方法；教学难点在于新闻采访的实际运用。

基于此，为了突破教学重点和教学难点，落实核心素养导向的全息课堂的要求，将主任务分解为以下几个子任务并制定了新闻采访的尝试学习单（表6-3）。

表6-3 新闻采访课前置性学习单

学习目标	实现指标	尝试学习后达标情况			提升学习后达标情况			优化学习后达标情况		
		达到	未达到	不清楚	达到	未达到	不清楚	达到	未达到	不清楚
目标：了解新闻的特点，学习新闻采访的方法，能够学会新闻采访稿的拟定，在采访过程中得体表达	1. 了解新闻的特点，学习新闻采访的方法									
	2. 能够学会新闻采访稿的拟定									
	3. 在采访过程中得体表达									

第一单元

任务二 新闻采访

【学习目标与实现指标】
学习本课，我们将实现以下目标：

子问题设计如下：

第一，学生学会敏锐捕捉新闻素材；

第二，学生明确采访任务；

第三，学生明确拟写采访提纲的关键——拟写采访问题。

通过围绕采访话题的子任务的阶梯搭建，进而实现新闻采访的教学目标和学习目标达成。

核心素养导向下的全息课堂倡导以轻负高质为目标，以全面整合为基本思路，推进课堂和课程改革。为了实现这一目标，我们需要建设以整合来促效益、以效益换时间、以时间活结构、以结构育素养这样环环相扣的全面盘活学习时空的语文课堂。

为了引导学生对新闻采访有更为深入的理解，在教学目标的达成过程中，我们采用了情境教学的方法，通过情境的营造带领学生感受新闻采访的真实与魅力，唯有教师无限地逼近学生的真实生活，学生才会从心底真正热爱语文。具体活动情境设置如下：

【情境一】

联系学生实际，建构任务情境贯穿新闻采访，我们设置了"总编上线"的主活动。根据学生的接受能力及信息时代的需求，以"总编上线活动"为线索、以"锦一9月校园专版设计"的课程子任务为模块，精心组织教学内容，使其符合学生的认知特点，特别是强调所学知识要与时代同步。充分调动所学知识，以学生为主体，在主任务情境下，主持完成锦一9月校园专版设计。

【情境二】：

从学生感兴趣的话题入手，考虑学生完成新闻采访的难点，分别从新闻素材的抓取、新闻采访的准备、采访问题的拟写等角度帮助学生学习新闻采访。不仅如此，强调学生的自主发展，强调培养学生的自学能力，在教学过程中不断地用"采访任务"来引导学生自学。在课堂中设置新闻采访的话题语境，以具有正能量的明星李现作为语文学习的素材，以学生与学生对话铺开话题，以教师与学生对话深入采访语境，从而引发学生对"当下偶像对青少年的价值与意义"的新闻话题探讨，引导学生在真实发生的语境中体验新闻采访的过程。

这个时代瞬息万变，我们的教育也必须走在时代的前头，核心素养导向下的课堂顶层设计给了我们有方向、有目标的指引，它是一盏灯，照亮的是我们先渡己而后渡人的路。语文课可以紧扣师生都非常关注的时事热点作为语文学习的素材，引导学生进行序列化、研究式的语文学习探究。当语文课堂巧妙地"挠"到学生的"痒处"时，课堂上学生的思维花火才能被得以激发。

3. 新闻写作课活动剪影

基于在学生的核心素养和学校课程框架之间建立实质性的连接，我们设计了新闻写作课，继续推进"总编上线"活动，引导学生进行新闻写作的学习，制作完成属于自己的新闻报纸。系统地、综合地思考了"教什么""怎么教""为什么教"的问题，把消息的写作作为本课教学的重点，主要落实新闻的标题拟写、新闻导语撰写、新闻主体的写作。

在课堂上学生从"国家公祭日"主线活动中，完成了消息的标题、导语、主体、背景等内容的撰写，其中学生拟写的新闻标题精彩纷呈。学生在完成单行标题的拟写后,又参照《"飞天"凌空——跳水姑娘吕伟夺魁记》《一着惊海天——目击我国航母舰载战斗机首架次成功着舰》两篇文章,自主拟写了"主标题+副标题"式的新闻标题——《国殇·悼念——第五个国家公祭日:悼念南京大屠杀死难者》,在此基础上总结归纳,学生较深刻地理解了新闻标题的拟写技巧。

以下是学生拟写的精彩的标题:"最美的遇见——2019级入学典礼""强国一代有我在——记锦城一中开学典礼"等。

(四)活动总结

以"锦一中秋新闻播报"为主题,整合新闻阅读课、新闻采访课、新闻写作课所学的知识,让每一位学生都参与其中,充分调动了学生的学习力,实现了学生核心素养的生长。

其中,学生可选素材范围广泛,有中秋时节新闻,有锦一开学校园新闻,涉及消息、特写、通讯三种新闻文体。其中,消息为写作的重点,特写、通讯尽量突出文体特色。这一活动不仅凸显语文学科特色,也与中秋传统文化的德育相整合。学生自拟报刊标题,自主排版,可拍照、可画画,很好地跨学科与美育整合。具体阶段性成果及记录如下:

(1)为了帮助学生更好地呈现属于自己的报纸,教师团队做了充分准备,静心制作了用于设计新闻报纸的牛皮纸,发到学生手中,引来了阵阵惊呼。

(2)本次新闻项目式学习,学生积极创作,总共收到了613份报纸,并在全校进行展出。这是学生活动学习的成果。

(3)为了更好地呈现学生的精彩成果,教师精心定制了新闻主题特色展板。

(4)成果的展出为校园里营造了浓厚的新闻氛围,师生都纷纷围观、积极讨论。

(五)活动成果展示

1. 学生新闻作品一

报纸构思设计

本报纸被命名为中秋报,一方面是其创作时间恰逢中秋佳节,另一方面与这四篇文章的选材有关。中秋节是中华民族影响最为深远的节日之一,又名团圆节,是众亲团聚、阖家欢乐的象征。报纸的主要内容为中秋节期间发生的重要事件，围绕人民庆中秋、中秋热门事件、中秋体育赛事、中华传统文化等方面进行排版构思。目的是展示中国作为经济强国、科技强国、体育强国及文明古国的创新与特色。装饰采用了中国古风图样，让版面洋溢着节日的气氛，兼具古典气息与现代风格。报纸的斜上方有"一轮明月，升于上空"，与报纸题目"中秋"相呼应。

消息栏

听总书记讲中华优秀传统文化

今天，《联播+》的节目中，习近平总书记对中华优秀传统文化做了深情讲述，他谈道，"中华民族创造了源远流长的中华文化，中华民族也一定能够创造出中华文化新的辉煌"。

民族文化是一个民族区别于其他民族的独特标志，勿忘历史才能开辟未来，善于继承才能善于创新。

选材意图：

本文的选材来源是我所选取的新闻网页中置于最顶端的信息。而消息的特点是时效性强，具有报道意义。习近平总书记的发言意义重大，影响也非常深远。而中秋文化也是中华优秀传统文化之一。所以通过介绍及总结习总书记关于中华文化的发言，可以向大家推出传统文化的价值意义，呼吁中华儿女继续传承中华文化。

特写栏

扣下"开门红"，中国女排再创辉煌

9月14日，在日本举行的2019女排世界杯A组首轮争夺战，中国对战韩国的比赛中，我国以3∶0的优秀成绩取得开门红。

中上场比赛，比分为15∶13，差距并不明显，对手准备发球，中国队的姑娘们静静地等待着，"小苹果"袁心玥在白线上密切地注视着，随着球击入我方的区域，她以两米的身高优势在刹那间猝不及防地做了扣杀，一时间尖叫声充斥了整个球场，场下郎教练为之叫好。

选材意图：

2008年的北京奥运会给世界展现了一个崭新的中国，以51枚金牌居世界榜首。至此，中国女排已连续获得多次世界冠军。2019年中秋，恰逢2019年女排世界杯，中国女排在首战中就取得良好的成绩，实为中华儿女的骄傲。选择特写副攻手袁心玥的原因是想为大家介绍除了世界闻名的郎平及朱婷等优秀运动员以外，在比赛场内外还有很多常年默默付出，也取得优秀成绩的队员。

通讯栏

人民红，中国心

中秋佳节，阖家团圆，热闹的广场，灯火通明的大楼旁，人们在尽情地舞蹈，却不知一场宏伟壮观的灯光秀即将上演，人民网的工作人员在工作交谈之际，一片朱红洒向人们，一时间长沙、贵阳、西宁、江西、福州、内蒙古等地，点亮中秋夜空，LED灯上，显示着一封封写给祖国的表白信，赞叹声中30多座城市的人民"心动了"，2019年是我们共同的母亲的70周年华诞，让我们一起在中秋之夜一起向祖国表白。

选材意图：

恰逢中华70周年盛典，又是中秋佳节。今日，全国上下充满了人民的喜悦之情。所以，我想用知名的人民网所举办的爱国活动，来宣传中华儿女的爱国热情及中华70年披荆斩棘、风雨兼程的伟大历程。

2. 学生新闻作品二

报纸构思设计

整张报纸，大概由三个部分组成，分别对标中秋佳节、升学和时事热点"中国女排"三个新闻，这些都发生在中秋前后，符合新闻的时效性。其次，在通讯栏引用了一首有关中秋佳节的诗——《水调歌头·明月几时有》，起到增强新闻的文学意蕴的作用。之所以在特写栏写上有关锦一的"开学"，是考虑到受众群体是"锦一"的同学们，熟悉的事情更能够引起关注，激发读者兴趣。同时，在消息栏写上实时热点"中国女排"的赛况，能够博眼球，激发同学们的爱国热情。

消息栏

中国女排3-0轻取韩国

开门红！中国女排战胜韩国队！今天，2019年女排世界杯在日本开赛，中国女排3比0战胜韩国队，赢得2019年女排世界杯首战胜利。多少年来，女排精神、爱国精神、拼搏精神、团结精神、积极向上、勇往直前的精神，影响了一代又一代的中国人！朱婷的"扣球"、丁霞的"二传"、林莉的"接应"，高超的技术动作的背后，是一滴一滴辛勤的汗水，功夫不负有心人！为中国女排点赞！

选材意图：

消息是及时、简要地报道新近发生事件的一种新闻体裁，其最大的特点是时效性强和真实客观。中国女排是最近人们经常关注的话题，写中国女排易让大家产生思想上的共鸣，爱国之情油然而生；同时又在中秋佳节发生，可谓"双喜临门"。

考虑到文体是消息，本文未做过多的"细节描写"。由于"消息"的正文应该按"重要性递减"的原则安排，因此本文先简要阐述比赛结果，再分析女排精神，最后补写背景。

特写栏

你好！初二
——记初2018级学生升入初二的第一天

时光荏苒，岁月如梭，2019年8月31日，全体锦一学子站在13岁的天空下告别初一，迈进初二，敲响了催人奋进的"战鼓声"。

早晨7点，下着小雨，校门口却是一番热闹的景象。经过一个多月暑假，同学们不知不觉又有了些新的变化，此刻正和家长一同背着行囊"大包小包"地往寝室里"盘"。

我们的镜头转向寝室：有的正欣喜不已地与新室友"会面"，有的与好朋友久别重逢、相谈甚欢，有的转来转去忙着收拾……一切井然有序地推进着。家长协助学生入学"安顿"后，大都不忘反复叮嘱几句："记得多喝水""过几天就降温了别忘了穿外套""我把你牙刷放在洗面台了"……最后不舍得离开，一步三回头。在爸爸妈妈眼里我们永远是小孩。

到教室后看到熟悉的面孔，大家再次"寒暄"起来。一番"折腾"后，晚自习终于迅速进入学习状态。虽是开学第一天，同学们却很快适应了新学年的节奏。

选材意图：

"新闻特写"是指采用类似于"特写"的手法，以形象化的描写作为主要表现手段，截取新闻事件中最有价值、最生动感人、最富有特征的片段予以放大。这里我的选材主要在于初二开学时同学们和家长一起"出镜"的场景，重点着眼于描写同学们刚到寝室的欣喜，家长的"一万个不放心"，自然形成对比希望引发读者思考；次写初二开学的场景，可以烘托出新学年开学的崭新气象。这样的选材虽烦琐却又不平凡，生动形象具有实效性和现场感。

通讯栏

中秋节与家人团聚

2019年9月13日，己亥年八月十五，是中国传统节日——中秋节，今天表妹一家刚从老家赶来。上次见她还刚上小学，如今已经是一个五年级的"少年"了，于是我对她做了一个小型的采访。采访内容如下：

小记者：听说你刚做了心脏病手术，现在感觉怎么样？

表妹：挺好的呀，我顺便去北京玩了，好大的城市！

小记者：你现在五年级作业多吗？

表妹：多！（十分激动地）但我的梦想是考博士后。

小记者：哈哈，那你加油！

表妹：对了，姐姐，那你的梦想是什么？

我竟不知如何回答……

下午，我和表妹一同在房间去写作业，舅妈每隔十分钟就进来看一次，问问表妹："做了多少了？会不会做？""背挺直！""喝点水吧！"表妹看起来很是"招架不住"。

下午，我兴致勃勃地带表妹到附近商场玩，带她喝我喜欢的奶茶、打电玩、抽盲盒。至今还记得表妹睁大眼睛看着我从自助机中购买一个盲盒，看着机器自动吐出盲盒。当我取出盒子让她拆时，她探着小脑袋东瞅瞅西看看，到底是哪一个。发现正是她想要的那一个时，她掩饰不住自己心中的激动，我能看出此时此刻她真的很快乐！

选材意图：

通讯，是运用记叙、描写、抒情、议论等多种手法，具体、生动、形象地反映新闻事件或典型人物的一种报道形式。人物通讯（尤其是身边的人和事），需要围绕新闻事件中的人物报道其言行事迹，展现人物的精神，所以我选了几件表妹生活中的小事来写。从儿童几个方面体现出表妹的单纯、"初来乍到"的不好意思，以及对自己"病情"的乐观等，并加入我和表妹的对话（采访），让通讯的语言更真实、生动，同时也使人物形象更鲜活。

（五）活动反思

1. 问卷数据分析

【附　新闻前置性学习的问卷调查】

亲爱的锦一学子们：

国家兴亡，匹夫有责。国家和社会的发展关系到每一个人自身的发展，关心时事就是关心自己的生存环境。尤其是新一代的中学生，更应该将自身的发展和祖国的需要紧密结合起来，做到家事国事天下事，事事关心。为此金苹果锦城第一中学针对 2018 级在校中学生做一次的新闻学习现状的调查表，您的测评非常宝贵。

请你根据自己的情况，如实填写。（可以多选）

1. 生活中比较关心哪方面的新闻？
□经济　　□军事　　□科技　　□政治　　□文学　　□其他
2. 你通过什么途径关注新闻？
□电视　　□网络　　□报纸　　□广播　　□其他
3. 你能否从所关注的问题中得到启发？
□能　　□不能　　□看情况
4. 你平时会和朋友之间讨论新闻吗？
□会　　□不会　　□看情况
5. 你认为学校现在提供给学生关注新闻的平台如何？
□很满意　　□满意　　□一般　　□差劲
6. 你认为关注新闻给你带来了什么有利之处？
□了解社会动态　　□丰富课余生活　　□扩展自身见闻　　□其他

如图 6-2 所示，以两组数据我们不难看出：学生普遍比较关注科学、军事等领域的新闻，对文学、经济领域涉足较少。新闻获取途径也比较单一，喜欢浅表化、碎片化的网络阅读，从一定程度上影响了学生的专注力，使思维的发展受到限制。

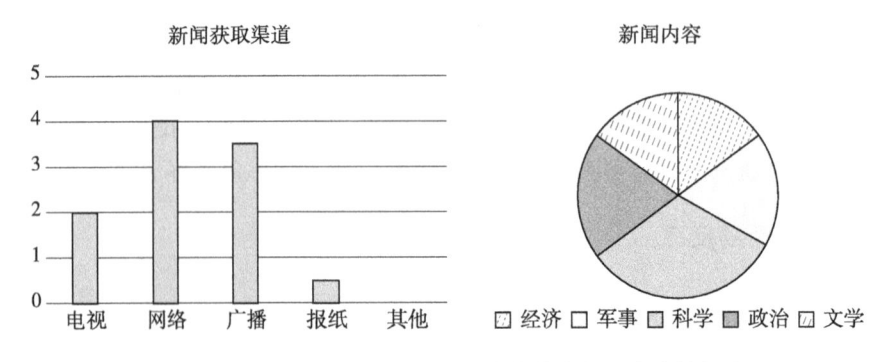

图 6-2　学生获取新闻的渠道及学生关注新闻内容的领域

新闻基本知识的掌握。通过表 6-4，可以发现学生对新闻基本知识的掌握很扎实。93% 的学生表示能够说出消息、特写、通讯这三种不同体裁的新闻各自的特点。由此可见，教师很重视学生关于新闻基本知识的掌握和学习，在课上进行了专门地讲解。

新闻项目式学习成果调查问卷

表6-4 新闻基本知识的掌握情况

题目	选项	数量
你能说出消息、特写、通讯这三种不同体裁的新闻各自的特点吗?	A 能,老师上课时进行了讲解	524
	B 不确定,老师要求我们自己进行总结	24
	C 不能,不知道他们都有什么特点	15
本次有效填写人数		563

学生快速分清客观事实与主观评价的能力。王荣生教授曾在《建设确定性程度较高的语文教材》一文中指出:"新闻教学的要点,是要让学生学会分清新闻事实与新闻背景、客观叙述与主观评价,培养学生的理性批判意识"❶。新闻阅读任务的课前指导也提出了这一要求,可见其在教学中的重要性。可喜的是,77%的学生表示能够快速分清新闻事实与新闻背景、客观叙述与主观评价,他们通过新闻作品的学习,具备了一定的新闻信息分析能力。但遗憾的是,仍有23%的同学表示不能够分清或是不知道怎么分清。

揣摩分辨作者的态度和倾向。纯粹事实叙述的新闻是不存在的。新闻在写作的过程中总是会含有作者主观倾向性,能看出作者的新闻立场也是学习新闻阅读的一个方面。从调查结果来看,87%的学生能够体会到作者的态度和倾向,学习效果很好(表6-5)。

表6-5 新闻阅读方法与能力

题目	选项	数量
你在阅读新闻时能迅速分清新闻事实与新闻背景、客观叙述与主观评价吗?	A 能	431
	B 不能	72
	C 不知道	60
本次有效填写人数		563
题目	选项	数量

---

❶ 王荣生. 建设确定性程度较高的语文教材 [J]. 语文建设,2007(4):14.

续表

	A 能	491
你能从新闻作品中体会出作者的态度吗？	B 不能	33
	C 不知道	39
本次有效填写人数		563

从表 6-6 中可以看到，58% 的学生认为难点在于进行有效提问，认为困难是拟写采访提纲的学生占 35.5%。学生第一次接触新闻采访，教师应对采访活动进行详尽指导。

表 6-6　新闻采访中遇到的困难

题目	选项	数量
你在新闻采访活动中遇到的最大的困难是什么？	A 确定新闻题材，制订采访方案	38
	B 拟写采访提纲	200
	C 采访进行中的有效提问	325
本次有效填写人数		563

学会写消息是教材对每一个学生的基本要求，然而通过表 6-7 我们了解到，仍有 11% 的学生不会撰写消息，需引起教师的重视。

表 6-7　新闻写作任务的完成情况

题目	选项	数量
学习了新闻写作，你会撰写消息吗	A 会，老师让写过，并进行了写作评讲	200
	B 会，老师让写过，进行了自主修改	302
	C 不会	61
本次有效填写人数		563

如表 6-8 所示，98% 的学生认为新闻学习能够为生活中阅读新闻提供帮助，提高获取信息的效率，增强理性思辨能力。

表 6-8　新闻项目式学习对你阅读新闻的帮助

题目	选项	数量
你觉得新闻项目式学习对你平时生活中阅读新闻帮助大吗	A 很有帮助，提高了我对社会热点问题的判断力和甄别力	301
	B 较有帮助，使我能准确快速地浏览和把握电视、报刊、网络等新闻的信息	256
	C 帮助不大，获取信息的能力和老师讲的新闻知识无关	6
本次有效填写人数		563

从表 6-9 可知大部分学生都感受到了学科整合的力度，能从本次新闻的项目式学习当中体会到多个学科的融入。

跨学科整合调查问卷

表 6-9　新闻项目式学习涉及的科目

题目	选项	数量
你发现本次新闻的项目式学习中涉及哪些学科？（可以多选）	A 数学	29
	B 英语	3
	C 政史	500
	D 地生	435
	E 艺体	111
本次有效填写人数		563

从表 6-10 我们不难看出，78% 的学生认为政治历史的融入，更有助于学生大语文观的培养，地理、生物、艺术、体育等学科也对语文的学习有不少帮助。

表6-10　科目融入对语文学习的帮助

题目	选项	数量
你认为哪些科目的融入对你的语文学习帮助最大	A 数学	178
	B 英语	153
	C 政史	437
	D 地生	400
	E 艺体	393
本次有效填写人数		563

2. 愿景和期待

王本华教授将"重视实践"列为部编版教材的关键词之一。他提到活动探究单元编写的目的是:"以任务为轴心,以阅读为抓手,整合阅读、写作、口语交际,以及资料搜集、活动策划、实地考察等项目,形成一个综合实践系统,读写互动,听说融合,由课内到课外,培养学生的综合运用能力"[1]。也就是说,新闻项目式学习的目的是要通过新闻综合实践系统来提高学生的核心素养,让节节课都有培育全人的缩影。

(1) 语文和德育的融合,促进学校文化的建设

语文是一门具有工具性和人文性特征的学科,既肩负着智育,又要肩负着德育方面的重任。德育教育和语文教学是相辅相成,互相补充的。"我们要站在全人、全程、全景的角度,培育有中国风骨、世界眼光、全球担当、未来智慧的学子。让他们在走出校园前,涵养创造未来的智慧,沉淀行走全球的品格。"为此,我们将尝试把学校文化中的"为天地立心,为生民立命,为往圣继绝学,为万世开太平"的"四为精神"融入语文教学的过程当中,让学生获得丰富的知识,受到德育情感的熏陶,最终寻找到自身的精神家园。

(2) 跨学科的融合,促进学生的核心素养

跨学科学习可以帮助学生强化高阶思维技能,也可以帮助学生在不同学科领域之间建立更完善的知识体系。在进行核心素养导向下的全息课堂构建时,我们认为,应当形成能有利于核心素养养成的课程生态,这包括设计、实施、评价一体化发展的"全程"生态,立足"全人"发展的优化生态关系,立足"全体"发展的丰富课程主体。通俗地说,就是通过构建丰富多样的课程体系,

---

[1] 王本华. 从八大关键词看"部编本"语文教材的编写理念 [J]. 课程教学研究, 2017 (5): 34.

分层教学，通过长短课、长短学程，教师、学生、家长的共同参与，培养具备核心素养的人。新闻项目式学习打破了学科界限，将分析思维应用于具体的实践中，让学生从更高的视角去综合信息，建立联系，得出结论，鼓励学生分析历史和时事，培养学生研究、写作与展示意愿的能力，最终实现让学生的学习内生力、自主学习力、资源整合力、学习表达力相互促进，共融共生。

3. 反思

（1）项目式学习，意味着教学需要分阶段，实施教学的过程必然耗时久，战线长

项目式教学，旨在培养学生将知识融会贯通，进行跨学科整合的能力。在教学的过程中，应注重激发学生的思考、创造力和批判精神，但并不是在传统课堂中穿插进一个项目，或者将成果以项目展示就可以称为项目式学习，它与传统课堂两者之间如何协调，值得反思。

（2）本次项目式学习的活动推进是在教师的预设下完成的，学生的活动稍显被动

在设计学生活动之前可否着眼于学生客观存在的个性差异，通过实际调查，开发学生兴趣集中的教学资源和教学点，尊重他们的主体意识、自主愿望和自学能力，从根本上激发学生的学习内驱力，培养他们的综合实践能力，值得深思。

（3）随着学业压力的增大，如何将项目式学习和学业成绩挂钩，共同促进

项目式学习活动的开展对一线教师提出了更高的要求，在日常教学中教师可能因为更注重激发学生的思维发展力而使一些教学目标的拟定不切实际，无法落地，最终影响到教学质量。

（4）跨学科整合的力度如何把握还需要进一步思考

跨学科课程的整合需要创造性实施，而不是学科的叠加。是否可以针对现有的学科课程进行升级改造，或者先从国家课程的内容开始尝试，逐步进化到自选课程的主题设计，以及如何加深学科间教师的精诚合作，值得反思。

（5）项目式活动的评价标准还需进一步明确

项目式学习要求对学生完成项目的过程进行规范、全面的评价。评价的主体从以往的教师评价学生，到现在评价成果，评价的理念更加多元，方式更加公开、权威，也意味着对教师的高要求达到前所未有的水平化，但目前阶段我们不仅缺乏评价用的专业工具和量表，而且评价的标准也需要继续探索和研究。

第七章 CHAPTER 7

多元评价：
发展核心素养的关键领域

现代教育理论认为："教育的真正意义在于发展人的价值，发挥人的潜力，发展人的个性。"核心素养导向的全息课堂着眼于学生的发展，着眼于培养学生的知识与技能、过程与方法、情感态度价值观，力求四力共生，多位一体的发展。评价在课堂教学中起着导向、质量监控、检测、修正和完善的重要作用，教师只有采用多样化的评价方法，面向全体学生，才能实现客观真实的反馈教学，达成个性化的学习效果，从而促进学生的全面发展、提升学生的核心素养。因此，发展核心素养要求我们改革对学生的评价方式，建立评价目标多元、评价方法多样的评价体系。科学的课堂评价体系不仅要注重引导学生的智育评价，同时注重引导文化艺术、审美教育，而且对沟通适应能力、动手实践能力也起到引导、反馈和考核作用，形成鼓励学生在全面发展的基础上发展个性和创造性的导向作用。良好的教学评价应当确保评价内容的真实性、科学性与合理性，评价方式的有效性，评价结果的公平公正性，体现以学生为本的多元评价。

同时，在实施多元教学评价时要注意以下方面。

首先，多元教学评价是培养全面发展的人的重要环节。多元教学评价主要分为课前对学生基本学情的评价，课中对学生参与课堂及所思、所获的评价，课后对学生知识掌握、素养提升的评价，它涉及人成长的方方面面，必须是多元、多维度的评价。课前的尝试性学习评价促进了学生明确课前学习任务，让学生知道学习什么，探究什么；课堂上的提升性学习评价促进了师生互动，让学生明确怎么学习，怎么探究，为学生的自主学习及发展提供指导性方向；课后的优化性学习评价促进了学生解决"类问题"，归纳"类方法"，促进学生在知识理解、运用和创生等方面的超越。只有恰当地运用好不同阶段的评价，才可以让学生产生积极参与课堂的兴趣，主动完成课堂任务的动力和高效达成课后拓展的愿望；只有综合运用课前、课中、课后不同阶段的评价方法、语言和体系，才能让学生积极地学习，为学生提供自由选择的机会，改进学生的学习方式，搭建真正的全息课堂，全面发展学生的核心素养。

其次，多元教学评价决定了多元的教学反馈，教师的观念和角色得以转变。教师通过反馈的信息，及时调整自己的教学策略，以不断适应学生发展的需要。在多元的课堂评价环境下，教师的观念和角色得以转变，由教书匠转变为学习者、研究者。一方面，学生有了展示自己才华的机会，学生的心灵得到了彻底的放飞，他们的表现欲得到了满足，激发了学生的创新意识和表现欲望，培养了学生的实践能力；另一方面，课堂的多元评价也为培养创新型教师提供了可能，并使教师角色向全新型、科研型迈进，教师教学能力和自身的业务水平也得以发展，在与学生的交流中，心灵得到感化，成为双向互动的促进者，与学生同时得到提高和升华。新型教师带领新型学生一步步迈上进步的阶梯，双方都在创造中获得了自我发展，这样的评价改革才能真正实现课堂教学的整体转型。

一、课堂评价的四个关键

（一）抓住核心要素

核心素养导向的全息课堂分为三种课堂形态，即基础（核心）素养课、综合素养课（差异发展课）和优势增值课。不同的课堂形态在设计和实施上都有较大的差异（表7-1），不同的课堂形态有着不同的核心要素，承担着不同的课程培养目标，因此全息课堂的学习反馈与评价必须紧扣相应课堂形态的核心要素进行。

表7-1 三种形态课堂在设计与实施方面的主要差异

课堂形态	主要功能与要求	基本理念	学习活动的关键要素
基础素养课（核心素养课）	基础、自信全员、全程	理解·发现	学、议、创、省

续表

课堂形态	主要功能与要求	基本理念	学习活动的关键要素
综合素养课（差异发展课）	综合、类型深度、广度	综合·发现	概括、联结、探究、求变
优势增值课	专题、课程活动、成果	体验·发现	兴趣类：活动、成果 项目类：项目、设计、执行、展示

(二) 目标、过程与结果的一体化

核心素养导向的全息课堂的教学特点决定了教师必须注意教学目标、教学过程性评价与结果性评价的一致性，通过一系列的教学活动将它们有机地结合起来。过程性评价是一种对学生学习过程进行的及时、即地的评价。这种评价采用以过程性的观察为主的质性评价方式，对学生学习过程中的情感、态度、价值观进行考察，以了解动态过程的效果，及时反馈信息，及时调节，使计划、方案不断完善，顺利达到预期的教学目的。结果性评价指的是在教育活动结束后为判断其效果而进行的评价，这种评价模式主要是量化评价方式，了解学生的学习情况，并为进一步学习提供反馈信息。二者既有对立的一面又有统一的一面，多元评价应该是过程与结果的统一。一方面，教师要注重教学过程中的评价，采用有效的课堂评价方式不断激励学生，让他们体验到学习的成功和乐趣，让学生体验学习的喜悦，将课堂过程评价与学习结果评价综合考虑，保证学生持续性的有效学习，这样才能获得教学相长的成功。另一方面，在过程与结果评价的过程中，注意将结果与目标评价相结合，应用多种评价方法，有利于清晰、准确地描述学生发展情况，有助于更好地评价反馈和为后续的学习做好铺垫。我们根据不同课堂形态从课前、课中和课后设计相应的目标完成辅学单，通过辅学单的指导将目标的达成情况在学习过程中充分展现出来，最后形成有效的学习结果。以基础（核心）素养课的设计、实施与评价为例，此课程采用课前尝试性学习、课中提升性学习和课后优化学习三环节一体化推进的思路与实践框架，根据这一实践思路和框架，结合"理解·发现"的理念与四个关键学习要素，形成核心素养课的课前"尝试学习单"（表7-2）、课中"提升学习单"和课后"优化学习单"（表7-3）的评价体系。

表 7-2　基础（核心）素养课尝试学习单

[学习目标与实现指标]

学习本单元，我们将实现以下目标：

学习目标	实现指标	尝试学习后达标情况			提升学习后达标情况			优化学习后达标情况		
		达到	未达到	不清楚	达到	未达到	不清楚	达到	未达到	不清楚
目标1	1									
	2									
	3									
	……									
目标2	1									
	2									
	3									
	……									
……										
自我小结	主要收获									
	自我提醒									

表 7-3　基础（核心）素养课优化学习单

学习目标达成情况对照表和优化学习建议

学习目标	实现指标	达成情况			优化学习建议	优化练习
		达成	未达成	不清楚		
目标1	1					
	2					
	3					
目标2	1					
	2					
	3					

从表7-2、表7-3我们不难看出，在学习之前学生首先对照前面的"学习目标和实现指标"，填写"尝试学习后达标情况"一栏，在每一条实现指标后，在符合学生情况的空格内画"√"。然后，明确在提升性学习阶段的重点任务，让学习的目标始终为学习过程的发展导航。在学习结束后设置了[对

比·补偿][反思·优化]板块，学生通过自我对比"实现指标"和"学习目标"，填写"尝试学习单"中"提升学习后达标情况"表格，在符合自己情况的空格内画"√"，若某一目标未达标，还可以根据教师建议进行补偿学习。同时教师根据优化学习需要设计具有"类型意义"的优化练习，最后促进学生反思学习过程和学习结果，填写"尝试学习单"中"优化学习后达标情况"表格，并反思学习过程中的收获，如"在本课（单元、专题）学习中，我积累的学习方式、方法和习惯有哪些？""在以后的学习中，我需要进一步发展的是什么？"等。

(三) 多维度激发评价活力

首先是评价主体的多元化。评价中多个主体参与有利于促进学生自主发展，多个主体参与评价能够从多角度、多方面去看待学生，了解不同学生，从同一学生的不同方面，发现他们的优点或缺点，让他们能够得到有针对性的培养，这样更能使评价全面、科学、公平、公正。核心素养导向的全息课堂的评价主体多元化主要包括学生的自我评价、同学的互相评价、教学中的小组评价、整个学习过程中教师的评价，以及家长的评价等，这是因为学生有获得尊重和自我实现的需要，让家长、同学参与评价的方法，顺应了这种心理需要。

其次，利用尽可能多种的评价形式。根据不同学科的特点形成独立的学科教学评价体系。通过多种评价方式让学生参与其中，这种参与的过程也是重新认识自己和他人的过程，通过不同的评价用语对不同层次的学生进行评价，让每一个学生都从教师的评价中得到鼓励，建立信心，发挥学习的积极性和主动性，提高学习效果。同时，还要特别重视即兴评价，除纸笔测试外，开展课堂行为记录、项目调查、激励性点评等多种评价。教师不仅要组织和引导学生自我评价、相互评价，而且要在学生自评、互评的过程中给予适当的点拨、启迪，让学生从评价中受到鼓励，增强信心，明确方向。这种多维度的教学评价有利于体现学生发展的生动、活泼、丰富等特点，评价重心逐渐转向更多关注学生各个时期的进步状况，深入学生学习发展的进程，及时了解学生在发展中遇到的问题、所做出的努力，以及获得的进步。这种增值性评价，充分关注了学生在学习过程中参与的积极性及努力的程度，并形成对学生的发展、变化、成长过程的动态评价，最终目的是促进学生知识、素质和能力的全面自由发展。

(四) 提升评价的科学性和有效性

评价的科学性指对评价客体的控制和管理，它使评价过程成为一种理性化、普适性的程序。评价系统要有始有终，有理有据，不得无果而终。评价标准要建立在明确的教学目标上，使评价更具有针对性和有效性。教师对学生进行评价要坚持全体发展、全面发展和主动发展，根据学生的不同思想、文化、身心发展基础，制定不同的发展目标、内容和标准，因材施评，看基础、看发展、看进步，以发展为目的，形成面向未来、面向全体学生的评价制度，而不能片面追求评价标准的统一性。同时，评价体系应该尽量简明、实用、可测、便于接受，以保证它的可行性。对每一个科学性指标，我们都应给它规定具体的可行性内容，通过直接观察或调查、测试等手段，获得具有评价意义的结果。如，在课堂上关注学生是如何参与的，学生在参与活动的时候是不是很自然、很接近他们的真实生活，是否把教师所传授的知识内化为自己的东西，并以恰当的形式表现出来，注重学生的核心素养发展，用发展性的眼光去评价学生，对学生学习的任何进步，都应该回到目标进行反馈，并通过评价加以肯定，鼓励学生不断进步，不断发展。

二、核心素养导向的全息课堂评价的整体框架

评价是促进核心素养落地的关键环节。如前文所述，我们在核心素养的导向下，开展了基于整合的全息课堂新样态的探索。同样地，全息课堂的质量评价框架也应以整合的思路来建构。首先是课堂生活与人类社会生活的整合性评价，促进课堂生活成为人类社会生活的缩影。其次是课堂展开方式与人类发展方式的整合性评价，促进课堂展开方式成为人类发展方式的缩影。再次是学生的学习成效与利用知识解决社会问题成效的整合性评价，促进学生的学习成效成为解决社会问题成效的缩影。核心素养导向的全息课堂的每一节课都要体现培育"全人"的目标、理念、思路和任务等信息元素，"全人发展"的任何一个全息单元（一节课或一个环节、一个活动等），既是全息课堂教学的整体形态，也是每节课的基本要求。各学科共同体根据每个章节编写的学习目标、基础过关、进阶升级、读图答题、活化表达和拓展模块构成了学期的学习指南，即学生自我学习效果评价体系。学生学完每个章节内容后，根据目标达成体系，特别是实现指标检测学习情况，经过评价了解学习后的达标情况。未达到或不清楚的学习目标，可以通过咨询老师或同学解除

疑惑，或者对于未达成学习目标，可有针对性地选用学习指南基础过关、进阶升级、读图答题、活化表达等环节的习题进行巩固，以进一步达成规定性目标，通过课堂的学习指南拓展模块的学习进一步达成弹性目标。根据上述思路，学校制定并实践了如下的全息课堂质量观察与评价表（表7-4）。在这一评价框架的指引下，学校把课堂从教室引向社会，建构和实施了跨越学校围墙的育人课堂。例如，在研学旅行课程的设计与实施中，充分考虑了社会生活对人的核心素养发展要求，整合不同学科的育人优势，形成多学科或跨学科育人合力，以此促进人的全面发展。再如，在"行走丝绸之路、探究大美中国""红色路、三农情、中国梦"的研学旅行活动中，整合了语文、政治、历史、地理、生物、美术、音乐等几乎所有学科，不同学科发挥了不同功能，在广阔的社会大课堂中形成了育人合力，促进了学生的全面发展，提升了学生的核心素养。

表7-4 全息课堂质量观察与评价表[1]

维度	观察和评价项目		达到程度			完善建议
	教师	学生	达到	基本达到	未达到	
课堂生活	1. 教学目标体现了人类社会的素养需求 2. 问题情境与人类生活相似度高 3. 有效组织了独立、合作、探究等学习方式 4. 课堂氛围有利于促进学生的正向发展	1. 学生明白了学习目标与未来生活的关系 2. 能在生活情境中认识、理解、运用和创生知识 3. 能运用不同方式积极有效地学习 4. 具有积极进取的学习与发展状态				
课堂展开	5. 准确把握学科核心素养的本质与载体 6. 能组织有效的发现活动 7. 能引导学生在发现中发展	5. 能在认识、理解、分析、概括学科知识的基础上发展学科核心素养 6. 具有在发现中发展的意识 7. 积累了在发现中发展的经验				

---

[1] 张伟，杨斌，张新民. 聚焦未来素养，建构全息育人课堂 [J]. 人民教育，2019 (3)：115-118.

续表

维度	观察和评价项目		达到程度			完善建议
	教师	学生	达到	基本达到	未达到	
学习成效	8. 引导学生利用学科所学解决现实问题 9. 引导学生利用文化基础提高自主发展和社会参与的能力	8. 能利用学科所学解决现实问题 9. 能综合运用文化基础解决自主发展和社会参与的难题				

同时，学校针对开展的基础（核心）素养课、综合素养课（差异发展课）和优势增值课的不同特点和目标要求，建立了相应的评价框架。

（一）基础（核心）素养课的评价框架

主要包含两个部分：一是教学评价，主要为改进教师的教服务；二是学生评价，主要为优化学生的学服务。

1. 教学评价与"教师教学建议书"

对教师的教学评价和建议主要包括三个方面：一是教师的自我反思与完善，二是同行的评价与建议，三是学生的反馈与建议。

（1）教师的自我反思与完善

教师在课后根据"辅学单"上自我反思与完善的项目，在"个人教学数据"上简要录入相关信息，为"教学建议书"提供基础性数据。

（2）同行评价的参考框架

根据基础（核心）素养课的功能定位、基本要求、基本要素与各环节的主要任务，形成适用于各学科的基础（核心）素养课的同行评价框架（表7-5），各学科根据学校制定的通用评价框架，结合学科与课型特点，制定了更加具体的同行评价表。评析任课教师在具体课堂上确定的"目标和实现指标"是否符合基础（核心）素养课的要求时，一方面要分析教研组和备课组分解的学年、学程和学月目标是否合理，是否需要调整；另一方面也要分析任课教师是否根据所教班级的学情，对备课组确定的学月目标进行了合理分解及班级学习目标与实现指标是否需要调整等。听课后的总体感受和"建议"，主要围绕"基础""自信""全程""全员"和课堂"四力"展开，看看哪些方面值得自己借鉴，哪些方面任课教师需要改进，哪些方面自己需要改进。

表 7-5　基础（核心）素养课同行评价框架

评价维度	评价指标	评价结论 达到	评价结论 部分达到	评价结论 需改进	课堂要点记录
目标与实现指标	1. 目标和实现指标体现了基础性，适合全班学生				
	2. 目标和实现指标贯穿了"三个环节"，利用充分				
知识理解	3. 学生独立理解知识的过程落实，效益好				
	4. 师生绘制的知识结构图清晰、准确				
	5. 引导学生向同伴分享了自己的思维过程与学习成果				
知识运用	6. 情境性任务的设置典型、鲜活，数量适中				
	7. 学生独立完成情境性任务的过程真实				
	8. 学习伙伴之间的交流充分，合作学习效益好				
	9. 在学习过程中，教师指导及时、得法				
课堂发现	10. 学生发现了新的知识结构，新的学科方法、学习方法，形成了新的学习习惯				
	11. 教师发现了学生的进步与闪光点，及时表扬了学生				
听课后的总体感受	在"基础""自信""全程""全员"方面的感受				
	在核心素养和"四力"培养方面的感受				
我的建议	对"基础""自信""全程""全员"的建议				
	对"四力"培养的建议				
给我的启示	在"基础""自信""全程""全员"方面的启示				
	在核心素养和"四力"培养方面的启示				

（3）学生评价的参考框架

学生评价以匿名方式进行，可以是周评价，也可以是月评价，根据课堂教学的改革需要确定评价的频度。学生评价不是对教师进行考核，而是为教师改进基础（核心）素养课提供参照。学生评价框架如表7-6所示。各年级和各学科可以根据学生发展情况和教学改革的重点，确定向学生调查的内容，创造性地改变这一评价框架。

表7-6 基础（核心）素养课学生评价框架

课堂活动与内容	我的感受	我的结论 达到	我的结论 部分达到	我的结论 需改进	我的建议要点
目标与实现指标	1. 我明确每节课的学习目标和实现指标				
	2. 我每节课能实现的学习目标和实现指标				
	3. 我能根据"尝试学习"后的目标实现情况，调整"提升学习"阶段的内容				
	4. 我能根据"提升学习"后的目标实现情况，有针对性地进行课后"优化学习"				
	5. 老师给我提出的补偿学习和优化学习建议，对我很有帮助				
知识理解和运用	6. 我能独立完成"尝试学习单""提升学习单"和"优化学习单"中的任务				
	7. 对不理解的知识，老师及时给了我帮助				
	8. 我向同伴学习了知识和方法				
	9. 我能感受到学科知识与生活紧密联系				
	10. 老师特别注重方法的归纳、运用和指导				
	11. 老师给我提供了表达学习成果的机会				
课堂发现	12. 我理解了新知识，学会了新方法，养成了自主学习的好习惯				
	13. 老师在课堂上经常鼓励我				
	14. 我对学好这门课程有信心				
	15. 我喜欢这位老师				
我还想对老师说的话					
我想给学校提的建议					

(4) 教师教学数据采集框架与"教学建议书"

以表7-7所示的框架分类采集上述三个方面的数据信息,根据数据分析结论,为每位教师生成"教学建议书"。

表7-7 基础(核心)素养课数据采集与分析框架

数据维度	数据记录	数据分析 良好	数据分析 合格	数据分析 待改进	教学建议
是否激发学生学习内生力	1. 学习目标和实现指标适合全体学生				
	2. 课堂任务与课前、课后作业量适度				
	3. 任务情境鲜活,能激发学生学习的动力				
	4. 知识讲解清晰易懂,重点恰当、明确				
	5. 方法指导精要、有效				
	6. 发现学生的闪光点,适时鼓励学生				
	7. 学生在课堂上很有收获,有课堂学习的成功感				
是否培养学生自主学习力	8. 注重培养学生自主学习的习惯				
	9. 恰当、有效地指导学生自主学习的方法				
	10. 较好地利用学生的自主学习成果				
是否提高学生资源整合力	11. 课前、课中、课后的整合度好				
	12. 调动和利用好学生资源				
	13. 指导学生同伴分享的方法,提高了同伴分享的效益				
	14. 引导学生整合多种资源提高自己				
是否提高学生学习表达力	15. 每位学生每周至少在自己的课堂上进行全班性发言一次				
	16. 给每位学生提供了较多形式的表达学习成果的机会				
	17. 鼓励学生有创意地表达自己的学习成果				

说明:"数据分析"结论在相应的空格内画"√",根据"待改进"的项目,提出改进建议。

各学科可根据基础(核心)素养课与核心素养培养要求,结合本学科制定的同行评价表和学生评价表,形成具有学科特点的教师教学数据分析框架,根据数据分析结果提出改进建议,为每位教师提供教学建议书。

2. 学习评价与"学生学习建议书"

根据基础(核心)素养课的设计理念与"学习单"的填写情况,采用两种方式对学生的学习情况进行跟踪诊断,提出学习改进建议。

(1)教师对学生日常学习的评价(表7-8)

每位教师在每节课后至少对所教的每一个班级的5位同学的亮点和需要改进的地方做出简要评价。教师的肯定性评价推送给家长和学生;需要改进的地方推送给班主任,并作为学月学习建议书的基本素材。

表7-8 基础(核心)素养课学生日常评价表

课堂学习评价维度	评价项目	评价结论			简要建议
		良好	合格	待改进	
课堂内生力	1. 情绪饱满,投入度好				
	2. 理解了新知识,形成了新旧知识结构				
	3. 总结、积累了运用新知识的方法				
自主学习力	4. 独立、认真完成"尝试学习单""提升学习单""优化学习单"				
	5. 能主动对照学习目标和实现指标,调整自己的学习任务、重点与节奏				
	6. 具有主动、独立学习的习惯				
资源整合力	7. 能聆听、吸收、整合学习伙伴的观点、经验,提高独立学习的成果质量				
	8. 能很好地理解、吸收、整合老师的建议				
	9. 能主动查阅其他资料				
学习表达力	10. 能主动在小组内分享自己的学习成果				
	11. 能在全班发言				
	12. 能用其他方式表达自己的学习成果				
值得肯定的典型行为记录					

说明:教师可以根据学生的表现情况,在符合学生情况的空格内画"√",并对"待改进"项目提出简要的改进建议;"典型行为记录"是指记录学生在本节课或前几节课值得表扬的细节。

(2) 利用信息平台自动生成"学习单"结果

将学习过程数据化,根据学生在学习过程中生成的数据,提出学习建议。这种方式的基本操作流程分为三步。

第一步:教师录入"目标卡"。教师把每一专题(单元)或每一节课的目标与实现指标,以"尝试学习单"中的"学习目标对照表"的方式,提前录入信息技术平台。

第二步:学生录入"目标"完成情况。学生在信息平台上及时、如实录入"学习目标与实现指标"的实现情况,每一次学习分三次录入,即"尝试学习""提升学习"和"优化学习"每一阶段完成学习任务后,及时录入每一阶段的目标达成情况,信息平台由此记录和自动生成学生的目标达成数量与质量。

第三步:学习数据采集与分析。围绕"理解""运用"和"发现"三个关键词,建立基础(核心)素养课的数据采集与分析框架(表7-9),为"学习过程"建议提供客观依据。

表7-9 基础(核心)素养课"学习单"数据采集与分析框架

数据采集维度	数据记录	数据分析结论 优势	数据分析结论 待改进	学习建议
知识理解	未理解的知识			
	理解知识的速度			
	理解知识的方法			
	理解知识的习惯			
知识运用	不能运用的知识			
	迁移性运用			
	创造式运用			
发现能力	发现新旧知识结构			
	发现新的运用知识解决问题的方法			
	发现优秀的学习资源			
	发现自己的学习成果			
	发现自己的学习优势			
	发现自己需要改进的地方			

(3) 综合上述内容,生成"学习建议书"

综合表7-8和表7-9内容,形成每位学生的学习建议书,具体形式如下:

学生学习建议书

_____同学：

你又走完了一个月的学习历程，令你难以忘记的这一个月是____年级____学期____学月。

我们首先祝贺你在这一学月取得的成绩：

1. 你在"知识理解、运用与发现"方面取得的成绩是：

2. 你在"四力发展"方面取得的成绩是：

在收获满满的同时，如果你能在接下来的学习中更好地改进以下方面，你在下一个学月将会取得更大进步：

1. 在"知识理解、运用与发现"方面，你还可以变得更出色的是：

2. 在"四力发展"方面，你还可以变得更出色的是：

当然，这只是我们对你的建议，你对自己还有什么建议呢？

我对自己的建议是：

（二）综合素养课（差异发展课）的评价框架

1. 教学评价与"教师教学建议书"

综合素养课（差异发展课）的评价与基础（核心）素养课的评价一致，也包含三个部分：一是"教师辅学单"中"自我反思与完善"的内容；二是同行评价；三是学生评价。通过三方面的评价，为教师提高综合素养课（差异发展课）的质量提出建议。

（1）同行评价的评价框架。根据综合素养课（差异发展课）的功能定位、基本要求、基本要素与各环节的主要任务，形成适用于各学科的综合素养课（差异发展课）的同行评价框架（表7-10），各学科根据学校制定的通用评价框架，结合学科与课型特点，制定更加具体的同行评价表，在学科组论证通过和学校审核后使用。强化"类型""目标""概括""联结""探究"和"求变"六个最核心的要素。评析任课教师在具体课堂上确定的"能力类型""目标和实现指标"，是否符合综合素养课（差异发展课）的要求。评析"概括""联结""探究"和"求变"等要素的质量时，都要符合解决"类问题"，运用"类方法"，提高某一类能力的"要求"。听课后的总体感受和建议，主要围绕综合素养课（差异发展课）的基本要求和课堂"四力"展开，分析任课教师需要改进哪些方面，自己需要进一步发展哪些方面等。

表 7-10　综合素养课（差异发展课）评价框架

评价维度	评价指标	评价结论 达到	评价结论 部分达到	评价结论 需改进	课堂要点记录
能力（问题或方法）类型	1. "类型"清晰				
	2. "类型"概括恰当，定位准确				
目标与实现指标	3. 目标和实现指标体现了"类型"要求				
	4. 目标和实现指标贯穿了"三个环节"，利用充分				
"概括"质量	5. 引导学生学会概括"类知识""类问题""类方法"等				
	6. 促进学生学会使用"类知识"和"类方法"，解决"类问题"等				
"联结"质量	7. 引导学生联结新旧知识，改善知识结构				
	8. 引导学生学会联结书本世界与生活世界				
	9. 促进学生联结课前、课中、课后与"三型课堂"				
"探究"质量	10. 探究活动设计与实施合理				
	11. 提升了"类型"的意义				
"求变"质量	12. "变式"探究设计合理				
	13. 引导学生在"常式"和"变式"的转化中把握知识与方法运用的规律				
听课后的总体感受	在"综合""类型""深度""广度"方面的感受				
	在核心素养和"四力"培养方面的感受				
我的建议	对"综合""类型""深度""广度"的建议				
	对综合素养和"四力"培养的建议				

续表

评价维度	评价指标	评价结论			课堂要点记录
		达到	部分达到	需改进	
给我的启示	在"综合""类型""深度""广度"方面的启示				
	在综合素养和"四力"培养方面的启示				

（2）学生评价的参考框架

和基础（核心）素养课一样，学生评价以匿名方式进行，可以是周评价，也可以是月评价，根据课堂教学的改革需要确定评价的频度。综合素养课（差异发展课）评价框架如表7-11所示。各年级和各学科根据学生发展情况和教学改革的重点，确定学生评价教师的内容，既以此了解学生的发展情况，也从学生视角审视教师综合素养课（差异发展课）的质量。

表7-11 综合素养课（差异发展课）学生评价框架

课堂活动与内容	我的感受	我的结论			我的建议要点
		达到	部分达到	需改进	
能力（问题、方法或知识）类型	我明确每节课老师训练的能力（问题、方法或知识）类型				
目标与实现指标	1. 我明确每节课的学习目标和实现指标				
	2. 我每节课能实现的学习目标和实现指标				
	3. 老师指导我根据上一环节的目标达成情况调整了下一环节的学习				
"概括"质量	4. 老师指导我概括知识、方法、问题、能力等"类型"				
	5. 我能辨识问题类型，运用"类知识""类方法"等举一反三地解决问题				

续表

课堂活动与内容	我的感受	我的结论			我的建议要点
		达到	部分达到	需改进	
"联结"质量	6. 老师指导我如何联系和运用新旧知识，形成新旧知识结构				
	7. 老师指导我学会运用相关知识和方法解决生活中的问题				
"探究"质量	8. 我能在完成学习任务的过程中发现"类知识""类方法"或"类问题"				
"求变"质量	9. 我会设计和解决"变式"问题				
	10. 我能理解"常式"和"变式"的关系，在"常式"和"变式"的关系中把握"类知识""类方法"等				
我还想对老师说的话					
我想给学校提的建议					

（3）综合素养课（差异发展课）数据采集、分析与"教学建议书"

综合上述三个方面的内容，按照表 7-12 的框架采集和分析数据，生成"教师教学建议书"。

表 7-12　综合素养课（差异发展课）数据采集与分析框架

数据维度	数据记录	数据分析结论			教学建议
		良好	合格	待改进	
是否激发学生学习内生力	1. 能力（知识、方法、问题）类型归纳合理，能激发学生学习兴趣				
	2. 学习目标和实现指标符合类型要求，适应所在班级学生				
	3. 书本知识和生活世界联结好，教学情境鲜活				
	4. 探究活动具有一定的挑战性和吸引力				

续表

数据维度	数据记录	数据分析结论 良好	数据分析结论 合格	数据分析结论 待改进	教学建议
是否激发学生学习内生力	5. 知识讲解能激活学生把握和运用"类知识"的愿望				
	6. 方法指导能提高学生运用"类方法"的兴趣				
	7. 发现学生的闪光点，适时鼓励学生，能让学生在课堂上获得成功感				
是否培养学生自主学习力	8. 注重培养学生运用"类方法"解决"类问题"的学习习惯				
	9. 培养学生积极参与探究活动及主动发现"类知识""类方法""类问题"的意识与能力				
	10. 培养学生设计和利用"变式"把握知识与方法规律的能力				
	11. 培养学生根据自己的学习现状调整学习速度、深度和广度等的意识与能力				
是否提高学生资源整合力	12. 引导学生利用各种资源形成和解决"类问题"，总结"类方法"				
	13. 引导学生整合书本和其他资源				
是否提高学生学习表达力	14. 提高学生表达"类知识""类问题""类方法"的能力				
	15. 能为每个学生的学习表达提供机会，并及时鼓励和指导学生的表达情况				

说明："诊断结论"在相应的空格内画"√"，根据"待改进"的诊断项目，提出改进建议。

2. 学习评价与"学生学习建议书"

根据综合素养课（差异发展课）的设计理念与"学习单"的填写情况，采用两种方式对学生的学习情况进行跟踪诊断，提出学习改进建议。

（1）教师的日常评价（表7-13）

和基础（核心）素养课一样，教师在每节综合素养课（差异发展课）后，也需要至少对所教的每一个班级的五位同学的亮点和需要改进的地方做出简要评价。教师的肯定性评价推送给家长和学生；需要改进的地方推送给班主任，并作为学月"学习建议书"的基本素材。

表7-13 综合素养课（差异发展课）的日常学习评价框架

评价维度	评价项目	评价结论				学习建议
		优秀	良好	合格	待改进	
能力（知识、方法或问题）类型	1. 具有"类型"意识					
	2. 能解决"类型"问题					
	3. 能运用"类方法"					
"概括"能力	4. 能概括知识、方法或问题类型					
"联结"能力	5. 能联系新旧知识					
	6. 能联系书本知识与生活现象					
	7. 能合理处理课前、课中、课后的关系					
"探究"能力	8. 能积极完成探究任务					
	9. 能在探究中发现"类知识""类方法"或"类问题"					
"求变"能力	10. 能设计和解决"变式"问题					

（2）利用信息平台自动生成"学习单"结果

这种方式和基础（核心）素养课的基本操作流程一致，也分为三步。

第一步：教师录入"目标卡"。教师把每一专题（单元）或每一节课的目标与实现指标，以"尝试学习单"中的"学习目标对照表"的方式，提前录入信息技术平台。

第二步：学生录入"目标"完成情况。学生在信息平台上及时、如实录入"学习目标与实现指标"的实现情况，每一次学习分三次录入，即完成"尝试学习""提升学习"和"优化学习"每一阶段学习任务后，及时录入每一阶段的目标达成情况，信息平台由此记录和自动生成学生的目标达成数量、速度与质量。

第三步：采集和分析数据。围绕"类型""概括""联结""探究"和"求变"五个关键词，建立综合素养课（差异发展课）的数据与分析框架（表7-14）。

表 7-14　综合素养课（差异发展课）"学习单"数据采集与分析框架

数据维度	数据记录	数据分析结论 优势	数据分析结论 待改进	学习建议
能力（知识、方法或问题）类型	1. 具有"类型"意识			
	2. 具有主动解决"类型"问题的动力			
	3. 具有自主解决"类问题"的能力			
	4. 能整合各种资源解决"类问题"			
	5. 能及时表达自己解决"类问题"的成果			
"概括"能力	6. 能主动概括知识、方法或问题类型			
	7. 能简明或有创意地表达自己概括出的"类型"			
"联结"能力	8. 能主动联系新旧知识，自觉完善新旧知识结构图			
	9. 能联系书本知识与生活现象，整合书本资源与生活资源			
"探究"能力	10. 具有主动探究"类问题"的意识			
	11. 能在主动探究中及时总结和表达自己的发现			
"求变"能力	12. 能主动设计和解决"变式"问题			

（3）形成"学习建议书"

根据表 7-14 的框架，形成每位学生的"学习建议书"。综合素养课（差异发展课）既可单独形成学习建议书，格式可参照基础（核心）素养课的模板；也可并入基础（核心）素养课的学习建议书，形成学生课堂学习的整体建议。

（三）优势增值课的评价框架

优势增值课的评价分为教师评价和学生评价。每位教师在三年内至少组织三次以上项目学习活动，每位学生必须参与必选课和任选课。必选课为套排的历史与思品、生物与地理的跨学科优势增值课，周一至周五下午阅读、书法、科创、艺术、体育中的某一类优势增值课。任选课为每学期第一个短学程的学习项目。学生参与项目学习后，经考核合格方能获得学分。

1. 学生项目学习评价

学生项目学习评价分为三个部分：一是学生自己记录的《项目学习手册》，二是项目学习成果，三是教师的过程性评价。三个部分整合后的结果，作为学生是否能够获得这一项目学分的依据；如果学生在某一项目学习中不能获得学分，可以重选学习项目，重新学习。学生填写《项目学习手册》时，可直接采用电子输入方式，作为学生的电子档案数据。《项目学习手册》的主体内容如表7-15所示。

表7-15 项目学习手册

我们的团队	（鼓励学生有创意地呈现自己的团队，树立团队意识，培养团队精神）			
我们的项目计划				
我的权利与责任				
活动过程	活动1：体验与收获			
	活动2：体验与收获			
	……			
对本次项目学习的自我评价	评价项目	评价结论		
		是	不是	不清楚
	喜欢研究这一项目			
	自己能够策划和调整学习过程			
	能够整合多种资源研究这一项目			
	能在项目学习中大胆表达自己的想法			
	在项目学习中收获很大			
我给老师的建议				
我给自己的建议				

学生的项目学习成果，主要从提炼和展示成果的态度、真实程度、创意、影响范围等角度进行评价，分为"优秀""良好""待改进"三个等级；既可以是团队成果，也可以是独立完成的代表性成果；项目学习的代表性成果收入个人成长电子数据库。评价框架如表7-16所示。

表7-16　学生项目学习成果评价表

成果类型	团队成果		成果展示时间		
	个人成果		成果展示形式		

评价项目	评价结果		
	优秀	良好	待改进
1. 积极提炼和展示成果			
2. 成果与学习项目一致			
3. 成果表达了真实体验，成果形成过程真实			
4. 成果表达有创意			
5. 成果影响范围较广			

教师在项目学习中对学生的过程性评价，主要以"四力"为主，引导学生在项目学习中发展"四力"，实现"四力共生"的目标，最终达到培养学生核心素养的目的。教师对项目学习的日常评价如表7-17所示。每一阶段一个学校确定一个主题，所有教师强化这一教育主题。

表7-17　学生项目学习的过程性评价表

评价项目	评价结果		
	优秀	良好	待改进
1. 积极主动参与项目学习			
2. 能在项目学习中提出建议			
3. 能根据实际情况调整设计好的方案			
4. 能整合多种资源推进自己的项目学习			
5. 具有成果表达意识			
6. 在项目学习中进步明显			

2. 评价教师的"项目教学"质量

主要以特色课程建设的思路对教师的项目教学质量进行评价，评价框架如表7-18所示。

表 7-18　教师项目教学质量评价表

评价项目	评价结论		
	优秀	良好	待改进
1. 项目主题与学校课程框架中的某一类型课程吻合			
2. 以特色课程建设的思路推进了项目学习			
3. 项目学习促进了跨学科、跨领域、跨媒体整合			
4. 项目学习激发了学生的学习内生力			
5. 项目学习培养了学生的自主学习能力			
6. 项目学习提高了学生的资源整合力			
7. 项目学习提高了学生的学习成果表达力			
8. 项目学习成果产生了较大影响			
9. 项目学习促进了教师自身成长			
项目教学完善建议			

三、核心素养导向的全息课堂评价的学科实践

(一) 语文教师共同体在语文学习目标与实现指标评价的实践

培养语文学科核心素养，要求初中语文教学要重视三大板块：教学内容、教学方法（过程）、学习检测，这三个部分相互作用。学习目标是依据教学内容的达标要求，是学生的学习指向。实现指标是指采用一定的教学方法使所指定的教学目标得以实现（表 7-19）。

1. "整合"理念下的语文学习目标特性

（1）聚焦性

每篇课文、每个单元、一组群文、名著阅读导读的不同课时，聚焦于一个目标（一般不超过2个）。一节课、一种课、一类课的序列突破一个问题。

（2）深入性

目标聚焦，不代表目标浅显，缺乏教学价值，整合理念下的语文教学目标恰恰要在教师深入精准的教材解读、文本整合过程中，深挖教学目标价值。

（3）可迁移性

整合理念下的语文教学目标，不仅指向某种结论化的知识，更指向知识背后的思维方式和能力层级。培养学生的思维和能力，具有举一反三的特点，具有可迁移性。

（4）有区分性

不同课型（教读、自读、作文、名著导读、试题评讲）有不同的教学目标；同一课型，根据作品文体、特点、价值的不同也有不同的表述。

（5）可反馈性

整合理念下的教学目标，因为有了聚焦的目标点和可执行的实现指标，在一节课后，能够对课堂学习效果进行评估，检查反馈是否达成。

2. 语文"整合"理念下的实现指标特性

（1）表述的具体性

通过××××××（过程、方法），达成怎样的层级目标，表达应该简单明了。

（2）条例的清晰性

多层次的实现指标统摄在多层次实现指标的关系是并列或者层递式。

（3）方法的可操作性

实现指标必须关注语文课堂的活动特点，提出的方法必须紧扣语文教学的科学策略，具有可操作性。

（4）过程的活动性

初中语文课堂教学必须关注激发学生的学习内生力，抓住学生的兴趣点，激发学生思维的主动性，实现指标需要体现用何种语文活动或方式实现教学目标。

表 7-19　语文教师共同体"一句见情节之精妙"学习目标和实现指标

学习目标	实现指标	尝试学习后达标情况			提升学习后达标情况			优化学习后达标情况		
		达到	未达到	不清楚	达到	未达到	不清楚	达到	未达到	不清楚
分析古典短篇文言小说通过"细节""陡转""对立""悬念"等方式铺设、推进情节的手法，提升学生对古典短篇文言小说情节设置精妙点及简练语言的品鉴能力【指向语文学科核心素养的审美鉴赏与创造、文化传承与理解】	1. 通过联读、比较，理解四篇文言文小说开端的交代要素、营造氛围的作用，初步感受其"言简义丰"的特点									
	2. 通过比较、品读、前后勾连，体会古典文言文小说开端注重设置"细节""陡转""对立"和"悬念"，从而推进情节发展的写作手法									
	3. 通过联想、想象进行再创造，进而了解古典文言文小说"言简义丰"背后东方文化"留白"的审美追求									

（二）数学教师共同体对课后作业反馈的评价实践

课后作业是教师了解教学目标落实情况，以及评价学生知识和技能掌握情况的一种重要方式，它对学生的学习起着诊断、巩固的作用，为及时改进教学策略和方法提供了一定的信息和依据。作业优化布置是教师针对学生学习能力的程度，适当地对整体学生展开合理、合适的作业布置，以此促进各个层次的学生都能在学习上不断进步。教师给学生设计有选择性的作业，能够提升和保证学生的学习效率，还能够把作业完成质量的反馈状况当作最后课堂教学设置的因素之一。我们力求建立形成性评价与终结性评价相结合的评价体系，通过多样化作业方式进行学生的评价反馈，主要有数学习作、问卷调查、数学小报、思维导图、纸笔测试、学生的自评与互评等。以下面几个比较典型的数学创新课后作业反馈形式为例，进行简述。

案例：数学阅读课程考试题（七年级［上］数学阅读考核，满分100分）

1. 欧拉公式对任何简单多面体都成立。多面体的顶点的英文：Vertical。棱（或边）的英文：Edge。面的英文：Face。故顶点数、棱数和面数分别用V，E和F表示。欧拉公式为_____。

2. 一个正方体积木的棱长是6cm，表面涂满了红漆，把它切成棱长为1cm的小正方体若干，在这些小正方体中仅有一面涂色的小正方体有_____块。

《蒙娜丽莎》：蒙娜丽莎坐姿优雅，笑容微妙，背景山水幽深茫茫，淋漓尽致地发挥了画家那奇特的烟雾状"无界渐变着色法"般的笔法。在这幅画中隐藏着怎样的数学元素：_____。

……

这些多元的课后作业反馈形式既注重评价学生的学业成就，如数学知识、技能、方法及思维品质等，又考虑到学科育人的价值，如对数学史、数学文化、数学精神等的渗透，多种评价方式的整合全面地了解了学生学习的过程和结果，充分激励学生学习，促进学生的学业进步和全面发展。

（三）英语教师共同体在发挥学生评价主体作用的实践

以七年级英语备课组就 English in Mind Starter（EIM Starter）Unit 4 Where's the café? Part 7 一课为例，对评价方式中如何发挥学生评价的主体作

用进行进一步的说明。

1. 关注学生个性，开展差异化教学

在上课前，教师细致地对班上的优生、中等生、后进生三种学生的英语知识和能力进行了详细分析，为之后的教学设计和个别指导提供了基础。在课堂设计中，教师根据课堂主题及教学重难点将 EIM Starter Unit 4 Part 7 及 Go For It 七下 Unit 8 Is there a post office near here？的内容进行了整合，将静态方位词及动态方位词进行系统的教授。这样既避免了散点教学，又贴近真实情境。为学生高效学习问路相关的英语知识搭建了脚手架。在课上，教师采取了师生交流、生生交流的互动模式。在师生互动中，教师以"最近发展区理论"及"i+1"理论为依据，综合考虑问题的难易程度和学生学情来选择回答问题的学生，意在通过设立合理的难度来激发更多学生对英语的学习兴趣和信心。另外，教师秉持让全员参与的原则，做到机会均等，既照顾到学习动机高的学生，也鼓励那些对英语缺乏兴趣和信心的学生。在课后，教师对课后作业进行了分层布置：①所有学生都要完成的作业；②对优生进行适当的点拨。这样做既确保所有学生达成本节课的基础教学目标，又能够发展优生的英语优势，保证学生对英语学习有着源源不断的内生力。

2. 以终为始，通过自测表检测目标达成情况

课程标准中强调，对英语课程的评价方式需要体现多元化。在本课堂的学习单中，教师采用了自测表的方式呈现了对学生的过程性评价。如表7-20所示，该自测表在内容上高度和学生实际契合，通过提供学校的地图，让学生对学校的动态、静态位置进行描述，并尝试用礼貌用语进行问路。这一自我检测的形式不仅新颖，还能充分发挥学生的自主学习力中的自我反思和改进能力；引导学生主动弥补缺陷、优化不足；同时，也能激发学生自我超越的内生力，提高自我调节的能力。

（四）信息教师共同体对学业成绩过程性评价与结果性评价结合的评价实践

信息学科采用过程性评价体系，每个班级建立对应的信息学科成绩簿，成绩簿由学期成绩、综述（平时成绩）、期末作品成绩、评估标准、每节课成绩五个部分组成。每个班级的成绩簿用于跟踪学生学习程度和进度，学生随时可以查看自己的成绩，充分体现了评价的过程与结果相结合的原则和科学性原则。

表 7-20　英语学科目标检测表

Giving and Asking for Direction	scores
（地图图示：library, supermarket, café, Xianglong 1st Street, Jinchen No.1 Secondary School, Xianglong 3rd Street, kindergarten, You are here）	
a. Ask for directions about Jinyi.　能够对锦一的位置进行提问(1')	
b. Name 2 ways to give direction about Jinyi. 　能够用 2 种方式描述锦一的地理位置　(2')	
c. Use 3 prepositions to describe the location of Jinyi. 　能够用 3 种方式描述锦一的地理位置　(3')	
d. Name 4 words to show politeness when asking for direction. 　能够说出 4 个问路时使用的礼貌用词(4')	
Total Scores :	

1. 每节课成绩

信息教师每节课对每位同学的表现依据学校信息课评估标准从理解、活动、操作三个方面对学生进行综合评价（表 7-21）。

表 7-21　信息学每节课学生成绩分数表

学生	理解（3分）	活动（3分）	操作（4分）	总分（10分）
学生 1	3	3	3	9
学生 2	2.5	3.5	3.2	9.2
学生 3	2.8	3	3.5	9.3
……				

2. 评估标准

评估标准依据核心素养导向的全息课堂育人理念，并参考美国 K-12 信息技术评估标准，形成了适合校本化的信息课堂评估标准（表 7-22）。

表 7-22 信息课评估标准

	新手 E-7	中等 M-8	熟练 S-8.5	精通 M-9
理解	学生复述了工具的定义，但是没有使用自己的语言对定义进行扩展理解	学生复述了工具的定义，并且能够进一步给予解释，显示出对工具词汇有一定的理解	学生通过自己的语言表达，显示出已充分理解工具词汇	学生显示出不仅精通工具词汇，而且明显能够将工具词汇应用到更广泛的工具使用中
活动	学生完成活动，但作品没有准确反映出对工具理解。需要改进	学生完成活动，且作品展示出使用工具的准确联系。反思较少	学生完成活动，且作品展示出使用工具的准确联系。包括了两到三点反思	学生完成活动，且作品展示出使用工具的准确联系。反思达到较高水平，显示出对活动和操作之间联系的深入理解
操作	学生无法完成所有工具的使用，需要全程协助	学生能够在没有协助的情况下完成一些工具的使用	学生无须协助就能够完成所有工具的使用	学生无须协助且能够使用多种解决方案完成所有工具的使用

在该评估标准中，对学生从新手、中等、熟练、精通四个水平阶段进行打分评价。

（1）新手：学生需要协助和做更多练习才能够继续进行下面的课程。

（2）中等：学生需要自行再多做一些练习才能够继续进行下面的课程。

（3）熟练：学生可以继续进行下面的课程，再进行一些扩展思路的练习可能会帮助学生加深理解。

（4）精通：学生可以继续进行下面的课程。

3. 平时成绩

依据学生每节课的成绩形成学生平时成绩统计表，在学生栏中填入学生姓名，这些姓名将会自动填入摘要工作表，以及所有课程中去。使用单元格弹出式菜单在每个课程工作表中输入分数，即可在下面计算出总分和平均分（表 7-23）。

表 7-23 信息课学生平时成绩统计表

学生	第0课	第1课	第2课	第3课	第4课	第5课	第6课	第7课	平均分
学生1	9	9.3	9	9.2	10	9.8	9	10	9.4
学生2	8.9	10	8.9	10	8.9	10	9.9	9.3	9.5

续表

学生	第0课	第1课	第2课	第3课	第4课	第5课	第6课	第7课	平均分
学生3	10	9	10	8.9	10	8	8.8	9.8	9.3
……									
班级平均分	9.3	9.3	9.4	9.3	9.5	9.1	9.4	9.1	9.3

与此同时，对学生平时成绩统计表的班级平均分进行图表分析，用折线统计图可以直观地看出学生在这一学期中每节课的成绩变化，进而及时了解学生在本学期对每节课知识的掌握程度（图7-1）。

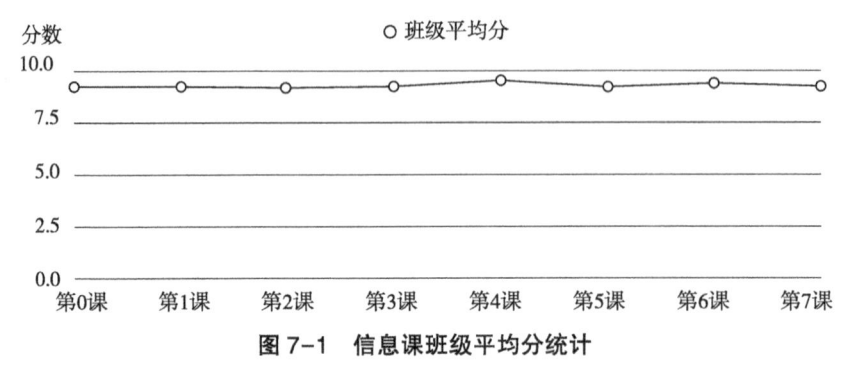

图7-1 信息课班级平均分统计

4. 期末作品成绩

信息学科每学期都有学期主题，每学期学生都会以团队形式提交期末作品，且老师会对学生的期末作品进行打分评价（表7-24）。

表7-24 信息课学生期末作品成绩统计表

学生	期末作品原始分数	期末作品最终分数
学生1	90	9
学生2	89	8.9
学生3	100	10
……		

5. 学期成绩

学生的期末成绩由平时成绩与期末作品成绩构成，平时成绩占70%，期末作品成绩占30%。信息学科学期成绩公式为：学期成绩=（平时成绩×70%+作品成绩×30%）×10（表7-25）。

表 7-25　信息课学生学期成绩表

学生	平时成绩（70%）	作品成绩（30%）	学期成绩	等级
学生1	9.4	9	92.8	A+
学生2	9.5	8.9	93.2	A+
学生3	9.3	10	95.1	A+
……				

（五）音乐教师共同体建设适合于全息课堂的多元目标、多样方法评价体系的评价实践

音乐教师共同体经过仔细研究，反复商议，对授课的每一个课时都设置了相关内容的自我反馈表，其目的在于学生能依据这个反馈表明确本节课的重难点，同时课前能有针对性地预习，课中能及时反馈，课后能有效地检测单堂所学知识是否有遗漏，以便学生完成练习后能准确找到自己的易错点所属的板块并进行相关突破。

1. 依据课程标准、分解教学目标，制定学生素养自主评价框架和内容

有效的自我评价依赖于由确定的评价框架和目标，通过与目标的对比，就能判断目标的达成度。教师从培养学生核心素养出发，根据课程标准和课堂教学目标和查考要求，结合教材和有关学习资源，分解得到学习目标、实现指标、弹性目标。不同章节的规定性学习目标，即必须达成的保底性学习目标；同时将学习目标按照能力层级进行细分，得到实现指标；根据不同学生发展情况，制定能力发展层级目标，即弹性目标。

对于音乐课程而言，一个良好的教学评价是改善和提高教学质量的重要保证。"经典音乐鉴赏"课程是感受与欣赏领域的具体实践，其现阶段作为优势增值课程，以项目的学习方式推进，总课时为一学期，课程框架如表 7-26 所示。

表 7-26　"经典音乐鉴赏"课程框架

模块	周次	课题	主要目标	课时
聆听音乐	第一周	《渐入乐境》	基础知识、聆听习惯	1
中国民族音乐	第二、第三周	《经典民歌鉴赏》	审美感知、文化理解	1
	第四、第五周	《经典民族器乐作品鉴赏》	审美感知、文化理解	1
西方经典音乐	第六、第七、第八周	《经典器乐小品鉴赏》	审美感知、文化理解	1
	第九、第十周	《经典歌曲鉴赏》	审美感知、文化理解	1

续表

模块	周次	课题	主要目标	课时
影视配乐	第十一、第十二周	《经典影视配乐鉴赏》	审美感知、文化理解	1
流行音乐	第十三、第十四周	《经典流行音乐鉴赏》	审美感知、文化理解	1
考核	第十五、第十六周	期末考核	综合表现、成果展示	1

感受与欣赏作为义务教育课程标准课程内容框架的四大领域之一，是初中阶段音乐学习的重要板块，不仅能为后续的音乐学习活动奠定基础，也是培养学生审美感知、文化理解等音乐核心素养的重要途径。该课程的教学评价基于发展学生核心素养、培养全面发展的人而制定出来。"任何有效的音乐教育方案，都要求在实现音乐课程目标的过程中，对学生学习是否成功给予评估和评价。"为充分发挥音乐学科的特点，"经典音乐鉴赏"课程的评价维度分为学生评价和教师评价。

2. 充分重视学生评价，日评价的发生贯穿于学习的全过程

（1）学生自评

学生自评内容可采用"音乐成长记录册"形式进行记载，以课程模块为周期，围绕情感态度价值观、过程与方法、知识与技能三个维度展开。评价方式以描述性评价为主，将自身不同阶段的表现进行纵向比较，在看到进步的同时发现不足，从而达到自我反思的目的（表7-27）。

表7-27 音乐成长记录册

模块：		教师：		学生姓名：		年级/班级：	
课题名称				体验与收获			
对本模块学习的自我评价	评价项目				评价结论		
					是	不是	不清楚
	喜欢这一模块内容						
	在学习过程中能够调整自己的状态和学习方法						
	能够整合多种资源学习和研究这一模块内容						
	能在这一模块内容中大胆表达自己的想法						
	在这一模块的学习中收获很大						
给自己的建议							
给教师的建议							

(2) 学生学习成果评价

优势增值课程的学生学习成果评价以学期为单位进行，采用终结性评价，总评的标准分为"优秀""良好""待改进"。参照义务教育课程标准中课程内容的要求，"经典音乐鉴赏"课程的学生学习成果评价分为三个部分进行。

第一，聆听部分。以定量测评为主，采用问卷测试的形式进行，可选择体裁与风格不同且具有代表性的三首作品作为评价素材，具体内容包括音乐作品基本信息、作品类别与体裁形式、风格与流派、音乐表现要素、音乐情绪与情感等（表7-28）。

表7-28 "经典音乐鉴赏"课程聆听测试表

学生姓名：		年级：	总评：
作品一			
一、作品基本信息	1. 音乐作品名称		
	2. 作曲家		
二、作品类别与体裁形式	3. 作品类别		
	4. 体裁与形式		
三、风格与流派	5. 所属地区/流派		
	6. 风格特点		
四、音乐表现要素	7. 力度		
	8. 速度		
	9. 音色/主奏乐器		
	10. 节拍		
	11. 节奏特点		
	12. 旋律特点		
	13. 调式、音乐色彩		
五、音乐情绪与情感	14. 音乐主要表达的情感		
	15. 音乐情感的发展变化		

第二，演唱与演奏部分。一般情况下，通过舞台展示的方式考核学生的艺术表现能力，学生应在学习过的声乐作品和器乐作品中各选一首作为考核内容，形式可以是独唱或独奏，也可与其他同学合作进行考核。评价方式以定量测评与定性述评为主，评分标准分为"优秀""良好""待改进"（表7-29）。

表 7-29 "经典音乐鉴赏"课程演唱与演奏测试表

学生姓名/班级：				总评：	
表演形式：					
考核项目	作品名称	音高/音准	节奏	完整度	技巧	情感表达
声乐作品						
器乐作品						
备注						

第三，综合评价部分。教师可通过活动、观察及交流等方式，用较为准确的评述性文字考核学生的学习能力与审美感知的综合表现。评价方式可采用定性述评，对学生在音乐学习中难以量化的内容进行评价，包括对音乐兴趣爱好、课堂活动参与度、学习能力及审美感知等（表7-30）。

表 7-30 "经典音乐鉴赏"课程综合评价表

课程名称：	学生姓名：	年级：	总评：
音乐兴趣及爱好			
课堂活动参与度			
学习能力			
审美感知			

（3）学生学习的过程性评价

"经典音乐鉴赏"课程中，学生学习的过程性评价主要围绕"四力"进行。教师可在日常教学中对学生在学习过程中的意愿、状态、方法、知识技能的变化进行评价（表7-31）。

表 7-31 "经典音乐鉴赏"课程学生学习的过程性评价

课程名称：	学生姓名：	年级：	总评：		
评价维度"四力"	评价项目	评价结果			
		优秀	良好	待改进
课堂内生力	1. 情绪饱满，能主动参与课堂学习			
	2. 理解新知识，懂得运用方法，并形成新旧知识结构			

续表

自主学习力	3. 能够自主学习，独立思考，认真完成教师指定任务			
	4. 能根据实际情况调整学习方法和状态			
资源整合力	5. 能整合多种资源推进自己的课题学习进程			
学习表达力	6. 具有表达自己学习成果的意识			
	7. 能够在课堂上踊跃发言和展示			

（六）地理教师共同体在教学分项目标评价的实践

核心素养背景下，教学评价的目的不只是知道学生的学习成果，更重要的是考查学生的核心素养的形成过程。因此，我们关注学生学习过程，将平时成绩纳入考评体系，占期末学业成绩评价的一定比例；同时，发动班级活跃的学生，一起记录班级学习的全过程。地理教师共同体对每一项教学目标的达成情况逐一分析，从而实现课堂效果的可达成性和可监控性（表7-32）。

表7-32 地理学科目标达成情况学生评价框架

学习目标	实现指标	学习后达标情况		
		达到	未达到	不清楚
运用实例说明海陆的变迁，了解大陆漂移学说和板块构造学说，全球火山地震带分布	1. 能够举例说明地球表面海洋和陆地处在不断运动和变化中			
	2. 知道大陆漂移学说和板块构造学说的基本观点			
	3. 能够用板块构造学说解释世界上多发生火山、地震带的形成原因			
弹性目标	能够通过学习大陆漂移学说和板块构造学说的科学探究过程，知道科学探究一般方法，激起科学探究兴趣和探究精神			
通过本课学习，你还学会了什么				

例如，七年级下学期开展的"玩转世界"为主题的小组自主学习活动评价。首先教师讲解并引导学生总结区域学习方法。后面章节以"玩转世界"为主题进行约10分钟的小组自主学习分享活动。教师组织小组之间展开互

评，并进行补充、纠正、归纳和提升。每个4人小组经商议后填写评价表。最终得分取小组平均分，得分大于或等于80分、小于80分时，分别以5分、3分的平时成绩计入平时成绩学期总分。同时，根据得分的高低，评选出小组分享主题活动前三甲，颁发奖状及奖品以兹鼓励（表7-33）。

表7-33 "玩转世界"小组学习分享主题活动评价表

分享小组：　　　　分享主题：　　　　得分：

评价维度	评价指标	评价得分（满分100分）			闪光点及建议
		达到（10分）	部分达到（8分）	需改进（6分）	
目标实现	1. 是否讲清楚了该区域的"三部曲"	较为清楚	困惑未完全解决	未解决困惑点	
	2. 结合书本内容进行拓展延伸情况（生活/时事政治/特色文化等）	拓展得当	拓展还需改进	无拓展	
	3. 学习单使用情况	针对讲述内容合理使用	有使用学习指南痕迹	完全未使用	
	4. 板书情况	板书清晰	板书看不懂	无板书	
小组合作	5. 课件制作质量	不错	一般	看不懂	
	6. 组员参与情况	全员参与	部分参与	1人独角戏	
	7. 语言表达情况	非常流畅	卡顿较多	表达不完整（笑场、中途中断等）	
课堂发现	8. 与同学们的互动情况（活动/提问/表扬等）	有3次以上互动	1~3次互动	无互动	
	9. 内容的趣味性	非常有趣	趣味性一般	很单一	
	10. 听课同学的专注度	非常专注	不够专注	很散漫	
	合计				

从评价维度来看，涵盖了目标实现、小组合作以及课堂发现三个方面。从知识体系的角度，评判各小组是否掌握了区域研究的方法，是否充分整合了课内外资源，是否原创制作了精美的课件，是否进行小组分工，是否灵活表达和对课堂进行了调控和管理。从核心素养提升的角度，既评价了学生对核心知识的掌握程度，也可以衡量学生的关键能力和一些必备品格。

（七）物理教师共同体在目标评价与结果评价结合方面的实践

根据目标确定的实现指标是教师在教学过程中落实目标实现情况的具体体现，所以教师在教学中需要时刻把握实现指标是否达标来判断教学的有效性，并不断修正教学过程。为了防止学生在自我小结过程中过度依赖文字的提示，仅在自我反馈表中概括性地提出需要掌握的知识要点提纲，而并无具体的内容加以提示，物理教师共同体要求：学生应当能依据提纲，将背后的具体知识点呈现出来。这种深度挖掘能有效帮助学生回顾所学，也有助于增强学生自我总结与反思的能力。此外，教师依据学生在自我反馈表中的等级评定，能做到课前知晓学生的难点、课后明确学生的易错点，有助于及时调整课堂中不同知识板块的时间分配，给予重难点（特别是学生的难点）更多的时间进行突破，大大提高了评价的效度。表 7-34 以教科版八年级上册第四章第三节"科学探究：平面镜成像"的第一课时为例，具体讲解物理学科自我反馈表的使用。

表 7-34　物理学科"平面镜成像（一）"教学目标

学习目标	评价指标	尝试学习后达标情况			提升学习后达标情况			优化学习后达标情况		
		达到	未达到	不清楚	达到	未达到	不清楚	达到	未达到	不清楚
1. 经历"平面镜成像特点"的探究过程，进一步学习实验探究的基本思路和方法	1. 能够根据实验现象分析实验器材或操作存在的问题，并改进				√	√		√		
	2. 能够自主动手做实验并总结出平面镜成像的特点	√			√				√	
2. 了解平面镜成像在生活中的应用	3. 了解平面镜成像在生活中的应用									
	4. 能够通过作图，阐释平面镜成像的原理，并会区别实像和虚像				√	√		√		
自我小结	主要收获									
	自我提醒									

由表7-34所示，不难发现，在第一课时中设置了两个学习目标，其中第一点是本节课的重难点，教师设计反馈表时，在评价指标中将之划分开，有助于学生明确主要内容。本节课课标中的要求是"通过实验，探究平面镜成像时像与物的关系，知道平面镜成像的特点及应用"。实现指标1和3紧扣课标中"平面镜成像特点及其应用"、实现指标2紧扣课标"通过实验，探究平面镜成像时像与物的关系"，并重视学生实验后的交流评估环节，对实验中出现的问题进行讨论并改进。问题1：如果平面镜未与桌面垂直会出现什么现象？问题2：为什么教室的透明玻璃窗可以成两个像？问题3：为什么晚上成的像要清晰些？问题4：为什么离得近时像感觉大些？离得远时像感觉小些？学生通过对这几个问题的研究讨论交流，更进一步认识了平面镜成像的规律。学生根据评价指标进行课前预习，由于这是初中阶段学生经历的第一个完整的科学探究，大部分学生不清楚实验探究的基本过程，因此在一个要点中，多数呈现"未达到"或"不清楚"的情况。教师依据学生课前的自我评定，结合本节课的重难点，适当调整课堂时间的分配，保证学生在相关部分有充足的时间进行学习、消化。

四、跨学科项目化学习中的评价

由于所有的项目式学习都来源于社会实践，都与学生的真实生活相关联，学生需要在真实的环境中进行探究和实践，环境成为教学拓展资源的重要组成部分。学校的各种场地包括操场、图书馆、实验室、教室，以及校外的科学中心、自然、社会、艺术、历史等博物馆、动物园、植物园和公园、街道、社区，都能成为学生学习和完成项目的场所。传统的在教室内进行封闭式学习的方式和分学科的学习方式得到了有效的补充。在项目推进过程中，学生以完成项目和解决问题为驱动力，实现设计、预设、实践、观察、修整、分享的过程。能力强的学生个体可以摆脱传统的结构化课堂教学对个人学习与设计活动的约束，更好地发挥个人的能力；能力较差的学生在教师的帮助和引导下，或在团队其他成员的帮助下，根据分工职责，有主动性和针对性地完成项目中的分工。学生在这样的学习过程中动态地建构知识和概念，培养跨学科的思维品质，激发好奇心和兴趣。

由于跨学科项目式学习可以培养学生多种关键能力和素养，如思考、社交、交流、自我管理、探究、审美、技术应用等，这需要评价纬度更加的多元化。在跨学科项目化学习中，教师与学生进行探究式学习合作，营造一个有利于探究的学习氛围。在此氛围中,教师成为一个了解、激励学生的合作伙伴。教师要充分尊重学生的主张和权利,鼓励学生对问题进行质疑。同时,还要重视过程性评价,搜集学生学习与思考的证据,记录学生学习的过程,保留学生的作品及任务结果。这种过程性反馈有助于学生把评价与学习联系在一起,帮助学生增长见识,培养兴趣,使其投入有意义的反思中,培养学生的自我学习和自我管理能力。

以核心实验基地校学生发展指导课和德育活动的跨学科整合项目式学习"构筑职业理想,规划个人发展"为例。在本次活动中,为了让学生有更清晰、更全面的自我认识,在深入理解职业和社会的基础上,实现再认知和科学的自我规划,教师设置了多元的反馈与调节形式。主要涉及自我反馈与调节、家长反馈与调节,以及企业反馈与调节。

(一)自我反馈与调节

如表7-35所示,学生通过职业体验前后自我评估在性格、兴趣、能力和价值观方面的匹配度,从而进行自我反馈,并在这个过程中,初步地做出还需要从哪些方面深入了解并调整自己的未来选择。

表7-35 职业生涯规划课程初评和再评职业匹配度

	请根据"自我评估"和"信息搜集",初评你在四个方面与该职业的匹配度,下面的数字"1-10",1代表非常不匹配,10代表非常匹配(勾选相应的数字)	
初评职业匹配度	性格	1 2 3 4 5 6 7 8 9 10
	兴趣	1 2 3 4 5 6 7 8 9 10
	能力	1 2 3 4 5 6 7 8 9 10
	价值观	1 2 3 4 5 6 7 8 9 10
	相信通过三天的职业体验活动,你对自己和职业有了更深一步地了解,现在请再评你与该职业的匹配度,下面的数字"1-10",1代表非常不匹配,10代表非常匹配(在相应的数字上画"√")	
再评职业匹配度	性格	1 2 3 4 5 6 7 8 9 10
	兴趣	1 2 3 4 5 6 7 8 9 10
	能力	1 2 3 4 5 6 7 8 9 10
	价值观	1 2 3 4 5 6 7 8 9 10

1. 工作小结

在三天的职业体验过程中,学生通过文字、视频记录每天的体验过程,学生通过撰写每日工作小结,反馈自己在体验过程中的感受,以及在第二天的工作中如何改进。

2. 职业体验报告

在职业体验项目结束后,学生需要完成职业体验报告,对自己在整个过程中关于对自己的认识、职业的认识和社会的认识,做一个回顾和反思,评估自己在此过程中的表现,并对自己未来的职业选择做出初步的调节和判断。

(二)企业反馈与调节

企业在学生的职业体验活动中,是学生的第一现场人,通过对学生在活动中表现的评估和反馈,可以给出具有一定参考价值的建议和意见,具体如下。

1. 企业评分与反馈

如表7-36所示,企业相关工作人员对学生在职业体验过程中的"工作态度""工作质量""工作效率""工作量"按"1-10"打分,给出一个量化的反馈。并设置了反馈建议一栏,从企业角度给出学生在未来的发展中还需要从哪些方面提高自己,使学生的调节更有针对性和目的性。

表7-36 职业生涯规划课程企业评分与反馈表

	以下内容由目标职业所属企业填写	
评分	请您在相应的分数下画"√",帮助学生认真、真实地面对自己和职业	
	工作态度	1 2 3 4 5 6 7 8 9 10
	工作质量	1 2 3 4 5 6 7 8 9 10
	工作效率	1 2 3 4 5 6 7 8 9 10
	工作量	1 2 3 4 5 6 7 8 9 10
反馈建议		

2. 职业人物访谈

了解一个职业，最简单直接的方法就是访谈正在从事这个职业的人物，他们对于职业的认知、态度和价值观及接触的第一手信息是学生在职业体验过程中最需要了解的职业信息之一。学生通过对目标职业人物的访谈，掌握职业相关信息，可以帮助自己做出更加理性的职业选择。

表7-37 职业生涯规划课程职业人物访谈表

职业人物访谈			
	称呼	工作职位	工作年限
职业人物1			
职业人物2			
职业人物3			
简要说明	访谈前，请详细阅读"职业人物实施步骤及注意事项" 我们要想在访谈中尽可能全面地了解一个职业，需要从多个角度切入，请同学们参考以下要点自行拟定访谈提纲 职业信息类：职业（职位）名称、工作职责、工作时间和地点、工作强度、工作感受、入职要求、福利薪酬、职业发展空间及前景、性格和能力的要求等 企业信息类：企业名称、企业文化、行业中地位等 行业信息类：行业领军企业、行业现状及发展趋势等 补充信息类：获取目标职业信息的更多途径和方法等		

3. 模拟面试

学生在进入职业体验之前，按照企业的流程，需要准备自己人生中第一份简历，并通过企业相关工作人员的面试，所有过程都模拟真实的面试过程，让学生感受真实的职场环境。面试结束后，面试官给出相应的反馈。学生在整个过程中，进一步认识了自己和职业，如心理素质、职业要求，从而进行自我反馈和调节。

（三）家长反馈与调节

学生在完成职业体验的前后过程中，家长通过观察其表现，可以评估学生的变化和成长。家长作为最了解孩子的人之一且作为职场经验丰富的人士，可以从自己的角度给出反馈意见和评价，帮助学生深度认识自己和职业。同时，家长是职业体验活动的重要发起人和提供职业资源者，学校为了进一步优化整个职业体验活动的设计和流程，获得更好的效果，需要家长给出针对性的反馈建议，从而能在后期改进中有的放矢地调节。

从"构筑职业理想，规划个人发展"项目工作学习的评价来看，体现出如下特色：一是及时。对学生的各项表现，各评价主体会及时给出评价和反馈，及时的评价会促进学生及时的进步，这很好地体现了评价的促进功能。二是评价主体的多元。学生、家长、企业都参与进来，都成为评价的主体，这样的评价更为客观和立体。三是评价维度的多元，既评价了学生的心理素质，也评价了学生的工作态度、自我认知等多个方面。同时，评价与整个学习过程无缝衔接在一起，达到了"教—学—评"一体化的效果。

在项目化学习中，我们非常注重过程性的评价。如发展指导课的全息课堂质量观察与评价表中，主要包括了课堂生活、课堂展开、学习成效等方面。其中，课堂生活、课堂展开，都是过程性评价。如在"学会倾听"一课中，在课堂导入部分，教师先讲述"小金人的故事"，全体同学听到"小金人"这三个字，左手抓，右手逃，同时成功即记1分。通过设置竞争性的游戏情境，测评学生日常倾听状态，同时帮助学生自我评估，认识、理解、倾听这个现象在现实的学习和生活中随时随处发生着作用。

另外，创设生活化的场景：同桌相互之间讲述自己最喜欢的一本书，分别扮演讲述者和倾听者。同时学生之间相互评价。

片段节选：
师：哪位讲述者愿意来分享一下你刚才的感受，回答之前先给你的倾听者打个分，5分为满分
生1：我给他打4分。
师：说说理由，4分从哪里来的？
生1：因为，他一直在看着我，并且有回应，有时候还点头。
师：那丢那1分是什么呢？
生1：就是他的表情，我不清楚他是什么意思，他的表情好像跟我的内容不太相符。
生2：我给他5分
师：哇，这么高，发生了什么？
生2：因为她一直对着我，脸上挂着微笑，时而点头回应我一下，身体也

有前倾，让我觉得她对我说的话很感兴趣。

同时，学生发展指导课设计了一个期末考核评价表，包括自我评价、小组互评和教师评价，从尊重、认真倾听、积极参与、学习单四个方面评价学生课堂表现。此表用于学生发展指导课期末过程性考核评价，学生发展指导课力求建立安全、包容、支持和开放的课堂氛围，同时也为"全息课堂"做好心理环境的支持，所以"尊重、认真倾听、积极参与、学习单"这四个方面是我们评价学生课堂表现的入手点。

使用方法：自我评价和小组互评分别满分计20分，每个小项满分5分，教师根据课堂的观察打出分数，满分10分，三者总计满分50分，作为学生过程性考核分数。

再如理科综合组的教师用实验活动促进学生实践力的培养，用较为成熟评价体系进一步保障了跨学科项目实验活动的有效开展。例如，为启发学生灵活运用知识，发展学生实践能力和创新意识，数学组、物理组、生物组的教师在七年级上学期开展了地球仪制作大赛活动。活动过程中建立了系统的地球仪模型评价标准（表7-38）和奖项类别，此评价涉及多学科知识的融合。活动组委会的教师根据地球仪模型评价标准，在各班上交的十份优秀作品中进行年级评选，奖项除了按照比例选取一、二、三等奖外，还设置了最佳环保奖、最佳绘画奖、最佳制作奖、最佳创意奖、最佳中国范奖等单项奖。其中，获奖作品和未获奖作品分别以5分、3分的分值计入平时成绩学期得分。

表7-38 "地球仪制作大赛"地球仪模型评价表

序号	评价标准
1	地球仪是自己亲手制作的，不能完全是购买的，制作材料的选取要求环保
2	需在地球仪模型上画出赤道、南北回归线、南北极圈和南北极点，线条均匀整洁，实虚分明
3	需标出0°经线和180°经线组成的经线圈，经线圈平分地球仪，线条整洁干净
4	画出世界七大洲的轮廓，轮廓准确分明
5	用红色突出显示中国疆域，黄色五角星显示首都北京所在地，并用图例表示，中国疆域准确完整，五角星大小比例适中，图例清晰正确
6	能够演示地球的自转运动，地轴的倾斜角度准确
7	底座和支架的设计稳当、环保、有创意
8	整体配色均匀、色彩美丽，地球仪具美感

由此可以看出，在不同的评价方法和策略中，有的适用于评价学生知识与技能的达标程度，有的适用于评价学生在教学过程中的表现，有的则在评价学生价值观理念、必备品格和关键能力等方面有独到之处，这就要求教师熟悉不同评价方法的特点和适应范围，根据不同的评价内容、评价要点和学生的具体情况，选择和运用恰当的评价方法。同时，将所有关于学生的评价进行整理，形成体系，实现形成性评价和终结性评价兼顾，绝对评价与相对评价相结合，找出最能体现新课程理念的，最能全面提高学生综合素质的多元交互式评价模式。

总之，课堂教学的难点之一在于如何激发学生主动学习的积极性和主动性，让兴趣先成为学生的导师。教学评价是教学活动中实现这一难点突破的重要一环，传统的课堂教学评价方式不能适应学生发展的内在要求。在实际教学中教学评价的改革对新课程改革的实施具有强大导向、有力监控的作用，应把握课堂教学的特性与原则，教学评价应起到诊断教学效果、调节教学活动、强化学生学习的作用。现行的课程标准明确指出，评价的目标是有效地促进学生发展，要求实施评价应注意评价主体多元化，尊重学生的个体差异；要求评价学生学习成绩状况应依据过程记载和考试结果进行客观描述，并提出进一步学习的建议；对学生的评价应以激励、表扬、认同、理解等积极评价为主，这样才能促进课堂的整体转型。

后　记

《核心素养培育与课堂整体转型》这部书稿完成了。我们想说，这本书不仅是写出来的，更是实实在在做出来的。2015年年底，国家社会科学基金"十二五"规划2015年度教育学一般课题"基于核心素养的课堂教学改革研究"［课题批准号：BHA150078］正式立项。在课题立项之初，课题组成员达成一致的认识：我们的研究不仅要有理论的高度，更要有实践落地的力度。课题研究过程中，我们先是努力建构核心素养导向的课堂建构理论，然后将这一理论运用于指导核心实验基地校（四川省成都金苹果锦城第一中学）的课程与教学改革，再用实践改革中的思考进一步完善和提升理论建构，期待实现"认识—实践—再认识—再实践"的螺旋上升式研究。

在理论与实践交织的研究中，课题组探索出了核心素养导向的全息课堂这一新样态。用全息课堂的建设整合核心素养培育的方方面面，形成了"素养至上、全息生长，目标引路、整合推进，发展分级、课型互补，多元评价、资源整合"的课堂改革模式，这些模式的具体实践及其反思与改进，构成了本书的基本内容。因此，本书既是理性的实践也是实践的理性的综合呈现，是基于核心素养的课堂改革研究的理论之歌和实践改革画卷。在本书涵盖的各个学科的教学改革实践中，有些学科在某些方面的改革步伐虽然还缺乏飞跃性的进展，但这些努力探索的背影和前行的姿态，却让课题研究逐步走向了深处，构成了课题研究与实践改革的全景画卷。

为了整理研究与实践改革成果，一些教师在全教研组与总课题组辛勤付出的基础上，进行了认真整理与提炼，贡献了较多的心血与智慧。第一章：莫芮、杨斌、李帆；第二章：杨斌、张伟；第三章：张新民、朱莉、胡荣、晏学渊、李阳、程瑜、刘婷婷、毛浩、李婧雯、李硕、陈香、罗婷、李帛阳、王金梅；第四章：陈子斌、葛赛、程瑜、李平、甘李、李杰波、罗婷、何耀宏、朱莉、胡荣、付雪、曹永伟；第五章：周密、张新民、晏学渊、焦锐、李阳、欧林阳、张芪杰、张金慧、杨思文、连晋、谢晓婧、胡思杰、田雪、黄薛蓉；第六章：罗丽容、付雪、蒋芬芬、刘婷、刘昕、李岚、秦莉、刘雪梅、王琳、陈劲宇；第七章：荣彬、晏学渊、焦锐、刘炯、刘畅、张爱林、彭锦虹、何姝玥、吴了了、杨蘅、刘婷婷、李帛阳、伍冬莉、雷国亮、欧林阳、范少佳、叶李、陈玉芳、龙洲、朱朝卿。全书由李帆、张新民、周密审稿、统稿，李月月、粟亚玲校对。对这些老师付出的心血与智慧表示衷心感谢！

基于核心素养的课堂改革是一个长期的渐进的过程，有许多攻坚性问题需要进一步突破。在本研究中，我们既感到了课堂改革带来的无尽喜悦，也体会到了学生核心素养培育的诸多难题，虽然全力探索与不断完善，但难免存在不足和错漏，敬请同行指正与原谅。

基于核心素养的课堂改革，不仅让课题组的每个成员和实验基地校的师生收获成长，也助力锦城第一中学办成世界一流中学，做好受益终身的教育。未来，我们将始终以求索的姿态，阳光科学地快速行走在这条大道上，毫不懈怠，永不停歇！